高职院校转型跨越发展
——谋略与路径

GAOZHI YUANXIAO ZHUANXING
KUAYUE FAZHAN
——MOULÜE YU LUJING

刘国生◎著

·广州·

图书在版编目（CIP）数据

高职院校转型跨越发展——谋略与路径/刘国生著. —广州：广东高等教育出版社，2017.12
ISBN 978-7-5361-5900-6

Ⅰ.①高… Ⅱ.①刘… Ⅲ.①高等职业教育-教育改革-研究-中国 Ⅳ.①G719.21

中国版本图书馆 CIP 数据核字（2017）第 104673 号

出版发行	广东高等教育出版社
	地址：广州市天河区林和西横路
	邮政编码：510500 电话：（020）87553335
	http://www.gdgjs.com.cn
印　　刷	广东省教育厅教育印刷厂
开　　本	787 毫米 × 1 092 毫米　1/16
印　　张	24.5
字　　数	466 千字
版　　次	2017 年 12 月第 1 版
印　　次	2017 年 12 月第 1 次印刷
定　　价	54.00 元

序

  我国高等职业教育的发展自20世纪80年代起步，至今已有30多年，大致经历了从举旗起步到法律地位确认（1980—1998年）、从规模扩张到发展方向定位（1999—2005年）、从示范引领到全面质量提升（2006年至今）等三个阶段，为我国高等教育大众化、改善民生、促进就业发挥了不可替代的作用。与此同时，一批懂高职、熟市场；会管理、精业务；具有较强战略谋划、资源整合与掌控能力的国家示范、国家骨干高职院校的院校长，伴随这一历史进程脱颖而出。

  世纪之交，一批行业高职院校相继移交地方政府主办，这类高职院校如何发挥行业优势，快速对接区域经济社会发展的需求，培养好高素质技术技能型人才，成为当时高等职业教育改革发展的一个新命题。正是在这种改革大背景下，刘国生教授于2005年8月调任广州铁路职业技术学院（以下简称"广铁职院"）担任院长，此时也正值广铁职院从广州铁路（集团）公司（以下简称"广铁集团"）移交广州市人民政府主办。面对广铁职院移交转制之初基础薄弱、人心浮动、发展前景未卜的状况，刘国生教授和学院党政领导一班人团结带领广大教职工奋力拼搏、勤勉耕耘，以不甘人后、迎难而上、止于至善的精神，发挥行业背景深厚和政府重视支持的双重优势，坚持质量规模齐头并进、内涵外延同步加强，强力推进"办学条件改善、内部管理改革、教学质量提高和评建扩校创优"等四大工程，凝心聚力，攻坚克难，在艰难中起步，在攻坚中崛起。2009年，以优异成绩通过教育部人才培养工作评估；2010年，成功申报国家骨干高职院校，跻身全国高职院校200强的建设行列。

  2011年8月，我应邀参加广东省教育厅和广东省财政厅组织的2011年国家骨干高职院校立项单位建设方案论证会，作为专家组的组长见证了广铁职院这段发展的历程。刘国生教授这份数十万字的文稿，字里行间记载反映了广铁职院移交转制、迎头赶上、跨越发展这一历史阶段的真情实景。既全面展示了一代广铁职院人艰苦创业、拼搏进取的心路历程，又真实记录了他作为广铁职院带头人的办学思想与管理实践。从办学理念、培养模式、治校谋略的顶层设计，到专业建设、队伍优化与教育教学改革创新的路径选择，

无不体现了他和学院领导班子团结带领全院师生在这8年多的办学历程中形成的理念、方略、成果和经验，无不凝聚着他作为一院之长的智慧与谋略、心血与付出。

刘国生教授作为广铁职院教育教学改革的领头人、先行者，适时提出了"依托行业，适应学生、适应市场、适应政府"的办学理念，凝练了"产教一体、寓学于工"的人才培养模式，明确了"做优轨道交通类专业、做强先进制造类专业、做精电子信息类专业、做实现代服务类专业"的专业发展面向，确立了"利在企业、功在育人"的校企合作、产教融合价值观。作为广铁职院转型跨越发展的引路人、垦荒者，他坚持自强不息，联企借力发展，运筹帷幄于精心策划之中。2015年到任伊始，刘国生教授即带领工作团队着手制定学院"十一五"发展规划，坚持"立足广州、服务广铁，不等不靠、奋发图强"的办学思想，确定了"在适应中追赶、在追赶中跨越"的高起点，审时度势地提出了"84321"发展目标；于跨越发展初见成效的2010年，又乘势而上制定了该院"十二五"发展规划，确立了"从跨越到突破，从突破到引领"的高标准，明确提出建设"轨道交通特色鲜明、行业领先、国内一流的高职院校"的发展目标，且每个阶段都有建设蓝图与发展愿景，每个年度都制定了改革计划与攻坚举措，这些蓝图、目标、愿景和举措，既高屋建瓴，又切合实际，诚如其所言是"要跳起来摘桃子"。作为致力于内部治理模式改革的探险人、实干家，他在不断追求办学理念创新的同时，以勇于改革的胆略、善于标新的谋划、精于探索的智慧和敢为人先的气魄，开创了一个又一个新局面：从"三主动"活动、"教授手上有油"到开创性地建设教师工作室、"双师"工作室（企业工作站）、专业特色"合作学院"，从服务所在区域内中小企业、创建花都工学结合基地到服务行业企业、创建广州工业交通职教集团，从广州市教育局、花都区政府、广铁职院共建花都工学结合示范园到广铁集团、广州市政府共建广铁职院，从打破大锅饭、搬掉铁交椅的人事分配制度改革到教师"8+4"教学工作量改革、"2+1"校企交替工作模式构建……一个又一个改革举措的果断谋划、大胆探索和精准落地，无不引领和推动着广铁职院发展的每一个关键节点和重要转折，朝着正确的办学方向又好又快地前行。

从这个意义上说，本书既是广铁职院转型跨越发展实践的理论总结，又是职业教育发展理论的实践成果；既展示了转型的谋略、跨越的路径，又显现出文体的严谨和为人的朴实，处处可见永不停歇的追求和执着、永不言悔的付出与奉献。刘国生教授作为广铁职院"止于至善"管理理念的积极倡导者、率先践行者，他的"管是为了不管"的行政理念，身体力行的处事规范、包容豁达的为人风格及对于请示报告、发展规划、年度计划、工作总结和个人讲话等重要文字材料亲力亲为的操守,成为与之谋事、干事、成事的团队和身边工作人员的人口皆传。我想,这些对于当今处于高职教育发展黄金期、战略机遇期和提升关键期的管理者特别是院校的一把手,应该是难能可贵的。

相信本书的出版,将为高职院校的管理者和带头人在如何办学、如何管理,如何育人、如何为人等方面,提供可比较、可借鉴、可嫁接、可推广的经验与启示。

是为序。

教育部高教司原副司长
中国高职高专评估专家委员会副主任委员

2016年11月11日

目　录

访　谈　篇

勤勉耕耘，破冰前行 …………………………………………… 3
迎难而上，止于至善 …………………………………………… 7
探索职校与企业深度合作模式
　　——从"订单培养"到"教学工厂" ……………………… 13

实　践　篇

以人事分配改革力推人才强校工程 …………………………… 19
明确目标　深化改革　举全校之力推进"四项工程"建设项目 … 25
转变观念　明确定位　全面推进专业教学改革和人才培养工作 … 33
遵循高职教育规律，力抓人才培养评估 ……………………… 38
转观念找差距，抓改革谋发展 ………………………………… 40
勤奋学习　奋发有为　力争成为顺应时代发展的高技能应用型人才 … 43
认清形势　明确任务　以管理创新抢抓创省示范校新机遇 …… 46
以党建促发展　以发展促和谐　切实加强各级管理干部的思想作风建设
　…………………………………………………………………… 55
把创新的精神融入做人求学之中 ……………………………… 62
众志成城　迎难而上　开创学院评建创示范工作新局面 …… 66
同心协力　顽强拼搏　优质高效推进整改促建工作 ………… 73
着力人才培养高质量，努力增强核心竞争力 ………………… 77
激发超越自我激情，以一转三勤促四学 ……………………… 83
加强专业团队建设，努力消除"0、1"现象 ………………… 86

以为谋位求支持，尽心竭力谋发展 …………………………………… 93

更新观念　苦干巧干　努力开创专业建设新局面 …………………… 96

以评建创促基地建设，精细化推进质量管理 ………………………… 101

总结经验再提高，查找差距再起航 …………………………………… 108

抢抓发展新机遇，进驻萝岗建校区 …………………………………… 114

社会满意为标准　适应市场谋发展　走资源共享集约化办学之路
……………………………………………………………………………… 116

高效推进评建整改，打造一流高职教育 ……………………………… 119

抢抓转评两大机遇，不等不靠主动作为 ……………………………… 122

以理念为先导　以评建为抓手　举全院之力提高人才培养质量 …… 125

牢记养育之恩　脚踏实地进取　以扎实的功力把握好每一个发展机遇
……………………………………………………………………………… 130

加强修养　提升素质　肩负起评估整改争创示范的重任 …………… 132

把握时机不犹豫，努力行动不言悔 …………………………………… 141

坚定不移抓整改，齐心协力创示范 …………………………………… 144

脚踏实地保增长　着力改革惠师生　全面完成学院"十一五"确定
的目标与任务 ………………………………………………………… 150

以校企合作促实践教学，以大赛培育促技术研发 …………………… 160

齐心协力转变发展方式，谋篇布局"十二五"发展 ………………… 162

把握骨干校建设"八大要点"，花都示范园先行先试迈好步 ……… 169

发挥双重优势，建好国家骨干校 ……………………………………… 176

组团队　拼智慧　凝心聚力推进国家骨干校建设 …………………… 181

见证发展共艰难，三年奋进同跨越 …………………………………… 186

凝心聚力　真抓实干　全面推进国家骨干高职院校建设 …………… 188

从适应到跨越　从突破到带动　广铁职院移交转制跨越发展的实践
与探索 ………………………………………………………………… 194

以教学促科研　以科研挺教学　努力培养高素质高端技能型专门人才
……………………………………………………………………………… 199

立足行业　服务地方　开创学院改革建设发展新局面 ……………… 208

辞旧迎新　继往开来　努力开创国家骨干校建设新局面 …… 213

加强领导　规范管理　开创学院党风廉政建设工作新局面 …… 215

凝心聚力　攻坚克难　全力打好国家骨干院校建设攻坚战 …… 220

永续铁路情结，合作发展共赢 …… 229

以务实敬业之心，发攻坚进取之力 …… 231

进一步深化三项改革，力促国家骨干校建设 …… 233

进"城"兼顾扩建，确保"验收"合格 …… 239

创新体制机制，拓展国际合作 …… 242

转换角色定位，塑造完美人格 …… 244

服务校友　奉献母校　为国家骨干高职院校建设增光添彩 …… 246

深化改革　协同创新　全面完成国家骨干校建设各项任务 …… 249

政校行企齐发力，建好花都示范园 …… 255

以轨道交通大发展，力推高职转型升级 …… 257

五载探索结硕果，今日挂牌深融合 …… 262

理 论 篇

学院有"出路"了 …… 267

迎难而上　止于至善　以思想大解放促进新跨越的思考 …… 270

在适应中追赶　在追赶中跨越　广铁职院改革建设发展的成就
　　与经验 …… 275

行业转制高职院校的发展模式的构建 …… 278

广州铁路职业技术学院教育现状分析与"十二五"发展预测 …… 284

在适应中突破　在突破中引领　全面建设国家骨干高职院校 …… 294

追赶与跨越：行业转制高职院校改革发展的探索与实践
　　——以广铁职院创建国家骨干院校为例 …… 301

从管理到经营：公办高职院校管理机制的改革与探索
　　——以广铁职院校企合作办学为例 …… 309

联企业强内涵　借外力壮实力
　　——广铁职院校企合作机制的探索与实践……………………319
校企合作顺畅运行，还要再努几把力………………………………328
行业高职院校转制发展战略的研究与实践…………………………331

附　录　篇

广州铁路职业技术学院五年建设与发展规划（2006—2010年）………341
广州铁路职业技术学院"十二五"事业发展规划（2011—2015年）…358

后记………………………………………………………………………378

访谈篇

勤勉耕耘，破冰前行[①]

刘国生，湖南邵东人，现任广州铁路职业技术学院院长、教授，广州市第十三届人大代表。毕业于清华大学机械系，历任湘潭大学校长助理、成教学院院长，广州番禺职业技术学院副院长，广州广播电视大学校长。刘国生教授长期从事高校教学、科研和管理工作，有着丰富独到的管理与改革经验及丰硕的研究成果，先后在核心期刊发表学术论文70余篇，主持教育部、省、市教科研课题17项，获国家、省、市级教学科研成果奖、优秀论文奖16项；曾获全国"三育人"先进个人、广州市优秀教育工作者等称号，2012年被评为广东省首届"职业院校杰出校长"。

圆脸，浓眉大眼，略带湖南腔的普通话，谦和的笑容里透露着学者型领导的睿智，这是刘国生给笔者留下的第一印象。正如他的籍贯一样，刘国生的骨子里深深地打上了湖南人的烙印，果断敢拼、勇于创新，有一种勤勉务实、不服输的精神。正是这种百折不挠、顽强拼搏的信心和勇气，让刘国生和他的团队带领下的"铁职"人，把一个转制后底子薄弱的学院发展得风生水起。

一、频繁调任，创业颇有建树

刘国生大学毕业后分配到湘潭大学工作，当时该校处于复建起步阶段，教学生活条件简陋，连宿舍都没有，教工们大多住在农民家里。但刘国生没有被艰苦的条件所压倒，而是把精力都放在工作上，刻苦钻研学术，潜心高教管理，很快就崭露头角成为该校的骨干。1999年他经全国公选进入广州番禺职业技术学院，分管教学、科研、实训等工作，当时的广州番禺职业技术学院同样是刚建不久，处于一个起步发展阶段。在广州番禺职业技术学院力抓内涵建设和规范管理四年之后，2003年5月刘国生接到了市委的调令，去广州电大担任校长。在广州电大工作两年多，管理创新和教科研品牌建设以前所未有之势连年攀升之际，2005年8月，又因工科出身、高职教育经历、正高职称、高校正职等硬件被市委组织部选中，调入刚由广州铁路（集团）

[①] 2012年10月30日，登载在《新快报》T27版。

公司①移交广州市政府管理的广州铁路职业技术学院②担任院长。当时，广州铁路职业技术学院基础薄弱，人心浮动，发展前景未卜，但刘国生以"既来之，则安之"的心态，毫不气馁，充分发挥政府支持和行业特色鲜明的优势，整合政、校、企、行多方资源，将广州铁路职业技术学院发展成为一个朝气蓬勃、实力不凡的国家骨干高职院校建设单位。这需要付出多么巨大的勇气、智慧和汗水！

可见，刘国生的四校经历有很多相似之处。其中最大的相同点就是，他每到一个学校的工作都是处于创业发展的阶段。这种状况让学校领导必须具备超常的魄力，领导关爱员工，员工拥戴领导，大家抱成团，才能把学校建设发展起来，成为一个强校。

二、引领发展，全力打造品牌

刘国生到广州铁路职业技术学院工作以来，深入探索行业转制高职院校由小到大、由弱到强的可持续发展之路，团结带领广大教职工迎难而上，实现了跨越式发展，办学规模和育人质量获得双提升，内涵建设取得了令人刮目相看的成就。

刘国生在介绍学院发展历程时说，没到任之前，时任市委组织部余耀胜副部长等领导曾同他到广铁职院考察过现场，当时校门前连一条像样的路也没有，校园中破棚旧屋、杂草丛生的景象令人难以相信这是在广州。在余副部长的精心协调下，市建委、市教育局、庆丰经济联社和学院四方共建，花了差不多两年的时间，才将门前这条路全线贯通。讲起这段经历，刘国生院长感慨道："这条仅 100 米长的路，建设过程经历了太多的谋划、太多的周折、太多的苦头，蕴含了太多的期盼，牵动了太多的领导，得到了太多的支持。正是这样，因为各级领导的大力支持，学院上下一心并付出卓绝的努力，学校才能有今天。"这六个"太多"，真实地反映了刘国生院长的心声。

学院的建设发展中还遇到了很多其他困难。让刘国生感到费解的是，开始连周边村民也看不起这个学校，办学拓展寸步难行。当时，学生宿舍连通教学区一路之隔的村校共用道路坑洼杂乱，垃圾遍地，学生不时有些事情需同村里协商处理，有些性情直爽的村民则直接说："又是这个学校出了事。"如此看法和印象之下，学院在与村民的交往中基本没有多少话语权，想拓展办事更是寸步难行。校门前不足 100 米长的大道，停停、改改、建建，费时两年，此是一例，之外还有 2006 年学院为扩招新建第八栋学生宿舍正常施

---

① 本书中广州铁路（集团）公司简称"广铁集团"。
② 本书中广州铁路职业技术学院简称"广铁职院"或"学院"。

工打桩，周边村民认为影响到他们的房屋而阻碍施工近半年，并索要高额赔偿。最后经多次协调虽然得到了解决，但当年新生进校入住的宿舍却成了泡影。修路、建房危难之际，学院依靠广大教职工锲而不舍的努力，上下求助解"路结"，多管齐下保"入住"，既动员青年教师腾出宿舍，又压缩实训室、教室突击改建临时宿舍，勉强解决了2 000余名新生的入住。这些事给刘国生触动最深的，一是学校不强，遇上小事也如雪上加霜，唯有内强实力，外树形象，才能赢得发展的外部环境和话语权；二是发展的阻碍虽然多，但办法总比困难多，只要上下齐心，迎难而上，没有办不好的事情。

在建设基础设施的同时，刘国生对"以人才培养为本"的内涵建设格外用心。他遵循高职教育的规律，在教学、科研、人事、财务、后勤、设备和学生管理等方面不断创新，推出了不少改革举措，取得了前所未有的成效：召开教学工作会议，出台"加强教学工作提高教学质量的若干意见"，进一步明确培养目标，切实增强质量立校意识；以调整课时标准为切入点改革人事分配制度，实行多劳多得、竞争上岗，广大教师教学积极性高涨；实行年度绩效考核与津贴发放挂钩，践行绩效优先、优劳优酬，广大教职工出勤更出力，授课重育人；出台教科研奖励办法，发动教师搞应用技术研究，攻专利申报，论文、课题、项目和专利呈突飞猛进之势。经过7年多的努力，借助校企合作建"校中厂""厂中校"解发展瓶颈，进羊城，迁朝阳，建花都工学结合基地，校园面积扩展近60%，在校学生从1 391名、在编教职工334名，发展到今天7 000多名学生、367名在编教职工。个中的艰难、艰辛和艰苦，外人难以想象。

三、转型升级，不断负重前行

从转制发展到今天，规模和质量都有了大幅度的提升，但刘国生并不满足。他本着"创新发展，引领市场"这一理念，尝试把高职教育职业性、实践性和高端技能性3个特性融合在办学治校、教书育人的过程中，体现在广铁职院的毕业生身上，使学生的就业质量稳居全省前列。

面对广东产业转型升级和广州推进新型城市化发展的要求，"广东制造"向"广东创造"呼唤高职院校技术支持和人才培养转型升级。刘国生说："政府层面把发展职业教育摆在更加突出的战略位置，正在构建中国特色的现代职业教育体系。作为一所国家骨干高职院校，人才培养一定要由中、低档转向高端技能型，并要努力提高办学水平，力争3~5年内跻身技术大学的行列。"为此，广铁职院在转型升级方面进行了四个方面的尝试。一是专业对接产业调整改造升级，用前瞻性的眼界优化专业设置，紧贴区域经济社会发展，进行了做优轨道交通、做强先进制造、做精电子信息、做实现代服

务等四大类专业群的顶层设计,均已平稳落地并初见成效;二是实践教学紧贴技术前沿升级,不断加大对先进制造和高铁技术等教学设施设备的投入,努力培养学生高端技术、世界视野,职业技能跟上时代发展的步伐;三是"双师"教师教学能力升级,着力提高教师队伍整体素质,实施教学、科研、实践能力同步增长工程,专业教师分批下企业挂职,打造人才培养能力增长点;四是以"四技服务"促校企合作吸引力提升,以"利在企业、功在育人"的理念,不与企业争利益,不抢企业做的事情,大力倡导教师从事工艺性、技术性研发、企业员工岗位培训,激励教师带领学生从事小制作、小发明、小革新……,并在花都工学结合示范园先行先试,建成各界赞誉的"产教一体、寓学于工"的人才培养高地,成为教育部国家示范性高职院校建设四周年成果展全国八个典型案例之一。谈到校企合作,刘国生常思考的问题是"高职院校要想方设法做好企业想做而不做的事情",正是这样的出发点和动机并努力付诸实践,广铁职院才走出了一条联企业强内涵、借外力壮实力的跨越发展之路,实现了短时间内与国家示范性高职院校的并轨同步运行。

高水平师资队伍建设是刘国生最为牵挂的,他认为:"只有好的老师,才能教出好的学生。"广铁职院从转制之时仅有 4 名研究生的教职工队伍起步发展到今天 74% 的专业教师拥有博、硕士学位,以广东省职业院校首届教学名师、电气化铁道技术专业带头人王亚妮为代表的一批教师迅速成长,教师的成长和进步不可谓不大。这是让他既感到欣慰又略感不够的,作为为轨道交通这个特种行业培养人才的高职院校,有影响力的专业领军人才的引进一直是个难攻的堡垒,尽管学院在这方面也一直不遗余力。

在和笔者的谈话中,刘国生院长不止一次提到"迎难而上,止于至善"的精神、"创新每一天"的校训。纵观广铁职院的发展历程,铁职院人就是凭着这股子劲、这股子气,从转制初期的重重困难中一路走来,勤勉践行,攻坚克难,走到今天的"康庄大道"。在高职教育大发展的今天,刘国生院长和他的团队又在高端技能型人才培养的语境中进行前瞻性思考,并不断进取,推陈出新,一路前行……相信广铁职院的事业发展必将更加辉煌,明天会更好!

访谈篇

迎难而上，止于至善[①]

广州铁路职业技术学院作为广东省唯一一所培养轨道交通、铁路等特有专业人才的全日制普通高职院校，近五年毕业生就业率均名列广东省高职院校前茅，专业对口率达到85%。毕业生当中有30多人在广州地铁担任过站长，广州地铁首席司机龙威、广铁集团第一位"和谐号"动车组司机陈炳根等就是该院培养的优秀毕业生，该院以报考率、上线率、报到率、就业率、就业质量"五高"享誉社会。目前，该院正以"火车头精神"为引领，加快推进创建广东省高职示范院校的品牌建设。

纵观广铁职院十年的高职发展历程，我们发现，该院的迅速崛起，主要在于移交广州市政府管理后的近五年时间里。2005年，学院新班子上任后审时度势，站在巨人的肩膀上前瞻，以不甘人后、杀出一条血路的劲头和迎难而上、止于至善的精神，坚持有所为有所不为，正确处理战略目标与实现过程、规模与质量、全面提高与重点突破、硬件建设与软件管理、改革发展与和谐稳定等"五大关系"，努力实现学院与社会之宏观层面、内部组织之中观层面及教职员工之微观层面的"三个和谐"，在艰难中起步，在攻坚中崛起，在适应中引领，在创新中发展。经过全院教职工的努力拼搏，实现了从中职到高职、从计划到市场、从行业主管到政府主办的快速转型与跨越式发展，由一所茫然无措、闭滞倦怠、人浮于事、基础薄弱的行业高职院校，发展成为目标明确、生机勃勃、精干高效、实力雄厚的地方高职院校，以卓越的人才培养效益回答了"办什么样的学校，怎样办好学校"和"培养什么样的人，怎样培养人"这两大命题。

《礼记·大学》："大学之道，在明明德，在亲民，在止于至善"。言简意赅地道出办大学的原则，在于发扬光明的德行，革除旧习，达到完善。南宋思想家朱熹在《大学章句》中对"止于至善"做了如此阐述："止者，必至于是而不迁之意；至善，则事理当然之极也。""言明明德，亲民，皆当至于至善之地而不迁。"

该院院长刘国生教授认为，办大学、修身育人，必须坚持达到完善的境

[①] 2010年6月，登载在《名校速递》总第12期。

界而毫不动摇。"迎难而上，止于至善"是他自始至终的人生态度，"创新每一天"，一天做得比一天好，则是他一以贯之的工作追求。在他看来，"迎难"始于"知难"的智慧和良知，成于"解难"的责任、谋略和勇气。"知"为"迎"找准方向，"解"是"迎"的目的；"上"则需要胆识、毅力、勇气和锲而不舍的拼劲；"止于至善"指"迎"而"上"的程度，意指通过不懈的努力，以臻尽善尽美，也就是说不达到完美的境界绝不停止自己的努力。广州铁路职业技术学院所取得的一切，正与其"迎难而上，止于至善"的执着和"创新每一天"的信念有着密不可分的关系。

广州铁路职业技术学院从2005年8月至今实现跨越式发展，是办学思路清晰、改革措施有力、迎难而上的进取拼搏和政府大力支持的结果。

名校速递：请院长简单谈谈近十年来学校的一个发展历程。

刘国生：学院自2000年6月由广州铁路运输职工大学、广州铁路机械学校、广州铁路成人中专三所学校合并升格以来，按时间段计算，发展可以分为三个阶段。

第一阶段，是2000年6月至2005年8月。由于定位不明、目标不清等原因，学院失去了全国高职教育飞速发展、快速提升这一难得的历史机遇，与当时基础条件相当、地处广州的其他行业院校的差距越来越大。

第二阶段，是2005年8月至2009年6月。学院移交广州市政府管理之初，新领导班子面对在校生只有1 391人，坚守在岗位上的在编职工334人，可用教学仪器设备不到1 000万元，教学系部和机关职能部门分别挤在大教室办公备课，破棚旧屋随处可见，曲径坡道弯来绕去，学生提壶拿桶踩着小道去到油炉棚屋打水……这样一种景象，加上上任之初接踵而至的毕业生初次就业率名列全省高职院校末位，教师的硕士比例被教育部亮红牌，生师比全国罕低而新学期要开的课却无人上……这样一些怪事，感受到的只有与全国大多数高职院校如日中天的规模、质量和内涵发展形成的强烈反差和竞争压力，于是痛定思痛，审时度势，决定以超常的改革、局部的阵痛来解决这难忍之痛，以创新之举激发广大教职工的发展热情，发挥行业背景深厚和政府重视支持这两大优势，抓住移交转制和人才培养工作评估这两大契机，以不甘人后、杀出一条血路的劲头，迎难而上、止于至善的精神，坚持质量、规模齐头并进，内涵、外延同步加强。在艰难中起步，在攻坚中崛起，在适应中引领，在创新中发展。

在这五年里，学院实现了从计划到市场，从封闭到开放，从行业主管到政府主办的快速转型与跨越式发展，教学设施渐齐，"双师"快速成长，校园焕然一新，特色亮点纷呈，多项办学指标和成果实现零的突破，有的还成十倍的增长。现有轨道交通、机电工程等8个教学系部。全日制高职在校学生

7 060人，增长4倍多。在编在岗教职工360余人，校外兼职兼课教师200余人。28个专业中有广州市示范性专业9个、院级重点建设专业9个；国家精品课程1门、省市精品课程12门。建有校内实训基地16个（校内实训室95个）。实践教学场所面积60 736.74平方米，教学行政用房面积115 085.75平方米。教学科研设备仪器总值7 981万元。纸质图书共43.97万册。毕业生首次就业率2007届、2008届、2009届分别达93.12%、97.41%、96.95%，总体就业率分别达99.59%、99.66%和99.10%，就业对口率高达85%以上，轨道交通类专业毕业生就业对口率达到95%以上，均居全省前列。学院先后获全国德育管理先进学校、广州市春运先进单位、广州志愿服务先进集体等荣誉称号。2009年6月，学院以优异的成绩通过了教育部高职院校人才培养工作评估，学院移交以来的办学成果被载入《2009广州教育新发展》。

第三个阶段是2009年6月至今。2009年学院通过人才培养工作评估后，即提出"坚定不移抓整改，齐心协力创示范"的工作目标和任务要求。可以说，目前正处于创示范、出精品、争一流的阶段，学院以评估整改和创建省示范高职院校为抓手，按照"以市场需求定办学面向，以社会满意为质量标准，以适应规律推教学改革，走资源共享、集约化、集团化、集成化办学之路"的发展理念，在"校企合作，工学结合"的原则框架下，选择了以服务为宗旨，以就业为导向，以专业建设为龙头，以队伍建设为重点，以制度创新为保障的建设路径，确立了以探索践行"产教一体、寓学于工"培养模式为主线的强内涵、创品牌的发展谋略，提出了到2012年建成省级示范高职院校、到2015年建成国家示范高职院校的"十二五"发展目标。站在新的历史起点上，这一阶段的开局与起步势头良好，评估整改已取得新的绩效，创建省级示范申报工作正在紧锣密鼓地推进。全院教职工信心百倍，充满激情，正以超常的毅力再创新的辉煌，谱写新的篇章，展望未来，将学院打造成轨道交通特色鲜明、办学水平高、国内知名的现代高职院校指日可待。

名校速递：请您谈谈学院2005年8月至今产生跨越发展的原因是什么？

刘国生：学院近五年的跨越发展，主要得益于市委、市政府的重视支持，得益于全院广大教职工的团结拼搏和在"办什么样的学校，怎样办好学校"方面思路清晰，目标明确，勇于改革，大胆创新，意志坚定，且措施有力，可以归纳为以下四个方面。

一是办学思路清晰，目标明确，方向正确。学院以更新教育观念为先导，确立了"依托行业，适应学生，适应市场，适应政府"的办学理念，明确了"12345"创新发展的办学思路，既为学院工作指明了方向，又调动激

励广大教职工,凝聚了人心。其中,"1"是指"十一五"期间事业发展"84321"的目标;"2"是指内涵建设和新校区建设"两大任务";"3"是指办学上规模、育人上质量、管理上水平的"三上要求";"4"是指"四项工程",即以产学结合,提升核心竞争力为重点的教学质量工程;以实施人才强校战略,深化人事分配制度改革为重点的校内管理改革工程;以改善办学条件、美化校园环境为重点的学院形象工程;以谋划新校区建设,创建省级示范为重点的评建创优工程;"5"是指"五大创新",即创新办学理念、培养模式、管理机制、教学改革和校园文化。

二是勇于改革,大胆创新,且措施有力。学院移交后的发展成就,很大程度上始于改革,源于创新,而且是从最难的人事分配制度这个难点做起,再推及管理体制、运行机制和教学科研等方面,大刀阔斧地进行改革。

在人事分配上,调整课时标准,改革津贴分配,打破"大锅饭"和行政本位,大力度提高教师待遇,建立起向一线高层次教学人员倾斜的分配机制。对教职工发表论文、申报专利、科研立项、成果获奖和获市级以上精品课程、示范专业给予重奖,并创新教学过程管理与绩效考核,将院内津贴与年度工作绩效挂钩,有效地解决了人浮于事、效率低下等难题。

在管理体制上,完善系部建制,实行院系二级管理;优化岗位设置和工作流程,推行扁平化、项目式管理,精简分流机关人员、内培外引高学历、高职称、高技能人才,大力充实加强教学一线,改变了行政人员与教师人数倒挂的现象,稳妥地解决了师资偏弱、机关臃肿等难题。

在开放办学上,一手抓新校区建设,一手抓联企发展,通过校企合作整体搬迁实训中心到朝阳工业区,在花都粤宝丽工业园建设工学结合基地,既有效拓展办学空间,提升办学能力,又逐步形成行业指导、企业参与的校企合作新局面;大力度安排教师下企业实践,2006年年初一次性就安排了56名教师全脱产下企业顶岗实践,联系建立校外实训基地,提高实践教学能力;发挥行业优势,积极与广铁集团,广东省铁投,广、深、港地铁等行业企业大规模开展订单培养,每年订单人数占毕业生人数达50%以上,成规模组织学生参加春运服务,纳入教学计划并统一着装,擦亮服务春运品牌,屡获广州地区春运先进单位等荣誉称号,较好地解决了场地受限、知名度不高等难题。

在教学管理上,强化质量意识,引进ISO 9000质量管理标准,建立健全了以学院为主体、教育行政部门引导、社会参与的教学质量保障体系;对接职业岗位群任职要求,确定课程标准,以工作任务或典型产品为载体,重构教学内容;以工学结合为切入点,积极探索"产教一体、寓学于工"人才培养模式改革,积极解决校企合作动力不足,工学结合学生兴趣不高,教改难以推进、质量难以提高等难题。

三是迎难而上，拼搏进取。学院各级领导领着干、带头干，迎难而上，攻坚克难，特别是凝聚广大教职工创造性地干，重拾了拼搏进取的"火车头精神"。抢抓全国铁路和珠江三角洲地区轨道交通大发展的机遇，面对占地面积小的困难，调整校园布局，改、建、扩三管齐下，挖潜办学，并联合朝阳工业区改建实训中心，在羊城专修学院新建南校区，进入花都粤宝丽工业园打造工学结合基地，有效探索了从"订单培养"到"教学工厂"的发展新路子。在迎接教育部人才培养工作评估过程中，全院上下发扬"五加二，白加黑"的拼搏精神，大力加强内涵建设，努力提高教学质量。

广铁职院人迎难而上、自力更生、艰难发展的办学精神，赢得了各位专家和上级主管部门的好评。2010年6月评估反馈会上，省教育厅魏中林副厅长高屋建瓴地评价学院移交发展，是"励精图治，挖空心思谋发展；上下求索，戴着脚镣在跳舞"。2010年5月魏中林副厅长考察认为"花都工学结合基地建设，是对'校企合作、工学结合'一个很好的、全面的、系统的、创造性的实践；提出的'产教一体、寓学于工'人才培养模式，相当好，是对'校企合作、工学结合'的进一步具体化和可操作化；学院已经做的和正要做的都表现为目标明确，定位准确，方向正确。"成为全省极少数获此殊评的高职院校之一。

四是政府高度重视和大力支持。学院移交转制以来，广州市政府在财政投入、政策支持、新校区建设和人才培养等各方面给予大力支持，提供有力保障。除财政经常性补助外，专项经费投入累计达1.1亿元。2007年8月，市委、市政府发文（穗府〔2007〕33号）决定学院更名为广州工业交通职业技术学院，实施易地建设。市委、市政府领导多次亲临学院检查指导工作，就学院加快推进新校区建设、建设职教集团和轨道交通培训中心分别做出明确批示。2009年4月，学院申请进驻萝岗建设新校区，面呈省教育厅领导得到大力支持，市委、市政府领导都做出批示，认为"广州铁路职业技术学院办得不错，其发展定位也与拟建中的广东省职教基地相吻合，萝岗区欢迎其进入省基地"，要"全力争取（广铁职院）入驻萝岗省职教基地"。经过学院申报和竞争演讲，我校终以全省排名第二的成绩成功入选进驻省萝岗职教基地建设新校区。

高职教育发展必须坚持校企合作，工学结合，走特色化的发展道路。必须遵循高教规律和职业属性，为区域经济社会发展培养一大批用得上、留得住、干得好的高素质技能型人才。

名校速递：刘院长，您的教学科研成果非常多，在核心期刊上发表了很多论文，承担了很多课题，获得的相关奖项也多，其中也有关于"改革"方面的论文,能谈谈这些教学科研成果对于您的教育管理工作起到什么作用?在现阶段,您觉得高职院校的教育教学要通过怎样的改革,才能更好地发展?

刘国生:作为院长,要向选择学院的每一位学生和他们的家长负责,要为选择学院毕业生的每一家用人单位负责。因此"培养什么人、怎样培养人"是我常常思考的问题,在推进改革与借鉴先进经验方面,我认为要结合学院实际敢干善思,即要敢于以改革促发展,以发展促和谐;又要善于在实践中思考提炼,在提炼中再实践提升。为达此目的,首先要善于从实践中发现问题,寻找课题,并认真思考,归纳总结,在从文字到文章的过程中追求精益求精。就是说,尽自己的最大努力去做好每一件事情,不至于事过境迁又后悔当初没有尽力。说到发表的论文和取得的教科研成果,那只是自己长期教育教学管理所为、所思、所想、所研的产物,是源于实践,高于实践的一份思索,对于提高管理水平和工作绩效确实有引领作用,受益颇丰。通过从实践到理论,从理论再到实践的反复提炼、不断探索,使学校管理呈现出螺旋式上升。

目前,我国高职教育教学改革已进入一个深水区,无论从广度和深度都前所未有,表现为追求高质量,创品牌,争一流。高职教育要打造自己叫得响的品牌,我认为必须坚持校企合作,工学结合,走特色化发展之路。校企合作既体现了职业教育与经济社会、行业企业联系最紧密、最直接的鲜明特色,又是当前改革创新职业教育办学模式、教学模式、培养模式和评价模式的关键环节,更是把职业教育纳入经济社会和产业发展规划,促使职业教育办学规模、专业设置与经济社会发展需求相适应的重要路径,是今后一个时期改革发展的重要抓手。因此,我们要在花都工学结合基地建设的基础上,下大力气再实践、再提升、再创新。同时,加强理论研究和模式提炼,必须立足高职教育功能特点及职业成才、成长规律研究分析的基础上,结合区域经济发展需求和学院实际,按照一举多得、校企共赢的原则思路,着重在教学内容、教学方法、实践教学等方面进行大刀阔斧的改革,才能推动高职教育又好又快地发展。

探索职校与企业深度合作模式[①]

——从"订单培养"到"教学工厂"

一、个人金句

院校要主动,要想到能为企业做些什么,让企业乐意与你合作。以服务为宗旨的运作,虽然没有直接经济利益,但潜在的效益难以估量。

学院想到的首先不应是赢利,而是如何给学生营造实践训练的环境,经济上算的应该是人才培养这笔大账,从而有效整合起行业和地方院校的优质资源。

记者(以下简称"记"):广铁职院之前隶属广铁集团,2004年转制移交广州市政府管理,学院发生了怎样的变化?

刘国生(以下简称"刘"):广铁集团于2004年将旗下的广铁职院移交给广州市管理,这对学院来说也是一次发展机遇。尽管企业办学具有行业优势,但仍有局限性。

学院移交给政府管理后,体制和机制上带来了活力和生机:一是引入了市场机制,办学效益与教职工分配挂钩;二是专业得到拓展,人才培养要服务于广州经济和社会发展,发展定位扩为做优轨道交通类专业,做强先进制造类专业,做实现代服务类专业;三是办学主体明确,学院按照政府的要求和人才培养的规律,面向市场需求自主办学。我的体会是,学院移交转制综合了行业办学和政府管理的双重优势,促使学院步入了省市先进高职院校跨越发展的快车道。

二、共赢:与行业"分家不分离"

记:企业院校原本和行业关系紧密,改为政府管理后这一优势有没有减少?

刘:客观地说,肯定有所减弱。之前虽然是"辅业",但企业负有直接管理责任。现在没有隶属关系,如果学院不主动联系沟通企业,对方也不会

[①] 2009年2月24日,登载在《南方都市报》C19版。

再像以前那样护着你。但与地方院校相比，还是有很大优势，主要是得天独厚的企业背景和情结，加上人员关系，开展校企合作肯定要顺畅得多。为此，学院提出了"分家不分离"，建立校企合作长效机制，要更加主动服务好企业，通过服务，实现有效互动。

转制以来这三年的"春运"，学院主动送"服务"上门，积极联系广州火车站，分别派出大量学生参加服务，还把学生参加"春运"列入教学计划，作为轨道运营类专业的专业实践课、经管与机电等其他类专业的社会实践课，统一计算学分，并每年投入10万元资金为学生统一着装。广铁集团相关部门很感动，连称没想到分家后合作的力度更大了。这样校企关系自然也就融洽了。对于学院来说，虽然每年要为此投钱，教职工假期也辛苦多了，得到的最大的实惠就是锻炼了学生。学生的社会见识、专业技能、职业素质得到真刀实枪的训练，这样校企都实现了共赢。

三、合作：互利才能互动

记：学院和企业怎样实现深度合作？

刘：要以互利促互动，进而实现融合。之前我在番禺职院等学校任职，由于没有广铁这种行业背景，当时搞校企合作很难，只得领着系主任到珠江三角洲的相关企业一家一家去拜访，让人家熟悉你，了解你。广铁职院虽然有很好的行业背景，也不能坐吃这个老本，要服务上门才能实现融合。

首先，院校要主动，要想到能为企业做些什么，让企业乐意与你合作。我想至少是要做到这两点，一是学生到企业不能添乱；二是要利用学院资源来为企业做好服务。比如，学院接触网仿真实训基地，每年为广铁集团供电段培训员工，收费按直接成本核算，不追求经济效益。学院技能鉴定所也照此办理，每年为相关企业培训5 000~6 000名员工，这种以服务为宗旨的运作，虽然没有直接经济利益，但潜在的效益难以估量。因为多服务一家企业，多培训一个员工，你就多了一份社会合作资源，你的教师教学和学生实践就多了一份方便和照应。其次政府要驱动，通过政策引导企业。比如，减免相应的税费，或给予建设项目上的支持等。学校与企业的互利互动，再加上政府的政策驱动，这种"双动"模式下的深度融合，应该可以走出一片校企合作的新天地。

记：目前，广东部分中小企业不景气，对校企合作有没有影响？

刘：有影响，但也要看行业。比如广东玩具企业订单减少、企业裁员，相关专业的学生顶岗实习的空间将缩水。但对学院轨道交通类专业不但没有影响，还带来了机遇。因为国家为应对金融危机的影响，投资4万亿拉动内需，就有上千亿投入轨道交通行业，行业的发展带来的人才需求，无疑会促进校企合作。

培养：学院超市让学生自主经营

记：提高学生的职业能力和职业素质，学院采取了哪些措施？

刘：学院人才培养模式改革注重"工学结合"，教学过程强调实践性、开放性、职业性。所采取的措施，一是尽力为学生创造实践环境和条件，这也是我一直坚持的理念。比如，学院在深入企业、引企入校的同时，每年拨款80万~100万元，把院内学生能干又不影响学习和安全的事，都交给学生去做。单从投入上讲，比交给物业公司肯定要多花钱，但学生的受益却是多方面的，既锻炼了学生自食其力的能力，也帮助困难学生解决了部分生活费。

记：经管、外语这样的专业，如何增加实践教学课程？

刘：经管、外语类专业也开设了足够的实践性课程，在开放办学的同时，下力气建设好院内实训基地。比如院内的超市经营权，建设时老板争着要承包，不但付装修费，每月还给出1万多元的租金。但学院还是决定交给经管系由教师带着学生来经营，不但没收分文租金，还负责装修、提供实践教学的启动资金。

类似这样的时机，学院想到的首先不是营利，而是如何给学生营造实践训练的条件和氛围，经济上算的是人才培养这个大账。如果经过学校超市摸爬滚打出来的学生，毕业时能胜任王府井百货大楼、新大新公司这种高档商店部门经理之类的职位，又具有创业能力，这对学院是不是一件大好事？

四、改革：开发校本教材，让教师熟悉企业

记：培养高质量的人才，离不开高质量的师资和紧密联系实际的教学。学院的教材能否满足实际的需求，教师如何提高行业技能？

刘：确实有些教材不能满足实际教学的情况。在专业教学改革中，教材创新是个重要方面，尽管这不是一个院校能做到的事，要从每个学校做起才行。所以，学院鼓励教师结合实际开发校本教材，为此还设置了教材专项经费。以多种方式鼓励教师按照就业岗位的需要整合课程、创新教材内容，开展信息化仿真教学。

在加大引进高技能、高学历人才的同时，我们特别注重现有教师的素质提升和培养。一是将学院实训中心有关专业实训室，都划拨到相关的院系去管理，要求教师参与实训室建设，不仅要掌握相关设备的功能，还要能进行操作演示；二是坚持轮流安排教师去企业挂职实习，参加职业资格培训，所需经费全部由学院负责。这里值得提及的是，2006年上学期学院一次性就派

出50余名教师对口到相关企业顶岗挂职，学校按满工作量全额发给工资和课酬。

五、就业：推广订单培养与教学工厂模式

记：据了解，轨道交通专业采取了订单式培养，以后这种模式会继续扩大么？

刘："订单"培养是企业和学院共同进行人才培养的一种方式，经企业考核合格的毕业生直接到该企业就业。对这种培养方式的探索，学院启动早、规模大、收效好，今、明两年毕业的学生现被广、深、港地铁等名优企业预订进入"订单"培养的已达1 200多人。其中，也有部分经管、机电类的学生，实行专业转向对口培养，这也是对"订单"培养的拓展。"订单"式培养是职业教育可持续发展的一条有效路径，学生毕业前作为准企业员工到企业顶岗实践就是事实上的岗前培训，你说企业能不欢迎么？学院正在着手做的工作，就是把"订单"培养模式打造成校企协同、规模发展模式，并拓展到先进制造业和现代服务业等相关企业。通过"订单"培养的创新，学院还建立了广铁集团、广交会、朝阳花都工业区、东莞立诚教学工厂、执信南教学酒店、穗深港地铁等多种校企协同育人共管共教的人才培养模式，很受企业与学生的欢迎，成为实现校企互利、互动、互赢的一个新载体。

实践篇

以人事分配改革力推人才强校工程[①]

今天这个会既是改革动员会，也是一个改革动因说明会、同类院校改革形势通报会。学院人事分配制度为什么要改革，怎样才能做好这项改革，对此，我谈四点意见。

一、改革的动因

我来学院这四个月里对全院人员情况、分配制度做了调查分析，基本上弄清了教职工为什么在分配方面的意见最大、议论最多、盼望改革的愿望最强烈。从学院层面和我个人的角度前后思量，对于为什么要改可以说是思考最多，感觉最难，不改不行。

1. **为什么说思考最多**

因为学院移交广州市政府管理，作为新领导班子成员特别是一院之长，我考虑最多的是如何既有利又有力地加快推动学院的发展。结合学院的实际和兄弟高校的改革经验，发展是解决各种困难和矛盾的"金钥匙"。市委领导来学院宣布新领导班子时就很有针对性地指出，"大发展，大出路；小发展，小出路；不发展，没出路"。贯彻落实好上级领导的要求，作为学院领导班子来讲，首要考虑的是学院如何实现又好又快的发展？怎样选准选好这个发展的切入点？经过深入的调研和思考，我以为下一步或者相当一段时间内，学院的发展应该要下大力气抓好"四项工程"：一是以改善办学条件、美化校园环境为切入点的学院形象工程；二是以实施人才强校战略为目的、以人事分配制度改革为切入点的校内管理改革工程；三是以产学研结合、提升核心竞争力为切入点的教学质量工程；四是以力争建设新校区为切入点的示范性高职院校的评建创优工程。

目前，以改善办学条件、美化校园环境为切入点的学院形象工程已开始启动。办学条件、校园环境既是人才培养的基本要素，也是学院在社会上的"脸面"，办学条件不好，教师和学生学习、生活、工作的环境不好，就难以稳住我们的教师，更不可能吸引外面的人才，也不可能吸引学生来报考。目

---

① 2005年12月30日，在学院人事分配制度改革动员大会上的讲话。

前我院的环境、条件确实比较差，前不久，我陪同发改委、教育局的领导在校园里巡视，看到的第10栋学生宿舍用"破烂不堪"来形容应该一点也不夸张；晚上我到学生宿舍走访，当时尽管是冬季的晚上8点多钟了，看到学生仍在开水棚排长队艰难地等待打开水、取热水；再加上校园及周边乱堆乱放、道路破损也令人难以想象……这些都使我感到心里不好受。为人父母设身处地想一想，我相信人家也不好受，作为我们的学生、学生的家长、学生的同学看到校园里这个样子，会有好印象并进行正面的宣传吗？所以，学院当务之急是要改善基本的办学条件，美化校园环境，这是学院办学和发展的一个基础，对此，全校上下现在已经形成了共识。最近我和刘新星主任、霍京新处长到顺德职业技术学院开会，他们发现我院各方面的条件与之相比差距都非常大，觉得我们实验实训的设施设备太陈旧、太落后。作为职业教育培养学生的应用能力，实训、实验的可用设施设备不多，或者根本就用不上，与学院的人才培养目标和专业定位确实相差太远，这方面的整改工作已开始在做，明年还要再投入较多资金进行改造。关于产学研相结合和教学质量工程，在不同的会议都做过一些阐述，在召开教学工作会议时我还要重点讲，这里就不多说了。关于建设新校区的评建创优工程，这几个月都在抓紧做，先后组织到南沙、花都进行了考察选地，下一步还要到多地再考察、比较、论证。

这里想要重点讲以人事分配改革为切入点、实施人才强校战略的校内管理改革工程。作为一所高等院校，办学要以人为本，首先要以教师这个主体为本，因为师资队伍建设是学院实现全面、协调、可持续发展的根本大计。学院发展需要人才，人才从哪里来？上次市委领导在讲话中强调要求学院重视人才的"引进、培养、提高"，既要稳住现有的优秀人才，又要吸引、调入一批专业骨干、有影响力的带头人，还要提高现有教师的学历、职称和双师能力。稳住人才很重要，我来学院后，听说内地调来的教师很多是想以广铁职院为跳板进广州再调走，当然也有相当的骨干仍然留在这里。作为学院领导是不是也要思量一下，这些教师好不容易调来学院，其初衷应该是盼望学院发展、个人也有好的发展，看到学院这个样子是不是也要考虑广铁职院的发展前景值不值得他留下来。稳住人才、吸引人才、引进人才，按照市委领导的讲话是要靠事业留人、靠感情留人、靠适当待遇留人的。靠感情留人我们通过努力，比较容易做到，但市场经济条件下，哪里的待遇高，哪里的事业发展前景好，人才就往哪里去，这也是个不争的事实。那么靠事业留人、待遇留人，事业发展和提高待遇都需要资金，而资金、经费从哪里来呢？通俗地说就是要把现有的蛋糕做大、把分配的盘子做大，然后就是把蛋糕切好、把分配搞好。市委领导要我们大发展、多招生，这是对学院很大的鼓励和支持，是在给我们的发展指出出路和方向。明年学院计划招收2 600人，这就是所说的把蛋糕做大。但眼前的蛋糕只有这么大，想做大的蛋糕还得等到明年下半年，眼下要稳住人才、吸引人才，唯一的出路则只有改革人事分配制度，重新切蛋糕。因为不破不立，既然要改革首先就得打破现有的大锅饭，进行分配机制的创新。

2. **为什么说是感觉最难**

因为稳住人才、吸引人才，做大蛋糕、切好蛋糕这四个方面，既是前因后果，又相辅相成。重新切蛋糕就要打破陈规，就得打破大锅饭的分配机制，而人们一般习惯于守着自己的本分，习惯于维持现状。可以说，长期以来计划体制下的"等、靠、要"思想和人们喜欢维持现状的习惯思维，是改革的最大难点。不想改、不愿意改，怕改革损害自己的既得利益，这也是可以理解的。目前学院改革工作量定额，有些教师就担心课不够、收入减少，我觉得这也是一个好事，说明有触动、想上课。也有些老师说不是他不想上课，而是因为没有课上。那为什么没有课上？由表及里地分析无非是三点：一是人浮于事，生师比太低不适应新形势的要求；二是个人业务能力跟不上，新课上不了；三是所在专业招不到学生，被市场淘汰了。无论哪一种，都必须进行改革。按照市委领导的说法：一是专业被市场淘汰了，二是本人业务技能要拓展了，三是人浮于事，生师比不适应新的形势要求了。这些都需要通过改革来解决。学院从铁路移交广州市政府管理，实际上就已经置身于市场竞争环境中，市委领导说这是"机遇大于挑战、希望大于困难"，这个机遇和希望要看我们如何去把握并为之付出！学院移交后出现两个新的情况，一是原来在广铁集团不管招多少学生，拨给学院的经费相差不大，这种情况下有些同志不想多招生，也是可以理解的。但是，移交广州市政府管理后，拨款的机制已彻底改变，你招一名学生财政拨款给你3 260元。如果按目前在校生1 300多人来拨款，那我们这么多教职工喝稀饭都不够。所以，我们不多招生不行，这方面大家也已有了共识。二是广州市对人员经费实行比例控制，工资由市里拨付，课酬津贴等要自筹，且最多只能用学费的50%，超过这个比例就是违规。习惯与创新、计划与市场，理念的碰撞、机制的创新，都涉及利益的调整；生存的压力、发展的困难，迫使我们必须闯出一条新路。而我们有没有闯路的勇气和信心，决定着我们能不能在市政府提供的大发展的舞台上施展才华，能不能实现学院发展的目标。

3. **为什么说不改不行**

第一，广铁职院目前分配和收入的增长是沾了移交的光，是靠"供血"来维持的，是建立在沙堆上的。我们在"铁老大"的羽翼下、在计划体制的庇护下维持的时间不长了，三年过渡期就要结束，明年是过渡期的最后一年。如果校内分配只能拿学费的50%，那么明年人员经费要减少400多万元，人均可供分配的资金要减少1万多元。人均收入减少，高层次的人才稳得住吗？第二，学院发展需要人才，而现有人才队伍很不适应发展的要求，表现在人员结构上，一是专任教师与行管、后勤人员的比例严重倒挂，教师只占教职工总数的40.9%；二是教师中具有高级职称的仅占15.9%（且有多名还是高级讲师），比例偏低。按照教育部评估的要求，要达到"合格"必须是20%以上，评"优"则要达到30%，现状是差将近一半；三是硕士学位学历的教师比例更低，仅为2.8%，合格是15%，优秀是35%，差距更远。因此，仅此三项指标，学院评估就不可能通过。改变这一现状，既要稳住现有人才，讲师多一点提升为副教授、副教授提升为教授，本科学历的多一点拿到硕士学位学历。所以，下一步还要考虑对按期晋升讲师、副教授的、在职攻读硕士博士的给予适当奖励。加之，还要引进高级人才，即高职称、高学历、高技能的"双师型"人才，吸引人才要靠感情，更要靠待遇和事业。而待遇提高和事业发展都得需要资金。第三，如果仍然维持学院现状、继续吃大锅饭，结局不堪设想。学院原归属铁路部门管理，对企业的了解大家都应该比我深刻，市场经济条件下的企业改革，提升了一批企业、搞活了一批企业，也垮掉了一批企业。兴旺、发达的企业都得益于改革起步比较早，垮掉的企业大多是因为守旧，不改革，不创新。如果学院今天不改革，这些垮掉企业的昨天就很可能成为我们的明天！我们既然已经进入市场、进入广州市属高校同一个发展平台，如果继续按照原来的模式进行运作，明天可能就会没有饭吃，最多也只能是喝稀饭。冷静地、客观地分析上述三个方面的情况，发展的出路和答案只能是，也必须是改革。通过改革增添活力，通过"造血"建立分配长效机制。所以说，不改革不行。

二、改革的任务

改革的任务主要有三项，第一是定编、定岗、定员，实行竞争上岗、全员聘任，分流人员，引进人才。全员聘任先从处级干部竞聘开始。第二是贯彻人事部、教育部有关政策规定，加大分配改革的力度，建立向高层次人才和重点岗位倾斜的分配激励机制。为此，一要做大蛋糕，集合全校之力做大学校实力增长点：（1）每年确保2 000名以上新生进校，明年在校生达到3 500人，后年达到5 000人，实现办学上规模；（2）争取市政府投入和政策倾斜，特别是近几年内能对学费50%的上限给以关照；（3）要变消费点为增长点，包括节流开源。节流就是要精打细算、减少不必要的开支。开源就是分流一部分人员，减少开支，学校给政策。例如，实习工厂的加工能力很强，能否利用学院的设备，把今后学院自己的加工任务交由他们带着学生来做。最近实训中心两个机房的改造,其中的电路就交给实训中心自己来完成,既节省了一部分资金,又让学生得到真刀实枪的训练。分流人员给政策,在工人技术定等申报中,有一位职工原是厨师,表示愿意归队,学院给予支持,他归队到食堂当厨师,学院继续给他发财政统发工资,奖酬金由承包的食堂支付。还可以考虑成立一个后勤产业公司,走向市场。二要重新切好蛋糕,即按照按岗定薪、按绩效分配的原则,津贴向业绩突出、高层次人才和重点岗位倾斜。这涉及利益调整问题,需要全院教职工的理解、支持、认同。三要把校内所有名义的分配都归口为一个即校内岗位津贴。教师的津贴按教学任务核算,与课时挂钩;行政人员按岗位职责考核,与出勤挂钩。教师按课时发放津贴,即实行课时津贴加超课时酬金两部分。有的教师担心改革后收入是否会降低,大家可以按方案中的公式认真计算一下,只要完成基本教学工作量,教师的收入就不会降低,有的还会有所提高。当然,实行新的分配制度后,不上课肯定就不行了。讲的课越多,酬金也越多,这就体现了多劳多得、按劳分配的原则。

三、改革的境界

改革的追求,是要达到厉以宁教授"三个和尚有更多的水喝""龟兔赛跑由单打独斗到优势互补"两个故事所蕴含的境界,不让一个愿意尽心尽责为学院发展努力工作的人掉队,并形成一种你追我赶的团队攻关的态势。即通过改革,实行技术创新、机制创新、管理创新,实现团队合作共赢。特别是教学人员与行政人员发挥各自的优势,改变相互攀比、观望守成的现象,形成优势互补、共同进步的景象。总的原则是以改革增活力,以特色求发展,以质量创品牌,在全校教职工的团结进取下,通过深化分配改革,力推"四项工程",用较短的时间实现学院办学上规模、育人上质量、管理上水平的阶段目标。力争3~5年之内,在办学水平、教学质量、打造品牌方面追赶番禺职业技术学院,在观念转变、办学效益、教职工待遇等方面赶上广州广播电视大学。

四、改革的要求

1. 要正确理解学院的改革

改革,势必牵涉利益的调整,现有的蛋糕也不得不重新切分,这样难免有部分人的眼前利益会受到影响,为了学院明天的发展,大家要有奉献的精神。最近看到广东改革开放20年经验总结报告,其中介绍的一条重要经验就是:杀出一条血路,闯出一条新路。可见当年其改革的起步也是多么的艰难,会有多少人要为之付出、为之奉献。在这个意义上,如果为了明天的发

展,在今天的改革中即使个人利益受一些损失,我们也能做到无怨无悔,这也是对学院发展的一份奉献。

2. **要正确处理三个关系**

一是个人利益与学院发展的关系,即在改革进行中不能只想着个人,一定还要想到学院的发展;二是眼前利益与长远利益的关系,不能只看眼前这点钱,守着这个不稳定的大锅饭,甚至宁愿放弃学院发展的美好前程,也一点不肯退让;三是局部利益与全局利益的关系,不能总站在本部门的角度,而要站在学院整体的角度来思考问题,对待改革。

3. **要正确进行改革操作**

改革中,要坚持做到改革无情,操作有情,区别情况,分类对待。特别是学院领导班子成员和各部门的负责同志,要出以公心,要动以真情,要把学院改革所蕴含的关爱传递到每一位教职员工,使大家都从心底由想改革、愿改革、要改革,到服从改革、赞成改革、支持改革,进而为改革献计献策,补台补位。

总之,希望全院广大教职工,对学院实施以人事分配制度改革为切入点的人才强校工程,要站得高一点,看得远一点,想得开一点。人人用心来理解学院的改革,个个出力来支持学院的发展,做到全院上下齐心协力,共渡难关。大家都为学院改革、建设、发展贡献自己的聪明才智,做出各自应有的贡献。

明确目标 深化改革
举全校之力推进"四项工程"建设项目[①]

一、2005年的工作总结

2005年,按照学院既定的目标,在广大教职工的努力下,圆满完成了教学、科研和管理的各项任务。以下以新班子组建为时间节点,分两段进行归纳总结。

（一）上半年完成的主要工作

在抓好日常教学、科研、管理和后勤服务等工作外,重点完成了以下6项工作。

（1）完成了学院在教育部的备案工作。此项工作是决定学院生存和发展的基础,由于上一届学院党政领导的努力,全院教职工的积极参与,在省市各级领导和有关部门的重视和帮助下,学院终于完成备案,正式成为一所普通高等职业院校。

（2）完成了在职人员和离退休教师的移交工作,理顺了工资、医疗、保险等关系。学院由广铁集团公司移交广州市政府管理后,教职工的工资收入人均增加800多元,这是理顺工资关系后广大教职工得到的实惠。职工的医疗保险也于11月正式进入广州市的医疗保险系统,大家可以按照市公费医疗的相关规定来进行就医和保险。

（3）录取大专生1 113人,实际报到897人,报到率为80.6%,处于全省高职高专院校的中上水平,是值得高兴的事情;录取报到普通中专生713人;录取成人中专生125人（下半年录取了成人大专生209人）。

（4）新建了校门、校道。这是学院暑假期间抓紧实施的一项形象工程。校门、校道的修建,较好地改善了学院的面貌,特别是进校的第一印象,为校园建设办了一件大实事。

（5）学院被铁道部确定为铁路机车司机培训基地,"电力机车受电弓保

[①] 2006年1月13日,在学院期末工作总结大会上的讲话。

护装置"获颁定点生产许可证;技能鉴定所通过省级评估,评定为优秀。

6. 自筹 300 多万元,购置了 5 台数控机床设备,新建了气动液压实验室,改善了学生的实践教学条件。

(二) 下半年完成的主要工作

下半年,学院新领导班子自 8 月上任以来主抓的工作可以归纳为:确定了一个目标,推进了两项改革,抓了三大任务。

(1) 确定了一个目标。学院当前和今后一段时期改革、建设和发展的阶段性目标是,办学上规模、育人上质量、管理上水平。按照这"三上"的目标,学院对"十一五"规划进行了调整提升:在办学定位方面,提出要立足铁路和交通运输行业,面向机械制造等工业企业,为广州经济社会发展培养高素质的应用型人才,力争建设新校区,创造条件突破 10 000 人;在规模方面,确定了 2006 年学院招生计划为 2 600 名大学生,力争在校大学生达到 3 500 人,2007 年达到 5 000 人,2008 年争取再进一步增长,使在校生规模达到 8 000 人左右。全校教职工都非常关心 2006 年招收的 2 000 多名新生的学生宿舍的报建和修建工作,教学党总支提交的党员意见、建议中就有一条:为什么新建学生宿舍迟迟不开工?借此机会向大家做一个说明,新建学生宿舍项目,在学院原党政班子的高度重视下,已经报市发改委批准立项。学院新的领导班子到位以后,也把此项工作列为学院发展的第一要务,下大力气来抓。但是,这项工作在推进中非常艰难,第一难是学院由广铁集团移交广州市政府时,学院的房地产权属的变更没有办理;第二难是此地块权属单位为广州铁路机械学校,名称不符;第三难是现有建筑面积达 5 万多平方米,按校区规划其容积率已超标。所以,为解决这三难,学院下了很大的力气。容积率超标,我们针对校园原规划布局的不足之处,以此为由已对校区规划做了调整;房地产权属等变更,学院也想了很多办法,在抓紧进行运作。如进展顺利可在 3 月底动工。

按照学院确定的"三上目标",下半年对"十一五"规划进行的调整和修改工作,得到了市教育局领导的重视和亲自过问,得到了广州大学高教研究所教师的指导帮助。当然,这个规划还要继续完善,要下大力气把学院未来五年发展的蓝图设计好。同时,按照市委、市委组织部、市教育局党组的要求和统一部署,学院在下半年开展了共产党员先进性教育,通过这次先进性教育活动,学院领导班子成员和每一位共产党员思想上都受到了一次很好的教育,认识上有了新的提高,先进性更加明显了。

(2) 推进了两项改革。第一项改革是干部的聘任改革,实行处级干部竞争上岗、公开竞聘。这项工作在学院党委的领导下,如期顺利地开展,已圆满地完成了各项任务。下学期新聘的干部将到位开展工作。第二项改革是学院分配制度的改革,分配制度改革也是全院教职工高度关注、广泛参与、积极献计献策开展的一项工作,收到了预期的效果。学院着力推行这项改革的目的,是要激励大家都想事、多干事、干好自己的事,以推动学院的发展。改革在各个部门特别是在教师中收到很好的效果,提高了广大教师推动学院发展和教书育人的积极性。骨干教师队伍的积极性被激发、调动起来了,学院今后的发展就大有希望了。因为教师是学院的主体,主体队伍的精神面貌、工作积极性在很大程度上决定了学院发展的前景。

(3) 抓了三件大事。第一件大事,是抓了移交协议的兑现工作。在学院原党政领导的努力下,移交争取了比较多的利益。新的领导班子到位后,毫不迟疑地把协议的兑现工作作为一件大事来抓,不遗余力地争取兑现广铁集团承诺的事项。为此,学院向市教育局做了专题请示,各有关部门也通过各种渠道请求上级有关部门帮助落实。广州市教育局领导带领局有关处室、学院领导及相关部门负责人,与广铁集团就移交协议兑现问题进行了很好的协商。广铁集团领导答应已承诺的条款一定兑现,具体工作要求对口部门抓紧落实,限期完成。同时也强调,广铁集团的培训任务不再另搞一套人员、不另设培训中心,原来给广铁职院的各种技能培训任务继续交给学院来完成、确保"不断奶"。所以,我们今后要继续与广铁集团保持紧密的联系,做好为铁路发展培养人才、提供智力支持这篇大文章。

第二件大事,是确立了教学工作的中心地位,把教学作为学院的一项主要工作来抓。这包括6个方面的工作。一是筹备召开学院教学工作会议。召开教学工作会议的主要目的是进一步确立教学工作在学院的中心地位,进一步确立教师在学院的主体地位,把教书育人工作做得更好,尽快地实现广铁职院由中专到大学的转型。对于转型的问题,我原来觉得应该比较容易,但从这4个月工作的情况来看,感到一天要比一天难。主要难在我们的观念理念上,难在我们的各种基础条件方面。学院要真正像一所正规的普通高校,要实实在在成为一所有作为的普通高职院校,看来不得不经过一番痛苦的思想转变、一番观念提升的自我革命。这确实是一件很难的事,但不要紧,我们可以不断地努力,按照正规高校的要求来提高大家的各项认识,提高管理水平,提升教书育人的质量。所以,这次教学工作会议的任务十分艰巨,要把主要精力放在观念、理念的转变和进一步抓好教书育人的研讨上,把思想统一到学院即将出台的"加强教学工作、提高人才培养质量"的决定上来。二是制定了学院实验、实训室调整的方案,也明确了下一步工作的思路。按学院目前的情况,即使在办学规模达到3 500人之前,现有的实验实训场地基本上还是合格的。这次调整的目的就是要把现有的这1万来平方米的资源利用好，在按照高职教学规律整合好现有的实践教学基地、实验室的同时，开发和新建一批具有较高水平和较好条件的新的实验实训室。目前，调整方案已开始启动，2006年还要进一步思考，如何进一步理顺实训中心的管理，初步想法是把一些基本的、基础的实验实训室继续由实训中心管理，而专业性较强的实训室划归各系管理。具体的方案大家可以进一步探讨，多出主意。总之，是要按照高职的规律，把学院实验实训的管理关系进一步理顺，把现有的资源整合好并发挥好的效益。三是启动了教师参加企业实践的工作。这项工作在各系部的努力下，迈出了可喜的一步。随着学院企业实践动员大会的召开，教师参加企业实践的积极性、主动性进一步增强了，目前已有34名教师自愿报名参加并制定了比较完善的企业实践方案，借助社会、企业来提升自己的实践能力，开辟新的专业、拓展新的市场。我也借此机会感谢这些教师对学院工作的参与和对自己发展的关注、投入，并预祝他们参加企业实践能取得好的成绩。四是抓好春运工作，服务铁路行业。学院要求将学生参加春运作为社会实践的选修课纳入教学计划，按照教学的要求来组织好、实施好。学生处、教务处按照这一要求做了大量的工作，并从学院的标志上和着装上进行了创新，把参加春运作为学院密切与广铁集团关系的切入点，并着力将其做成一个亮点。前天的誓师大会开得比较成功，在激发学生的工作热情、进一步联系广铁集团有关部门和争取市教育主管部门的重视等方面，都取得了比较好的效果。五是下大力气抓大学生的就业工作。告诉大家一个非常振奋的消息，就是学院2005年应届大学毕业生的全年就业率达到了98.66%，这个成绩来之不易，是学生处、招生就业办及相关部门的教师辛勤努力的结果。在此，作为院长向大家表示衷心的感谢。就业率是衡量一所大学办学水平的重要依据，决定学院今后能否发展、能否扩大招生的关键性指标。这项工作的进步很大，9月份报纸公布的一次性就业率还是64.77%，排在全省倒数几名，看到这个数据大家都不好过。因此，学院下力气进行整改，前后用了3个多月的时间，采取切实措施抓就业推荐、统计综合等各个环节，效果非常明显，提高了近34个百分点。这也充分说明了我们广铁职院的广大教职工是有能力、有潜力的，是能干成事的，也说明学院的难点工作抓与不抓、抓得紧与不紧，是完全不一样的。六是抓教学方面的闪光点。2005年下半年以来，专业建设和课程建设出现了新局面，组织申报了市级示范专业3个、精品课程3门、广州市高等教育教学改革项目5项；申报了19门广东省高校"十一五"规划教材的选题。获得了广东省计算机教育软件评审一等奖、三等奖各1项，全国大学生电子设计竞赛广东省赛区三等奖1项，广州市多媒体教育软件评比获二等奖1项。特别是获得广东省2005年高职高专院校大学生CAD/CAM软件应用竞赛团体第6名，2人获得单项一等奖（全省共 13 名），学院将对相关的获奖者、组织人员、参与人员进行表彰奖励。

第三件大事，是抓校园环境整治，改善办学条件。主要体现在三个方面：一是全院教职工、学生都动员起来，全体参与到整治脏、乱、差的行动中，校园的面貌初步得到改善。组织开展了一次全院师生参与的卫生大扫除活动，组织学生开展为期一周的"告别脏乱差、提高自我素质"的教育活动，总务处组织了对田径场周边等场地的整治、清理。二是进行了校区规划的调整。感谢全院教职工都参与其中，有不少教职工提出了合理化的建议。三是拉直了校门道路、打通学生宿舍与食堂之间的通道。尽管这两件事不大，但也是我们广大师生盼望多年、想干还没有干成的事。这项工作的完成，首先是上级领导的重视、支持，其次是全院教职工的关注、参与。在此，要感谢市委组织部、市建委、市教育局、庆丰村委及有关部门的领导同志对学院的大力支持，使这两项工作得以顺利推进。2006 年，我们还要考虑与庆丰村商谈教学区与宿舍区间共用道路的整治和共建问题。三是争取广州市首拨专项资金 430 余万元，为学院实实在在办了几件大事：（1）十栋学生宿舍破旧的状况得到彻底改善；（2）学生宿舍太阳能热水系统工程完成，多年来学生没有热水洗澡的问题从根本上改变了；（3）新建了两个计算机房，新添置了一辆大客车，教职工上下班的交通条件将得到较大的改善；（4）电路的改造也正在抓紧进行中，还启动了几项道路绿化和临时停车场的改造项目。相信在新学期开学时，学院将有一个更新的面貌。

除此之外，2005 年下半年，学院还着手进行了整章建制的工作。学院目前的规章制度与普通高校还不太适应，学院要确立践行按章办事、依法办事，用制度来管事、靠制度来用人的办学理念，这就得有较好的制度，有关部门已经在开始着手准备。同时，还建立了院领导接待日制度，学院《简报》也已出刊 6 期，在宣传学院、加强全院沟通交流等方面起了较好的作用。

二、2006 年的主要任务

2006 年是学院"十一五"规划的开局之年，也是学院发展、改革、建设起飞的关键年，工作在寒假中就要起步，要有一个良好的开端。所以，2006 年的寒假将是一个不同寻常的寒假，是学院发展要有新的起色的寒假。学院有关寒假的安排已经下发了，大家一定要高度重视，以新的精神面貌、不同寻常的工作姿态，把相关要求落实好、做到位。

(一) 寒假期间的九项工作

寒假期间的九项工作具体如下：

(1) 抓紧落实教师企业实践的计划。目前已经有34位教师报名，希望没有报名的教师中，工作量不够或刚好够的要抓紧联系相关企业参加实践，以实际行动落实教育部的决定。参加企业实践，不在于时间的长短，不一定要搞一个学期，哪怕是用较短的时间去搞一个小课题或小调研都可以，充分利用大家与铁路及相关行业的良好关系，联系社会、服务企业、提升能力、开辟市场（就业、生源）。

(2) 启动实验、实训室调整方案。

(3) 校舍、实验室等的维修和校园整治等项目的建设。

(4) 新建学生宿舍的报建工作。这项工作需要总务部门、基建办、财务处等有关部门的同志予以高度重视，牺牲假期的休息时间，加快速度，确保进度，加班加点，如期完成。

(5) 学生参加春运社会实践工作。这项工作正在做，要采取切实措施确保师生的安全，不给企业添乱。

(6) 进一步落实好2006年的招生计划，拟订切实有效的招生宣传方案，确保完成今年的招生任务。这项工作任务十分艰巨，有关部门和同志要抓紧做好准备。

(7) 做好召开教学工作会议有关会务以及会议资料的准备。

(8) 拟定好学院"三定一聘"人事改革方案，确保下学期启动这项工作。假期中要召集中层干部进行研讨、论证，就新学期怎么组织好、调动好、整合我们这支队伍，制订一个比较切合学院实际的方案。在此也请大家放心，学院的改革是以人为本，是让"三个和尚有更多的水喝"，而不是三个和尚简单地减掉两个。为此，要引用一种新的机制，让大家都有事干。当然，你不能挑肥拣瘦，要服从安排、要真去干，并且要认真履职，切实干好。如果不愿意去干或者干不好，那就不能怪学院。这也是检验学院改革的标准，希望大家也确立这样一个理念。

(9) 做好执信南管理体制的改革。执信南要解决好人浮于事、资源闲置的问题，出路在哪里？是否要实行目标管理？目标管理由谁来领头？如现有人员都不领头，是不是要公开招聘？这项工作在假期中一定要有明确的答案。

(二) 本年度主要工作

2006年要按照"三上目标"，围绕"四项工程"，推进学院的各项改革，切实加强内涵建设，谋求学院更大更好的发展。我已经在人事分配动员大会上就"四项工程"做了点题，在这里再逐项进行较为明确的阐述。

（1）抓好以创建良好育人环境、改善办学条件为切入点的学院形象工程。这项工程已经在推进了，也取得了初步的成效。在新的一年里，学院要继续加大投入、以比较多的精力来抓好这项工作。办学条件不好、校园环境不适，各方面的工作都很难做，人才不愿意来工作、学生也不愿意来报考。所以，大家一定要高度重视，下大力气把学院建成一所环境优美、条件优良的学校。此外，新学期要在为教师配置手提电脑、推进信息化教学的同时，逐步改善教师的教学条件。后勤部门要进行专题研究，对家属宿舍要进行清理，对于拿学院的宿舍进行转租等情况绝不允许，要坚决收回，发挥其应有的作用。

（2）实施以产学研结合、提升核心竞争力为切入点的教学质量工程。高职院校要发展就要走以就业为导向、以服务为宗旨，产学研相结合的办学道路。所以，我们要将校企合作，对接企业、服务社会作为办学的宗旨和目标；要按照因材施教的原则，推进学分制的改革；要围绕社会的需求，切实加强学生应用技能的培养。总之，要以教学工作会议为起点，全面推进学院教学质量工程。

（3）实施以人才强校为目标、以人事分配制度改革为切入点的管理改革工程。管理改革的重点是要规范管理行为，提高管理水平。首要的任务是要按照现代大学理念，认真抓好学院各项规章制度修订、补充和完善，做到有章可循，按章办事，而不是单按某个领导的个人意见行事。所以，学院将2006年定为规章制度建设年，希望大家通过充分研讨，在民主的基础上进行集中，形成学院的规章制度，供大家共同来遵照执行。人才强校的重点是要引进高学历、高职称、高技能的人才，学院已确定2006年面向全国招聘28名高学历、高职称的专业带头人，4个系部主任也将面向校内外公开招聘，校内高学历、高职称人员要积极报名竞聘系部主任。学院"十一五"期间"三高"人才的目标，是要力争教授、博士学历的教师分别达到10名左右，硕士学历的达到35%以上，高级职称以上要达到30%以上。这是学院发展的根本希望所在，因为一个好的专业带头人，可以带动一个专业，带动一个系部，直至推动学院的发展。

（4）推进以谋划新校区为切入点的示范院校创优工程。这里讲的是大家所关心的新校区建设，学院最迟要在2008年进行高职高专院校办学水平评估。办学水平评估，大家都知道只有目前这150来亩地，而学生要达到5 000人的规模，硬件是最大的瓶颈，即占地面积、建筑面积不够的问题得不到解决，就不可能达到优秀的标准。所以，只能建设一个新校区。万顷沙的选址

主要问题是地质状况差一些，填海工程基建成本高一点，再有是远了一些，但这些都是次要的。南沙作为广州未来的新兴海滨城市的标志，目前没有一所大学、没有一所高等职业院校，这是一个很好的机遇，我们的定位还是想在南沙建设新校区。最近已与南沙区的领导和横沥镇的领导取得了联系，他们都非常欢迎广铁职院去建新校区。假期内学院领导将深入实地进行考察，只有把新校区的建设筹划好，学院才能有大的发展。由于在横沥镇建设新校区需要较多的用地，较大的投入，万一上级领导不能和学院达成共识，我们还要有立足现校区扩展的预案，争取学院门前的空地与当地政府谈校区共建，现校园作为教学区，共建开发的作为学生的宿舍、运动场地、学生食堂等，这要作为学院谋取发展的一个底线。总之，学院一定要依靠政府自谋发展，不能等着别人兼并发展，或看着别人在大步发展。

2006年是改革攻坚年，我们只要一心一意谋发展，集中精力搞建设，不遗余力地推进这四项工程，准能把教学、管理、科研、后勤服务、综合治理、安全保卫等各方面的工作搞好，把学院改革、建设、发展的起步工作做好。

转变观念 明确定位
全面推进专业教学改革和人才培养工作[①]

学院教学工作会议经过近半年时间的筹备，今天如期开幕了。这次会议的中心议题是，总结学院成立五年多来在人才培养工作方面取得的成绩、经验及存在的问题，研究、部署学院下阶段特别是2006年的教学工作。会议的目的是要进一步转变全院教职工的办学思想和教育教学理念，明确高职发展的定位，深化专业教学改革，打造人才培养和专业建设品牌，主题明确，内容丰富。大家一定要静下心来，全力将会议开好、开实，开出成效。

教育部专家陈希天教授做了题为"更新高职教育理念，推进人才培养模式创新"的报告，从12个方面对高职人才培养从理念到模式做了全面的阐述，传达了新的信息、新的观点，既有理论深度，又有很强的指导性和针对性。特别是结合学院的专业设置、课程改革，怎样正确对待学生等方面做了详细讲解，深入浅出，很受启发。俗话说：要知其然，更要知其所以然，没有教研科研的支撑，高等职业教育的理念难以创新，学院人才培养模式改革也难以得到理论上的提升。特别是作为一名大学教师，不但要能上讲台讲课，而且要懂得为什么而教，怎样才能教好，这样才能实现由教书匠到教授的提升。对陈教授的报告，希望大家认真理解、深入领会，并融入学院的人才培养工作之中。下面，就学院专业教学改革和人才培养工作，我谈四个方面的意见。

一、转变观念

转变办学观念，作为一所移交地方政府管理的行业高等职业技术学院，学院的当务之急是要树立"三个适应"的新理念：一是适应学生，二是适应市场，三是适应政府。

第一，要适应学生。适应学生体现在教学当中，就是要因材施教。因材施教是教学的最高境界，是教学方法的最佳体现。适应学生、因材施教，首先是要考虑教学计划、课程设置是否符合高等职业教育应用性人才培养的要

[①] 2006年2月24日，在学院第一届教学工作会议上的讲话。

求？对照这个要求，我们的差距在哪里？培养学生专业应用能力应开设的课程是否开设到位？希望在这次教学会议上，大家按照应用型人才培养的目标，按照因材施教的原则，按照适应学生的要求，对学院过去几年的教学工作进行全面的总结和反思，对今后深化教学改革、整体优化专业教学计划、强化教学过程管理等诸方面提出好的工作思路。比如说，更新考试的理念，据反映，有一些学生的课程考试合格率比较低，但毕业参加工作后又比较受行业、企业的欢迎，在实践中干得比较好，社会评价和声誉都较高。为什么学生的考分和实际能力会出现如此反差？对这种"低分高能"的现象，我们要进行很好的反思。是因为学生没有学好，还是考题与学生实际技能培养没有对路呢？那么，这样的考试是不是需要改革？换一个角度说，学生的考分低，用人单位选人时，看到的是不能体现学生真实能力的课程成绩，是不是又为学生毕业推荐和就业设置了障碍。我们强调"一切为了学生、为了学生的一切、为了一切学生"，怎样把这些理念落实到教学各个环节，落实到教书育人的全过程，值得我们认真思考。在今后的考试中，是否可以对课程不合格率规定一个比率，对高于这个比率的，那就要进行试卷对应分析，进行课程教学分析，认真查找原因，这是一个值得探讨的课题。

第二，要适应市场。适应市场，简单地说就是四个字：按需办学。道理很简单，也就是要按照市场的规律和需求来计划、安排、开展学院的人才培养工作。学院原来是铁路企业管理，现在移交地方政府管理，从原来的计划体制转变为市场体制，更加要注重服务区域经济社会发展的人才需求，努力适应企业对高素质技能型人才的岗位能力要求。就是说，市场需要什么专业，我们就努力办好这个专业；市场需要什么人才，我们就努力培养好这方面的人才。在按教育规律办学的同时，不能忽视按市场规律管理学校，要树立起经营学校的新理念。

第三，要适应政府。为什么提适应政府？作为政府举办的学校，无疑要按照政府的要求规范办学行为，作为广州市属职业院校，一定要认真适应广州经济社会发展对人才的需求，通过提供强有力的人才保障得到政府的认可和支持。学院作为铁路企业移交地方政府管理的学校，首先是要对接好政府部门、联系好政府部门、熟悉政府部门的办事程序和工作人员，尽快融入地方、服务好地方。其次是要按照教育主管部门的要求，加强内涵建设，完善办学基本条件，不断提高教学质量，提高人才培养工作的水平，这也是适应政府的一个重要方面。高等院校强调自主办学、自我管理、自我发展、自我提高，政府则通过评价、评估的手段来对学校实施宏观管理。目前，教育部对高职院校主要是通过基本办学条件指标、监测办学条件指标和人才培养工作水平的评估来实施宏观管理。基本办学条件、监测办学条件和培养工作评估都有硬指标，我们都得去适应。例如，教育部对基本办学条件和监测办学条件共确定了十二项指标，有生均用地、生师比、高级职称教师比、研究生学历教师比等指标，哪一个学校不符合要求，达不到规定的指标，轻则就会亮黄牌、重则亮红牌。被亮黄牌的学校要限制招生，亮红牌的则要停止招生，这不仅是个人要下岗的问题，而是整个学校要"下课"的问题，对此，我们要有危机感、紧迫感。目前，市政府和市教育主管部门非常重视学院的发展问题，学院面临着很好的发展机遇。但是，如果全体教职工特别是教师没有紧迫感、不能够奋发有为，学院怎么能够有为，怎么能够谋取更大的发展。

达尔文说过，"物竞天择，适者生存""不是最强者生存，也不是最智者生存，而是最适应变化者生存"，可见"适应"二字的分量。作为一所高等职业院校，学生是主体，毕业生的质量是学院立足社会的形象体现；在市场激烈的竞争中，不对接市场需求，不按市场规则办事，就难以生存，更谈不上发展；政府通过评估对学校实施管理，不达到政府规定的标准，学校则要被"亮牌"，直至红牌。所以，学校教学要充分考虑学生素质的提升；面对改革和发展的困难和问题，要敢迈大步，勇往直前；管理要发挥聪明才智，追求办学效益最大化；人才培养要按照政府的要求和市场需求，结合学生实际情况，在"下得去、留得住、用得上、干得好、应用型"上下功夫。我想这样坚持数年，广铁职院就一定会有非常美好的发展，跻身于全省同类高校前列的那一天也就为期不远。

二、明确定位

明确学院的定位，要牢牢记住三个关键词：一是"服务"，二是"就业"，三是"产学研结合"。教育部对高等职业院校发展的路子和办学方向提出"以服务为宗旨，以就业为导向，走产学研相结合的发展道路"。讲服务，就是要为地方经济社会发展提供有力的智力支持和人才保障，前面提到的"三个适应"的对象和内容，就是"服务"的具体要求和内涵体现。"就业是学校一切工作的龙头"，学生毕业无法就业，就好比龙头抬不起来，学校其他工作的推动就将成为一句空话。"产学研结合"是高等职业教育的活力所在，是提升学院核心竞争力的关键。通过上学期教师到企业实践的动员大会，目前已有40多位教师自愿报名，抓住现阶段学生人数不多、教学任务不太重的空当，深入企业进行对岗实践、专业调研，为拟开设的新专业做论证、拓展新的生源基地和就业基地，提升"双师"素质和实践能力，密切与行业企业的联系，这对学院发展是一件非常有远见、有意义的事情，潜在的育人效应、对教师成长发展的帮助，过两三年肯定会显现出来。开学后，学院要召开到企业实践教师的研讨会进行实践方案的交流。陈教授说高等职业院校发展要找合作伙伴,怎么找?教师参加企业实践就是一条很好的途径。

学院的定位,包括区域定位、专业面向定位,人才培养规格定位等,都需要进行深入的研究。一是区域的定位,学院"十一五"规划提的是"立足广州、面向全省、辐射华南和港澳地区"。二是专业而向的定位,学院提出"立足交通,面向机械制造业,拓展港口物流管理业"进行专业拓展。"交通"包含铁路特有专业,轨道交通类专业要作为学院的特色专业,下大力气建设好,并谋求进一步的发展。考虑到"铁路"的涵盖面比较窄,容易产生误解。因此,要在充分调研、集思广益的基础上,考虑对校名进行更改。关于校名的更改,市教育主管部门提出改为"广州工业交通职业技术学院",也有提出改为"广州交通运输职业技术学院"的。对此,大家要发挥主人翁精神,积极研讨,反复论证,献计献策、贡献智慧。三是人才培养规格的定位,高等职业教育是培养应用技能型人才,结合学院的实际,我看是否可以表述为:精技能、会操作、懂管理。应用型人才首先要掌握好专业知识,在技术、技能方面要求精通;其次是会操作,与专业相关的设施设备要熟悉掌握能用会使,具有较强的岗位实操能力;最后是懂管理,培养的人才要做到一专多能,管理能力是一个重要方面,因为毕业生有的会担任班组长、车间主任、站段长,有的会成长为更高职位的管理人才。这几个定位如何确定好,在这次教学工作会议中,请大家进行充分讨论,认真研究,形成共识。

三、推进改革

围绕学院确定的上规模、上质量、上水平的"三上目标",要全力推进学院的各项改革,包括教学改革、人事分配制度改革、运行机制改革等。当前,国家对高等院校的发展,提出要控制规模、适度发展、注重内涵、提高质量。学院有特殊性,背负抓质量、上规模的双重压力,现有在校大学生只有1 300多人,建设一所有一定影响力和社会效益的高等院校,在校生一般要达到8 000~10 000人。要实现上规模,硬件方面的瓶颈主要是占地面积太少,只有150多亩地。目前在校学生不多,用地面积能够达标,2006年招收2 000名新生到校,2007年会招更多学生,生均面积是否达标,会不会被亮黄牌?对此,一定要有预见性、紧迫感。俗话说"人无远虑,必有近忧",广大教职工一定要有这样的忧患意识。要达到上规模的目标,关键点还是要建立一个新的校区。建设新校区的工作,学院一直作为一件大事来抓,一刻也不敢怠慢地在加强与各方面的联系和沟通。现在,学院把建设新校区的地址初步选定在南沙。为什么确定在南沙呢?第一,南沙作为广州未来的新兴海滨城市的标志性城区,目前没有一所高等院校,这是学院建设新校区的一个很好机遇。第二,南沙有非常适合学院专业发展的产业环境,包括港口、汽车、物流、机械制造业等。第三,南沙区委、区政府非常欢迎学院到南沙建设新校区。学院选定的横沥镇新兴村,三面环水,环境优美,是南沙重点建设的商务中心,交通也很便利,近有京珠高速公路、南沙快速干线、轻轨等,稍远是南沙区政府所在地,正在通地铁,香港坐轮渡只要一个多小时就到。特别是南沙区和横沥镇政府都很支持,有关领导表示只要新校区项目立项建设,周边的道路、绿化等由镇里负责,新校区的建设资金如有困难,区政府也可以考虑垫资。这是一个大好的发展机遇,可以说是机不可失、时不再来。全院上下一定要齐心协力,抓住这个机遇,集中精力谋求学院更大更好的发展。当然,还有师资队伍、实践教学条件等,哪一样都不可忽视。这些作为学院2006年要推进的四项工程,都已做了部署和安排,要把这些既定任务抓到位,很多方面要通过改革的推进来实现。

"改革就是要用最少的投入,获得最好的效益。"学院的改革成功与否,是不是产生了好的效益,"上规模、上质量、上水平"就是检验成效的主要指标。希望全院教职工增强改革意识,提高参与改革的自觉性、主动性和积极性,做学院改革的促进派。

四、创建品牌

创品牌,要靠学生,靠学院培养的毕业生质量来创品牌。道理非常简单,只有培养的人才在社会上干得好,干出成绩,学院才有影响力、才有好的形象。创品牌包括三个方面:一是树特色,二是抓质量,三是育优势。专业有特点,学生有特长,学院才能有特色。好学生要靠好教师来教,要靠有特点的专业教学方案来培养。那么,广铁职院的特色是什么,在专业建设上怎样去发展这些特色?关键是要树立新的质量观。职业教育更要注重培养学生专业技能,如果学生的专业实操能力强,相关课程的考核就应评定为及格,直至优秀;学生的专业技能很强,又取得了相应的证书,那么相关课程就可以免修、免考。所以,既要树立知识、能力、素质协调发展、共同提高的教育观,用新的教学理念来培养学生,也要大胆地试,大胆地改,用新的质量标准来评判学生,用新的考核评判方式来引导学生。

创品牌的实质是要树特色、抓质量,要培育优势。大家要认真总结反思学院过去办学的成败,从中吸取有益的经验和教训。希望这次教学工作会议,在全院教职工特别是教师的参与下,能达到预期的目的,产生出好的效应,为学院改革、建设和发展奠定坚实的思想基础,为学院的腾飞插上新的翅膀、增添新的活力。

遵循高职教育规律，力抓人才培养评估[①]

教育部第五期全国高职高专院校评估工作高级研修班就要圆满结业了。在这三周的时间里，教育部评估中心的领导高度重视，多次亲临现场指导看望，发表重要讲话，并做了专题辅导报告；国家教育行政学院的领导为培训做了精心的准备和教学安排；总班的两位班级主任和分班的各位班主任以学员们的学习研讨为本，认真听取和采纳学员对学习安排的意见和建议，想方设法满足学员的学习要求，克服困难及时调整了相关教学安排，不怕麻烦地精选增加了相关的教学内容。总班的两位班主任对学员们的学习、生活充满了关爱，这一切至今仍历历在目，令人难以忘怀。借此结业典礼之机，作为总班班长，我谨代表第五期高职高专院校评估工作高级研修班来自全国各地高职院校的149名学员，对教育部评估中心和国家教育行政学院的各位领导、各位班主任和各位授课教师为我们付出的辛勤劳动，表示衷心的感谢和崇高的敬意！并代表总班班委会对各分班班长和全体学员对班委会工作的支持表示万分的谢意！

三周的学习研讨，教育部有关领导的讲话和专题报告，让我们进一步了解了我国高等教育，特别是高职高专院校教育改革和发展面临的大好机遇和严峻挑战，使我们开阔了视野，加深了认识，增强了高等职业教育发展的紧迫感和事业心，坚定了使命感和加快发展的信心；专家学者们的专题辅导和案例分析，使我们进一步了解和掌握了我国"十一五"期间教育发展规划和中长期发展战略，深刻地认识到高等职业教育改革、建设和发展过程中面临的理论问题与实践难题，并使我们掌握了高职高专院校人才培养工作水平评估指标体系的内涵实质、政策规定和作为一个评估专家的基本要求，提高了理论素养、政策水平和开展学校自评、搞好评估的专家能力，增强了依法自主办学，按政策规定开展评估工作，办人民满意的高等职业教育的责任感和自律意识；分班的专题研讨交流，给各兄弟院校提供了取长补短、相互学习的交流平台，增强了高职院校间的相互沟通和了解，建立了新的友谊桥梁和

[①] 2006年6月2日，在教育部第五期全国高职高专院校评估工作高级研修班结业典礼上总班班长的致辞。

联系纽带。

  理论重在实践,研修贵在行动。展望未来,高职教育发展任重而道远。各位学员,让我们大家带着三周培训收获的喜悦和成果,带着教育部评估中心领导的嘱托和各位专家学者的殷切期望,按照"没有最好,只有更好"的发展理念,遵循高职教育办学规律,在各自的岗位上探索思考、辛勤耕耘,努力实践、顽强进取,办好让家长放心、让社会满意的高等职业教育,搞好让人民信得过、让教育部领导放得心的高职院校人才培养水平评估。

转观念找差距，抓改革谋发展[①]

这次会议的主题是落实省职教会议的精神，深化教育思想观念大研讨，转观念找差距，抓改革谋发展，对人才培养模式创新统一思想认识。按照省职教会的要求，结合学校工作的实际，我从理念、观念方面就问题观、发展观、教改突破和机关作风等谈四点意见。

（一）要树立正确的问题观

俗话说，"人贵有自知之明""没有问题是最大的问题"，我们要以这样的思想境界来评价衡量自己的工作，运用这样的辩证思考方式来查找发现工作中的问题，从而准确地给自己的能力、水平、优势和不足定好位。任何人和事都很难做到百分之百的正确、优秀，也不可能不存在一点问题和差距，世界上也没有绝对正确的东西。所以，有的同志不要一听到人家讲问题就火冒三丈，甚至拍案而起。我们要管好学校，教好学生，服务好社会，必须对师生员工提出的意见有这样的思想境界和辩证思考，要以"闻过则喜，知过必改"的心态，允许关起门来坦诚相见地讲问题。既正确地对待教职工给部门和学院工作指出的问题；又不耻下问地听取大家的建议甚至批评意见，主动查找所存在的问题，取他人之长补己之短，汇聚全校教职工的智慧，积极地寻求解决问题的办法。

敢于承认自己的差距，是有能力、有信心的表现，是进步与发展的开始。明明有差距却看不见或找不到甚至不予承认，从某种意义上说，这也是没有能力、没有信心的表现。俗话说"舍得，只有舍才能得"，承认差距首先要舍得放下架子，舍得花精力，其次要舍得放弃过去的荣誉。如果还沉迷在过去那些微不足道的荣誉中不能自拔，不愿意花力气去找差距，甚至视而不见，麻木不仁，我们怎么能有进步，有发展，甚至追求新的更高的荣誉呢？这既是一个理念问题，也是一个实践问题。不要人家一说问题，就联想到是找你的麻烦，是想整你，或是对你攻其一点，不计其余。我们只有用发展的眼光，提升的视野和求新的思维来对待问题，来查找差距，才可能有进

---

① 2006年8月29日，在学院创新人才培养模式教育思想观念研讨会上的讲话。

步和发展。

讲问题，找差距，应该要以己之短比人之长。同志之间、部门之间，要多看到别人的长处，别人的问题让别人自己讲。学校300多位教职工每个人都有他的长处，每个人都有他的优点，这就是通常所说的"寸"有所长。检查本部门和自己要多看到不足，因为"尺"也有所短。以己之长比人之短，只会越比越短，越比越差。校内讲问题、找差距，要从小处着手，从严处要求。转观念，找差距，是为了谋发展，好中求好，优中求优。对校外和兄弟单位介绍情况，要从大处入手，宏观描述，多展示亮点，宣传品牌。比如说当今之学院，从大的方面讲，一是专业有特色，二是市场有需求，三是远景有发展。内外有别，自己的问题自己解决，对外要树立好学院的形象。形象是生产力，是不可替代的优质资源。

（二）要落实科学的发展观

对工作中的问题，能客观地、准确地、毫不含糊地找到，其目的是解决这些问题。因为问题解决了，工作进步了，事业也就发展了。在这个意义上说，查找问题是落实科学发展观的第一步，第二步是要有力地解决所存在的问题，从而有效推动事业持续地发展。落实科学发展观，要厘清发展的思路、创新发展的模式、加快发展的速度、提高发展的质量。其中特别重要的是发展的思路和发展的模式，对比同期建立的职业院校，人家的发展和我们的发展一进行比照，就可以看出我们的思路是不是应该调整，模式是不是应该创新，速度是不是应该加快，质量是不是应该提高。总的来讲，按照传统的发展模式，学院将难以为继。通过这次会议集思广益，大家出主意，想办法，把学院"十一五"发展规划不完善的地方再提升一下，最后确立学院的发展目标，形成一个比较成熟、定型的发展规划。对于系部和职能部门的工作，要在学院发展规划的框架内做出安排，提出发展的理念、定位、思路和措施。厘清发展的思路，创新发展的模式，一定要大刀阔斧，要按照"舍得才能获得"的理念，要舍得丢弃学院旧的模式，舍得放弃旧的方式，舍得抛弃旧的观念，弃旧而图新，舍得而获得。

（三）教学改革要大突破

教学改革要实现大突破，问题导向、对症下药、诊断改进是一条重要的原则，对教学观念、教学模式、培养方式和实践教学等方面查找到的问题差距，需要科学地分析和医治。对长期顽症，要舍得下猛药，不能轻描淡写。

客观地找到工作中的问题，确定好解决这些问题的办法，就要大刀阔斧地推行改革。教学是人才培养之要，关键是课堂，必须确立好改革的方向，

确定好发展的原则。学院教学改革要有大的突破,着力点有五个方面:一是学生得实惠;二是教师有奔头、上进有动力;三是育人高质量;四是办学出效益;五是发展有目标,争创省级示范院校。教学改革是不是实现了大突破,检验的具体标准是:①改革举措有大气魄、大智慧。②培养模式有创新,构建起新的教学体系。③教学质量大幅度提升,学院的声誉倍增。具体内容在教学工作会上已重点进行了阐述,这里不再重复。

(四) 部门服务要"三主动"

新学期学院要以改善机关作风、规范教学行为、优化育人环境为主题,以贯彻落实行政问责制、教学事故处理这两个文件为切入点,开展"三主动"服务教育活动,做到主动管理、主动教学、主动服务。主动是一种心到的体现,自觉的行动是主动的结果,心动才能主动,进而采取有效的行动。对"三主动"活动的开展,人事处等部门要制定好检验标准和行为准则。

今天的会议,标志着学院教育思想观念大研讨已进入第五阶段。回过头来看这五个阶段,一是组织骨干人员到省内高校考察调研,二是全院教职工几次大的研讨,三是系部的研讨与大会交流,四是中层主要领导到省外高校的考察调研,五是今天中层干部创新人才培养模式的会议。这次研讨会,对于人才培养模式的构建,一要完善方案,二要狠抓落实,三要形成经验。通过总结学院中职转高职六年来的办学体会和教训,大家既要扎扎实实地做好当前的工作,又要集中精力谋划好今后一段时期的发展。能否做到这一点,是全院中层以上管理骨干对教学改革、管理改革是否有调控力、号召力、执行力的具体体现,是对大家领导素质、工作能力、事业心和责任心的全面挑战、全面检验。希望大家能在挑战中拼搏、在拼搏中成长、在成长中历练、在历练中成功,把学院建设好,发展好。

勤奋学习　奋发有为
力争成为顺应时代发展的高技能应用型人才[①]

在这硕果累累的金秋时节，我们欢聚一堂隆重举行2006级新生开学典礼。首先，我代表学院全体师生员工，向以优异成绩考入学院的2006级2 013名新同学表示衷心地祝贺！对同学们加入广铁职院这个大家庭表示热烈的欢迎！

学院是广东省人民政府批准成立、教育部备案、广州市属的全日制普通高等职业院校，是广东省唯一一所培养铁路、轨道交通运输等高技能应用型人才的院校。学院开设的专业特色鲜明，毕业生深受社会欢迎，2005年毕业生就业率达98.66%，位于全省高校前列。随着广州打造"区域性交通枢纽"和"现代制造业中心"等战略目标的全面推进，武广铁路客运专线、广深港客运专线和广州、深圳、佛山等城市地铁、珠江三角洲地区城际轨道交通等项目的建设，社会对铁路、轨道交通等特有专业和机电、电气、数控、汽车、物流、电子技术等专业人才的需求将不断增长，学院毕业生就业前景将更为广阔。在2006年的招生录取中，学院计划在广东省招收1 780人，第一志愿上线人数达6 639人，报考学院志愿达到省定录取线的学生有10 620余人，《广州日报》《羊城晚报》等媒体报道学院是"吸引众多考生填报，第一志愿上线人数大大超过招生计划数"的全省5所高职院校之一。这意味着广铁职院的社会影响力在日益扩大，办学的质量和效益在日益提升。借此机会，我代表学院广大教职工向你们和社会各界对于广铁职院的选择和认同，表示诚挚的感谢！

近年来，广州市委、市政府对学院的建设和发展高度重视，学院各方面的工作都有了很大的起色。新建学生宿舍年底建成以后，学院的面貌将进一步改观，教学、生活、实训设施、基本条件将进一步得到加强。特别值得一提的是，面对高职教育跨越发展的任务和要求，在"十一五"期间的五年里，学院确定了"84321"的发展目标，即全日制在校学生规模达8 000人，建设40个专业（方向），抓好示范性专业、精品课程和信息化教学等3个重

[①] 2006年9月11日，在2006级新生开学典礼上的讲话。

点,提高"双高""双师"两个比例,实现毕业生就业率处于全省前列的目标。我们将以加倍的努力、百倍的行动,按照"办学上规模、育人上质量、管理上水平"的工作目标,下力气抓好以产学研结合为切入点的教学质量工程,推进以人事分配制度改革为切入点的校内管理改革工程,搞好以改善办学条件为切入点的学院形象工程,筹划以新校区为切入点的评建创优工程,全面加强学院内涵条件建设,创建省级示范高职院校,谋求新的更大的发展。确保广大同学能够学有所专、专有所长、长有所用,成为广州和珠江三角洲地区经济社会发展用得上、干得好、有作为的高技能应用型人才。

学院在迎来大改革、大发展的历史机遇期的同时,也给全体新同学提供了一个更为广阔、富有生机和充满活力的学习平台。如何在大学的生涯中做到勤奋学习、奋发有为,借此机会向同学们提三点希望和要求。

1. **努力适应、勤奋学习**

达尔文说"物竞天择、适者生存",大学生活的开始,是同学们人生历程中独立生活的开端,也是你们步入成年、走向社会的起点。希望同学们珍惜这段宝贵时光,尽快适应大学学习生活的新环境,融入新集体中,既要学会学习、学会生活,又要学会做人、学会包容,做到以诚待人,善于理解人,乐于帮助人,不断增强与同学互助共事的能力和主动参与集体活动的意识。

2. **积极上进、立志创新**

进入大学学习,同学们面临着新的人生阶段、新的自我设计和新的创造机遇,要克服因考上大学而产生的"船到码头车到站""可以歇一歇"的片面认识,为自己的大学学习制定出可行、明确的目标,对人生的职业生涯进行负责任的设计,将大学学业和未来职业及事业发展紧密地结合起来,养成善于独立思考,勇于逆向思维,积极开拓进取的习惯,将自己培养成顺应时代发展的创新人才。

3. **明礼诚信、自强自立**

竞争激烈的 21 世纪需要德才兼备、明礼守信的高素质人才。当代青年肩负着民族复兴的伟大历史重任,不仅要掌握先进的科学文化知识和过硬的专业技能、过硬本领,更要具备良好的职业道德素养。"立身当立德,诚信我为先",从入学做起、从自我做起、从身边小事做起,做到举止得体、言谈文明、谦虚谨慎、豁达大度、严于律己、宽以待人、爱护公物、维护学校,坚决杜绝舞弊行为,自觉维护学院及自身信誉,做明礼诚信、自强自立的实践者。

学院正处于一个大变革、大建设、大发展的时期,希望同学们树立"校兴我荣、校衰我耻"的主人翁精神,自觉遵守校规校纪,主动维护校园环境，积极参与和支持学院校园条件的改造与基本建设，用你们的实际行动和优异表现，为学院的建设和发展做出积极的贡献。同学们，机遇总是垂青那些有备而来的人。我相信，你们一定能用自己的智慧、勤奋与美好的心灵，在广铁职院三年的学习生活中谱写出新的人生华章！

认清形势 明确任务
以管理创新抢抓创省示范校新机遇[①]

暑假期间，学院组织有关负责人到山东、安徽、江西等省相关高职院校考察学习，各兄弟高校跨越发展的势头令人震撼、给人启迪。如何紧跟高职教育发展的大好形势，以对历史负责，对市委、市政府负责，对广大师生员工负责的态度，把握好发展与和谐两大主题，坚定不移地走出一条具有广铁职院特色的内涵建设强校之路，学院研究确定要以管理创新为突破口，抢抓大发展的良好机遇，攻克难关，创造条件，力争跻身省级示范性高职院校建设行列。

一、认清学院发展形势，明确现阶段主要任务

（一）创建省级示范院校与学院人才培养评估的目标

创建省级示范性高职院校与人才培养水平评估是学院当务之急。最近，省教育厅发文公布了省级示范性高职院校建设项目的申报条件和工作部署，决定从2007年开始，用3年时间，建设约18所省级示范性建设院校。申报的条件是通过了教育部人才培养水平评估的高职院校。市教育局根据学院的办学条件和评建任务，认为学院宜在2009年进行教育部人才培养水平评估工作，也就是说，学院只有2009年后才有资格申报省级示范性建设院校，这意味着我们只能赶"末班车"。为应对这一变化，学院对实施"84321"的"十一五"目标，顺势而为地进行了以"321"促"84"的战略调整，以确保2009年人才培养水平评估通过，申报省级示范成功。究其原委有以下三点。

学院移交市政府管理以来，改革、建设和发展都取得了很大成绩，市委、市政府发文决定易地重建新校区，我认为这既是上级对学院这两年工作最大的肯定、最大的厚爱、最大的支持，也使广大教职工体会到有为有位的道理，看到了更好更快发展的希望。值此良机，学院审时度势提出创建省级

---

① 2007年8月29日，在学院管理创新工作会议上的讲话。

示范性高职院校,是要用实际行动回报市委、市政府的关爱,为广州创建教育强市争光。这是其一。

学院"十一五"发展规划提出的目标是要创建省级重点高职院校,也即省教育厅现在提的省级示范性高职院校,这个目标是崇高的,任务是艰巨的,是历史赋予我们这一代广铁职院人的神圣使命。实现这个目标,完成这项任务,也是全院广大教职员工求生存、谋发展的重大利好和机遇。我们一定要不辱使命,努力拼搏,紧紧抓住这一大好机遇,乘势而上。这是其二。

创建省级示范性高职院校,关系到学院更好更快地发展,关系到每个教职工的长远利益,全校上下必须齐心协力,既抓好人才培养水平评估工作,又同步抓好省级示范院校建设项目申报的各项条件准备。可以说,抓评估是创示范的基础,创示范是抓评估的目标,二者相辅相成,缺一不可。要赶上省里创示范的"末班车",我们只有争分夺秒、背水一战,没有别的选择。抓评估创示范两副重担一肩挑,力争进入省内 18 所示范性高职院校建设行列,这是现阶段到 2009 年学院的核心任务,所有工作都要围绕这一任务来进行,并全力推进、全面展开。这是第三。

(二) 外省高职院校跨越发展的态势与学院新校区建设的任务

1. 发展理念决定跨越发展的成败

假期里人事、财务以二级预算管理改革为主题,考察了山东淄博职业技术学院。该院五年时间里从最初招生 800 人,到 2007 年在校学生达到 17 000 人,校区建筑面积 40 多万平方米,2006 年山东省评估为优秀,2007 年又以山东省排名第二的成绩推荐申报国家级示范性建设院校,且成功的希望很大。五年三大步,如此辉煌的成绩得益于全体教职工齐心协力、艰苦拼搏。勒紧裤带谋发展,先苦后甜和"大发展才能大富裕"的发展理念,在该院教职工中已形成了共识。广铁职院的跨越发展也必须以这样的价值观念、发展目标和拼搏精神,将广大教职员工凝聚在一起。所以,院系两级都要注重目标实现的过程,将宏伟的目标与扎扎实实的行动、兢兢业业的奉献、卓有成效的作为有机地结合起来,以强有力的举措和看得到的成效,来增强广大师生对学院发展愿景的感知和体验,进而坚定必胜的信心,激发百倍的干劲。

2. 新校区建设将加速推进学院的发展

学院新校区建设得到了市委、市政府的认可,这也说明全院教职工不甘落后,以改革谋发展的进取精神得到了市领导的赞赏。南沙区委、区政府决定在珠江农场建设职业教育园区,学院抓住这一契机有力地开展工作,并得到了南沙方面的认可。这些都在某种意义上说明,学院新校区建设已由谋划进入选址等实质性操作阶段。

8月28日，教育局主管规划建设的领导与南沙区政府等，就学院新校区建设进行现场调研并达成以下基本共识：第一，以广铁职院为龙头来建设南沙职教园区。由市教育局、市发改委、南沙区政府、广铁职院及其他相关方面组建新校区建设工作领导小组，研究部署推进南沙职教园区的建设。第二，学院要把自己的事情办好，抓住发展的大好机遇，做好新校区建设立项、征地、筹资三大工作。如果这些共识能得到市相关部门的认可，可以说我们新校区建设是由市政府出面来推进。新校区选址在南沙，学院的办学定位、发展规划、专业结构等方面要与南沙区的经济发展规划相协调、相吻合，学院"十一五"发展规划还要依据南沙区"十一五"经济社会发展规划进行调整，使学院的专业结构与南沙经济发展的产业结构相适应，课程体系与南沙支柱产业的职业岗位相适应。

凡是知道内情的人都应该清楚，学院新校区选址南沙职教园区，这是目前最好的选择，是一个不可再有的选择，也是一个唯一的选择。希望大家广泛宣传，并在全院教职工中统一思想，形成共识。其实也只有这样，学院才能突破制约进一步发展的瓶颈，迎评估、创示范才能取得主动权、话语权。

（三）全面质量管理与学院内涵发展的关联度

学院这两年的发展取得了很大的成绩，可以说是晚起步、快起飞。但与发展优秀的职业院校相比，与高职教育发展的形势要求相比，差距应该还是很大。这主要表现在思想观念、工作劲头、忘我精神、办学条件、教学水平、管理能力、外部环境等方面，其中我觉得最大的差距是质量效率意识不强，内涵发展观念不强。与之前提到的山东淄博职业技术学院相比，应该是比较明显且有说服力的。该院于2002年7月由四所中职学校组建，通过三步走，迈上三个台阶，实现三大跨越。第一步是2002年四所学校实质性合并，当年招收学生，并从2003年即入手抓规范管理、整章建制；第二步是从2005年开始，在抓规范的基础上，引进ISO 9000，实行人事分配制度改革，抓评估，抓质量，2006年参加山东省人才培养水平评估，评为优秀院校；第三步是确定为山东省排名第二申报国家级示范性建设项目的高职院校。跨越发展的过程非常感人，经验值得借鉴。真是不比不知道，一比吓一跳，学院与之相比除并校组建这一步是基本同步同时，其他两步都大相径庭，个中的教训我们不能不认真吸取。

我们以管理创新为支撑，谋取学院更好更快的发展，是要以推行全面质量管理来强化大家的责任心，强化质量效率意识。举措之一是引进ISO 9000，由党办、院办牵头，聘请社会上信誉好、业绩明显、管理能力强的公司来进行ISO 9000的全面策划。并以此为抓手，从这个学期开始到2009年，要以"321"的全面质量管理来加快推进学院"84"的内涵式发展。通过内涵发展，促进外延拓展，使学院发展再上新台阶，加快实现"84321"发展目标的步伐。

（四）学生规模的扩大与加强教育管理的要求

2005年9月学院在校学生数是1 391名，2006年招生2 013人，至今在校生规模达到了3 404人。2007年录取的2 400多人，再加上铁道部复退军人大专班290人，共2 700多名学生。新生报到率如为90%，就有2 200来名新生，加上复退军人班，实际新增学生2 500来人。届时在校大学生将达到5 400多人。

这5 000多名学生，来自两种机制、不同渠道，他们经历不同、年龄差异较大。一是全日制的普通班学生，一是铁道部指令性的复退军人在职大专学生。对这种情况，学院的老同志不无担忧，深感学生管理工作责任重，压力大。如何把这个难点变成展示学院管理水平的一个亮点？学院决定组成以廖惠卿书记为组长，彭铁英、林姚、龚延祥等院领导为副组长的强有力的工作班子，全面加强复退军人大专学生的组织领导和教育管理。全院广大教职工，特别是在座的中层以上管理骨干也要关注、关心对复退军人学生的管理和教育，将其作为教书育人和学生管理的新课题来认真对待，下大力气破解难点，创建亮点。

二、推进"扁平化"管理创新，抢抓机遇加快发展

以上形势和任务告诉我们，创建省级示范性高职院校的目标既鼓舞人心，催人奋进，面对的机遇和挑战也是前所未有，我们必须要有将不可能变成可能，将可能变成现实的谋略和劲头，这个目标才能够达到。兄弟院校的办学实践证明，又好又快的发展，必须要有又好又快的改革来支撑，做保障。企业迅速扭亏为盈、较快摆脱困境的经验也表明，紧紧扭着管理改革这个牛鼻子，重心下移，简化程序，是投入最小、产出最大、见效最快的最佳途径。对于学院来说，这个以小见大、四两拨千斤的改革就是以"精简、扁平"为原则，实施校、系二级预算管理，完善津贴分配办法，加强院、系（部）两级管理的责任，这是学院行政管理创新的总构思，也是在引进ISO 9000的基础上，学院管理创新与内部改革的主要任务。这一举措既顺应高职教育改革的大形势，又借鉴其他优秀院校管理的成功经验，还考虑了院内教职工特别是广大教师、系部领导要求改革的心愿和呼声。相关部门要明确任务，精心设计，坚定不移地推进"扁平化"管理，坚持不懈地抓好方案研制与落实。

广东改革开放的历史经验证明,大改革,大发展;小改革,小发展;不改革,没发展。面对学院大好的发展机遇,如果我们还是墨守成规,守着老的一套,就会错失发展良机,又会产生新的后悔。所以,中职时期的工作思维方式、评价标准、惯性思维等一定要相应变革,精神状态、工作标准、行动节奏等一定要适应管理创新的要求。当然,创新不是全盘翻新,铁路的优良作风、铁的纪律,我们一定要继承发扬。

学院内部管理创新要从三个方面来推进:第一是以"精简、扁平"为原则,以预算管理改革为龙头,以完善分配改革为中心,强力推进二级预算管理,实行系(部)经费按学生数(课时)切块到系(部)包干,分类指导,一步到位。第二是以质量考核为平台,以奖优、奖勤为原则,教师院内津贴与教书育人的业绩、质量、效果挂钩,与专业建设、课程建设和实训室建设挂钩。打破质量好坏一个样,讲课以外干多干少一个样的局面,这也是二级预算改革的要义,系(部)管理创新的重点内容。第三是加快教学改革,重点是创新教学管理。教学改革是学院持续不断的话题,人才培养质量是学院永恒不变的主题,教学改革要以服务广州经济社会发展为宗旨,以提高人才培养质量为目标,努力创新校企合作的办学模式和工学结合的培养模式。应该说,这两年学院的教学计划制定、课程体系改革、实训室建设、校外实习基地建设、专业委员会组建、产教融合、工学结合等方面已经跨越性地前进了一大步,在订单培养、共建合建实训基地等方面也取得了长足的进步和突破。但与评估特别是示范的要求,还有较大的差距。在聘请企业能工巧匠、技术骨干和管理精英来学院任兼职教师上,还是薄弱环节。2007年一定要有大突破,系主任要立军令状,教务处、人事处要作为重中之重的任务来抓落实,特别要发挥专业指导委员会的作用,大力推进这项工作。教务处、系(部)要严格控制在编教师的教学工作量,一般情况下周学时不能突破12节,这也是提高教学质量、加强专业建设的需要。确需突破的由教研室写专题报告,系部审核,教务处审定,王韶清副院长批准。此外,教育教学管理与质量监控等方面,更要下大力气按照国家和省"管理示范"的理念和要求,结合学院实际,卓有成效地进行创新,创出广铁职院自己的特色和标准来。校企合作、工学结合既是教育教学改革的重点,也是教学管理创新的难点和人才培养的亮点,教学管理真正实现创新的突破点。对此,希望在座的各位领导统一思想,达成共识,系(部)主任也要出谋划策,登台表演。因为管理创新不只是行政部门的事,加之培养模式的创新、教学模式的创新、教学管理的创新,系(部)更是主角和主体。这是关系学院发展的大事,是影响学院以迎评促建、创示范的大局问题,各位要毫不含糊,当仁不让,认真切实地负起责任来,我们中层以上管理干部也一定要有这样的认识、担当和姿态。

管理创新是学院党政做出的重大决策,领导干部讲政治,每位领导每位党员能否积极参与,不讲条件地服从,这也是讲政治的具体体现,学院党政班子将以此来衡量、评价各级干部的党性、事业心和全局意识。本次管理创新如何推进,财务处拟定了部门二级预算方案,人事处拟定了分配改革方案,教务处结合迎评促建制定了教学改革方案,希望大家在研讨这些方案时,集思广益,建言献策,贡献智慧,不断优化,使之更加切合学院的实际,更有利于教职工的提升和学院的发展。

按照教育部的要求,示范院校的示范性主要为三个方面,即改革的示范、发展的示范、管理的示范。抓评估、创示范,两大任务一肩挑,要有咬定发展不放松的毅力,开学起我们要举全院之力,抓教学改革,抓新校区建设,抓管理创新,以谋取学院更好更快地发展。

三、弘扬"三老"精神,做到"四个"坚持

抓评估、创示范的方向已经明确,管理创新的原则框架已具雏形,但在实践中遵循其中哪一个基本要求去实施,都有大量的问题需要研究,都有大量的矛盾需要解决。要圆满完成这么多艰巨的任务,顺利推进这么艰难的改革,欲达其目的,我认为来不得半点的马虎和大意,必须要有正确的处事原则与价值观念作保障,这也是学院文化建设的重要内容之一。需要我们兢兢业业、扎扎实实,一步一个脚印地前行;刻苦研讨、艰苦探索,踏踏实实地去干。归结起来,我想还是要弘扬"三老"精神,做到"四个"坚持。这"三老"是指说老实话、做老实人、干老实事,这似乎有点老生常谈,但作为"四个"坚持的要素却并不一定人人都能耳熟能详,个个都能身体力行。所以,既要常说常新,又要持之以恒,紧密结合当前管理创新的实践,赋之予新的内涵,这既是改革的内在要求,也是创新的任务能否完成、改革的实施能否达标的关键。

(一) 树立良好心态,坚持求真务实

坚持求真务实,必须要有超常的心态、吃亏的精神、务实的作风。历史的经验证明,说老实话、做老实人、干老实事,看似简单平常,但要切实做到也难能可贵。如果一事当前只想着个人的得失,打着单位的小算盘,心中没有广大师生员工,考虑的也不是学院事业的发展,这是肯定做不到的。

1. 说老实话是大智

说老实话,就是要如实反映情况,如实发表看法,对领导对师生都要讲真话,能推心置腹,以诚相待。不能只拣领导爱听的话说,只拣对自己有利

的话讲，也不能报喜不报忧，夸大成绩，缩小缺点，更不能说违心话，说假话，甚至凭空捏造。社会上，时见有些人不说实话，具体表现为以下几种：一是根据个人好恶说话，没有是非观念，完全凭个人的感觉。感觉好的，不好的也是好的；感觉不好的，好的也是不好的。二是根据个人感情说话，说话没有原则性，明知人家做得不对，碍于情面也不进行批评帮助，或还为其百般遮掩，甚至助纣为虐；三是根据个人需要讲话，说话没有事实依据，自以为是，不报实情，不出实招，甚至说假话、说空话、说大话。这些都是不说老实话的表现。阿里巴巴董事长马云在中央电视台《赢在中国》节目点评某参赛选手前后说话矛盾时说："愚蠢的人用嘴说话，聪明的人用脑说话，智慧的人用心说话。"个中内涵，意味深长，希望大家能认真体会，把握其真谛，做到不仅用嘴表达，还要用脑思考，更用心琢磨，做到实事求是，与人为善，事业为重。在抓评估、创示范的工作进程中，希望能在学院营造起这样一种氛围，即不利于发展的话不说，不利于团结的事不做，不利于学院形象的不附合。

2. 做老实人是大德

衡量一个人有没有品德，要看他遇事先替谁打算，是为事业的兴旺发达，为同事的提升发展，还是为一己私利；是把公家的事看作自己的事一样重要，还是损公肥私、损人利己，甚至不利己也要损人。这是一个亘古不变的检验准则，学院的发展需要一批愿意自己吃亏的老实人。这批老实人，首先是院领导，是中层干部，是党员同志，是教职工里的骨干。大家要有随时准备吃亏的心态，如果遇事总是先替自己打算，害怕别人比自己过得好，没有吃苦在前、享乐在后的心理承受力，没有"忧教职工之忧而忧，乐教职工之乐而乐"的思想境界，没有宁肯自己吃亏吃苦，也不愿学院吃亏、不让师生吃苦的实际行动，学院工作难以推动，说理也难以服人。所以，希望广大教职工特别是中层以上领导，都要有这么一种精神、这样一种境界，以忘我的实际行动来谋取学院的发展，做一个诚实守信、乐于吃亏，以校为家、先人后己的广铁职院人。

3. 干老实事是大能

干老实事一是要摸实情，二是要使实劲，三是要求实效。你有足够智慧和能力，你就能调查了解到学院改革、建设的真实情况，遵规循章谋发展，你就会熟知和把握学院发展的规律，关注到广大师生的教学和学习、工作和生活上的问题，并据此做出正确的决策，分清主次轻重缓急，在既有需要又有可能的情况下，有计划分步骤地办好利校利教的事，为学院的发展、师生的提升带来看得见、摸得着的实惠，做出善谋实干的业绩。俗话说"千里之堤，溃于蚁穴"，细节决定成败，注重细节特别是关键细节，这是干老实事的一个重要体现。《细节决定成败》的作者汪中求说得好："中国绝不缺少雄韬伟略的战略家，缺少的是精益求精的执行者；绝不缺少各类规章制度、管理制度，缺少的是对规章制度不折不扣的执行。"希望大家认真体会，仔细思量个中的含义与真谛。

（二）强化忧患意识，坚持戒骄戒躁

忧患意识是一种紧迫感、责任感、使命感。强化忧患意识，坚持戒骄戒躁，是干好工作、干成事业的必然要求。生于忧患，死于安乐，越是形势好的时候，越要头脑清醒，越要有忧患意识。在广大教职员工的努力下，学院这两年发展快了，变化大了，形势好了，新校区建设得到了市相关部门的认可，创示范的任务在自我加压。这一切的好上加好，在某种意义上说又是难上加难，因为每往好的方面迈出一步，所要付出的努力要比过去大得多；每实现一个具体目标，所要付诸的心血也要比过去多得多。在这种情况下我们切记不能骄傲，况且我们现在还是无骄可傲、无成可享，所以更要克服短视行为，树立长期奋斗的观点。全院教职工特别是中层以上干部，一定要居安思危，增强忧患意识，作为一所刚从艰难中走过来的学校，或者说发展才刚刚起步的学校，形势和任务告诉我们，必须始终保持清醒的头脑，始终保持开拓进取的精神，始终保持高昂的斗志和劲头，从而不断去拼搏，去奋进。

（三）提高管理能力，坚持勤学苦练

勤学苦练是增强才干、提高管理能力的重要途径，是确保改革到位，实现目标的基础。面对学院改革、建设和发展的新形势、新任务，特别是管理创新、迎评促建这么艰巨的任务，如果不再学习，不再提高自己，不再有所作为，将难以完成历史赋予我们的这一重任。因此，要虚心学习准确把握国家级示范建设院校先进的办学理念、有效的改革举措、成功的管理经验，不断提高自己的创新意识和创新能力，并致力于学以致用，在学习中总结，在总结中创新，在创新中提高。

（四）注重分工负责，坚持步调一致

分工负责是党委领导下院长负责制的具体要求。党委领导是集体领导，院长负责只是法人责任，这说明学院发展是共同的事业，是党政领导和班子成员共同的责任。所以，各级领导要按照分工进行管理，做到层层负责，人人到位。各职能部门要切实履行好自己的职责，克服等、靠、要的依赖心理，想方设法做好自己的事，管好自己的人。学院推行部门二级预算管理改革，相关配套方案要尽快出台。人事、教务、财务、两办及相关部门应集中

精力,加班加点把方案做出来。管理重心下移,经费切块包干,意味着系(部)主任的责任更大,更要发挥聪明才干和主动性。所以,大家要沉下心来,把二级预算管理改革作为一门学问、一个课题来认真研究,制订出切合院情、系情的实施细则。

注重分工负责,坚持步调一致,要求各级领导一定要有大局意识,要相互补台,要有垫脚石精神。小道理服从大道理是大局,个人服从组织是大局,局部服从全局更是大局。学院发展是大道理,是全局性的工作,各单位要按照这个大道理、这个大局,全心全意地做好自己职责范围内的工作。做到不推诿、负好责,不越位、抓到位,全院上下人人齐心,个个竭尽全力,大家共创辉煌。

以党建促发展 以发展促和谐
切实加强各级管理干部的思想作风建设[①]

全国第十五次高校党建工作会议提出,要切实加强高校党的建设,努力建设社会主义和谐校园。构建社会主义和谐社会,是党在新的历史起点上,将中国特色社会主义事业继续推向前进的重大战略选择。高等学校涉及千家万户,家长时刻牵挂,社会普遍关切,没有高校的和谐,就难有整个社会的和谐,高等学校的和谐被摆上了一个至关重要的位置。会议要求作为构建和谐社会生力军的高校,深入学习贯彻党的十六届六中全会精神,努力构建和谐校园,为构建社会主义和谐社会奠定重要基础。由此可见,推进和谐校园建设,是学院党建的重要任务,是各级党组织、各级领导的重大责任,也为学院进一步加强党建提供了难得的机遇,搭建了广阔的平台。为学习贯彻十六届六中全会精神,构建好和谐校园,我就加强学院党建、促进事业发展、构建和谐校园讲三个问题。

一、党建、发展与和谐之间的关系

建设和谐校园,涉及的内容很多,是一项复杂的系统工程和学院长期的战略任务。能否实现和谐发展,其关键在于学院各级党组织。高校的党组织,作为党的基层组织的重要组成部分,是党在高等学校全部工作和战斗力的基础,也是构建和谐校园的领导力量和推动力量。既要发挥学院党委的领导核心作用,进一步明确工作目标,改进领导方式,创新工作机制,切实加强对建设和谐校园的全面的政治领导、思想领导和组织领导;又要充分发挥系(部)党总支的政治核心作用和党支部的战斗堡垒作用,党员的先锋模范作用,充分发挥团组织的助手作用,还要发挥学生会和社团等学生组织桥梁与纽带作用。其根本在于学院的发展,发展作为我们党执政兴国的第一要务,是构建和谐社会的前提,也为构建和谐社会提供丰富的物质基础。显然,校园要和谐,首先就要发展,不发展就不能实现真正的和谐。发展依赖于和谐,和谐取决于发展,两者之间是相辅相成的关系,只有科学的发展,

---

① 2007年1月20日,在学院党建与思想政治工作研讨会上的讲话。

才能实现真正的和谐。校园和谐在很大程度上也取决于学院的办学实力和发展水平，取决于学院事业发展的协调性、稳定性。所以，我们必须正确处理改革、发展、稳定的关系，不稳定谈不上改革和发展，也就没有和谐。但不改革不发展，学院也没有活力，事业也没有前途，也就不可能谈真正持久的稳定与和谐。因此，构建和谐校园，要以改革创造和谐，以发展促进和谐，以稳定保障和谐。所以，构建和谐校园，既是学院长期的一项重大任务，也是学院建设、改革和发展的主要目标。加强党建是完成这一重大任务、实现既定目标的关键，发展是构建和谐校园的根本。

二、以党建促发展，切实加强作风建设

党的建设概括来讲，有组织建设、思想建设、作风建设和制度建设等四个方面。围绕建设和谐校园这一重大任务，学院要全面推进组织建设、思想建设、作风建设和制度建设，充分发挥学院党组织凝聚人心、推动发展、促进和谐的作用，进一步增强各级管理干部的创造力、凝聚力、战斗力和执行力，为学院深化教学改革，推动管理体制创新，提高人才培养质量和办学效益，提供坚强有力的保证。学院党委提出了要以党委中心组学习为表率，推进"学习工程"；以党委班子自身建设为龙头，推进"先锋工程"；以校园人文环境建设为切入点，推进"文化工程"；以学院事业发展为前提，推进"民心工程"。在组织建设方面，学院取得了比较好的成效，它的具体体现就是对中层干部实行竞争上岗，前不久又对试用期的干部进行考核、任命，这表明学院发展的中坚骨干力量已经确定。思想建设方面，在党委中心组的带领下，联系学院改革建设的实际加强政治理论学习，统一学院改革发展方面的认识，广大党员的思想进一步解放，观念有所更新，今天的会议也表明学院党建和思想政治工作在新的一年将进一步加强。对于制度建设，学院以建设现代大学制度为目标，不断创新管理理念，将分阶段有重点有步骤地出台相关改革措施和制度。

按照学院既定的发展目标和规章制度要求，当务之急是如何扎实地推进各级管理干部的作风建设，并切实地抓到位。作风，《辞海》解释为"工作当中一贯的态度和行为"。简单地说，作风即形象，对学院发展、改革、建设采取什么样的态度，有什么样的行动，牵涉到我们各级干部的形象塑造问题，因为好的作风出创造力、凝聚力、战斗力，表现出的就是良好的执行力。市委九届二次会议指出，党的作风就是党的形象，提高领导水平和执政水平，提高拒腐防变和抵制风险的能力，就要把作风建设提在前面，摆到更加突出的位置，认为抓作风建设，就是抓住了全面贯彻落实科学发展观、构建社会主义和谐社会的要求，这是一个十分重要的关键和切入点。并要求全

市党员干部，尤其是各级领导干部，要极大地发挥敢为人先、开拓创新的精神，极大地发挥党的优良传统和作风，以新面貌，新形象，踏上新征程，促进新发展。在教育系统人大代表、政协委员座谈会上，教育局主要领导介绍2007年市教育局要抓的11项重点工作当中，就把作风建设列为重要的一项，要求认真抓出成效。2006年上半年学院清远会议上就提出了要抓作风建设，要求主动教学，主动管理，主动服务，在下半年出台的"三主动"活动系列文件中，就更加明确强调这个问题。其实学院提倡的"三个主动"就是针对校风问题，对于教师来说是教风，管理人员是作风，学生是学风。应该说，学院抓这个问题是抓得比较有前瞻性、有针对性的，半年的实施也取得了一些成效。现在要按照市委九届二次会议精神和市教育局的要求，更加坚定不移，一抓到底。

开展"三主动"活动以来，教务处出台了相关措施；后勤服务公司推行了承诺服务制度，比如说实行零星维修区域包干公示制，谁负责哪个区域，服务电话是多少，师生员工随处可见；学生工作特别是学生思想政治工作得到了有效地加强，在学风转变的方面出现了很多闪光点；电气系结合实际以省大学生物理设计总决赛的预答辩为主题，开展学风建设系列活动；实训中心面貌有很大的改观，刘新星主任很多事情抓得很到位，特别是观念上有很大地提高，说实训室建设再搞不好的就下岗，敢于严格要求，这非常难得。但是，"三主动"活动的开展也不平衡，还有那么一些单位，有那么一些人，工作不够主动，不够负责任，抓得也不够到位。廖惠卿书记总结2006年工作时强调的"六个不够"，讲得很透彻，我认为讲的就是这方面的问题。学校的改革发展就是不能保护懒人，不能保护庸人，不能保护不干事的人。2007年学院党建工作要以作风建设为重点，按照市委、市教育局的要求和学院的部署，在"三主动"活动已取得成效的基础上，解决好院、处（系、部）两级管理干部责任心和执行力的问题，做到人人想负责，个个敢负责，并能认真负好责。

目前，学院发展总的态势很好，但是有些问题如某些中层领导执行断层等苗头也不能忽视。应该说这一次中层试用期满的考核，绝大多数同志是得到广大教职工认可的，但是也不能说没有一点问题。比如教职工时有反映说，学院党委、行政的意见和安排不能够准确地、及时地、原汁原味地传达到每个教职工，学院领导讲了半天，一是到不了教职工那里，二是传走了样，变成了另外一种说法，导致大多数教职工不知情。这是什么原因，是不是有的中层领导本来就没怎么听，讲不出来呢，还是觉得不对他的口味就此"截流"了。2007年党办、院办对此类现象要采取切实措施重点抓。我们有些中层领导，头脑不是很清醒，哪些话必讲，哪些话该在什么场合上讲，分

寸把握得也不够好，使之执行走了样。比如说，新学年教学任务安排的问题，学院提出了周课时不超过12节，这应该是一个大家都能理解的事。第一是评估的需要，师生比达到1∶18，教师这一块要做大，还要聘请兼职教师，特别是教育部大力发展高职教育的规定和建设示范性高职院校的要求，提出要大量聘请企业生产一线的能工巧匠到学校来讲授实践教学课。超课时不控制，请人来有课上么？第二是保证教学质量的要求。学院人事分配改革之初提出周课时定为12节，就有人说怎么保证教学质量啊，要求不能安排12节课，怎么现在要控制在12节就不能接受了。还有一种片面的理解，就是课程不好安排，两门课加起来每周有13节或更多一点，这要不要拿一点课给另外的教师，这么机械地对待学院的要求，是思想认识问题，还是执行力的问题？所以，院、系两级领导加强作风建设，要着眼于解决一个责任心的问题，一个执行力的问题。责任心非常重要，就是你既要愿意负责，还要能够负责，并且要敢于负责。岗位职责所在，你不想负责，或不愿负责，或不敢负责，或不能负好责，聘你在这个岗位干什么？学院设置的领导岗位，权利与义务是一致的，是要管事的。在这个岗位上，你有一份权力的同时，也就有一份责任，只有认真履行这份责任，才能用好你这份权力，否则就是失职，失职就要问责，就要受罚，这是大家都明白的道理。执行力的问题，结合学院的实际，我以为执行力可以划分为三种能力。

第一是谋划能力。学院设置的领导岗位，是要解决问题、化解矛盾、推进工作的。面对问题、矛盾和困难，你要能出谋划策，提出解决的方案。从今年开始，提到院长办公会和学院领导层研究决定的工作，都要有多个方案，要把决策建立在至少两个以上方案比较的基础上。从而促使各级都参与决策，发挥每个岗位的聪明才智和积极性，达到集思广益的效果。现在还有一种现象，就是遇到什么难事，特别是自己理解不透彻或把握不全面、不准确又怕担责任的事，都是不提方案地层层找，都是"你说怎么办"？貌似很尊重你这个领导，颇有点按"长官意志"办事的味道，其实潜台词是在说，这是你要我办的啊，出了问题与我没什么干系。长此以往，怎么能集思广益？怎么汇集大家的智慧来谋发展？又怎能实现层层负责？所以，要求从科员开始，对岗位工作的开展都要提出解决问题的办法，要有拟定相关方案的能力，这要作为一个岗位标准。有的处级领导也很难，可能是自己不会管，或没有办法管，或下属成员能力欠缺，什么也做不到位，所以，只好什么事都自己干，又当科员，又当科长，甚至还当办事员，把原本应是团队集体智慧结晶的方案变成一个人的独撰。当然在管理的初期阶段本着"管是为了不要管"的理念，领导要跟着干、一起做，但也不是代替做、全包办。因为管理本身就有一个层级，一个分工，为什么非得包办式的亲力亲为呢？所以，对工作当中有关问题困难的解决，各级都要提出解决办法，拟定工作方案。能否做到这一点，这也是检验中层干部能干不能干，有没有主见的"试金石"。

第二是落实能力。学院党政就重大问题做出了决策，实施的方案也制定出来了，作为一级领导，你就要组织人员抓落实，一项一项抓到位。这种组织、安排、检查、落实和协调的能力，实际上是各级干部肯不肯干、能不能干的具体体现。作为一个团队的领头，按照既定的目标和方案要求去实施，这里既有组织能力问题，也有管理方法和指挥艺术问题，这都归结为落实能力。

第三是引领能力。作为科长、处长、院领导，能否带领你的团队在谋划之中抓落实？在你的职责之内，是只说不做，还是又说又做？能否做到发挥表率作用，起带头示范作用，团结率领大家一起干？这里既要有苦干实干的精神问题，又要有身先士卒的引领能力问题。

各级领导有谋划能力，遇事就有对策，解难就有办法；有落实能力，工作就能抓要点，能落实到位；有引领能力，就能凝聚调动大家起带头示范作用。只要我们带头做到能干又肯干，苦干加实干，还有什么困难不能克服，还有什么人不能跟着上？还有什么工作不能推进到位？所以，就加强作风建设问题，请党办、院办、人事处专题进行调研，有针对性地提出建设方案，在"三主动"活动的基础上，切实把作风建设搞好。在全院形成一种雷厉风行，说干就干，干就干好的风尚，从根本上解决拖拖拉拉，应付了事，得过且过，不推不动，推也不动的不良现象。确保各级干部切实做到认真想事，主动干事，设法成事。

三、以发展促和谐，严格管理优质服务

学院"十一五"期间"84321"的发展目标已经确定，全院上下要按照这个目标，坚持科学发展观，转变增长方式，提高发展质量，推进节约发展，清洁发展，安全发展，进而实现学院持续协调全面发展。落实好学院"十一五"规划，就要按年度分解并逐年抓好落实，"84321"的发展目标，不只是写在纸上送给领导看的，讲在嘴上说给教职工听的，希望各级党组织、各位领导都要强化法规意识，按照五年规划分年度有序推进。2007年落实五年规划的既定任务，既有扎实推进自评工作，以优异的办学绩效迎接2008年办学水平评估，又有启动新校区建设，以负责的务实态度做好选址立项工作。此外，还要下力气抓好既定基建工程；做好招生就业工作，确保2 000名新生顺利报到，就业率创新高；下力气深化教学改革，在产学结合服务社会方面有突破性进展。可以说，改革建设的任务非常艰巨，非常

繁重。

为保质保量按期完成2007年学院的各项任务，还要在抓好作风建设、质量管理的同时，着力抓好节约发展。对于节约发展，我们有些同志可能不以为然，不太重视。党的十六届六中全会提出，坚持科学发展观的具体体现是要转变增长方式，提高发展质量，推进节约发展，清洁发展，安全发展，实现经济社会的持续协调全面发展。对此，在座的同志特别是处以上的领导，一定要牢牢地记在心里。对于学院的浪费现象，有些同志可能也麻木了，年初学院召开引进人员座谈会，两位新到校的研究生讲到的一些浪费现象，听来使人痛心。水电管理现在比原来好一点了，还是有漏洞，还是有些不到位，长流水、长明灯现象没从根本上改变，有关部门要加强巡察。通过各方面的严格把关，实现学院的节约发展。抓作风、抓质量、抓节约，既要靠制度要求、规范管理，又要靠优质服务、主动作为。各级党组织，各级管理干部，都要继续转变思想观念，求真务实，真抓实干，艰苦奋斗，努力拼搏，建设好上下一致、高效优质、师生和谐的校园。

现在提倡一个理念，就是做好事要从做好人开始。正确处理"好事"和"好人"的关系，首先要明确"好人"的衡量标准，全国政协副主席、中国科学院院士、北京大学教授王选的"好人观"，我觉得非常实在，也非常赞成。他认为："毫不利己，专门利人是大多数人包括自己在内根本做不到的。考虑别人与考虑自己一样多的人，就是好人。"他既非常实际地指出一种社会风尚，同时又非常严格要求自己，这是对爱因斯坦"人只有为别人活着，那才是最有价值的"做人格言的诠释。其实，王选一直在以他的言行实践着"毫不利己，专门利人"，他就是凭着这么一种诚信做人，扎实做事的风范，成为一个诚信的人，一个谦虚的人，一个有坚强意志的人，一个大有作为的人。为此，学院号召全体教职工要践行社会主义核心价值观和积极向上的人生观，一是按照"以人为本"的原则和王选教授的"好人观"，每个党员和领导都成为考虑学院与考虑自己一样多的人，都成为考虑同事、学生和考虑自己一样多的人。把学院的发展、自己范围内的任务和团队成员的进步、学生的成长，都作为自己的事情一样重视，一样安排，一样落实。如此坚持数年，学院的原则将会得到坚持，制度将会得到坚决执行，任务将会圆满完成，公物将有人维护，浪费将减少到最低，效益将力争到最大；办事将不会打折扣，管、卡、压、应付、推诿等一切不如意、不和谐的现象将会不复存在，和谐校园就会自然而然、顺理成章！二是要树立正确的和谐理念。不要以为讲和谐就是没有一点矛盾，就是保持一团和气。和谐在某种时候或者在很大的程度上，来自于坚持原则、调解矛盾、克服困难的过程中，从不和谐或部分的不和谐达到新的和谐。矛盾、问题解决的前提，有时就得要坚持原则、敢抓敢管，弘扬正气、抵制歪风。不要觉得怕影响和谐，就不敢坚持原则，该讲的话也底气不足，该抓的工作也畏畏缩缩，无原则地保持一团和气不是真和谐。通过坚持原则，通过讲正气和友好的沟通，直至通过批评和自我批评，达到相互理解，互相包容，从而实现有效的管理，良好的服务，这才是真正意义上的和谐。

构建和谐校园，学院的管理者要努力践行王选的"好人"标准，但一定不能做"老好人"。当前有两种现象值得注意，一是在学院改革、建设和发展的实践中，有些同志不加区别地将不愿多干事、不下力气好好做事的人笼统地都称为弱势群体，不讲原则地要求学院给予保护或照顾；二是在"三定一聘"中，有些部门不是想方设法将激励效应发挥到最大，而是不讲大局地让本单位员工聘到最多；甚至让人费解的是宁肯让优秀能干的同志去其他单位，也要给自己看不上甚至难以接受的人腾位置。学院的改革特别是人事分配制度改革的基本出发点，一是要形成按劳分配，按绩效奖惩的机制，激励干事的，鼓励多干事的，奖励干成事的；二是要形成一种能上能下、能进能出的用人机制，营造能者上、平者让、庸者下的氛围。显然，上述两种"老好人"现象都有违这个基本出发点和改革的初衷。长此以往，既不利于奋发向上工作团队的建设，也不利于积极开拓的氛围营造，更不利于学院教育事业的发展。希望各位同志特别是处级以上领导同志保持清醒头脑，统一思想，提高认识，形成共识。把所在部门或单位建设成人人奋进、勤勉务实、个个争先、雷厉风行的具有坚强战斗力的优秀团队，把学院事业的发展推向一个新的起点。

把创新的精神融入做人求学之中[①]

很高兴能与同学们和各位老师一同来探讨"立志、修身、博学、报国"这个话题。我从学生处了解到,这次学生干部培训系列讲座大家比较关心的11个问题中,有9个是关于学生综合素质和就业的。所以,我就学生综合素质和高质量就业谈三点看法,与同学们分享、共勉。

一、高职毕业生的就业现状与前景

广东省尤其是珠江三角洲经济发达地区劳动部门就业情况显示,社会对新增劳动力的需求,尤其是高技能型人才的需求,仍然存在供不应求的现象,技术技能型人才缺口大,高级工、中级工和初级工的需求量非常大。对技术技能型人才,市场的需求远远高出了劳动力总量。"十一五"期间,市场对轨道交通类、先进制造类、运营、旅游和物流类等人才的需求,为高职院校的大学生提供了许多好的就业机会。轨道交通业在2020年前,将新增9条铁路、总里程2 164公里,新增从业人员达3万多人,这样大好的就业前景,为学院跨越式的发展提供了良好的机遇。

学院近五年来为广东省培养了3 000多名高技能人才,其中,为广州地铁集团有限公司(以下简称"广州地铁")输送了1 200多人,为东风本田汽车有限公司(以下简称"东风本田")输送了100多人。2005年毕业生就业率达98.66%,居广东省高职院校前列。学院2007年毕业生1 000多人,广州地铁、东风本田、广铁集团、宝洁公司等80多家用人单位来学院招聘员工,包括中职毕业生在内每个人将有3个岗位挑选。随着轨道交通的大发展和学院知名度的提高,学院的毕业生就业的机会还会有更大提高。这些情况表明,社会需求是客观存在的,关键是高职院校能否培养出企业需要的高技能人才,同学们能否把自己修炼成为企业需要的高技能人才。

二、社会对高职毕业生的素质要求

市场经济条件下的企业,劳动者综合素质的高低不仅直接影响个人的进

[①] 2007年6月13日,在学院学生干部培训会上的报告。

步与发展,还关系到企业的品牌与优势。综合我从事高职教育近十年来走访珠江三角洲相关企业得出的经验,企业挑选人才至少有以下三点考量:一是"要会做人"。这包括个人的行为品质,既对企业有敬业、奉献的精神,团队合作的能力,又要有认知自我的能力,处事应变的能力,还要有适应企业环境、岗位工作的能力,让企业感到能放心放手大胆地用人。二是"要有技能"。这主要体现在学生学业成绩和应用技能等方面,要有一技之长,有相应的专业资格证书和实操能力来证明你能胜任那项工作。三是"要能创新"。创新,就是要把事情做得一天比一天好,解决的问题一天比一天多;就是要在发现问题后,能寻求解决问题的方法并及时地处理好;就是在认同企业文化的同时,以自己的作为与时俱进地丰富它的内涵。

著名企业家李嘉诚先生认为,一个人的职业综合素质是否高,首先看他的忠诚可靠程度,然后看他与企业共处的意向期望,最后才看他的工作能力。一个人,只要做到公正、正直、真诚、富有同情心,再加上个人的努力,走正途、走正道,就能实现自己的发展目标,到达成功的彼岸。

三、"品德、技能、创新"的要求与内涵

学院把人才培养的规格确定为"品德、技能、创新"三位一体的应用型人才,并要求全校教职工探索践行"目标引领、岗位引导"的运行机制,为大家成才成功创造一切条件,抓好教学,搞好管理,做好服务,使同学们处于人人健康向上,个个追求创新的校园氛围中,把同学们培养成为社会栋梁之材。

1. 品德(职业品质与职业道德)高尚,是学院人才培养非常注重的一个方面

职业品质,是人们在从事某种职业所表现出的专业精神,在职业实践中具有稳定性、持久性;职业道德,是人们在职业生活中应当遵守的、与职业有紧密联系的道德准则。简单来说,就是要全心全意做好本职工作。钟南山教授面对记者的提问曾经回答说:"我最大的成就,大概就是学会了怎么做人。我们无论是求学、做人做事,都不能脱离学会做人这一根本。"他对我们青年人成功的期望是,能干、肯干、善干、常干、会干。作为一名学生干部、一个学生团队的领导者,我想应当做到以下四点:第一,学会尊重别人;第二,发现和发扬团队队员的优点、长处;第三,与他人合作共事;第四,奉献所长。"好人"的标准是什么呢?刚才提问了几位同学,他们的回答是乐于奉献的人、诚实守信的人、学会怜悯的人,这些回答应该说都是正确的。中国科学院院士、北京大学教授王选博士则把"好人"概括为"考虑别人与考虑自己一样多的人"。这就要求我们时时、事事都要设身处地为

别人着想。做个好人,是成为一个品德高尚的人的基本要求。

2. 技能精湛,是成就事业的必要条件

企业需要的是技能熟练的、能在岗位上胜任工作的人。那么,怎样的人才算得上是技能熟练的人呢?我认为具有技能的人,首先应该是有"用心、尽力、崇实"信念的人。"用心",指的是有信心与相应的好奇心。信心,就是要天生我材必有用,战胜自卑感,只有有信心的人才能化平庸为神奇。美国政治家林肯说过:"我们每个人都应有这样的信心,你所能负的责任,我也能负;你不能负的责任,我也能负。"负人之所不能负之责任,必须具有更多的知识,进入更高的境界。好奇心,要求我们带着问号去学习,把做人的真谛、做事的原理问个明白、弄个清楚。问与学是相辅相成的,不学就不会产生疑问,不问就不能掌握所学。南宋一名学者认为:"读书,无疑者,须教有疑;有疑者却要无疑。"这就是说,同学们在读书学习的时候,必须要有疑问、能提出问题。提不出问题,说明你还没有弄懂;而你进入状态提出了问题,终将要能解决问题,只有问题解决了,才说明你弄懂了所提的问题。"尽力"指的是尽自己的全力做事做人,并具有进入状态的毅力。古代教育家、思想家孟子说:"天将降大任于斯人也,必先苦其心志,劳其筋骨,饿其体肤,空乏其身,行拂乱其所为,所以动心忍性,曾益其所不能。"意思是无论情况多么艰难,我们都要去拼搏,有坚强的意志和顽强的精神。"尽力",对同学们来说,体现在学习中就是遇到难题不解决誓不罢休,问题没弄懂决不停歇,将自身的潜能发挥到极致,从而迈向成功的彼岸。"崇实",是要务实、扎实、注重实践。就是说,我们要学以致用,用之能成,按规律办事,不投机取巧,不随心所欲,坚持以实践验证所学的知识,丰富自己的见识,增强成事创业的能力。

3. 创新奋进,是要将已存在的事物加以改进优化

创新不止,源自追求完美,终止于至善。事物的发展,需要我们把事情干得一天比一天好;能力的提高,我们就可以把事情干得一天比一天好。高职毕业生同样能够创新,通过自身的努力每天都在进步,这其中就具有创新的意义。合格的企业员工至少要具备三个要素,第一,精通自己的业务知识;第二,对待客户真诚,不为己利欺骗客户;第三,将自己作为所在企业形象的细胞,注重和维护企业。这也是企业文化的重要内容,是支撑企业成长的根基,引领企业发展的力量,也是一种企业的精神。我们的"品德高尚、技能精湛、创新奋进"人才培养规格,实际上也是校园文化的重要部分。学校校训"创新每一天"就是要我们能主动查找问题,并把当天的问题当天解决,每天都有一些进步,即把创新的精神融入每一个问题的解决之中。

总之，把创新的精神融入做人求学之中，一是要战胜自我，把握好自己，既勇于承认自己的不足，努力改正缺点，又充满自信而不自满，不看轻自己，不自暴自弃；二是要树立选择即责任的理念，学会正确地选择和选择做正确的事，对自己的选择切实负起责任，不朝三暮四，不好高骛远；三是要有从小事做起的平常心，既从小处着手，又从大处着眼，不以恶小而为之，不以善小而不为。以平和的心态面对逆境变迁和别人的成就，不抱怨、不忌妒。从而脚踏实地，努力进取，把自己锻造成为"品德高尚、技能精湛、创新奋进"的高技能人才。

众志成城 迎难而上
开创学院评建创示范工作新局面[①]

"抓评估、创示范"骨干培训班两天一晚连轴转，内容很丰富，大家也很辛苦。整个会议的安排、组织以及进程，各方面都做得不错。特别是参加会议的同志态度认真，以会议为重，抓住一切时间，开展与会议有关的一些活动，这些做得特别好。从中，我们也看到了学院"抓评估、创示范"如期达标的希望。借此机会，我就评建创示范工作推进做个总结发言，主要讲两个方面，一是此次培训班的收获，二是下阶段评建、创示范工作的要求。

一、培养学习交流的收获

骨干培训共分为学习、小结、部署三个阶段。从效果来看，这次培训既是一个学习的大会、交流的大会，也是一个部署鼓劲再动员的大会。初步归纳有以下三点收获。

1. 更新了观念，开阔了眼界

培训班请来了广东机电职业技术学院李明辉主任和顺德职业技术学院欧阳丽副处长，他（她）们就评估新方案内涵的把握和专业建设、精品课程建设的方法、途径分别做了报告。会下许多同志讲，这次培训班不仅洗了一次脑，更是开了一次眼。兄弟院校两位年轻的中层领导职称不太高、年纪不太大、资历不太硬，但是他们对创示范的理念、对专业建设内涵的把握和建设的方法，都有比较独到的研究和见解。这次的安排打破了以往总是请老专家、老教授来讲的惯性思维，其中有两个方面的考虑，一是教研室主任都参加了，且整体是比较年轻的同志。以免有些同志对老专家、老教授不以为然，认为等我工作到这个年龄，也会有这样的体会、这样的经验。这次请年轻的同志来讲，比如欧阳丽老师34岁，李明辉老师32岁，对比一下，我们的年轻同志是不是应该树立这样的信心，即只要自己努力，年轻照样可以成为专家，从而激发起年轻同志的信心和进取心，希望这个出发点能够得到我们年轻骨干和教师的一种认同。二是可以使中老年同志有紧迫感，从而激发

[①] 2007年10月28日，在学院"抓评估、创示范"骨干培训班上的讲话。

内驱力。通过听两位年轻同志的报告，我们中老年的领导觉得有压力了。一些同志和我讲，现在年轻的同志都上来了，他们有比较强的管理能力、有新的理念，我们要赶紧跟上。通过这两位年轻同志的报告以及昨天下午两位院长的录音讲座，大家进一步看到了院校之间的差距、人才的差距、学院发展的差距、管理水平的差距。

2. **把握了指标的内涵，明确了建设的思路**

无论是年轻专家的报告还是两位院长的讲座，他们都对新方案的评估指标内涵做了详细的解读，对专业建设的内涵做了精辟的阐述，特别是在精品课程的建设途径方面。通过培训，系部主任、教研室主任、各职能部门的同志结合各自的工作职责进行思考，应该都会有所收获、有所提高，都会受到启迪、教育。在新方案指标的内涵方面，李明辉主任很用心地把新指标体系和教育部关于提高教育教学质量的文件有机地结合起来，把它串在一起进行解读，这是一个独到之处。新方案的指标从字面上、条款上来讲，比较空乏，但它的数据库很充实。李主任就从教育部对高职教育质量的要求上把它对接起来，使新指标体系枯燥的文字变得丰富，有血有肉，更加清晰。

3. **交流了经验，找到了差距，萌发了比、学、赶、超的意念**

会议的第二个环节也开得比较成功。各个系部和职能部门的同志在对交上来的资料认真评审的基础上，从专家的角度以专家的眼光进行了分析、诊断，查找了问题，提出了整改建议。这项工作抓得比较好，系部主任和部门负责同志都比较重视，希望学院的评建、创示范各项工作都能按照这样的状态来开展来推进。这个阶段的相互点评，既是一个相互交流的过程，也是互相促进、提高的过程，更是大家比、学、赶、超暗下决心的过程，很多部门领导不甘人后、好上加好的精神溢于言表，我认为这是本次会议最大的收获。记得我刚到学院不久时讲过一句话：没有问题是最大的问题。因为问题是客观存在，摆在我们面前，存在于工作之中，如果我们视而不见、麻木不仁，甚至盲目乐观、任其发展，这是不是最大的问题？讲困难并不可怕，能够看到问题是有信心的体现，这是我一贯的理念。这两天各位同志的发言，讲到这样或那样的问题与困难，这些问题不只是我们学院有，可能我们多一点、大一点。深圳职院、番禺职院、顺德职院有没有困难和问题？他们摆出来可能也不少！我们要敢于讲问题、找差距、谈对策。讲问题找差距不是自我贬低，而是为了提升、为了增强紧迫感和针对性，为了能较好地解决这些问题。从这个意义上说，讲问题是有能力的体现，是有大智慧的表现。

二、评建创示范工作的要求

从 2006 年 10 月到这次培训班的召开，学院评建工作进行了一年，这次会议算是一个小结。回顾这一年，前半年工作都较平淡，很可能在一些同志的心目当中，不知道评估是怎么回事，也没把评估当成一回事。后面的半年，特别是最近这一个多月的时间里，大家集中精力和人力抓评估材料的整理，应该是把这一年的评估工作推向了高潮，甚是可喜可贺。接下来，关键是我们怎样保持这种势头、这种干劲、这种状态，众志成城地开创学院评建、创示范工作的新局面。我想到的是：趁热打铁、火上浇油。为做到这八个字，对各位骨干提五点要求。

1. **要加强学习**

书到用时方恨少，因为用则知不足，学无止境，而要学以致用更是如此。评估创示范的整个过程，应该是一个学习、学习、再学习，提高、提高、再提高的过程，通过学习提高，取众家之长创己之优。通常说是取其之长补己之短，我想我们应该有一个更高的境界，不但要学人家的长处还要青出于蓝而胜于蓝，还要创己之优。为此，我们学习一定要结合实际，王韶清副院长的报告中指出了一种现象，即我们一些同志，不下苦功夫，不下真功夫，以为什么东西都可以来得很容易。特别有些同志以为网络很开放，搞一个方案、一个材料，复制一下就成，这样的"拿来主义"，我觉得不行，这样很难培养出一支有能力、有实力的队伍。我们既不能抄袭，也不能停留在模仿上，要注重创新，要形成自己的做得好的东西。上次学院17个院级课题开题会上，我借用了北京大学一位教授的观点，就是学习人家的东西要站在人家的肩膀上去学，不能是抄袭。你拿人家的方案来照着做（他讲的是文献照着写），就是抄袭；你比照2~3个方案结合自己的实际来做，那是模仿；你参考了5~6个方案再结合实际取其之长来做，这样的方案才是创新。做一个方案就好比是搞一项研究、写一篇论文，要广泛地收集资料，取众人之长，结合自己的实际、自己的心得来做，这才是创新。除了理念外，学习的内容上也要有的放矢，加强针对性。一是要加强上级文件的学习，学好国家、省、市评估创示范的文件，特别是把关于提高高职教育教学质量这些核心文件学习好，把新指标体系的内涵掌握好。二是向先进兄弟院校学习。记得我刚到学院不久，就说过在办学效益等方面用三至五年追番禺职院、赶广州电大，意思就是要向先进学习，接下来安排的到省内相关行业院校和外省优秀院校去考察调研，都是此意。我们要在学院转制适应地方的同时实现追赶式跨越发展，不诚心诚意学习先进院校，不站在巨人的肩膀上谋发展，则无从谈起。因此，大家要把握好以上两位年轻专家经验介绍的关键点，结合自己的实际，把他们的经验和精华学过来。三是部门之间、系部之间、教研室之间，要互相学习、比学赶帮、共创辉煌。评建办之所以安排各单位对交上来的材料进行一次互评，其含义就是要把互评的过程变为一次互相交流、取长补短的过程。这次互评的过程中,很多系部领导进行了很好的事前、事中和事后的沟通,起到了互相学习的作用。

2. 要科学谋划

谋划就是要有提前量,就是要有重点地制定评建的计谋和策略。谋划作为一个非常重要的环节,既要想办法出主意,又要找到重点、提出措施。历史的经验特别是学院近两年加快发展的办学实践证明,没有计谋和对策的管理是空谈的,没有计划和落实的管理是空洞的。近期学院组织两次活动开展的情况也告诉我们,既然是管理,就得有计划、有措施、有考评,这样做的效果就不一样。例如,爱卫会迎新生卫生大扫除,采取的一个措施,就是打分、排名、公示、奖励;学院第一轮评估资料的上报,也采取按上报顺序公示排名。这措施一下来,很多同志就动心、动情、动力了,管理就有效果了,这就是措施的力量。所以,各部门、各系部讲谋划,都要思考如何能行之有效地把所安排的工作抓落实,既要合力推进,又要有有效的措施。之前说的讲问题找差距,目的就是为解决这些问题,缩小这些差距,这些都得有措施。会后请评建办把各位模拟专家互评的评审意见汇总,对有关问题提出整改完善的指导性意见,以学院整改通知书的形式发到各相关单位。各单位要按照评建办发的整改通知书,制定好整改方案,列出整改建设的重点,实行责任到人,限期完成。讲科学的谋划,欧阳丽副处长、李明辉主任之所以有那么深的体会和经验,我想其中最重要的一条,就是他们都能把所承担任务当作项目、把难题当作课题,进而研究性地开展工作,这是值得我们大家学习的。霍京新处长在安排学生处下阶段评建工作时,提出要研究性地开展工作的理念,我认为这很好。如果大家都能把难题作为课题,这个课题做下来,成果出来了,难题就解决了,成绩也就出来了。我希望大家都能研究性地开展工作,成为解难的里手,管理的行家,攻关的专家。学院抓示范专业、精品课程、实训基地建设,教研室主任的作用非常重要,他们在这方面的能量比院长应该还要大。因为他们带领的建设团队是学院肌体上非常重要的细胞,细胞不健全,学院这个肌体就强壮不起来。所以,教研室主任要研究管理,除了研究教研室工作外,还要研究分析教研室人员的思想状况、队伍情况;是专业带头人的,还要带着大家一起向前奔,这样才能有发言权、调动权;是年轻的小字辈,那也不要紧,你就要做好服务,以优质的服务感动你的团队,在造就整个团队的同时也造就自己。

3. 要主动作为

作为就是要就是要遵循高职育人规律,结合院情、系情创造性地开展评建工作,善于从面和点去突破。对于面上的工作,按预定方式把规定动作做到位,不打折扣,这是评建、育人的规律所要求的,谁也不能违背。对于点

上的工作,自选动作要结合实际常创新。从学院的角度来讲,评建创示范的方案和部署,不可能把每一个教研室、每一个系部、每一个单位的细节都设计得那么周全完美,肯定要大家结合各自的实际在相关方面主动创新。所谓主动作为,在很大程度上是一种精神、一种理念,我们现在缺的就是这种精神和理念。学院的教职工特别是在座的骨干,论学历、能力、资历,我认为比番禺职院、广州电大都不会差,即使差也差不了太多,主要差的是我们原来是中专,起点比较低。但从近两年学院改革创新的进展看,当下比之番禺职院发展起步时要强。一是有比较规范的管理;二是高职称、高学历的教师比他们当年多,学生也比他们的增速要快得多,学院的实训基地、实验室建设也比他们当时的投入力度来得大,特别是技能鉴定的底蕴和产学结合的企业背景和发展平台,比他们强得多。有这么好的背景条件,只要我们发扬吃苦的精神,确立创新的意识,拿出主动作为的劲头,再大的困难也不怕。但有些同志还停留在原来那种无所事事的状态中跳不出来,总觉得昨天比今天好。学院的发展已经是既成事实,没有人能否认,也没有人能反对的了。当然,站在这些人的思维角度拿现在和过去的工作状态、劳动付出量相比,今天确实不如过去悠闲轻松,是有点"今不如昔"。一句话,是比昨天累了、辛苦了、压力大了,拿到的钱比原来也只多了一点。但大家转换思维站在发展的角度来看待今天,结论可能就会不一样,很多人都听过"渔夫和富翁"的故事,渔夫借船出海,雇帮手增产量,再买大船,打更多的鱼,依靠自己的努力拼搏,实现自己的人生价值和事业的发展,再安享成功的快乐和晚年。希望大家选择"渔夫"的观念,学院转制后铁路的大锅饭被端掉了,不干事也能拿钱、少干事也能拿一样多钱的平台没有了,我们不自力更生、发奋图强,行吗?这样只会坐吃山空,结果只能是朝不保夕,正如市委宣传部领导上次讲课所说,"教师不忙,学院无望"。学院是自己的学院,自己的发展要靠学院的发展来支撑,个人不奋斗,管理不改革,学院就不会有发展,大家的收入水平就连现在这种比过去只多一点的状况都保不住。学院发展了,育人质量高了,办学名气大了,进一步说,成为省级示范院校了,大家上项目、出成果、求发展就会比其他院校的教师占优势,特别是竞争性资源和项目的获取方面,而这个优势是不能用钱来衡量的。所以,我们必须争分夺秒,急起直追,紧跟时代的发展,用发展的眼光来看待学院的改革,正视改革的方案和建设的要求。有些同志还在养尊处优,吃苦的精神还不够,还沉浸在每周只要上 3~4 节课,拿钱算工作量可以有十多节的年代;有些同志还窝在办公室里上上网、打打游戏、不想作为、不愿作为,一切心安理得!不作为,不奋斗,不改革,不发展,我们怎么会有好日子过!大家都知道,现在市里实行限学费收入 50% 发课时费、坐班津贴的分配体制,完全和招生办学绩效挂钩，如果不作为、不招生，除了工资还拿什么来给你发课时费、坐班津贴？所以，这些同志说话不要不考虑学院转制这个现实，既然处在大变革的背景下，就不要再用原来那种眼光来衡量学院的规定是否得当。现状就是只有这么多钱用来分配，学院只能把这些有限的钱用在刀刃上，分配在多劳多得和奖优奖勤上。达尔文有句名言，就是"适者生存"，不是最勇者生存，不是最智者生存，而是最适应变化者生存。希望大家一定要强化这种适应意识，尽快动员相关教职工，用今天学院所处的背景、条件来看待学院采取的变革措施，尽快从对过去休闲、轻松的留恋中跳出来，树立吃苦拼搏的精神，准备掉几斤肉、脱几层皮、出几身汗，把学院创示范这项硬任务拿下来，把每一个教职工的发展前景谋划好，所追求的利益最大化实现好。

4. 要着眼全局

着眼全局既是评、建、创示范的工作原则和基本要求，更是思想境界和大局意识问题。具体说，就是各单位之间要相互尊重，边界工作要相互补台，上下左右要同心协力，全院同志要共同进步，大家好才是真的好，特别不要怕别人过得比自己好！经过近两年的建设和发展，学院的部门多了，系部多了，工作相对也细化了，对于边界性的工作，部门之间和部门内部，从上到下都不要推诿，不要"谦让"，要做到主动作为，互帮互助，环环紧扣。特别要提倡"两不"精神：即面对问题和失误，不一味推给别人，多检讨自己，相互补台；面对合作项目和任务，不把难题留给下一个环节，主动作为，相互衔接。在提意见讲不足时，要与人为善，以改为重，做到当众公开讲和个别交换相结合，多个别沟通、个别商榷。

5. 要扶强奖优

扶强奖优，归纳起来主要是集中资源建亮点、加大力度创精品、划拨专款奖成果等三个方面。第一要集中学院的资源来建设亮点，首先是明年的预算安排要向教学以及重点建设项目集中投入，当然要把握一个度，要兼顾其他，这就要大量地削减消耗性支出，做到保开门、保运行就可。第二要加大力度创精品。顺德职院精品课程、示范专业、实训基地的建设都有奖励，尽管我们没有那么财大气粗，但可以说，顺德职院奖多少我院一分钱也不少，按他们的奖励标准来办。学院人才培养该建设的、该投入的，我们要重点建、重点投。这个力度怎么加大？请教务处、人事处、财务处和学生处多思考拿出方案。第三要划拨专款奖成果。学院明年的预算经费要划专款对成果进行奖励。去年学院成果奖励发了十几万元，今年能不能发出去30万元？明年能不能发更多点？这个钱花得多了，说明大家在教科研方面的立项多、成果多、获奖多，又何乐而不为呢？职能部门的同志也不要眼红，机关照样

可以创亮点、立项目、出成果。学生处的春运和学生素质拓展，后勤处的新校区建设和社会化改革等，教务、人事包括保卫等各方面的管理很多东西都可以创亮点、拿项目、出成果。况且，学院对成果、立项的奖励是人人平等的。

评建、创示范，是时代赋予我们这代广铁职院人的责任，是利国、利省、利市、利校、利己的好事，是谋取学院更大发展的历史功业。要开创评建创示范工作新局面，全校上下必须众志成城、迎难而上，同心同德、齐心协力，切实履行好自己的职责，把好事做好，把实事办实。在学院发展的进程中，在评建、创示范的过程中，争取出一批教学科研成果，出一批正副教授，出一批教学名师，出一批评估专家，出一批"教书育人"先进个人，从而实现学院建设和发展的成果和改革的红利大家共享。这一切努力，一切付出，说到底最终受益的还是我们教职工、我们的学生。希望大家发挥自己的聪明才智，苦干实干，辛勤耕耘，做到勤于思考，苦于钻研，善于积累，精于提炼。实现共谋发展，共同进步，在学院的发展壮大中，广大教职工的境界得到升华，能力受到锻炼，水平获得提升，成长越来越快。

同心协力　顽强拼搏
优质高效推进整改促建工作[①]

今天，全院教职工济济一堂，隆重召开"评建工作整改动员暨签订责任状大会"。包琪龙助理就学院"评、建、创示范"第一、二阶段的工作做了很好的小结，就第三阶段整改促建直至专家组进校评估等准备工作做了部署，特别是对整改工作提出了具体的任务、周密的安排、明确的要求。廖惠卿书记与各单位主要负责人签订了确保学院评建工作完成好、落实好的责任状，电气工程系、经济管理系、教务处、人事处、学生处、后勤处等六个单位作为院属 22 个单位的代表，结合本单位实际就做好评建整改工作和创示范的前期工作表达了决心。借此机会，就优质高效推进整改促建各项工作，我讲三点意见。

一、以高度的责任感，完美展示自身的能力与价值

面对整改动员，负责任的人都会要思考这样一个命题：我能做什么？做了什么？还有什么差距与问题？将要怎么做？结合学院"评、建、创示范"各项工作，大家都应该认真思考并用自己的实践行动予以回答。

近三年来，学院教职工的育人责任感在加强、主人翁意识在提升，这既有目共睹，也是学院队伍建设的进步和主流。但也不能忽视枝节方面的问题。在评建第一、二阶段反映出的问题中，是有能力的问题，但更多的是事业心、责任感和理念、眼界等方面的问题。反映较为明显的是：（1）有的领导对评建工作重视不够，对评建的目的、意义、重要性、艰巨性、复杂性认识不够，头脑也不够清醒。表现为精力投入不够到位、职责未能全面履行，各项工作的推进总是要打折扣、总是不能圆满完成。（2）有的教职工责任感缺失依旧、能力提升有限。尽管三年来学院不断地讲改革创新、提高人才培养质量、提升个人能力水平、加强各级责任感，但是有的教职工还是岿然不动、我行我素，提升无几或原地踏步。

仔细分析学院队伍的现状、认真思考学院发展中的问题，其成效不能高

[①] 2008 年 6 月 23 日，在学院评建工作整改动员暨签订责任状大会上的讲话。

估,差距也不能低估,更不容盲目乐观,满足于已经取得的点滴进步和微不足道的成绩,而忽视了深层次问题的存在。这些问题表现在党政管理、课堂教学、后勤服务、教书育人的各个环节,任其发展下去,都可能影响学院评建创的成功。问题止于良知,成功源于责任,责任是一种能力,既胜于能力又能够提升能力。讲责任感,就是要对学院的发展负责,对所在部门的工作负责,对学生的成长成才负责,说到底,也是对自己的成长和发展负责。责任的缺失就等于价值的丧失。物竞天择、适者生存,大浪淘沙、优胜劣汰,对原地踏步、不思进取、问题依旧等现象,不能听之任之,全院上下要进一步强化责任意识,提高责任的力量。

(1) 责任,来自于忧患意识和对必胜的追求。"生于忧患,死于安乐",这句话从大家都在关注的本届欧洲杯足球赛德国3:2胜葡萄牙的四分之一决赛中,又一次得到了验证。足球比赛尚且如此,对于学院的生存和发展更是概莫能外。

(2) 定位,来自对自己所处环境的清醒与把握。龙小涪的《三分能力,七分责任》中有这样一句话:"不是工作需要人,而是任何人都需要工作。"我们只有正确认识自己所处的环境,把学院的生存、发展和自己的成长、进步紧紧相连,并深深地根植在心底,才能定好自己的位、履好自己的责,进而把工作做得更加到位,更加卓越。广大教职工要在整改建设的推进中,发展自己,提升自己,即使是出于自己成长和发展的本能需要,我们也要忠诚地履行自己的职责,在工作中解决难题,在发展中体现对学院的价值。

(3) 使命感,面对整改建设中的难题,要像抗震救灾一线的共产党员一样,勇敢地站出来,表现出一种责任、一种使命、一种在人民生命财产遭到威胁时万死不辞的果敢与决绝。全院330多名在编教职工中有212名党员,如都能在整改促建中起到带头示范作用,去带动、鼓动和引领全院教职工,发挥好共产党员的先锋模范作用,评建创工作所迸发出的力量将有多大!我们还有什么难关闯不过去,还有什么问题解决不了?

(4) 责任状,是明确责任的一种方式,是勇于担当的一份承诺,是向全院教职工表示负责到底的决心和必胜的信心。希望各单位负责人认真组织本单位人员,按照评建的要求和自己的承诺,扎实全面地抓好各项评建整改工作,不打折扣、不讲价钱、不计报酬、不回避矛盾,勇往直前。学院也将按照责任状进行检查考评,兑现奖罚。

(5) "三主动"活动,本学期要在对"三主动"活动全面总结、肯定成绩、奖优罚劣的基础上,发现问题,找到差距,深入持久地将"三主动"活动卓有成效地开展下去,人事处要会同院办、党办制定出具体考核指标。其中,对2005年下半年以来学院制定的方案、下发的文件落实与否,包括各项工作检查的通报等，都要作为各部门主动工作的重要考核依据。通过总结、考核、表彰，再推出首问负责制，有针对性地完善提升"三主动"活动。

二、以鲜明的特色，全面提升人才培养质量

特色就是生命力，就是竞争力，就是高质量。新评估指标体系的两大亮点：一是强调学院领导的作用，二是强调人才培养的特色。这也是学院评建工作的两大重点，要按照新评估指标体系的要求，将其落实到学院加强内涵建设的思想认识和实践活动中。领导的作用，主要是讲院领导的主要精力是不是投入到了强化办学特色、提高教学质量上，对学院发展的规划、办学理念的更新，包括专业设置与调整、课程建设与改革、师资队伍加强与优化等工作的重视程度，如此种种都说明院级班子的领导能力和尽责情况已成为学院改革发展的重中之重。关于院领导们如何发挥好作用，学院党委将重点研究，在此主要讲讲第二点，即强调人才培养的特色。新评估指标体系此举的意图应是，引导高职院校更加重视"培养什么人"和"怎样培养人"的思想认识和实践活动，学院各级要高度重视这个问题，下大力气提高解决这个问题的能力。在总结归纳近三年来学院改革发展和教书育人经验的基础上，我想，当前要重点强化以下四个特色。

1. 强化人才培养目标特色

学院确定的目标是要造就"品德高尚，技能熟练，创新奋进"的应用型人才，在坚持以人为本、德育为先的基础上，培养好生产、建设、服务和管理一线需要的技能型人才。按照这个目标，如何在为广州乃至珠三角地区培养轨道交通、先进制造和现代服务业所急需的高素质高技能专门人才中，做到人无我有，人有我优，人优我特，这是所有广铁职院人的历史使命。请大家各抒己见，共同为学院特色人才培养献计献策。

2. 强化人才培养模式特色

假期中，要在认真总结学院三年来改革发展成果的基础上，对专业、教研室及相关人员进行适当的调整、增外和优化，把校企合作、工学结合作为人才培养模式改革的重要切入点，带动专业调整与专业建设，通过校企合作、工学结合，引导课程设置、教学内容和教学方法的改革，打造学院人才培养模式的特色。其中，还要努力探索推行学分制，希望中级以上职称的教师每人都能开出一门选修课，并支持鼓励包括助教在内的青年教师积极开设选修课，为拓展学生素质提供更多可供选择的课程。

3. 强化人才培养条件特色

进一步加强课程建设、特色专业建设和实践教学，创造条件使专业教师

都能有效地开展"教、学、做"合一的工作场景教学，切实加强学生动手能力培养，以上班上岗的要求来教育、培养和指导学生。为此，学院将在采取措施提高实训室使用率的同时，再创造条件加快新实训室建设，假期中要抓紧设备到位，调整、改造、新建好 18 个专业实训室（不含实训中心的基地和机房），使全院实训场所达到 50 个左右。本次新增的 18 个实训室需补充 8～9 名管理人员，这些需补充的力量从本次"三定一聘"核编转岗的同志中选择。当然，专业教师也要进一步参与实训室建设，进入实训现场指导学生实操，在培养学生实践能力的同时，也检验和提升教师的"双师"能力，督促专业教师都能成为具有"双师"素质的教师。

4. 强化人才培养师资特色

在专业教师提高技能水平，增加一线工作经历，获得提升和发展的同时，更要不拘一格选拔人才，切实提高行业、企业技术能手承担实践技能课的比例，解决学院"双师"队伍建设中的难题。在以加强师资队伍建设为主题的人才培养条件建设方面，假期中要重点抓四项工作：一是通过评课来确保专任教师在业务上人人过得硬，在教学上个个能胜任；二是进一步加大力度引进高职称、高学历、高技能的教学骨干、专业带头人；三是聘用足够的行业企业的技术骨干担任兼职、兼课教师；四是鼓励职能部门具备教师资格和相应能力、水平的同志上教学第一线，承担相关教学任务。

三、以顽强的精神，全力抓好整改促建工作

按照学院评估建设方案，今年 3 月就应进入第三阶段，现在推迟了 3 个月，这一推迟就只能将整改促建工作放在暑假。所以，大家假期中要发挥不怕疲劳、连续作战的精神，集中时间、精力，全力以赴地抓好整改促建工作，重点是要做好三件事。

（1）按照高职人才培养规律和教学常态管理的基本要求，认真做好人才培养质量常态资料建设工作，确保教书育人材料完善规范。为把该项工作做成学院评建工作的亮点，希望大家践行"七分业绩+三分提炼=十分完美"的工作原则，确保所有材料真实、全面、准确、高水平地反映出学院教书育人的绩效。

（2）扎实做好以迎新生为重点的各项条件建设，特别是学院南校区即凰岗羊城科技专修学院合作办学占地 80 多亩校园的开学准备工作，确保新生报到、入校、开学做到教学有序、服务到位、生活正常、校园稳定。

（3）认真做好校园增色添彩工程，确保新实训室、新宿舍、新饭堂如期投入使用。同时以现代校园的眼界，按照较高的标准营造好校园的大学环境。

着力人才培养高质量，努力增强核心竞争力[①]

学院在贯彻落实教育部16号文件，全面提高教育质量方面，近两年做了大量艰苦深入的工作，取得了一定的进步和成效。实践证明，只要认真把教育部文件的要求落到实处，融入评建创示范的全过程，人才培养就能出成效，事业就能更好发展，核心竞争力就能逐步增强。所以，我们还要加紧落实16号文件，深化改革，激发活力，提升内涵，服务社会，全面提高人才培养的质量。

一、抓内涵建设，以质量求发展

教育部16号文件的核心是强调高职院校内涵建设，全面提高人才培养的质量和水平，进而谋取高等职业教育又好又快地发展。根据教育部新的评估指标体系，结合学院当前的实际，本学期在内涵建设方面要重点做好八项工作。

1. **对接区域经济调整设置专业，加强专业群建设**

作为广州市政府主办的职业院校，我们应主动适应广州区域经济和社会发展的需要，精准定位学院专业调整和人才培养。对接广州支柱产业、新兴产业，结合办学的历史、基础和优势，学院提出把"轨道交通类专业做优、把先进制造类专业做强、把信息服务类专业做实"的专业发展定位，并按照省教育厅主要领导"专业建设不但要做加法，而且要做好减法"的要求，适时进行专业调整，把专业数控制在35个以内，集中优质资源加强龙头专业建设。今天会议的一项任务就是要以教务处专业调整和专业群建设的方案为引子，研究怎样做好学院专业建设的减法？哪些专业是"做强""做优""做实"的龙头？哪些专业发挥好支撑作用？这涉及专业群建设谁当红花、谁做绿叶的问题。请各位认真思考，做到准确取舍，有所为，有所不为，从而使学院有大的作为。

2. **深化课程体系教学内容改革，加强精品课程建设**

大家都说职业教育是就业教育，是动手动脑相结合的教育。这就好比考

---

① 2008年8月29日，在学院学期工作会议上的讲话。

驾照,理论成绩再高,车子不听使唤也不行,必须要动手操练。培养驾驶员如此,培养轨道交通、先进制造和信息服务之类生产、实践、管理、服务方面的高技能人才,也应是如此。对课程体系、教学内容要进行大的改革,要思考所开的课程能给学生什么能力,并围绕这种能力的培养如何组织教学内容。课程体系和教学内容的改革,是深化教学改革的重点和难点,精品课程在某种意义上又是课程体系和教学内容改革的示范和先行。学院在精品课的建设上已有突破,下一步要以点带面,充分发挥已有精品课的示范带动作用,全面推进课程体系的改革,着力构建好以职业素质为内核,通用知识课、职业基础课、职业技能课、职业选修课和综合技能训练课"五位一体"的课程体系。

3. 注重实践性开放性职业性,深化教学模式改革

实践性就是要真刀实枪动手操练,要贴近生产一线;开放性就是说要面向社会办学,不能关在校园内,封闭在课堂里,停留在书本上;职业性就是要按照相关职业标准实施专业教学,培养学生的职业素养。学院从本学期开始,评建工作重点要转移到抓实训、实验、实习三个关键环节,增强顶岗实习与专业教学的一致性,加大订单培养的份额,改革探索工学交替、任务驱动、项目导向等有利于增强学生实践能力的教学模式。加强对顶岗实习的组织管理,关键是要对前段顶岗实习进行全面的总结,对不足的部分加以完善,从中提炼出具有高职特色的顶岗实习模式,更好地指导专业教学实践。

4. 确立"为用而建,重在使用"原则,抓好实践条件建设

从人才培养的角度讲,实训室建设涵盖了人才培养效益、社会效益和经济效益,要紧密结合生产管理实际需要,积极探索生产性实训基地校企合建"双赢"的新模式。校内实训室的建设,一是要注重实用性、有效性、前瞻性,建设效益的评估工作要真正推行起来,重点是评估实训室的使用率。学院现有实训室 29 个,在建的 18 个,但使用率在 80% 以上的只有 7 个,使用率 50% 以下的多达 11 个。建好了没有用,既是对学生极大的不负责任,也是对资源的一种极大浪费,不负责就要问责,浪费就是犯罪。下一步要加大对实训室建设投入的绩效管理和评估,实行严格明确的奖罚机制。二是要加强信息化教学,切实开展虚拟仿真教学。学院"84321"发展目标中的"3"个重点就有信息化教学,要把信息化教学记在脑子里,挂在嘴边上,落实在行动中。学院信息化教学的硬件设施有了很大改善,如何将这些投入真正应用在学生能力的培养上,产生最大的效果,虚拟仿真教学是突破点。如何"仿真"需要大家一起思考,一起努力攻破难点,形成特色,做出成效。

5. 持续改进校外顶岗实习管理,规范实践教学组织

顶岗实习要体现专业能力与生产实践的一致性,人才培养模式的针对

性，增强学生动手能力的目的性。校外顶岗实习更是如此，既不能让学生去当简单的劳动力，更不能使学生处于"放养"状态。各系各专业要认真按照"顶岗"的本义和实习的规范，采取行之有效的措施，使之成为实实在在的具有"高等"属性的技术技能人才培养的实践教学活动，教务处要会同督导室等部门严格考核、检查落实。

6. 聘请企业技术骨干能工巧匠，建设"双师"结构队伍

教育部高教司张尧学司长认为，职业院校要加强学生动手能力的培养，必须将"双师"结构作为师资队伍建设的重点。由校内教师主讲专业基础课，企业的技术骨干、能工巧匠讲授实践技能课，这是当前高职教育人才培养提出的新要求，是校企合作的新抓手。应该说，所有职业院校离这一要求都有差距，只是程度不同而已，这也恰恰是我们评建创优工作中的软肋，需要大家动脑筋、想办法、出实招，下功夫抓落实。加强"双师"结构师资队伍建设的有利途径，就是要充分利用广铁集团这个平台，既增加专业教师的企业工作经历，提高"双师"教师的比例，又要建立实践技能课主要由企业技术骨干讲授的机制，从而建设好数量够用、质量可靠的专兼结合的教学团队。

7. 完善过程监控质量保障体系，创新教学督导机制

学院教学督导室自去年挂牌以来，工作取得了明显成效，在教职工中产生了积极反响。实践证明，这项工作值得下大力气好好抓，教育部人才培养工作评估方案就要求学校建立自我约束、自我提高的长效机制和教学质量保障体系。下学期要继续加强人员配置，争取在专家组进校前将专职人员增加到3~5人，并按专业进行分工包干、分类指导，建立起学院质量自我监控、自我保障体系。

8. 主动协调沟通提供优质服务，确保羊城校区稳定

学院在羊城设立一个校区，从大的方面讲是为满足社会需求，为新生增加学位，为省市教育部门减压，从学院发展的角度看，是自我加压、自寻出路、自谋发展的一个无奈的创举。因此，各有关部门，全院上下要以比院本部还重视、还关注的力度扶持羊城校区的工作。当然，确保羊城校区秩序不乱、质量保证的任务很艰巨，首要责任是羊城校区管理办公室，在座各位领导也都有责任，包括机电系、电气系的领导，大家都来为该校区办学条件的改善，出一份力，尽一份心，补一些缺。这要作为一条规定，来要求在座的各位领导付诸行动并传达到全院教职工，共同做好羊城校区的教学到位与学生稳定工作。大有大的难处，小有小的不足，任何学校都不同程度地存在一些难处，我们既要从实际出发，着眼于现有条件教学育人，又要把问题考虑得很充分，认真做好羊城校区突发事件的处置预案，在新生到校之前出台，

确保工作主动,不自乱阵脚。讲困难,应该是为了解决困难而讲困难,并不是自我贬低,也不能互相埋怨,这既是一个基本出发点,也是一个指导思想。希望大家从这个出发点,从学院生存发展的角度,来指导关注羊城校区,齐心协力做好教师和学生的工作。通过沟通、协调、补充,变压力为动力,努力改善羊城校区各方面的条件,以优质的服务赢得同学们的认可。

二、抓"增规"机遇,以创新谋发展

广东省2007年高等教育毛入学率为25.6%,2008年录取39万人,尚有22.4万名考生上不了大学,省委、省政府领导就此提出,要适度增加广东省高等教育的规模,2010年达到30%,2012年要提高到33%。为此,省教育厅2008年也给学院增加了703个招生计划,这为学院抓质量、增规模带来了千载难逢的机遇,学院必须紧紧抓住这个大好时机。如何抓,上面讲的自我加压,自寻出路,自谋发展而设立的羊城校区,就是解燃眉之急的应对措施。学院要在注重内涵、提高质量的基础上,实现可持续发展,抓住省委、省政府规模合理增长的机遇,努力破解制约规模增长的瓶颈,以创新谋发展。

1. 力推新校区建设破解规模合理增长瓶颈

建设新校区是学院破解规模发展瓶颈和难题的最佳途径,目前尽管有突破,有进展,但不能过于乐观,要在充分认识易地建设新校区选址紧迫性的同时看到事情的复杂性,以留有余地,备好预案。新校区筹备办除了继续盯紧南沙新校区建设用地外,还应多渠道、多方式寻求其他选址方案,包括制定就地扩展的解急方案,如联系广铁集团和铁道部,争取将疗养院地块拿来拓展办学等。确保校园占地面积、教学行政用房能达到教育部标准,具备参加评估的资格,做到脚踏实地谋发展。

2. 力争建成珠江三角洲轨道交通培训中心

学院作为广东省唯一一所培养铁路、轨道交通运输等特色专业人才的高职院校,在中南五省之内很多专业独一无二,且都办得很有成效,职成部要会同相关部门尽快调研论证形成报告,力争市政府能出面协调将珠江三角洲地区轨道交通培训中心建在广铁职院。这是学院办学体制创新的重大课题,相关方面要抓紧时间,加快推进。

3. 努力筹建广州工业交通职业教育集团

要抓住省政府批准学院更名的契机,未雨绸缪,努力筹建广州工业交通职业教育集团。当前,重点是抓好产学结合成果展的筹备、组织高规格的校企合作论坛、启动校友会组建等相关工作。争取在评估专家组进校前这三项活动都能策划好、组织好、落实好,能全面反映学院的社会需求和办学实力，为评建工作增光添彩。评建办要把评建工作与常规教学管理、教书育人工作有机地结合起来。为加强校企合作工作，学院决定成立校企合作办公室并与评建办合署办公，将全院、技能鉴定所、执信南培训部和各系部的产学结合、校企合作等统筹起来，把合作企业的优质教育资源利用好、发挥好。

4. 力争招生升到 A 线并保持较高报考率

学院 2008 年的招生形势很好，全省第一志愿报考我院的上线人数达 16 516 名，与省内招生计划之比是 8.5∶1。要争取 2009 年招生由 B 线进到 A 线并继续保持第一志愿上线率，这是招生工作的一个新课题。同时，还要保持毕业生高质量的就业率，这既是衡量学院办学质量的主要指标，也是学院生存发展的根本。目前学院的就业率在全省高职院校中处于前列，但我们不能得意忘形，头脑一定要清醒，看就业率要分析毕业生的基数，学院 2009 年的毕业生达到创纪录的 2 010 人，比前三年毕业生人数的总和还要多，推荐就业工作的难度可想而知。因此，必须未雨绸缪，创新招生就业的机制，持续保持招生就业的良好势头。

三、抓思想统一，以改革促发展

1. 深化人事制度改革，建立能上能下用人机制

抓内涵建设，不仅要抓办学理念和核心竞争力，抓教学管理和人才模式的改革，还要抓资源整合。其中，首先是要整合人力资源，理顺管理关系。整合和优化人力资源的关键是，要建立切合校情的能上能下用人机制，把每个人用在最合适的岗位上，做到人尽其才、物尽其用。能上能下的要义是事业需要、人岗相适，目的是调动激发广大教职工的活力，确保学院人才培养质量全面提高。新加坡南洋理工学院的教师为什么那么主动、自觉、敬业？也是经过"以人治人"到"制度管人"，再到"以文化人"的过程。为此，学院要下力气创建以文化人的价值取向，结合实际，重点研究怎样才能合理推动相关人员能上、能下、能转换，在能上、能下与转换的对立中实现统一，推动整个人事制度改革，促进队伍建设不断有新的提高，做到流动顺畅，各得其所，各尽所能。以此激发工作活力和创造性，提升敬业精神和责任心，提高改革发展的主动性、自觉性。

2. 完善二级预算管理，以节约增实力勤俭办学

学院的二级预算管理做了很多工作，已经逐步形成了一种机制，但节约发展的意识还要进一步加强。为支援汶川地震的救灾工作，广东省所有公用经费都压缩 5%，学院的公用经费由此减少了 67 万元，大家必须增强成本意识，追求节约发展。学院现在的办学成本还是太大，要认真考虑怎么用好钱，该节约时要节约，该扶持的要扶持，关键要进一步增强节俭办学、艰苦

奋斗的意识，能不开的灯不开，能共用的车共用，从细节做起、点滴把关，切实加强对水、电、油的使用管理。做到少花钱，多办事，用好每一分钱。

3. 深化"三主动"活动，以制度强化责任意识

要全面总结"三主动"活动的经验，在肯定成绩、看到问题、找到差距的基础上，形成模式，整章建制，以制度创新强化各部门的主动性，进一步增强责任意识，营造起专心做事、真诚待人、通力合作、减少麻烦，精益求精、主动进取的校园氛围。既将"三主动"活动深入持久、卓有成效地开展下去，又善始善终，善作善成，使"主动"成为一种新的校园文化。

4. 把握政策熟悉校情，以新思路开创新格局

省评估专家组进校时，要对相关人员进行访谈，从这个意义上说，我们人人都是访谈对象，个个都是评估的重点。所以，大家都要加强学习研究，做好充分的准备，认真学好16号文件，把握评估的要求和要点，统一评估的思想认识，形成改革发展的共识，以新思路、新举措开创学院发展的新格局。为全面提高学院人才培养质量，实现新阶段的发展目标闯出一条新路。

激发超越自我激情，以一转三勤促四学[①]

在这金秋送爽、硕果累累的季节，我们又高兴地迎来了广东、湖南、广西等三省区的 2 300 余名新同学。值此机会，我代表学院党政领导和全院师生员工，向同学们表示最热烈的欢迎和最诚挚的祝贺！

学院设有轨道交通系、机电工程系、电气工程系、经济管理系、信息工程系、应用外语系、基础课部、职成部等 8 个系部；开设有轨道交通、机电、电子信息、物流管理、财经等 27 个专业；成立了 22 个专业指导委员会。现有各类学生 8 000 余人，其中全日制大学生 6 400 余人。各类教学仪器设备总值 5 100 余万元，各类藏书 46 万多册。设有国家级、省级职业技能鉴定所（站），具有 51 个工种培训、鉴定技师和高级技师的资质。建有数控加工中心、地铁车辆模拟驾驶中心、机械加工、自动化、电子测试与组装等校内实训实习室 50 个，建有广州市地铁公司、广州火车站、广州移动通信分公司、广州交易会等校外实习实训基地 81 个。拥有一支师德高尚、业务精良、结构合理的专兼职教师队伍，现有专任教师近 300 人，其中正副教授占 28%，"双师"教师占 52%，有博士、硕士学位的教师占 30%。从行业企业聘请近 100 名技术骨干、能工巧匠来校兼职担任专业课教师。

学院继 2006 年、2007 年成为广东省高考报考五所热门高职院校之一后，2008 年广东第一志愿上线人数更达到 16 516 人，上线人数与招生计划之比高达 8.5∶1，文科投档线高居全省高职院校第二，理科投档线位居全省第三。毕业生获得国家职业资格证书的比例达到 90% 以上，位列全省高职院校第二。就业率 2007 年达到 99.59%，名列全省高职院校前七名；2008 年毕业生初次就业率为 97.41%，其中到港铁和地铁、国铁等国有企业就业人数占 49%；世界 500 强企业中的广州宝洁有限公司、百事饮料（广州）有限公司等录用的毕业生占 7.82%。

学院有特点，专业有特色，学生有特长——是我们的办学追求。在抓好专业教学的同时，学院积极组织学生参加国家、省市的各种设计大赛、技能比赛，使学生学会学习、学会做事、学会创新、学会合作、学会做人。学生

[①] 2008 年 9 月 8 日，在新生开学典礼上的讲话。

在各类竞赛中获奖 50 多项次，其中，2006 年参加广东省物理实验设计大赛，作为唯一进入总决赛的高职院校队获得二等奖 2 项；2007 年获广东省第 17 届"高校杯"软件设计比赛一等奖；在 2008 年 5 月举行的全国职业院校技能大赛广东选拔赛和第三届全国数控技能大赛广东选拔赛中，学院共获团体最高奖特等奖等 12 个奖项，比赛成绩位居全省高职院校前茅；学生组获数控车工组第一名，将代表广东省赴大连参加全国总决赛。

有为才有位。广州市委、市政府高度重视学院的建设和发展，于 2007 年 8 月决定："将广州铁路职业技术学院更名为广州工业交通职业技术学院，实施易地建设，并加强与市属有关中等职业学校合作，将其建设为工业交通运输特色鲜明的高等职业技术学院"。这一决定为学院又好又快地发展提供了更大的空间。

同学们，选一所称心的大学，挑选一个如意的专业，不仅是为了找到更好的工作，更重要的意义是要扩大眼界，增长见识，成人成才，不断产生超越自我的激情和动力。《大学》曰："大学之道，在明明德，在亲民，在止于至善。"说明大学的宗旨在于培养良好的品德，在于弃旧图新，在于净化心灵，从而陶冶情操，达到真、善、美的境界。我相信，广铁学院三年的大学生活将会成为你们人生最值得记忆的日子，为你们将来成就事业，报效父母，服务社会奠定扎实的根基。值此机会提几点要求，希望同学们能以"一转、三勤"促"四学"。

1. **转换角色，学会适应**

物竞天择，适者生存。同学们要尽快实现从高中生到大学生的角色转换，适应经济社会发展日新月异的变化，以新的精神、新的面貌，扮演好当代大学生这一新的角色。可以说，学院为适应广东省高等教育规模适度增长的要求，在努力完善自身办学条件、积极筹建新校区的同时，自我加压，积极与周边合作单位联系，创造条件，增加学位，以满足广大考生来广铁职院上学的心愿，为此在合作单位羊城专修学院的支持下，学院在较短的时间内组建了羊城校区，在院本部改建了一些临时宿舍。我们将继续努力改善各方面的条件，学院相关部门也会更加关注这部分同学，承诺以优质的教学和服务来赢得同学们的理解和认可。特别是住在院本部临时宿舍和羊城校区的同学，要尽快适应这一新的环境，克服眼前的困难，专心致志地搞好学习。希望大家在学会做强者、做智者的同时，更学会做一个适应变化者。

2. **勤于修身，学会做人**

有人说，大学开学典礼有"成人礼"的意味。从这个意义上讲，你们已经完成了由父母呵护向独立生活的转折，正在由依赖他人向承担社会责任的目标靠近。大家在思考上大学究竟为什么、究竟要学好什么的时候，首先要思考如何学会做人，把修身立德、完善自我放在头等重要的位置。做到融入集体、互帮互学，严于律己、勤奋向上，诚实守信、乐于奉献，积极进取、永不言退，勤学善思、苦练有为，做一个品德高尚的现代大学生。

3. 勤于实践，学会做事

技能熟练是取得就业资格、获得理想职位的关键要素。作为生产、建设、管理和服务一线的高技能人才，希望同学们在三年的学习中，一是要学会学习，不怕苦，不畏难，不达目的不罢休。既要有信心，相信天生我材必有用，化平庸为神奇；又要有好奇心，学会发现问题、提出问题、解决问题。二是要勤于实践，做中学，学中做，练就毕业上岗操作的真功夫、硬本领，做一个技能熟练的业务强手。

4. 勤于思考，学会创新

美国哈佛大学校长普西认为，是否具有创新能力，是一流人才和三流人才的分水岭。对于同学们来说，把今天的学习搞得比昨天更好，把昨天发生的问题在今天解决好，一天学得比一天好，这是更具实际意义的创新。因此，希望同学们与学院一起创新每一天，用一种感悟的态度读大学，在感悟中增加理性，在理性中增强悟性，从而产生灵性和创新性，做到脱颖而出，成就大业，成为创新奋进的勇者。

同学们，成为一个大德大能、大智大勇的高技能人才，是你们、我们、大家的共同心愿与追求；确保同学们人人成为合格之才、业务骨干，个个都能顺利毕业，如愿就业，是我们的庄重承诺。让我们共同努力，为办好社会满意、家长放心的高等职业教育而努力奋斗！

加强专业团队建设,努力消除"0、1"现象[①]

这次会议开了整整一天半,成效比较突出。主要体现一是基本上形成了强化专业团队建设的共识;二是找到了人才培养方面的差距;三是明确了整改建设的任务和措施。会议能收到比较好的效果,一是评建办准备工作到位,二是各系部、各参会专业材料准备充分。这种作风和精神,应该贯穿到学院办学的各项工作之中。

一天半的时间里,我以听为主,大家认真讲,我认真听、认真记,特别是在认真思考,即如何有效地消除大家讲到的"0"和"1"——即人才培养数据库反映出的薄弱现象。其中,我把数据空白的称为"0",数量较少的称为"1"。对这些"0"和"1"我们肯定要全面抓,但也不能眉毛胡子一把抓,一把抓难免抓不住重点,抓不出成效。所以,必须选准一个着力点,找好一个切入点。结合学院的实际情况,我认为当前这个着力点就是专业教学团队建设,因为人才培养工作及相关数据反映出的内涵建设方面的问题,既不是教研室主任一个人的,也不是系主任一个人的,应该是一个团队的问题。学院人才培养工作中,专业建设是立校之本、发展之基,是学院建设发展的核心要素和实力之源,专业能不能建设好,关键在于有没有一个好的团队。为此,从加强专业团队建设的角度,就消除"0""1"现象我讲三点意见。

一、深入学习,提升专业剖析水平

教育部 16 号文件,是高等职业技术教育人才培养的指针和办学方向,要学习、学习、再学习,因为学院人才培养的方案和数据库平台建设的成败都可归结到学习、领会、实践教育部 16 号文件上,两者是一脉相承,相辅相成的。学习的关键是要学以致用,这个"用",就是要结合各个系部、各个专业人才培养的实际,在"实践"二字上下功夫,用教育部 16 号文件的精神、理念、要求,来全面审视指导学院的人才培养,全面推进专业的整改建设。

[①] 2008 年 11 月 18 日,在学院人才培养数据分析暨内涵建设论证会上的讲话。

要搞好整改建设，首先要对专业现状了如指掌，对专业进行认真的剖析。我以为专业剖析有五个重点，一是专业定位与人才培养模式；二是教学基本条件；三是教学改革与教学管理；四是培养质量；五是专业特色与创新。它涵盖了专业设置与定位、教学团队建设和素质、实践教学及条件、课程体系与教学内容改革、产学研结合、教学管理与质量监控、职业能力和素质培养、毕业生就业与社会评价等各方面。通过专业剖析，可以看到我们在贯彻落实教育部16号文件方面的差距，人才培养方面的问题。从这个意义上说，专业剖析还是检验对教育部16号文件真学还是假学、落实的成效是大还是小的有效方式。

对教育部16号文件真正做到学以致用，必须扎实搞好专业剖析，下力气从四个方面去发掘"剖析"的功能

（1）评价功能，就是要按照教育部16号文件的精神和要求，对照专业剖析的五个重点，对学院27个专业全面进行剖析自评，在总结经验的基础上，发现问题，找到差距，确定专业建设的实践项目。

（2）诊断功能，就是通过自我检查、自我评价，对所发现的问题进行分析，查找问题存在的根源，以便对症下药，标本兼治，避免头痛医头，脚痛医脚。

（3）导向功能，就是要按照教育部16号文件的精神和要求，规范提升人才培养和专业建设的水平。这次会上提到数据平台建设方面的有关问题，我想无非是三个方面的原因，一是数据库表格不会填，没能真实反映所做的工作；二是重建轻评，没有很好地去归纳提炼；三是确实没按建设的要求去做，客观上有差距。解决这些问题，根本一条还是要按照十六号文件的指引进行规范，通过强化实践来加以解决。比如刚才会上谈到师资结构的问题，认为45岁以上的教师比较少。从年龄结构上讲，老中青出现一个"老"的空当，学院在引进"三高"人才方面出台了许多有力度的措施，目的是要引进专业带头人补缺。但并不都是"老"的才能当带头人，如果我院40岁左右的教师都能担当重任，是否说明我院的师资队伍充满活力、年轻有为，从发展的角度来看，这不是一个新的亮点么？又比如大家谈到教师去校外实训基地包括校内实训室实践方面的"0"和"1"比较多，教师深入校内外实训基地，学校有明文规定和要求，教学计划对实践教学有具体安排，专业教师必须到校外实训基地去指导学生实训实践，跟班带学生顶岗实习。为什么这些规定不能落实好呢？为什么我们的教师下不去呢？就是本科院校带学生下企业实习也是教学计划有安排，专业教师有责任，没有谁可以讲价钱的，是没有条件创造条件也要上，个人有困难自己克服也要去的。因为培养学生的需要是第一位的，是职责所在，抗击冰雪灾害，相关省市各条战线多少同

志为了他人能平安如愿回家过年，克服家庭困难奋战在第一线，舍小家为大家，就说明这个道理。评建创示范，可以说关系学院生存和发展，广大教职工人人有责。可是有反映说，有的教师以家庭困难为托词拒不接受下企业的任务，这不好，因为家家都有本难念的经，讲困难谁家都有。不要以为别人能够下企业就是家里没困难或困难少，只不过是他想办法自己克服并安排得比较好。这方面除了各级提要求以外，看来还得有制度上的相应措施，让去企业多的教师多得益，请人事处研究从管理上如何消除这种现象。当然，对遇到天灾人祸或个人确有特殊困难难以克服的，也应该给多一点照顾，但是这种情况应该是个案，而不应该是造成这一方面"0"和"1"现象的主因。

（4）引领功能。所谓引领，就是要发挥教育部16号文件的引领作用，进行创新拓展。企业设课堂，校内办工厂，这是职业教育的属性所决定的。电气系等相关系的学生在东莞立诚顶岗实习，课堂就设在工厂里，教师就到工厂去上课；把SMT生产线引进校内，教师指导学生上线生产，就是学校办工厂。再比如前不久企业一位老总来校考察，提出实训中心学生实践教学的投入、人员、场地、实训任务都保持不变，所有实训任务交给他的企业完成并单独核算，实训之外的时间、空间交给企业运作开发，真正做到校企融合、资源共享。照此办理，实训中心一方面可以引进企业的生产项目，学生进行真刀实枪的操作，一方面还可以利用设备闲置的空当进行生产加工，获得相应的经济效应。学院几千万元的实践教学设备，相当多是可以用于生产性项目的，我们可以按照这个思路去开发它。此外，企业捐赠的数额，在某种意义上可以说是校企深度融合的又一个标志，企业捐赠在我院还只开了一个头，远远不够。企业设奖学金也是校企深度融合的标志，现在只有执信南合作企业承诺出资20万元在我院设奖学金。如何消除这些"0"和"1"现象，大家要多动点脑筋，下点功夫。执信南企业的20万元奖学金，要赶快操办，尽快落实，一定要在12月启动到位，请评建办会同职成部、经管系抓紧这件事。广梅汕铁路总公司等众多企业、行业与我院有较密切联系，能不能捐赠相关设备用于合作培养人才，或在学校设立奖励基金，打造校企融合的亮点与特色，相关部门和有关系部的教师要赶快行动起来。再说社会服务，技能鉴定所（站）现有57个通用、特有职业资格鉴定工种，各系各专业都要按照多证制的要求，一一对应开展学生职业能力和职业资格方面的培养，将其列入教学计划中，实行课程教学与职业考证的融通。此外，技能鉴定所（站）包括实训中心中、高级职业资格的鉴定和培训，要在加大培训服务面的同时，注重专业资格鉴定资质的拓展。学院也要将其作为建设和投入的重点，进一步扩大服务社会的范围，提升校企合作的吸引力和竞争力。

二、分类指导，明确专业团队建设的项目

消除"0"和"1"现象，要实行分类指导，根据学院实际可以从四个方面进行分类。第一是根源分类，既对数据库平台建设中差距的根源进行分类，是思想重视程度不够，学习不到位；还是工作的力度不够，或条件有限，是责任缺失型，还是条件欠缺型。通过查找根源，明确数据库平台建设整改的方向，分别采取有效措施。第二是进行专业分类。全院27个专业要根据不同专业的建设年限、发展水平、工作基础和办学条件，按照专业剖析五个重点分成三个大类：一类专业奔国家级和省级水平发展，二类专业朝市级、院级重点提升，三类专业按规范合格的要求进行整改。第三是"0"和"1"现象分类。对学院人才培养中存在的"0"和"1"现象，要分析哪些"0"确实是条件有限，一下子做不到。比如说国家精品课、省级精品课，国家教学成果奖、省级教学成果奖，达到这个程度要有一个积累发展的过程。对于"双证书"、教师到企业实践、带学生到企业顶岗实习等"0"和"1"现象，可以分成四个方面。一是偏差型，由于对评估指标体系、数据平台的内涵要求把握上出了偏差，产生了"0"和"1"。二是误差型，由于工作不到位，统计出了误差，该写"3"写成了"0"，该写"5"写成了"1"。三是条件欠缺型，条件欠缺型又可以分为两种，一种是速效型，只要投入马上就能见效改变的；另一种是持久型，需要长期投入，或团队长期攻关，比如前面讲到的国家级教学成果，国家级示范专业，国家级精品课程，非一日之功，要逐步去做的。四是对本次会议提出的建议进行分类。会议讨论过程中，系部和专业提出了很多建设性的意见。按职责该分归到教务处、人事处或其他部门研究办理的，按照对号入座的要求一一进行分类。系部和专业提的这些建议和意见，好多是确需解决的，各相关部门现在不要去争论对不对，能不能做到，都对号入座先记下来，会后一个一个分类进行研究，能够做到的马上做，条件不具备的要创造条件去做，暂时做不到的又确实要做的，作为一个目标做好建设计划。

对于以上分类的工作，各系各专业都要认真地去办，评建办要加强指导，特别是要根据各专业的实际分类进行指导。在明确建设项目和整改任务的基础上，组织团队攻关，实行责任到人，限时完成，确保实效。

三、绩效挂钩，以专业剖析促团队建设

要以专业剖析为契机，进一步强化团队意识，增强团队的凝聚力。团队建设的成效既体现在专业剖析材料的提升中，又通过专业剖析反作用促进团队的建设。团队的强弱，是否有战斗力，实际上在专业剖析中都能看得到，

都体现在人才培养的数据中。因此,要在建好数据库用好数据库上下功夫,特别要做到为用而建,以用促建,把专业剖析作为学院强化管理、加强人才培养和搞好专业建设的抓手来全力推进。为把这个"抓手"抓稳、抓好、抓出成效,各单位要下力气做好五个方面的工作。

(一)对全院所有专业进行剖析和分类

全院27个专业要按照专业剖析的五个重点认真准备,进行自评剖析。这个活动12月开始,寒假前完成,要召开一个更大型的会议,请教研室主任、系部领导、相关部门负责人都参加,一个一个专业来剖析。剖析完成后,分出专业的一、二、三类,一类专业根据专家的评分选3~5个,二类、三类按分数确定,由教务处、人事处、评建办负责做好相关方案。定为一类专业的,奖金可不低于1万元,2009年年度绩效奖,专业团队人均上浮适当的点数;定为三类专业的教学团队,年度绩效奖人均下浮相应的点数。学院的管理重心下移,要逐步转向专业,加大专业负责人的责、权、利的对等力度。团队的奖励和津贴可以由教研室主任或专业带头人负责进行二次分配,方案经过系党政联席会议备案认可就行。

(二)一类专业要重点投入重点建设

剖析定为一类专业的,寒假前要请省市专家来校预评,从中确定2009年6月送省评的三个专业,在放假前还要制定好重点投入建设的方案。怎么建,怎么投,给多少经费支持,请评建办、教务处、人事处、财务处考虑,王韶清副院长召开专题会研究决定。

(三)二、三类专业要加力整改限期提升

三类专业要加力整改,二类专业要限期提升,要分别明确整改提升建设的项目任务、人员时限、对策措施。在限期之内难以达标的要整合,可以是人员的调整优化,也可以是专业加减法。做减法整合,要有忍痛割爱的气魄、壮士断腕的勇气。你那个专业特色不特,实力不强,需求不旺,亮点不亮,那就只好放弃。通过全面的专业剖析,进一步明确各专业人才培养工作的重点,27个专业团队都搞好了,学院发展就有希望了。

(四)专业带头人要知人善用学会经营

团队建设的带头人非常重要,27个专业的负责人要加强研究,人人力争第一,各系部主任包括教研室主任,个个都要成为研究型的专业强手、教学里手、管理能手。作为知识分子比较集中的高等学府,要当好专业带头人,专业能力不强讲外行话，教师心里不会服气；教学不能解疑释惑，学生不会信服你；管理没有一套，也不能调动和凝聚人心。总之，是既难以服众，也难以负重的。这里要重点讲一讲管理的能手，结合学院的实际，我认为管理能手应该做到三个要。第一，要敢抓会管，知人善用。教研室和系主任敢抓，就是要求大家敢于碰硬，这个"硬"是指硬任务、硬指标，不要碰到困难时绕道走。会管，就是要讲究艺术、讲究方法，重点是知人善用，用好每个人的长处。要知道一只木桶能盛多少水不是取决于最长的板，而是桶壁上最短的板。要提高木桶的容水量，就要设法加高最短板的高度。对人也是如此，即使谁都不想要的人，只要他不捣蛋，不搞阴谋诡计，不搬弄是非，有想干事的心愿与努力付出，作为管理者就要去调动他，关心他，发挥他的长处。一个人能力有大小，能尽力的也应该是好同志，就要肯定他。不同对象采取不同的管理，这就叫知人善用。我作为院长，要为系主任排忧解难，系主任也要为教研室主任排忧解难，教研室主任要为你的教师排忧解难，这个排忧解难更多意义上讲，是生活上的关心、工作上的指导和严格要求。第二，要敢争会算，善于经营。从这次7个教研室主任的专业剖析来看，敢争、会算还比较欠缺。只要是本教研室老师参与的工作，做了的事情，就要想办法把它争在自己的名下，想办法把成绩归到自己的专业。学院工作是一盘棋，很多事情是你中有我，我中有你，就看你怎么去划算。我们把正在做的事，按计划要做的事和谋划中想做的事放到自己的专业建设方案中，这是一种拓展，一种追求，这也是按照经营的思路，像商家按规矩追求利润最大化一样，有信心有底气去追求人才培养的成效最优化，追求专业教学的成果最大化。第三，要勤学善思，归纳提升。学习是多方面的，作为教研室主任要多观察，观察也是学习。要体察学生的培养，观察相关专业的建设，考察兄弟院校的管理方略，通过这种体察、观察和考察，把人家的长处拿过来，经过思考为自己所用，在实践中再归纳提升变成自己的经验。俗话说：人靠衣装马靠鞍。搞文字工作，例如专业剖析材料、评建材料，一定要会归纳，在归纳中提炼提升，动脑筋包装自己是一种能力，是一种智慧，电视上广告用词写得那么好，好就是一种包装。教研室主任在实践好教育部16号文件的基础上，作为管理的能手，也要讲究自我提炼和形象设计。

（五）职能部门要加强统筹动态把关

评建办和教务处等相关职能部门，当前首要的任务是加强统筹和协调，特别是对学院整个人才培养工作进行动态的筛选和把关。通过筛选把优势变成一个趋势，这个趋势就是以点带面，提升成为学院的亮点。离专家进校评估还有5个来月的有效时间，大家必须要下真功夫。学院评建不合格或勉强

合格,不能进入示范,要不就是生存危机,要不就是发展打折扣,其严重性不亚于抗击冰雪灾害能否取胜。所以,要加强工作的提前量,把关不只是到评估之前的那几天才把关,要动态地全过程的把关。评建办对全院评建工作负有指导的职责,责任重大,要加强全局性、全面性的指导。凡是评建创的亮点,都要去及时总结提升。到兄弟院校考察学到的东西,只要是对学院有益的,都要把它拿来分解到各个单元,不要在考察现场说得如何好,回到学院就无声无息了,这样言而无行不好,也不行。其次,评建办和相关单位要加强制度性审思,凡是不利于团队建设的规定,该停的要停,该修改的要修改。

给大家讲了很多具体的事,总的一个想法就是,学院的一切规定,一切管理,一切作为,都要有利于专业团队建设,有利于学院人才培养,有利于消除"0""1"现象。这是一个总的指向,希望大家认真体会,精准把握,努力践行。

以为谋位求支持，尽心竭力谋发展[①]

我是广州市第十三届人大代表、广州铁路职业技术学院院长。11月8日在《广州日报》看到您主持召开部分人大代表和政协委员专题座谈会的新闻报道，您对职业教育的重视与关心令人振奋。作为受益于您两次决策而带来蓬勃发展的广铁职院人，特此书面将我院移交市政府管理转制发展三年多来的办学情况专题汇报如下。

一、学院概况

广铁职院地处白云区石井街，占地面积157亩，现有教职工453人，各类学生10 451人，其中全日制高职学生6 471人。现开设轨道交通、物流管理、集装箱运输管理、电气化铁道技术、数控技术、机电一体化技术、汽车检测与维修等27个专业；设有国家级和省级职业技能鉴定所，共具有57个工种中高级工、技师和高级技师的培训、鉴定资质；建有地铁车辆模拟驾驶中心、数控加工中心、电气化铁道技术培训基地等校内实习实训室49个，广州市地下铁道总公司、广州火车站、广州本田汽车有限公司等校外实习、实训基地51个。

二、三年转制发展的主要成效

广铁职院经您亲自签批于2004年9月由铁道部（广铁集团）移交广州市政府管理。受益于您和市政府的这一重大决策，学院新领导班子2005年9月到任即紧紧抓住这一发展良机，团结带领全院教职工，以不甘人后、杀出一条血路的劲头，以迎难而上、止于至善的精神，确立"办学上规模，育人上质量，管理上水平"的发展目标，全力推进管理创新和教育教学改革，多项办学指标实现零的突破，或成十倍地迅猛增长。学院办学规模、基本条件、校园环境发生了翻天覆地的变化，实现了与省级先进高职院校同步并轨的跨越式发展。

[①] 2008年11月19日，为加快学院新校区建设等写给时任广州市市长张广宁的信。

1. 办学规模和条件有效改观

全日制高职学生由2005年的1 391人扩大到现在6 475人，增长4.66倍；教学仪器设备总值达5 165万元，增长319%；多媒体教室座位数达到5 167个，增长5.5倍，信息化教学的水平和能力进入市属高职院校前列；建有省、市示范性建设实训基地（中心）5个，实习实训场地面积增加142%；硕士以上的教师由3%增至36%，副高以上职称由17.42%增至28%；教科研实现多项零的突破性增长，获国家、省、市各类教学科研成果奖32项，主持承担国家、省、市级课题23项等。

2. 招生就业率稳居全省高校前列

继2006年、2007年成为广东省高考五所热门高职院校之一，2008年第一志愿报考上线人数达到16 516人，与招生计划之比高达8.5∶1，文科投档线高居全省高职院校第二，理科投档线位居全省第三。毕业生就业率2005年由65.44%提高到98.66%，2007年为99.59%（2006年无毕业生），今年毕业生初次就业率为97.41%，比2005年提高49%，均居全省高校前列。截至今年10月底，广州地铁、广铁集团、深圳地铁、香港地铁（深圳）公司等知名企业已预定明、后年毕业的学生达1 105人。

3. 校企合作育人成效突出

精心构筑校企合作平台，我院已逐步形成多种校企合作模式：与上百家企业组建了22个专业指导委员会；与广州多迪网络科技有限公司联建校内SMT自动化生产线；与广州地铁开展"订单式"人才培养；成立广州市京龙汽车服务有限公司广铁职院分公司，合作进行人才培训、项目研发和生产开发等。广州地铁1号线第一位司机杜培矿，17个车站中的14个站长，广州地铁首席司机龙威，广铁集团第一位"和谐号"高速动车组司机陈炳根等均为我院毕业生。学生在国家、省、市级比赛中获奖50多项次，其中，全国职业院校技能大赛广东选拔赛获团体最高奖，第三届全国数控技能大赛广东选拔赛获数控车工组第一名，第五届"高教杯"全国高职高专英语口语大赛广东赛区决赛获特等奖（最高奖），并多次代表广东省参加全国比赛。

4. 社会培训和服务不断拓展

为广州地铁等行业企业培训各类人员年均超万人次。企业培训师通过率在广东省名列前茅；为青藏铁路等举行的"列车红十字救护员"培训，中央电视台、人民日报等几十家媒体予以报道，按铁道部的要求将建成全国铁路"红十字救护员"培训基地；继2007年被评为广州市春运先进单位，学院2008年又组织近3 000名师生，持续55天时间，累计106 960人次服务铁路春运，省市以及中央新闻媒体都纷纷予以报道，再次荣获广州市春运先进单位。

三、谋求新发展的举措

在学院发展的关键时期，2007年8月，在您的主持下市政府又决定："将广州铁路职业技术学院更名为广州工业交通职业技术学院，实施易地建设，并加强与市属有关中等职业学校合作，将其建设为工业交通运输特色鲜明的高等职业技术学院"。按照市政府为我院科学发展做出的这一重大决策，学院正扎实推进各项改革、建设和发展，力争如期达标，实现又好又快的发展。更名现已获省政府批准报教育部备案，新校区建设正加紧推进，广州工业交通职业教育集团和轨道交通企业培训中心也在积极筹建中。

1. 加快推进新校区建设

教育部将于2009年6月对广铁职院进行人才培养工作评估，对照"合格"标准，现在差距是校园面积不足、教学行政用房不达标。市政府易地建设的决定若能如期落实，将有效解决这一制约我院科学发展的瓶颈。

新校区建设选址共有三个方案。第一方案为南沙职教园区，拟征地800亩，预计第一期工程投入约3亿元，市发改委已批复同意开展新校区建设选址、规划等前期工作，现正联系南沙区委、区政府确定选址方案；第二方案拟征用萝岗区水西社区1 000亩山坡荒地建设新校区，已于9月2日向市政府提交报告；第三方案是广东食品药品职业学院原钟落潭镇高校园区选址拟转让我院，现已经钟落潭镇政府同意向有关部门申报。

2. 组建广州工业交通职业教育集团

为服务好广州市工业交通产业发展，实现产学研深度融合，做到校企资源共享，既减少市财政的投入，又做大做强做优广州职业教育品牌，现正联系省市主管部门和相关行业、企业和中职学校，组建广州工业交通职业教育集团。

3. 建设广州地区轨道交通企业培训中心

围绕省市将投入千亿元建设20条近2 000公里覆盖珠江三角洲的城际轨道交通网，形成珠江三角洲"一小时城市圈"核心的发展要求，报经徐志彪副市长同意，现正商广州地铁企业加紧谋划建设广州地区轨道交通企业培训中心，集职业教育、岗位培训、继续教育、新技术推广于一体，确保高等职业教育人才培养和岗位培训同步开展，实现市财政投资效益最大化。

更新观念 苦干巧干
努力开创专业建设新局面[①]

王韶清副院长就这两天的会议做了全面的总结,包琪龙助理也对会议内容做了具体的概括。他们从发展的角度,在总结前一段专业建设经验的同时提出了新的要求,我完全同意。清远会议我提出要对全院 27 个招生专业进行剖析,在这么短的时间里,各相关职能部门和系部,特别是各专业的教师都积极地行动起来,发扬不怕困难、不怕劳累、加班加点、忘我工作的精神,并以这样一种拼劲,这样一种作风,本着把学院建设好的责任感和事业心,把专业剖析工作推上了一个新的阶段,取得了比较好的成绩。看到大家这种劲头,特别是剖析答辩准备阶段好上加好的敬业精神,努力地展示专业建设成效的境界,我感到非常可喜。这次会议安排得也比较好,专家和教师进行了很好的互动和交流,大家在比拼的同时,能够互相促进,取长补短,只要是对专业建设有益的,教师们都能认真地听取,虚心地接受,及时地融入整改提高工作之中。希望各系部、各专业的负责同志继续发扬这种特别能吃苦、特别能战斗的作风和精益求精的态度,对总结出的成绩和经验,要进一步提升;对存在的问题和不足,要组织团队进一步整改解决。为了把专业建设和人才培养工作搞得更好,实现评建创示范的目标,借此机会,我就努力开创专业建设新局面讲两点意见。

一、要进一步更新专业建设理念

学院改革建设发展进入新时期,已有三年多的时间了,为什么还提进一步更新专业建设理念?作为铁路行业移交给广州市政府管理的院校,面对先进制造和大交通的定位,要服务好区域经济和社会发展,坚持特色,以点带面,争创品牌,必须按照教育部 16 号文件的要求进一步更新理念。

1. 要以特色带整体,以整体促特色

轨道交通车辆、运营和供用电技术等应该是学院的特色专业,也是具有非常浓厚的行业背景的专业。这些专业一定要坚持做优,办成品牌。轨道交

[①] 2009 年 1 月 6 日,在学院专业建设经验交流暨剖析答辩会上的讲话。

通系的教师提出"要把轨道交通打造成国家级的品牌",我看到这一条建议很高兴。问题是现在如何去打造,并起好带头作用。这次剖析,有些专业不太如意,具有这么久的发展经历、这么多年办学经验的积累,但从提炼和展示的内涵来看与此不太相称,反差较大,令人失望。所以,特色专业怎么强化特色,形成优势,带动整体,做到相互衬托、互相促进,看来也需要转变观念,树立新的理念。其他如经济管理类、机电类专业,怎么融入特色专业的优势之中来打造自己的特色,与一般的经济管理、机电类专业形成区别,让人家一看就知道你是铁路类院校的,带有很强的行业特征,从而再反作用于特色专业,支撑特色专业……这些都是需要大家进一步思考探索的课题。

2. 要在整合中新生,在拓展中发展

专业调整整合,要经过一个痛苦的过程,因为做好专业的减法,在某种意义上比做加法还难,欧阳恩剑老师谈到法律专业的整合时带有几分伤感,这种心情,可以理解。学院第一轮专业调整当中,有的专业根据市场的需求被合并或整合到其他专业,这作为一个方向大家要正确对待,要能适应这种整合,在整合中实现有机的融合,从而由痛苦走向快乐。怎么从整合的痛苦中走出来,获得快乐,获得新生,目标要自己定,路要自己闯。但只要具有这种理念并付诸实践,其前景一定是光明的。

专业整合方面学院还有好多的工作要做,好戏才刚刚开始,接下来还会有第二轮、第三轮。这次专业剖析可以说明,有些专业存在明显的问题,像应用电子技术和电子工艺与管理、机电一体化和电气自动化、机电设备维修与管理等专业,是我中有你,你中有我。相互渗透这当然是一件好事,但不能说你的一半和我雷同,那样人家就难以分清楚,不知道是你还是我。这会带来很多问题,对专业建设会造成资源浪费、投入浪费,学生就业也会带来"出口拥挤"的问题。还有实训室重复建设的问题,如 PLC 实训室,电气系有,机电系也有,如何充分利用有限的财力资源?我觉得专业还要进行调整,至于怎么调整,什么时候开始调,今天先出个题目,大家一定要抓紧。请各相关职能部门,各有关系,特别是相关专业的教师们大家出主意、想办法,走出一条在整合资源中盘活资源,在盘活资源中优化资源的新路子,把学院的办学效益提高到最大限度。

城市轨道交通车辆专业作为学院轨道交通专业群中的龙头和特色专业,在系、教研室负责人和教师的共同努力下取得了一些成绩,现已建成市级示范专业,办学规模也日益扩大,在校学生达 400 多人。铁道机车车辆专业作为一个老专业,开办历史也比较长,华南地区仅此一家,专业建设为什么不能走在前面,或者说是停滞不前、不进反退了呢?口号好喊,做起来就不是那么容易了。所以,如何进一步建设好轨道交通类专业群,加强教学团队的建设，要从每一位教师、每一个专业乃至相关联的专业做起。专业整合也有人的思想和人的关系问题，但人的思想是可以转变的，人的关系也是可以改善的。原来关系不好，说不定合在一起关系又变好了，两个人本来关系就不好，再加上老死不相往来，甚至体制上又相互争夺资源，那样关系可能就永远也好不了了。两个人关系不太好，由于建制不得不坐在一条船上，共同的利益，共同的追求，有意无意地接触，关系也许还能改变，这是从人际交往的角度上讲的。当然，这也不是绝对的，据说有的专业教师之间不协调、不配合。如果确有这种情况，同专业的教师相互封锁，你不帮我，我不理你，不交流，不往来，不买账，这样的专业怎么能建设好？从学院的发展上来说，个人关系不能凌驾于学院利益之上，就是说不能因人际关系而另设雷同的专业，更不能因人际关系而使一个本可以发展好的专业停滞不前，特别是传统的特色专业。对此，院系领导和职能部门更要有清醒的认识，要敢于坚持原则、坚持公平正义，排除个人干扰和阻力，有效理顺管理关系，大胆地推进改革和整合，特别在新设专业上要把好关；从个人的发展上来说，讲整合，讲打造品牌，讲学院发展，特别强调要有长远眼光，不能有私心。自私和短见从来都是双刃剑，在专业发展上不顾后果地想着一己之利或眼前的一点甜头，或许今后要为之付出更多的代价。要树立这样一种理念：只有大家好，才是真的好！以前到机电系，看到有的教研室主任愁眉苦脸，牢骚满腹，现在新老教师调动起来了，团队合作也不错，一心一意谋专业的发展，心情好了很多。历史的经验告诉我们，支持别人发展，就意味着你自己会有更好的发展，既然有缘走到一起，你我就是一家人，要互相配合、相互支持。

在拓展中发展，就是要根据市场需求适时挂靠相关专业为设置新专业做准备，条件成熟的即拓展为新专业。当然，设置新专业一定要有充分的调研，在比较中鉴别，在鉴别中创新，其中除了要与其他高职院校进行同专业比较，还要与学院相关专业进行对照，在"新"字上做好文章，突出自己的特色，从而实现院校之间人无我有，人有我优；专业之间避免雷同和重复投资、重复建设，这才是真正的拓展，投入才会有高效益。

3. **要以剖析促建设，实现持续改进**

作为有毕业生的专业，要继续提炼，继续提升，再创新高，特别是人才培养模式、理念、效果方面，一定要有很好的归纳和总结。还要注意用人单位的意见和毕业生的信息反馈，内外结合，把人才培养的经验模式提炼好，把教学改革成果培育好，这要下大功夫，因为提炼和培育的目的不仅仅是为了展示，而是要更好地指导专业建设的实践；还没有毕业生的专业，要把剖析问题时产生的交流和碰撞，激发的思考特别是老专业的他山之石融入整改之中，重点要在专业建设的思路、方案、理念的实践上下功夫，把它像模像样地做出来，因为人才培养模式创新重在实践，只有实践才会出成效。俗话说，想到了才能做得到，想好了才能做得更好。我觉得2008年新招生的专业这一点大多做得不错，在人才培养方面已有好的方案和思路。

这里还要特别强调实践教学。通过这三年多的建设，应该说学院实践教学的条件有了非常大的变化，这次全国轨道交通职业院校的同行们来院考察参观，感到广铁这三年多发生了根本性的变化，或者说是翻天覆地的变化，就说明了这一点。当前，关键是要把这些条件用在学生能力的培养上，要以人才培养高质量使投入产生大回报。这是摆在新学期新的任务，教务处要会同各系主任下力气调整好教学计划，说补火也好，说突出学生应用技能培养也好，一定要把新建的实训室、已经到位的新设备，扎扎实实地用上几个轮回。时间不等人啦！怎样在这方面下足功夫，希望大家认认真真地抓一下，新老专业无一例外都要这样去做。

二、要进一步发扬实干苦干的精神

学院要发展就必然要改革、要建设，改革建设则一定要坚持实干苦干。发展是硬道理。这是放之四海而皆准的真理，谁都想发展，个人要发展，学院要发展，整个社会都要发展。改革是为发展理顺关系、铺平道路，建设是发展的必然途径和选择，都是发展成效的原始积累，而实现发展，苦干实干是最好的办法。四川省委负责同志在抗击汶川特大地震时说："关键时期必须超常工作，昂扬精神状态，转变干部作风，努力行动，共渡难关，夺取胜利。"这次专业剖析，各系各专业的广大教师体现了这样一种超常的工作状态、精神面貌、发展劲头。

胡锦涛总书记在纪念十一届三中全会召开30周年大会上强调，坚定不移地推进改革开放，坚定不移地走中国特色社会主义道路，要"不动摇""不懈怠""不折腾"。讲得非常好，落实到我院专业建设和人才培养方面就是：在改革创新上，要坚持"不动摇"；在工作责任上，要强调"不懈怠"；在人际关系上，要做到"不折腾"。大家朝着评建创示范这个目标，一门心思来干，学院、系部和教研室各级负责人要带领干、带头干、带动干。带领干，就是要指向带路，发挥领头作用；带头干，就是要以身作则，身先士卒；带动干，就是要发挥火车头作用，拉着团队前进。通过各级负责人的辛勤耕耘和奋力进取，实现学院健康、和谐、持续发展。干，就是实践和落实，就是要将评建创示范的目标和各项任务实现好、完成好；干，肯定要吃苦，但苦中有乐，有"梅花香自苦寒来"的快乐体验和价值体现。系部和专业（教研室）负责人作为团队的领军人物，特别要在为人、做事、专业能力

等方面做表率,要具有长远战略眼光,关注团队发展利益;要具有五湖四海的胸怀,善于团结调动团队成员;要具有自我牺牲精神,淡泊名利。从而在学识上、人品上能服众,不负团队成员的期望,极大地增强团队的凝聚力、号召力和战斗力。

希望在下一步工作中,系部主任和教研室负责人要继续发挥好带领作用、带头作用、带动作用。很快就要放寒假,开学后一转眼就到评估专家进校了,而建设的任务还非常繁重,这次专业剖析在很大程度上,还只是解决了一个专业建设模式、经验理念有无的问题、资料有无的问题,按照省有关部门专业建设的要求,还有大量艰苦细致的工作要做。具体地说,评估创示范我们面临着三个硬指标。一是省级示范专业要有四个;二是省级精品课程要有两门;三是省级教学成果奖要有一项以上。这三项里面,有把握的是省级精品课有了一门,示范专业和教学成果奖都在申报之中。同志们,看这三个硬指标中还是七缺六,真的是时不我待,得背水一战不可。学院已向省教育厅反映,能不能给五个示范专业申报指标,来个保四争五,不然整个评建效果要大打折扣,这都是硬指标。要申报的这五个专业,材料整理、理念提炼、模式挖掘还有非常多的工作要做。申报在即,专业带头人,课程主持人,你对专业和课程建设理念的把握,亮点的展示,你的答辩水平和应变能力的再提升,还有多少工作要做?

我提出要坚持实干苦干,在某种意义上也是出于一种关爱。俗话说,严是爱,松是害。因为事业都是干出来的,只有通过干,干出了成绩,你才会有好的发展。希望大家正确对待学院的严格要求,当然,面上提要求并不意味着个别特殊情况不能特殊处理。但不能在学院整个工作的面上,来讲休闲一点、舒服一点、轻松一点。这里有个先苦后甜的顺序,我认为休闲、舒服、轻松是经过一番拼搏取得成果、成效后的体验和感受。这时才能得真安逸,真轻松,真快乐,因为这是一种价值的体现、一种成果的享受。

以上两点意见归结为一句话,就是通过专业剖析要能进一步提高人才培养的质量,为申报省级示范性专业打下一个好的基础,再冲刺一下冲上四个以上省级示范性专业。像申报市级示范专业一样,取得100%的好成效。同时,为新学期即将推出的全面说课活动和冲刺省级精品课程,打下一个扎实的基础。

以评建创促基地建设，精细化推进质量管理[①]

铁英、林姚、延祥和韶清等四位院领导结合分组研讨的情况和各自分管的职责，对新学期的工作做了很好的部署和安排，提出了具体的意见和要求。希望各部门、各单位，尤其是各系（部），要结合本单位的实际提出具体措施，认真抓好落实。借这个机会，我就两办拟定的2009年党政工作"两个要点"、相关部门提出的"四个方案"的抓落实，特别是以评建创促花都基地建设等相关工作谈五点意见。

一、树立中心意识，扎实开展评建创示范工作

作为一所高等职业院校，教学是永恒的中心，人才培养是永久的话题。2009年学院工作要点中提出要以评建、创示范为中心，大家要正确认识它与教学、人才培养之间的关系，其出发点和落脚点都是搞好教学、育好人才、确保质量，它们实际上是高度一致的。正如教育部高教司张尧学司长所说："评估是为了促进教学，促进人才培养质量的提高，引导学校的办学方向和推进教学改革、推进人才培养模式的改革。评估的过程是一个改革的过程，要加强对新指标体系和评估方法的宣传和培训，让社会和校内师生了解我们的办学思路、发展方向，做评估的主人。"我认为张司长的要求很明确，分析很透彻，学院开展评估工作一定要从促进教学的角度去把握，确保评建创和人才培养工作的一致性，以评估促进教学、促进管理、促进改革。为此，评建办等相关部门在制定迎评方案、实施评建工作的过程中，一定要强化中心意识，通过宣传和培训，让全院师生员工进一步了解学院的办学定位、发展举措，进一步更新观念，以主人翁的精神扎实推进评建、创示范的各项工作。此外，树立中心意识还需考虑几个问题：即何谓中心？何以突出中心？何以实现中心？我的体会和理解有三点。

（1）作为中心，就是一切工作和活动的开展都要围着它转，是一个事物的主要部分。以评建创为中心，就是制定方案、考虑问题、研究对策都要围绕它来开展和推进，要把评建创各项任务时刻记在心上、喊在嘴上、落在行

[①] 2009年3月7日，在学院2009年工作会议上的讲话。

动上,把它摆在高于一切、重于一切、先于一切的位置,既不掉以轻心,也不丧失信心。现在要克服这么一种倾向,认为通过办学条件核查、学院评估就可过关了,合格没问题了。如果有这种思想认识,我们重视的程度就会打折扣,执行的力度就会出偏差,工作的效度就会受影响。当前,评估已进入攻坚阶段,接受检验的阶段,大家一定要端正态度,提高认识。办学条件核查只能说明办学基本条件,即硬的部分已基本具备,人才培养可以接受检验,并不等于检验过关。因为人才培养工作评估是"评软不评硬,评动不评静","软"的内涵非常丰富,包括人才培养的方方面面。所以,在战略上要予以高度重视,树立敢打硬仗的勇气、能打胜仗的信心,千万不能松劲,一松就会贻误战机,以至前功尽弃。

(2)突出中心,就是一切工作和活动要服从评建,服务好评建这个中心,战术上做到攻坚克难,全力以赴,巧干、实干加苦干。所谓巧干,就是要精于谋划,把人才培养工作进一步策划好;实干,就是要务实落实,力戒空谈,旗帜鲜明地反对坐而论道;苦干,就是要连续作战,发扬专业剖析和办学条件核查那样一种忘我工作的精神,保持高昂的评建状态。

(3)实现中心,既要有方案,更要有行动。为此,要进一步明确责任,特别是要引入激励机制,让大家在愿意干时乐意去干,将学院发展的愿景和个人奋斗的前景联系起来的同时,从学院层面还要有利益引导,做到三个"不一样"。即干与不干不一样,干得多与干得少不一样,干得好与干得不好不一样,真正实行按劳分配,按绩效奖罚。按照新指标体系,此次评估分为两大块,一是办学条件核查,即"硬"的方面,这一块我们已经尽力而为了,结果应该是功夫不负有心人;二是数据库建设即人才培养的过程与绩效,即"软"的方面,要求学院深化内涵建设,提高管理效能,完善自我约束、自我发展的质量保障体系,这是评建工作的重点。教育部、省教育厅对数据库建设的要求是,从源头采集,确保原始性、真实性和及时性。从学院来讲,"建库"的标准是"两无":即清远会议上提出的无"0"、"1"现象,还有就是昨天系(部)主任们总结出来的"无失误差错"。从系(部)反馈的情况来看,数据库建设中出现的失误和差错不可低估,不能轻视。有的同志认为如不加以重视,可能会因数据库出现的失误和差错使学院整个评估不合格。我认为这不是危言耸听,一定要引起各位领导特别是广大教师的高度重视。对此,学院评建办要有措施,在面上培训指导的同时,还要通过奖罚建立引导长效机制,除了做得好的予以表扬,出现问题的通报批评外,还要有针对性进行讲评和宣传,使干得好的好上加好,出现问题的也能及时改进。比如说,这次数据库建设年度检查中出现失误的教师,可以考虑办一个培训班,既帮助他们找原因,准确掌握数据库建设的要领和要求,也可以让相关人员思想上有所触动，以此推进数据库建设。为提高数据填报的准确性，方法上也要改革散兵游勇、孤军作战的方式。有的系采取"结对子"的方法，相互提醒、相互把关，将问题解决在进库之前，我认为就是一种有效的管理改进。出了问题当然要问责，但问责的实质只是鞭策和激励的手段，不是目的。从评建绩效上讲，没有人被问责就是管理最大的成功。数据库建设作为整个评建工作的重中之重，请各位领导要亲力亲为，亲自过问、亲自把关，特别要采取切实可行的措施，如期实现创建的目标。对于锦上添花的示范专业、精品课程和实训基地等建设项目，也要常抓不懈，并不断创新，实现常态管理和精品攻关的有机结合，把评建创工作抓出成效。

二、抓住关键环节，精心打造花都工学结合基地

花都工学结合基地建设既是今年评建、创示范工作的重点，又是学院事业发展链上的一个关键节点。张尧学司长关于"实践，包括实验室的实验、实训基地的实训、校外基地的实训以及顶岗实习等几个不同阶段。不同阶段的教学有不同的教师、不同的要求和不同的目标。实践课程从一开始就要多用企业的技术人员做教师。高职的实验课要注意和本科的区别，我们的实训基地也要和实验室有区别、和工厂有区别。实训基地，严格来说应该是顶岗实习前的准备，而不是一种孤立的活动"的论述，为我们花都工学结合基地的建设指明了方向，特别是他所强调的加强和企业合作，"实践课程多用企业的技术人员做教师""实训基地要和实验室有区别、和工厂有区别"，为花都基地的具体运作提供了建设思路和标准。结合学院实际，为切实贯彻好张尧学司长的讲话精神，当前基地的建设要重点抓好三件事。

（一）加强实践教学过程的管理

各系（部）特别是机电和电气两个系，要按照高技能人才培养规律、教育部工学结合的要求，结合珠江三角洲区域经济发展的需求深化专业教学改革。一是要认真调整课程设置，改革教学内容，使进入基地学习的学生实践教学占整个教学安排的比例达到50%以上。二是生产性实训占基地整个实践教学环节的比例要达到60%～70%，有条件的要力争达到80%。这两个方面的指标能不能实现，是检验花都工学结合基地能不能建设成为示范、能不能培养出高素质技能型人才的标准和关键，是事关评建亮点打造和学院特色构建的大事。因此，当务之急要抓紧两项工作：第一，要科学调整教学计划。现教学计划中二年级的实践教学大多占总课时的40%～50%，有的还在其下，这既与进入基地开展工学结合的要求不相适应，又反映出专业之间教学计划的不平衡性。第二，要结合人才培养的要求，引进企业生产线和加工

任务订单。怎么引？高耗能、低效益、技术含量不高的企业肯定不能进，这项工作同样很艰巨。要构建好工学结合有特色的人才培养模式，还要下力气探索弹性学制和学分制的教学改革，建立实践教学环节的质量标准，强化质量监控，健全基地准入资格方面的管理制度，完善产教一体的运行机制。下力气确保学生职业技能的培养质量，打造工学结合的亮点和品牌。

(二) 加强基地的校园环境条件建设

按照张尧学司长"两个区别"的理念，特别是"和工厂有区别"的要求，认真做好基地建设的规划设计和校园氛围打造。基地改造建设过程中，要注意听取机电系和电气系教师们的意见，邀请骨干教师全程参与基地改造项目。要列出基地改造、建设、搬迁等各项工作的清单，明确完成期限，其硬指标就是一个，即学生分批到位的时间，就是相关任务完成的期限。三月底第一批学生到位时，要确保教师、学生能正常地教学、生活和开展文体活动。眼下，后勤部门和基地的相关负责同志要亲自驻守现场进行办公，督促要求各施工单位加班加点，又好又快地完成场地改造、装修及设备安装到位等各项任务。第二期建设改造项目也要马上启动，工作安排要往前赶，关键时刻要特事特办。校内腾出的实训室，也要抓紧调整改造，及时发挥效应。做到所有项目齐头并进，全面推进。

(三) 确保思想、人员、教学运行三到位

各职能部门、各系（部）要齐抓共管，既要利用各种形式，通过各种途径，广泛深入地做好花都基地建设重要性的宣传说服工作，又要营造良好的舆论氛围，耐心细致、卓有成效地做好建设过程中的思想政治工作。使全院师生员工充分认识建设花都基地的重要意义，将思想和行动统一到学院党政的决策与工作部署上来，积极主动参与或服从、服务于基地的建设工作，为优质高效建设好花都基地打下坚实的思想基础。学院党委决定由彭铁英副书记兼任花都基地主任，并组建强有力的管理机构，以切实加强对基地的组织领导，相关人员也要尽快确定，尽早到位。全院教职工特别是机电系、电气系的广大教师，要进一步增强大局意识，急发展之所急，想学院之所想，谋学生之所求，克服部门利益至上、本位主义严重和个人安逸舒适为重等不良倾向，坚决打赢这场迎评促建的关键战役。各职能部门都要从人才培养模式创新和确保基地正常运转的角度出发，将本单位的工作职责延伸到基地的改造建设和项目管理中，按照评建创的要求，认真制定有关实施方案，加强沟通协调，统筹做好场地改造、设备搬迁、生产线引进、人员到位、后勤保障、教学组织和基地常规管理等相关工作。做到心往一处想，劲往一处使，全力将基地建设成为"产教一体,寓学于工"的、特色鲜明的、学生满意的、家长放心的、社会赞誉的高技能人才培养基地。

三、奠定发展基础,确保招生就业稳居全省前列

招生就业是高职院校的重点工作,对于我院2009年更是一项硬任务。一是招生已主动要求从B线上调到A线;二是毕业生由去年800多名增加为2 000余名,再加上金融危机的影响,要按计划高质量完成招生计划,又确保就业率稳居全省前列的目标,思想上要更加高度重视,措施上要更加精准有力,行动上要更加务实有效。

为此,我们要强化特色意识,以高质量获取高报考率、就业率。截至2月22日,招就办统计的就业率表明,2009年尽管受金融危机影响,但我院特色专业的就业率还是比较高,有的已达到100%,生动地验证了"特色就是质量和水平,就是竞争力和生命力"这一办学准则。要提高报考率、就业率,必须以特色质量为着力点,进一步深化专业教学改革,培养德才兼备的高技能应用型人才。所谓德,就是思想道德和职业素养,要求我们培养的学生具有高度的敬业精神和责任感,特别是艰难困苦环境下愿干、肯干;所谓才,就是职业操作技能,就是干好岗位工作的本领,面对生产任务和设备工艺要会干、能干。一句话,就是毕业生要用得上、干得好、留得住。所以,我们不能离开人才培养的特色和质量,孤立地来谈高报考率、求高就业率,要把报考率、就业率作为专业设置调整和培养质量的主要依据,特别是受金融危机影响较大的专业,要主动对接和依托工业交通特别是轨道交通产业的需求,进行专业整合和拓展,扩大人才培养的适应面。

此外,还要进一步优化招生就业工作绩效考评体系。招就办要加强对招生就业工作的全面统筹,建立激励机制,一是要按专业、分行业、测需求、定指标、施奖罚,做到实事求是,客观分析,对受金融危机影响较大的专业也要区别对待,不能一概而论。二是要全员发动,全力以赴,建立责任到人、奖罚有据、促进发展的长效机制,通过招生就业工作促进专业的调整、优化和发展,实现学院人才培养工作的良性循环。

四、践行精益求精,精细化推进全面质量管理

努力践行"精益求精"的校风,使之成为学院教学、科研与管理工作的新风尚。全院要以精细化为抓手,推进全面质量管理,除了定好方案、明确标准、落实考核外,还要从以下三个方面下功夫。

（一）要进一步提高责任意识，做到不以小失大

各系（部）、各职能部门要想方设法解决和克服工作中的困难和问题，对自己职责范围内的重要工作，必须精心策划、精心组织、精心实施，以精细化管理促进学院的质量发展。管理是职责所在，服务更是一种责任，当前强化责任意识的关键之一，是职能部门和系（部）领导的服务意识要贯穿全程，要进一步提高为师生、为基层、为教学服务的能力和水平。特别要把原则性体现在人性化管理中，要设身处地站在服务对象、管理对象的角度上，想好事，办成事。比如说，春运作为学院服务社会和实践教学的亮点，是学院的品牌，谁也不会否认。但看到一些学生对春运发表的言论确实让人伤感，为什么学生会在网上如此议论学院的春运？就是他们认为春运津贴发放不到位、不公平、不公开？如果情况确是如此，那么这种以小失大的结局是不是值得大家反思？所谓细节决定成败，这至少是我们的一些部门、一些同志没有考虑精细，执行不到位所致。在此，我再次强调两条原则意见：第一，学生春运的津贴先由学院如数垫资，并在春运结束后的一周内发放到学生手中；第二，学生的津贴不准打折扣，要全额如数发到学生手中。谁违背谁负责，请相关领导和部门的同志认真抓好落实。

（二）要努力提高管理水平，做到不顾此失彼

精细是理念，也是规范，更需要行动。结合学院的实际，实施精细化管理的重点之一，就是要特别花力气处理好各系（部）各部门之间相关联的边界工作。学院很多工作是你中有我，我中有你，互相牵扯，环环紧扣，既要严格把关，注意原则性，又要相互照应，注重一致性，不能铁路警察各管一段，不能顾此失彼。特别是各职能部门，该严格把关的相关联问题，不能只扫门前雪，更不能听之任之，放任自流。比如实训室添置设施设备这项工作，总体上，立项论证较认真，招标采购也很严肃，但设备到位有的却随意变更，取其所需，既不报告，也不办理手续，以致账、卡、物不相符；有的疏于管理，没有严格的领用登记手续，有账有卡却不见物。这里至少有三个问题，一是建设任务考虑不细，以致建用不一致，到要用时才认为换成别的可能更合适些；二是个别办事人员有点无知无畏，拍脑袋办事情，不考虑后果及严重性；三是相关管理部门监管不到位，对相关联的环节把关不深入。类似的问题请相关领导和部门负责人高度重视，按照精细的要求认真整改，并从源头上查找原因，举一反三地建立起严格规范的长效管理机制，切实整改到位。

（三）要全面提高工作效率，做到不折腾反复

俗话说"磨刀不误砍柴工"，精细化质量管理要抓住关键环节，特别是关键细节上要舍得下功夫，虽然看起来可能是多花了一点时间，实际上能收到事半功倍的效果。学院管理工作中，因为关键细节没处理好推倒重来的事情并不鲜见。比如说，学院相关材料、通知的印发，时因一字之差收回重印重发，这就是折腾反复，既劳民又伤财，还影响人心，其效率之低下，可见一斑。所以，实施精细化质量管理，更要提倡向精细要效率，在雷厉风行、说干就干的同时，做到干就干好，止于至善，提高满意率、成功率。

五、深化人事改革，以"三定一聘"优化团队建设

按照学院原定计划，新一轮"三定一聘"工作应该在上学期末开展，假期中完成。鉴于评建工作和省市有关设岗聘用的政策即将出台，学院研究将这项工作安排在评估之后进行，但相关部门的工作方案一定要提前制定好，特别要将聘用的资格条件、能力标准和绩效表现等要求，提前告示全院教职工，使"三定一聘"形成一种推动力，进一步激励广大教职工创造受聘条件资质，为学院"三定一聘"能好中选好、优中聘优，优化团队人员结构奠定扎实的基础。"三定一聘"这个指挥棒怎么用好，请人事处与各相关部门进一步研究并完善细化方案。

以上就扎实推进2009年学院几项重点工作，特别是如何抓好落实谈了一些思路和要求。希望各位领导在实践中努力探索将其丰富，不断创造出新鲜经验，把学院的改革、建设和管理提高到新的水平。

总结经验再提高，查找差距再起航[①]

今天召开全院教职工大会，对人才培养工作评估进行总动员，这是在学院 2007 年动员大会基础上的再动员，既是动员大会，也可以说是誓师大会。其目的只有一个，就是要发动全体教职工，认真总结评建工作经验，再统一思想、提高认识，再明确责任、扎实工作，全力以赴确保以优异成绩通过省教育厅人才培养工作评估。

一、评建工作的主要成效

近三年来，学院领导班子带领全院教职员工艰苦奋战，共渡难关，勇敢地面对各种压力与困难，克服了一个又一个障碍与险阻，取得了一个又一个成功和胜利，办学规模不断扩大，发展实力日益增强，各项管理逐步规范，社会影响力稳步提升。

（一）办学理念进一步明晰

学院认真贯彻教育部 16 号文精神，科学制定了"十一五"发展规划，确立了"84321"发展目标，提出了一个目标、两大任务、三上要求、四项工程、五个创新的"12345"发展思路，凝练了"依托行业、适应学生、适应市场、适应政府"的办学理念和"创新每一天"的校训，形成了"精益求精"的校风、"潜心教学、大爱育人"的教风、"勤学善思、砺能笃行"的学风。

（二）师资结构进一步改善

学院出台多项举措，大力加强教师学历培训和"双师"素质培养，加大人才引进的力度。三年内引进"高技能、高职称、高学历"人才 70 余名，大大改善了"双师"结构、学历结构和职称结构，现有专任教师 284 人，硕士以上的教师比例由 3% 增至 38.66%，副教授以上比例由 17.42% 增至 28.83%，"双师"比例达到 52.11%。从行业企业聘请能工巧匠承担实践教

---

① 2009 年 3 月 30 日，在全院教职工人才培养工作评估动员大会上的讲话。

学课，校外兼职教师达到 89 人。

（三）课程改革进一步深化

根据技术领域和职业岗位（群）的任职要求，学院参照相关职业资格标准，改革课程体系，精选教学内容，打破专业界限。基于工作过程导向的课程改革有所突破，教、学、做一体的项目教学全面推进，精品课程建设实现零的突破。学院现建有省、市级精品课 5 门，院级精品课 20 门。

（四）实践教学进一步完善

学院将实践教学作为重要组成部分纳入教学计划，坚持理论教学与实训、实习密切联系，绝大多数专业实践类课时占到总课时 50% 或以上。并适时邀请行业、企业专家参与专业教学方案设计，先后成立了 24 个专业指导委员会；各专业学生顶岗实习覆盖率达 90% 以上，学生半年顶岗实习质量得到保障；学院加大投入建设了 SMT、模拟驾驶器等校内实训室 56 个，积极开拓建设广州火车站、广州铁道车辆厂等校外实践基地 91 个。其中建有省级财政支持建设实训基地 1 个，广州市高职高专示范性建设校内外实训基地 4 个。

（五）专业建设进一步加快

各专业通过专业剖析，检查佐证材料，开展专业答辩，在碰撞中交流，在交流中改进，在"批、改"中提高，对建设目标、培养模式、课程体系、教学内容、实践教学、教学设计、讲授方法、师资队伍、社会服务等各方面进行了总结、归纳、提炼与提升。6 个重点专业的龙头特色逐渐显现，辐射带动作用逐步发挥。在品牌专业建设方面也取得重大突破，现建有广州市示范性和示范性建设专业 4 个，院级示范性专业 8 个。

（六）教学管理进一步规范

学院引进 ISO 9001 质量管理标准，强化管理与监督，推进制度创新和管理创新。建立了校内督教导学制度，吸收用人单位参与教学质量评价，形成了以学院为主体、教育行政部门引导、社会参与的教学质量保障体系。以制定、修订"教学事故认定与处理办法"等制度为切入点，抓住期初、期中、期末三个关键阶段，分别对教学秩序、教学效果、考试组织等关键要素进行检查评价，开展业务部门听课、学生座谈、全员网上评价，使教学管理制度基本完备和规范，教学运行平稳有序。

（七）社会影响不断扩大

学院抓质量的同时抓规模增长，在校学生由1 391人增至6 449人，增长了4.6倍；招生就业开创了全省"五高"的局面，继2006年、2007年成为广东省高考报考五所热门高职院校，2008年广东第一志愿上线人数达到16 516人，与招生计划之比高达8.5∶1，文科投档线高居全省高职院校第二，理科投档线位居全省第三；就业率2007年达到99.59%，位居全省第七名，2008年为99.66%，位列全省高校第三名。春运服务、教学实践和学生获奖等典型事例，多次在省市电视台、《中国教育报》《南方都市报》《羊城晚报》《广州日报》，中国新闻网等媒体报道。

二、评建中的问题与不足

在全体教职工的共同努力下，前一阶段工作取得了一定成绩，但也暴露出一些问题和不足，与评估的要求还存在不小的差距。如专业建设的深度、课程改革的力度、质量监控的精度、实训教学的密度、实习基地的广度、科技立项的高度、毕业生就业的满意度、师资队伍的知名度、合作企业的参与度等，都不同程度地存在着需要改进提高的地方。具体表现在以下几个方面。

（1）评估文件学习不够，教育观念没有根本转变，指标内涵仍然把握不准。部分单位只研究评建办分解给本单位的指标任务，对教育部16号文、评估指标体系等文件的学习不够充分，领会不够全面，把握不够准确，理解不够深刻。

（2）思想认识、工作状态没有到位。个别部门和教职工对评估还存在偏见，认为评估是"额外负担"，没有把评建工作融入自己常规教学、日常管理中去，为评估而评估的人和事依然存在。有的人没有从以评促建、以评促改、以评促管的角度去认识评估，甚至对评建工作特别是评建办下达的工作任务时有抵触情绪。

（3）顶层设计比较合理，但细节把握安排上有待完善。个别单位、个别人员填报状态数据不认真，不按采集平台的要求进行审核，把关不严，导致关联数据不一致等问题时有发生。

（4）人员发动不够，个别单位评建工作相对滞后。有些系部、职能部门尚未充分调动本单位全体人员参与评建工作，工作的主动性、积极性和创造性不高，基本上还是少数人在忙评建。使得全院评建工作进度不一，深度不同，发展不平衡。

（5）强调稳步推进的同时，抢抓时间、争取主动方面有待加强。个别部门只是简单按评建办下达的任务去搜集支撑材料，整理教学文档，工作较为被动，材料较为片面，普遍存在着深入思考不足的缺点。没能把教育部评估方案和本部门的实际工作有机结合起来，不能真正从提高人才培养质量的高度考虑工作，对本部门的特色亮点挖掘提炼也不够。

（6）部分教职工认为评建工作启动早，持续时间长，工作量大，思想上产生了畏难情绪、厌战心理和疲软状态。基本办学条件核查通过后，个别部门、个别教职工还存在侥幸心理，思想上有所放松，行动上有所懈怠。

分析以上问题的原因，大致有以下几点：一是学习不到位，理论修养不够；二是认识不到位，全员参与不够；三是思想不到位，精力投入不够；四是组织不到位，责任明确不够；五是措施不到位，任务落实不够；六是监督不到位，贯彻执行不够。本次动员大会后，各部门要组织全体教职员工认真对照检查，做到有则改之，无则加勉，急起直追，迎头赶上，力争冲刺阶段力改不足，全面达标。总之，希望大家正确、认真、严肃地对待所列问题，并尽一切努力，积极进行整改。做到面对整改，认识正确，态度积极；参与整改，思想明确，思路清晰；实施整改，任务落实，措施得力。

三、迎评阶段的工作要求

学院改革、发展和建设的关键时期，是最能锻炼和考验教职工的时刻。基本办学条件核查，我们经受住了考验，再一次证明广大教职工是能打硬仗、善打胜仗、拉得出、靠得住的。但也要充分认识到，这只是迈出成功的第一步，真正的考验在六月，好戏才刚刚开始。

院兴我荣，院衰我耻！学院是大家共同的家园，其发展与兴衰关系到每一位教职员工的前途和命运。这次评估既是对学院办学水平的全面检阅，也是对全院教职工特别是党员和干部工作作风、业务水平的一次全面检阅。现在距离评估专家组进驻我院已不足百天，评估的帷幕已经拉开，战斗的号角已经吹响，这既是一场攻坚战，更是一个新的里程碑。时间紧，任务重，全体教职工特别是中层管理干部要树立主人翁意识，以恪尽职守、精益求精的工作作风，以强烈的责任感和事业心，用心、细心、耐心、精心做好评建各项工作。借此机会，再对各系部、各职能部门和全院教职工提几点要求和希望：

（一）加强学习，转变观念

进一步加强学习，转变观念，是加强内涵建设、提高人才培养质量的前提。全体教职工、特别是领导干部、专业带头人、骨干教师，要进一步学习教育部16号文、教育部关于高等职业院校人才培养工作评估方案和广东省

评估工作指南等文件。为此,学院将至少组织两次以上专题辅导,各系部、中心、行政部门每月至少组织一次集中研讨与学习交流,以把握内涵,领会精髓,把16号文的精神落到实处,把工作重心放到规范日常管理、提高教育教学质量上。各单位要认真结合自查自评中发现的问题,制定整改措施抓好落实,以人才培养为中心,向改革的示范、发展的示范、管理的示范、质量的示范、特色的示范迈进。

(二)统一思想,提高认识

评估是手段,建设是关键,提升是目标,发展是根本,绝不是额外负担,决不能应付了事,这既事关学院下一步的生存、建设和发展,还关系到学院做大做强目标的实现,更关系到每一位教职工的前途和命运。我们必须全员参与、全体行动,全力以赴、全面建设,必须夜以继日、连续作战,不辞辛劳、风雨兼程。从而把迎评内化成改进教学工作、创新培养模式、优化教育过程、提高教学质量、加强内涵建设、强化各项管理、密切校企合作、改进工作作风、增强办学实力、形成高职特色的自觉行动和创新动力,做到真心真意、真刀真枪、真抓实干、真出成果。

(三)各司其职,狠抓落实

评建办下发了迎评总体部署和推进计划,各部门特别是各系部要严格按照评建办的要求,仔细研究,严格兑现,不打折扣。各部门也要根据实际情况,制定本部门的迎评工作实施方案,把责任落实到人,明确完成时限,做到迎评工作不留盲点、不落弱点、抓住重点、攻破难点、创建亮点。从而千斤重担大家挑,人人身上有指标,个个都能负好责,不做水桶上的"短板",不做大堤上的"蚁穴",不当冲锋陷阵的"逃兵",以每项具体工作的优良确保学院评建工作整体的优良。

(四)统一调度,协同配合

在评估办的统一指挥下,各部门要协同作战,互相配合,不能讲条件谈价钱,不允许推卸扯皮,更不允许有不服从统一指挥的现象出现。各部门要主动作为,超前工作,不等待,不依赖,不拖拉,认真分析评估要素,深刻把握指标内涵,探索丰富内涵的各种措施。做到统筹协调、集中精力,调配财力、凝聚人力、减少阻力、增强动力、挖掘潜力、集聚物力、形成合力、展示实力,提高本部门迎评工作的水平和绩效。

（五）突出重点，紧张有序

教育部评估工作的 20 字方针，既是检验评估工作成效的标准，也是避免评估工作走形式的重要政策导向，其出发点、落脚点都围绕办学特色、质量与内涵，目的是通过评估促进改革，加快发展，办出高职鲜明的特色和过硬的质量。目前，学院工作千头万绪，发展机遇千载难逢，既要突出工作重点，攻坚克难，又要找准抓手，乘势而上。所以，大家要发扬背水一战的精神，把日常工作与迎评工作有机结合起来，敢趟千山万水，愿吃千辛万苦，能想千方百计。对迎评工作既高度重视又科学对待，真正落在"建""改""管"三个字上，在三者的结合上多下功夫。面对繁重的迎评工作任务，更要讲究方法、突出重点、抓住要害、紧张有序，不能没了方寸、乱了阵脚，没了章法、忘了规律，没了规则、忘了程序，更不能顾此而失彼。

（六）加强考核，强调责任

为确保迎评各项工作落实好，学院要建立激励机制，对表现突出的部门、单位和个人给予表彰。一是加强绩效考核，各部门迎评工作成效要与年度工作业绩考核挂钩；二是个人的迎评表现与评优评先、职称聘任、绩效考核、干部提拔等直接挂钩；三是严格执行学院《行政责任问责制度（试行）》等规定，对评建工作开展不力，并带来不良影响的单位和个人，学院将予以通报，直至追究相关负责人与当事人的责任，绝不含糊。

同志们！这次迎评工作既是一次严峻的挑战，更是学院展示成绩、赢得声誉、强化建设、抢占先机的一次极好机遇。学校的荣誉高于一切，师生的利益大于一切，让我们携起手来，万众一心，迎难而上，发扬敢打硬仗、善打胜仗的精神，全身心地投入到评估冲刺工作中去，书写出广铁学院发展历程中的崭新篇章！

抢抓发展新机遇，进驻萝岗建校区[①]

广铁职院 2004 年 9 月由广铁集团移交广州市政府管理，是广东省唯一一所培养轨道交通和铁路特有专业人才的高职院校。在您的高度重视和关怀下，2005 年 8 月，市委配备了学院新领导班子，三年多来，按照您提出的"高起点建设一批高等职业院校，努力打造全国一流的职业技术教育聚集区和示范区"的要求，学院努力克服办学场地不足等困难，以不甘人后、杀出一条血路的劲头，通过租赁邻近工业园（占地 132 亩、房舍 6.7 万平方米）建设工学结合基地等举措，加强内部条件建设，呈现了与省级先进高职院校并轨跨越发展的强劲势头。目前，学院全日制高职学生由 2005 年的 1 391 人增长到 6 449 人；2006 年起连续三年是广东省高考招生 5 所热门高职院校之一；毕业生就业率连创新高，2008 年达到 99.66%，居全省高职院校第三名。面对金融危机就业寒流，2009 年毕业生的就业率仍然逆势高涨，轨道交通类毕业生供不应求，至 2009 年 3 月底，全院各专业综合就业率已达 87%。现在，学院正全力以赴确保以优异的成绩通过省教育厅人才培养工作评估，力争进入省级示范性高职院校建设行列，争创国家特色骨干高职院校。

学院移交转制取得了长足发展，但因校园自有占地面积只有 157 亩，与教育部监测办学条件合格指标差距较大，现有校舍已难以满足经济社会快速发展对轨道交通类高技能应用型人才的需求，成为制约学院科学发展的瓶颈。教育部也明确规定"非学校产权的教学行政用房等不计入学校办学条件"，学院靠租赁保持发展已不是长久之计。为此，新校区建设迫在眉睫，亟待解决。

鉴于学院发展的实际情况，2007 年 8 月市委、市政府发文决定学院"实施易地建设"，市政府领导就此分别做过批示，市发改委、教育局会同学院多次在南沙、萝岗、钟落潭等地进行考察选址，均因城市规划、土地规划和建设用地指标等问题至今没有实质性推进。

最近，省政府决定在萝岗区建设广东省现代职业技术教育基地，这为广

[①] 2009 年 4 月 29 日，为进驻萝岗职教基地建设新校区与党委书记廖惠卿联名给时任广州市委书记朱小丹的报告。

州职业技术教育的发展带来了良好机遇，也为学院新校区建设创造了历史性机遇，市政府、市教育局领导大力支持学院进入广东省现代职业技术教育基地建设新校区。日前，省教育厅已经同意学院上报申报材料。此事关系到广州职业教育发展的大局，特恳请您继续给予关心与支持，力助学院能顺利进入广东省现代职业技术教育基地建设新校区。我们有信心有能力抓住这一发展契机，把学院打造成全国一流的轨道交通教育与培训区域中心，为广州全力打造职业教育品牌赢得先机，决不辜负朱书记和市领导的期望和支持。

社会满意为标准 适应市场谋发展
走资源共享集约化办学之路①

非常荣幸能有机会代表广州铁路职业技术学院充满期待的党政领导班子和广大师生员工,参加省教育厅申请进驻省级职教基地的竞争演讲。借此机会,对长期以来关心支持我院改革、建设、发展的各级领导、各位专家表示衷心感谢!

一、学院的现状与发展

广铁职院2005年8月由广铁集团移交广州市政府管理,校园自有占地面积157.7亩,校舍建筑面积8.3万平方米,另外还租赁了邻近工业园区用地132亩、房舍6.7万平方米。设有六系两部一中心等九个教学单位,开设有28个专业,在校学生6 449人,拥有专兼结合、结构合理的"双师"教学团队,建有国家职业技能鉴定所和铁道行业特有工种职业技能鉴定站,是广东省特种作业人员安全技术培训点,广州市"双转移"定点培训机构。

作为广东唯一一所培养轨道交通和铁路特有专业人才的工科高职院校,学院移交转制三年多来,以培养"品德高尚、技能精湛、创新奋进"的高技能应用型人才为目标,发挥原铁路行业办学和现广州市政府管理的双重优势,秉承"依托行业,适应社会,适应学生,适应政府"的办学理念,按照做优轨道交通类专业,做强先进制造类专业,做实现代服务类专业的发展思路,以服务企业铺就发展之路,以社会满意奠定发展之基,以学生成才打造发展之本,以突出作为谋取发展之位,探索形成了具有鲜明特色的校、企、政融合的办学模式和工学结合的培养模式。建有设施先进的地铁车辆模拟驾驶中心等53个校内实习、实训室和花都车辆厂、广深地铁等91个校外实训基地,教学仪器设备近6 000万元。通过与广州、深圳、香港地铁和广铁集团等大中型企业建立校企合作平台,成规模高绩效地开展"订单"培养,毕业生100%取得了"双证书",就业率2007年达99.59%,2008年达99.66%,位居全省高职院校第三名。2009年就业率更是"逆市飘红",截

---

① 2009年5月6日,在广东省教育厅申请进驻省级职教基地竞争演讲会上的演讲。

至4月底已达87%；2010年毕业的学生通过校企合作平台进入"订单"培养的已达1 286人，占毕业生总数的60%。为广州地铁集团有限公司、深圳地铁集团有限公司等名优企业每年培训员工近万人次，学院教育事业呈现良好的后发优势。

二、政府的重视与支持

广州市委、市政府鉴于珠江三角洲地区轨道交通业巨大的人才需求和学院跨越发展的强劲势头及校园自有占地仅157亩的现状，2007年8月发文决定："易地建设广州铁路职业技术学院，更名为广州工业交通职业技术学院。"更名现已获省政府批准报教育部备案，新校区建设更是得到市政府力度空前的支持，市政府多位领导就此分别做过批示，市发改委、教育局正会同学院进行考察选址，市财政2009年还专门安排了2 000万元启动资金。这次省教育厅决定在广州开发区建设广东省职教基地的喜讯，为学院新校区选址建设提供了一个千载良机。经市教育局研究报请市政府同意，广州市政府首推学院进驻省级职教基地。学院党政领导班子对此高度重视，多次召开"学《纲要》①、进基地、谋发展"研讨会，并专题召开教代会审议表决，全院教职工一致同意并强烈要求申请进驻省级职教基地。

三、进驻基地的发展思路

学院如能获准进驻省级职教基地，将按照《纲要》"推进校企合作，建设集约化职业教育培训基地，面向更大区域配置职业技术教育资源"的要求和学院确立的"以市场需求定办学面向，以社会满意为质量标准，以适应发展推教学改革，走资源共享、集约化办学之路"的发展理念，以"订单"培养为切入点，进一步搭建校企合作平台，每个专业群对接相关产业建立2~3个适应工学结合、装备水平和科技含量都比较高的生产性实训基地，形成教育与产业紧密合作的互动机制；借鉴新加坡南洋理工学院先进办学理念，引企入校，实现从"订单"培养到"教学工厂"的新突破，有效推进产学研合作育人、合作就业；按照以行业为依托，学历教育与职业培训相结合、中高职共同发展的原则，进一步优化专业结构，改革课程设置，创新教学内容，组建好广州工业交通职业教育集团，创新职业教育发展模式，在泛珠三角职业教育集约化发展方面起示范带动作用；对接《纲要》"建设开放的现代综合交通运输体系"等带来的更大人才需求，到2015年，建设工业

---

① 这里指《国家中长期教育改革和发展规划纲要（2010—2020年），以下简称"《纲要》"。

交通运输类专业达40余个,全日制普通高职学生达到10 000人,服务区域行业企业年培训员工达到15 000人次;轨道交通车辆、供用电技术、机械制造和物流等部分专业达到全省或全国先进水平,建立起适应省级职教基地发展需要的现代大学管理体制和运行机制;综合实力和整体办学水平位居全省高职院校前列,建设成为南方重要的轨道交通教育与培训中心,广东现代产业体系人才培养基地和中职师资培训基地,努力将学院建设成为国家特色骨干院校。

获准进驻基地后,学院将按照"十二五"期间在校学生10 000人的规模,校园占地1 000亩,校舍建筑面积23万平方米的规划,以市财政投入、学院自筹、社会融资相结合的方式,积极筹措落实各项建设经费5亿元,确保2010年新校区落成,新生入住,各项工作有序开展。

综上所述,承蒙各位评委和省教育厅的高度关注和支持,学院申请进驻省级职教基地既占天时又得地利,再加上广州市雄厚教育投入的坚强保障,全院师生员工将继续以百倍的信心、顽强的拼劲,为广东省轨道交通产业发展和构建现代职教体系做出更大的贡献。

实践篇

高效推进评建整改，打造一流高职教育[①]

广东省教育厅人才培养工作评估专家组将于 6 月 24—26 日来校评估，这是全院教职工汇报人才培养工作、展示三年多来团结拼搏、艰难进取、跨越发展绩效的重要时机。俗话说，养兵千日，用兵一时，在这"99 + 1 = 100""99 − 1 = 0"的重要时刻，学院就评估工作再次召开动员大会，就是为了做好这个"1"，即人人行动齐"+ 1"，坚决反对和消除"− 1"，确保评估工作有 100% 胜算的把握。刚才，王韶清副院长就自评进行小结，对专家进校的各项工作进行了安排，提出了明确的要求，我完全同意。等一下雷忠良副局长还要就学院以评建为动力，实现又好又快的发展做重要讲话，请大家认真领会，抓好落实。下面，我就学院迎评工作讲三点意见和要求。

一、抢抓机遇，学院基本实现跨越发展

学院高度重视评建工作，2006 年元月成立评建工作领导小组以来，以移交转制和人才培养工作评估为契机，按照教育部 16 号文件，以评促建，以评促改，以评促管，取得了令人瞩目的成绩。三年多来，在市委、市政府和市教育局的重视支持下，学院党政领导班子带领广大教职工以杀出一条血路的气魄与胆识，以"创新每一天"的信念，强力推进教学质量、管理改革、校园形象和评建创优等"四项工程"，面对校园占地面积不够等先天不足的劣势，毫不气馁，迎难而上，打通校前进门大道，修好校村共用道路，清除铁门破棚旧屋，调整校园规划布局；建新八栋、九栋学生宿舍和饭堂，改建扩建教室实训室，租羊城，建朝阳，再到花都工业园建设工学结合基地，闯出了一条从"订单培养"到"教学工厂"艰难进取又颇有广铁特色的发展之路，传奇般地实现办学规模的迅猛增长和人才培养质量的大幅提升，较好地完成了省教育厅基本办学条件达标核查，顺利完成了从行业到政府、从中职到高职、从计划到市场的转变，成功实现了快速转型及后发式的跨越发展。在校全日高职学生达 6 440 人，增长 3.63 倍；教学仪器设备总值 5 873 万元，增长 11.26 倍，生均达 9 176 元；多媒体教室座位数 7 172 个，增长

[①] 2009 年 6 月 13 日，在学院迎评动员会上的讲话。

28.27倍；实习实训场地面积54 512.21平方米，增长3.26倍，生均达8.46平方米；副高以上职称67人，增长2.1倍，硕士以上教师100人，增长24倍；由零点起步，建成广州市示范专业1个、示范性建设专业3个、院级重点建设专业9个；省级精品课程1门、市级精品课程4门、院级精品课程及建设课程44门；省级高职教育实训基地1个、市级职业教育示范性实训中心4个；学生在省、市级各类大赛中获奖60项，教师获省、市级各类奖项90项、国家专利6项，主持承担教学改革与横向技术课题124项，出版教材（著作）79部，公开发表论文464篇；教学质量得到了社会和用人单位的认可，2006年起每年招生达2 000人以上，并连续三年是广东省高考招生5所热门高职院校之一；毕业生就业率连创新高，2008年达到99.66%，居全省高职院校第三名，到2009年5月底，应届毕业学生就业率达88.35%。这些成绩的取得来之不易，既是市委、市政府和教育局领导重视支持的结果，也是广大教职工、干部和党员艰难攻关，牺牲寒暑假和双休日休息时间，加班加点敬业奉献的结果。借此机会，我代表学院领导对大家的辛勤付出表示衷心的感谢！

二、毫不松懈，确保评建整改高效到位

三年多来，全院大多数教职工能以高度的事业心和责任感，按照学院的安排和部署稳步推进评建创工作。特别是2008年寒假以来，按照市属高职院校党政一把手座谈会上市、局领导"寒假要加班搞评估"的指示和"办学条件核查确保合格，人才培养工作评估达到优秀"的要求，学院在原有安排上又果断决定进一步缩短寒假假期提前上班，推迟每天下班时间，改双休为单休，周六定为评建工作日，全体发动，全力以赴开展评建创各项工作，为迎接评估打下了坚实的基础。但是与省内先进高职院校比，在教学规范、过程管理和资料收集，特别是示范专业、精品课程、"双师"结构教师团队建设等方面，我们的差距还是比较明显。一是不同程度地存在着认识不一致的问题，表现出疲劳厌战、马虎应付、盲目乐观等不良情绪；二是对高职教育发展的理念把握不够、认识上有欠缺，学习不够、理解也不深入，自觉应用还不够；三是教学的常态管理不够到位，过程管理的规范性有待进一步加强。希望全院教职工发扬成绩，纠正不足，以饱满的精神状态和优异的成绩迎接专家组。

（1）人人都是评估对象，事事都是评估内容。各单位要管好自己的人，做好自己的事，按照学院研究的"十二个切实做到""十二个确保"的要求，各系部和职能部门的领导、党员务必身先士卒，率先垂范，带领所在系部人员一起干；切实做到以学院发展大局为重，做到超常付出，坚决不犯低

级错误，不出技术性失误，不留评估遗憾。

（2）切实做好校园环境整治及卫生保洁工作。校园环境既直接展示校园形象，也是反映我们管理水平、精神状态的一面镜子，决不能掉以轻心。后勤处、后勤服务公司等单位要会同相关部门将学院核查到的42个问题一一整改落实到位，各系部也要比照以上要求和方式全面进行自查自纠，确保专家组进校前评建创的安排件件抓到位，处处现亮点。

（3）以学风建设月为契机抓实学风建设。学生处要会同各系从人才培养大处着眼，小处入手，确保学生到课率100%，无上课迟到、早退和打瞌睡等不良现象，学生上课人人精神饱满，个个集中听讲；确保文明守纪，着装规范，不带早餐进教室；确保学生宿舍整洁明亮，晚上按时就寝。

（4）增强责任意识，强化执行力。各系部、实训中心、各职能部门要对自评检查中发现的问题迅速进行整改，集中力量查漏补缺，确保不把一处遗漏留给专家组，力求工作不留盲点，过程不留缺点，效果不留污点。

（5）教务处、各系、实训中心、基础部等负责人，要严格按照教学计划组织实施教学，尤其要加强对实践教学各环节的监控，确保教室和实训室设备到位，摆放有序，使用高效，运行到位。

三、先行先试，打造一流高职教育品牌

按照省市"科学发展、先行先试"的要求和市政府领导"高起点建设一批高等职业院校，打造全国一流的职业技术教育聚集区和示范区"的指示，举全院之力对接《珠江三角洲地区改革规划纲要（2008—2020年）》（以下简称"《规划纲要》"）中优先发展的高端服务业，进一步做实现代服务类专业；对接《规划纲要》中加快建设先进制造业基地，加大投入建设好先进制造类专业；对接《规划纲要》中建设广深港高速铁路、沿海铁路、贵州至广州铁路、南宁至广州铁路，以及广州、深圳、佛山、东莞等城市轨道交通等重大项目，集中资源做优轨道交通类专业，建设好广州地区轨道交通企业教育培训中心。进一步搭建校企合作平台，选择基础条件好、特色鲜明、办学水平和就业率高的专业，对接相关产业重点建立3~5个装备水平和科技含量较高的生产性实训基地，为省市"双转移"开展更广泛的培训，服务区域行业企业，逐年加大培训支持力度，扩大培训企业受益面。

在学院接受省专家组评估的重要时刻，省教育厅启动了萝岗省级职教园区的建设，市教育局首推学院申报进驻，省、市、区等各级领导都亲自过问并分别做出重要批示，明确要力保学院进驻省级职教园区。让我们以人才培养工作评估的优异成绩，为成功申报进驻萝岗省级职教基地增筹加码，不辜负省、市领导和市教育局的关心和支持。

抢抓转评两大机遇，不等不靠主动作为[①]

学院抓住移交转制的机遇，全面启动人才培养自评工作。特别是2008年以来，按照市政府领导提出的"通过迎评工作，要提升教学水平、改善学校环境，软件和硬件都要有较大的改善"的指示和市教育局领导提出的"办学条件核查确保合格，人才培养工作评估达到优秀"的要求，学院领导班子团结带领全院教职工，对照指标找差距、认真评建抓整改、自我加压谋发展、全力以赴创优势。在极其困难的情况下，勇敢面对，毫不退缩，于2009年2月下旬顺利通过教育部人才培养工作评估基本办学条件核查，并根据专家组核查意见抓紧进行了相关整改与建设，至今已做好了专家组进校评估的全部工作。

一、抢抓转评两大机遇，攻坚克难求发展

学院2005年8月由广铁集团正式移交市政府管理之初，可以说是全市办学条件最差，实力最弱的高职院校。2006年5月，时任市委副书记方旋等领导来校视察，帮助学院解决校前进门道路滞工等问题时，看到的已是经过近一年整改且初见成效的校园，还是对校园中迂回曲折的楼梯、铁门铁窗的教室……无不幽默地以"全国唯——所没有电梯的高校"来描述学院办学条件的差劣（实际上当时还有很多唯一，如没有办公楼等）。2005年9月，时任市委常委、组织部长邬毅敏等领导来校视察，提醒我们要通过发展解决在编教职工多、学生规模小等问题，要下大力气拆除破棚旧屋，整治校园环境……三年多来，在市委、市政府的关心和市教育局的支持下，我们以高考"赶考"的心态，紧紧抓住移交"转制"和人才培养工作"评估"这两大发展契机，充分发挥积淀多年的行业特色与转制后政府重视支持的双重优势，以番禺职院等省、市先进高职院校为标杆，以评促建，以评促改，以评促管，强力推进教学质量、管理改革、校园形象和评建创优等"四项工程"，逐步实现了从行业到政府、从中职到高职、从计划到市场的快速转型及后发式的跨越式发展。

[①] 2009年6月22日，在广州市政府副秘书长赵南先考察评估工作座谈会上的报告。

学院现有全日制高职在校学生 6 440 人,增长 3.63 倍;教学仪器设备总值 5 873.29 万元,增长 11.26 倍;实习实训场地面积 54 512.21 平方米,增长 3.26 倍;副高以上职称 67 人,增长 2.1 倍,硕士以上教师 100 人,增长 24 倍;由零点起步,建成广州市示范及建设专业 4 个;省、市级精品课程 5 门,国家级精品课有望近期实现零的突破("数控机床装调"已经全国教指委等额推荐教育部评审);省、市级职业教育示范性实训中心 5 个;主持承担教学改革与横向技术课题 124 项,出版教材(著作)79 部,公开发表论文 464 篇;学生 2008 年在省、市级各类大赛中获奖 60 项;教师获省、市级各类奖项 90 项、国家专利 6 项;教学质量得到了社会和用人单位的认可,连续三年名列广东省高考招生五所热门高职院校;毕业生就业率 2008 年达到 99.66%,居全省高职院校第三名,2009 年应届毕业学生一次性就业率已达 88.50%。2010 年毕业的 2 164 名学生已有 60% 被广、深、港地铁和广铁集团等知名企业预定,取得了较好的社会效益和办学效益。

二、适应社会不等不靠,主动作为谋发展

面对校园占地面积不足等先天性劣势,学院毫不气馁,在面向市场办学的过程中,按照教育规律和市场准则先行先试,以发展之为积极谋求政府支持之位,以政府支持之位大胆改革谋求更大的发展。通过改、建、扩三管齐下,拓展办学场地和教学实训用房,努力适应社会需求,扩大办学规模,确保人才质量。三年多来,学院一边抓紧新校区选址调研,一边不等不靠,就地调整校园规划布局,对校舍房产进行全面清理,利用空坪隙地挖潜办学,按高职要求改造教室、实训室,扩建了图书馆、宿舍楼,新建了第八、九栋学生宿舍和饭堂。

2007 年 12 月,为保证实训教学顺利进行,学院想方设法与邻近朝阳村工业区合作,将实训中心整体搬迁进入,在 6 411 平方米厂房中建成高级电工等 7 个实训室,设备使用率按工时折算达到 150% 以上;2008 年 6 月,为保证 2 000 名新生的住宿和教学条件,经充分论证与羊城专修学院合作,租赁校舍解决了 1 000 余名学生的教学和住宿条件;2009 年年初,为确保教育部人才培养评估办学基本条件核查达标,经多处考察、反复论证,征得省、市教育行政部门同意与支持,与花都粤宝丽工业园合作办学,在园区内建设近 4 万平方米的工学结合基地。至此,学院前后三次通过与相关学校、企业合作等租赁用地 132 亩、教学实训用房 54 500 平方米,达到了办学条件核查合格的要求。同时,为开创一条从"订单培养"到"教学工厂"高职人才培养新路子,学院在订单培养启动早、规模大、绩效好的基础上,努力探索校内生产性实训基地建设校企组合新模式,积极引企入校,共享社会资源,

先后与广东铁青旅、深圳力之锋有限公司、广州玺明机械有限公司、广州鸣虹旅业有限公司等企业合作，探索工学结合人才培养模式。同时，学院成立了校企合作办公室，积极联系广铁集团、广州地铁等名优企业和毕业校友，抓紧组建工业交通教育集团和轨道交通企业培训中心，现已完成了调研报告与可行性分析，初步制定了职教集团筹建方案、职教集团章程等，与广州地铁总公司商定合作成立"广州轨道交通企业培训中心"也已拟定协议框架，着力探索建立校企合作、工学结合的长效机制。

三、不甘落后拼搏进取，骨干团队具雏形

广铁职院三年多的跨越式发展，既是市委、市政府和教育局领导重视支持的结果，也有学院广大教职工迎难而上、不甘落后、拼搏进取的辛劳，就是凭这种难能可贵的拼搏进取精神和务实作风，攻克了一个又一个难关，打造了一个又一个亮点。总结学院三年多来转型跨越式发展的实践，最大的收获是规模的扩大、条件的改善、设施的完备、特色的建树、质量的提升；最值得一提的是，历练了一支又一支教学团队，磨炼了一支又一支管理团队和服务团队，整体上造就了一支精干高效、拼搏进取、乐于奉献、精于管理的教职工骨干团队。为了确保基本办学条件核查合格，力争评估优秀，学院倡导教职工发扬连续作战的精神，做到三个"少一点"：即少一点娱乐、少一点亲朋聚会、少一点休息。广大教职工发扬铁路行业半军事化管理的优良传统，2007年教学人员暑假加班16天，寒假加班10天。2008年暑假全院少放假15天，2009年寒假加班20天，从今年4月1日开始，实行6天工作制，星期六为评建工作日，下班时间推迟30分钟，"6+1""白加黑"已逐渐成为教学管理和后勤服务骨干的习惯。特别是在花都工学结合基地上班、上课的干部教师，每周有3~5天要住在基地。就是凭着这种拼劲和毅力，大家在工作中历练成长，在成长中体现人生价值，学院提出培育一批"'三育人'典型、优秀教科研成果、正副教授、高技能人才和评估管理专家"的队伍建设目标已初步实现。

为迎接省教育厅评估专家组明天进校，学院在抓好人才培养数据平台建设、专业建设、课程建设、学风建设、实训基地建设等重点工作的基础上，又精心制定了实践教学训练、学生行为规范、专业剖析与说课、环境美化提升等10个迎评具体方案，组织了教学管理和行政后勤两个督导组分项督办抓落实。现在，可以有把握地说，全院上下已做好了"大考"的全面准备。学院移交转制三年多来，努力追赶先进高职院校，跨越式发展取得了较好的成效，但由于基础差、底子薄、起点低、起步晚，再加上建设周期短，与市委、市政府的要求相比还有不小的差距，必须继续努力，迎头赶上。

以理念为先导　以评建为抓手
举全院之力提高人才培养质量[①]

很高兴迎来省评估专家组对我院人才培养工作进行评估。借此机会，我代表全院师生员工对各位专家和领导莅临指导，表示热烈的欢迎和衷心的感谢！学院 2006 年 1 月启动人才培养工作评估以来，以移交转制为契机，以教育部 16 号文件为指引，以转变教育思想观念为先导，以评估工作为抓手，以省、市先进高职院校为标杆，充分发挥积淀多年的铁路行业特色与转制后政府重视支持的双重优势，在深化教学改革、创新运行机制、改善办学条件、整治校园环境、提高人才培养质量等方面取得了较大进步。

一、办学基本情况

学院 2000 年 6 月由广州铁路运输职工大学等三校合并组建，2005 年 8 月由广铁集团正式移交广州市政府管理。学院新党政领导班子抓住移交转制和人才培养工作评估的契机，以评促改、以评促建，强力推进教学质量、管理改革、校园形象和评建创优等"四项工程"，实现了从行业到政府、从中职到高职、从计划到市场的快速转型，蓄积了较好的后发式跨越发展优势：三年多的时间里，学院由 2 系 1 部 1 中心 17 个专业，拓展为 6 系 2 部 1 中心 27 个专业；全日制高职学生规模增长 3.63 倍，达 6 440 人；副高以上职称教师增长 2.1 倍，硕士以上教师增长 24 倍；教学仪器设备值增长 11.24 倍，多媒体教室座位数增长 28.27 倍，教学行政用房增长 2.45 倍；新建校内专业实训室 84 个，实习实训场地面积增长 3.26 倍；毕业生初次就业率由 60.44% 升至 97.41%；主持承担教学改革与横向技术课题 124 项，市级以上教科研立项 51 项，教师获省、市级各类奖项 90 项，国家授权专利 6 个，出版教材 79 部，公开发表论文 464 篇。

二、办学定位与发展思路

为尽快扭转学院办学场地不够、规模偏小、师资薄弱、设施陈旧、科研

[①] 2009 年 6 月 24 日，在省教育厅人才培养工作评估会上的工作汇报。

停滞的被动局面,将贻误的五年时间抢回来,学院 2006 年年初开展了历时半年的全院教育思想大研讨,出台了《关于加强教学工作,提高人才培养质量的若干意见》等以教学为中心的系列文件;按照"办学上规模,育人上质量,管理上水平"的要求,制定了"十一五"发展规划,提出了"84321"的发展目标;凝练了"一依托、三适应"的办学理念,明确了"依托行业、对接产业、服务区域经济社会谋发展"的办学思路,确立了"做优轨道交通类专业、做强先进制造类专业、做实现代服务类专业"的专业发展定位;秉承"创新每一天"的校训,引领"精益求精"的校风,践行"潜心教学、大爱育人"的教风,砥砺"勤学善思,砺能笃行"的学风,努力将学院建成工业交通特色鲜明的高等职业院校。

三、人才培养举措及成效

（一）努力挖潜办学,以发展之为谋位

面对校园占地面积先天不足等劣势,学院毫不气馁,攻坚克难,以发展之为积极谋求政府支持之位,通过改、建、扩三管齐下,努力拓展办学场地和教学实训用房。三年多来,调整校园规划布局、利用空坪隙地挖潜办学,新建第八、九栋学生宿舍和饭堂,改造教室、实训室、图书馆、宿舍楼和办公场所,并积极向校外拓展,先后在朝阳工业区、花都工业园区建设实践教学基地,既有效探索了从"订单培养"到"教学工厂"的发展路子,践行了"工学结合、联企发展"的校企组合新模式,又较好地改善了办学基本条件,满足了社会日益增长的入学需求。

（二）贴近区域经济,对接产业建专业

根据区域经济和社会发展的需要,学院充分发挥自身办学优势,对接支柱产业,加强专业建设。一是按照广州及珠江三角洲地区轨道交通一体化带来的旺盛人才需求和铁路大提速的技术要求,依托广铁集团,穗、深、港地铁等名优企业,优先建设城市轨道交通车辆、供用电技术、电气铁道技术和城市轨道交通运营管理等特色专业;二是对接广州"十一五"期间重点发展汽车、机械装备和电子信息产业,强力推进数控技术、机电一体化等骨干专业;三是根据区域产业结构调整升级的要求,依托特色骨干专业,扎实建好物流管理、财经和旅游等支撑专业。初步构建了以轨道交通、机械制造、供用电技术、应用电子和现代物流为龙头,相关专业为支撑的五大专业群,形成了"前延后伸、相互依托、资源共享"的专业发展新格局,零起点建设了广州市示范性及建设专业 4 个。

(三) 改革课程体系，创新内容及方法

学院发挥积淀多年的行业优势，组建了 27 个专业指导委员会，联合企业共同制定实施人才培养方案、探索践行项目导向、任务驱动、顶岗实习、工学交替等教学模式，构建了"课内实践、专项实训、顶岗实习"三模块的实践教学体系，校企合作开发了 39 门专业课程。供用电技术专业联合企业构建了"职业岗位课程＋顶岗实习课程＋素质训练课程"三元结构课程体系；应用电子技术专业基于企业电子产品生产过程，构建了"基础能力→专项能力→综合能力"三层次递进的模块化课程体系；城市轨道运营等专业大批量组织学生参加春运教学实践，计学分、展形象、练技能、长才干；数控技术等专业把课堂搬进车间，工学交替培养学生；涉外旅游专业把课堂搬进酒店，现场培养学生。学院逐步形成了"产教一体、寓学于工"的人才培养模式，零点起步建成省、市级精品课程 5 门，院级精品课程 44 门。

(四) 校企深度合作，优化并提升实训

学院充分发挥行业优势，探索建立校企合作长效机制，与穗、深、港地铁、广铁集团等企业合力推行的订单培养，启动早、规模大、绩效好，2009—2010 届订单班培养学生已达 2 009 人。轨道交通车辆专业联合企业开展模拟驾驶、仿真教学、订单培养，建有国内先进的地铁车辆模拟驾驶培训中心等实训室，既用于订单班学生教学又用于企业员工培训；供用电技术专业联合校友共建供用电接触网省级实训基地，集教学、培训、鉴定于一体，以师傅带徒弟的方式，为学生和员工提供仿真实训；电子信息类专业提供场地及相关服务引企入校，建成校内 SMT 等生产性实训基地，为学生提供真刀实枪的实训；机械制造类专业联合玺明机械等公司，由企业提供先进的生产设备和技术及外包项目，在技术人员指导下，既服务企业进行生产、研发，又以真实的生产加工任务教学生真学真做；经管与旅游类专业校内建学生实习超市、嘟嘟创业网、鸣泉酒店，校企共建执信南广州鸣虹酒店、广东铁青广铁营业部，合作搭建融学业、创业、就业一体化的教学平台。建有校内专业实训室 84 个，校外实践教学基地 89 个，零点突破建设省、市高职示范实训基地（中心）5 个。

(五) 创新运行机制，规范与激励并举

学院坚持依法治校，规范管理，强力推进校内管理体制改革，创新运行机制。一是大力改革干部人事分配制度。采取切实措施改变了教师与行政后勤人员人数倒挂、青年教师收入不如门卫等反常现象。二是加大内培外引力

度。大力支持教师在职进修培训、攻读硕博学位；开展教授"手上有油"等活动，批量安排专业教师深入企业顶岗实践，积累实际工作经历，提高实践教学能力；通过报刊、网络和现场招聘等多种途径，引进系主任、专业带头人和骨干教师。三年内调入高技能、高学历、高职称人才 80 人，并大力聘请行业企业技术骨干人才和能工巧匠充实兼职教师队伍。三是规范教学管理，修订制订教学管理文件 134 个，构建了督导、同行、学生和社会参与的教学质量监控保障体系。四是建立了"师德引领+利益引导"激励机制。对教师考取博士学位和规定年限内晋升教授、副教授的予以奖励，并大额度奖励教科研立项、公开发表的论文、示范专业、精品课程和实训基地建设等成果。五是推行精细化质量管理，创造性地开展主动教学、主动管理、主动服务等"三主动"活动，教职工为学院改革建设发展用心想事、主动谋事、设法成事蔚然成风。六是对职成部、后勤服务公司等部门实行目标责任管理，市场化运作初见成效。

（六）注重综合素质，人才质量获好评

学院按照"品德+技能+创新"的人才培养规格，注重培养学生诚信品质、敬业精神、责任意识和职业技能，提高学生的创造能力、创业能力。近三年来，学生共获国家、省级比赛奖项 60 余项；学院连续名列广东省高考报考热门高职院校之列；2008 年就业率达 99.66%，位列全省高职院校第三。其中，在广、深、港地铁、广铁集团、广州本田等大型企业就业的达 58.06%。2009 年毕业学生就业率已达 88.35%，2010 年毕业的 2 164 名学生中已有 1 290 人被名优企业预定。毕业生中涌现出广州地铁首席司机、"和谐号"高速动车组首位司机、广东省商会副会长等一大批技术和管理骨干，香港地铁公司 2007 年录用的 32 名学生，已有三人晋升为站务主任，该公司专门致函学院高度评价学院的人才培养质量。《光明日报》《中国教育报》《南方日报》《南方都市报》等媒体分别报道了学院人才培养的成效。

（七）扎实开展培训，服务社会有成效

作为广州市"双转移"定点培训机构、铁道部机车司机资质基地、铁道部客运列车长培训基地、广铁集团岗位技能培训与提升基地、铁道部复员军人技能培训基地、广东省服务春运的首选高校，教师积极为企业开展技术服务，组织学生开展科技兴农等活动。三年多来，学院开展各类岗位培训累计近 2 万人次，创建了服务春运、服务广交会等社会品牌，连续获得"广州地区春运工作先进单位"等荣誉称号。学院跨越式发展的绩效得到省、市领导的高度关注，2007 年 8 月广州市委、市政府发文决定学院易地建设，市委、市政府领导都就学院的建设发展分别做出批示,广州市教育局首推学院申报进驻萝岗省级职教基地。市委主要领导同志认为:"广州铁路职业技术学院办得不错,其发展定位也与拟建中的广东省职教基地相吻合,萝岗区欢迎其进入省基地。"市政府表示要"全力争取(广铁职院)入驻萝岗省职教基地"。

四、存在不足与努力方向

学院移交转制三年多来,努力追赶先进高职院校,基本实现了转型跨越式发展。但由于起点低、起步晚,对照教育部16号文件精神,在校园占地面积、师资队伍建设和省级示范专业、精品课程建设等方面仍存在不容忽视的差距。学院将借专家评估的东风,从三个方面进一步整改建设。一是力争进驻萝岗省级职教基地,从根本上解决校园占地面积不足等瓶颈问题;二是进一步加大内培外引力度、设立兼职教师基金,做实建强兼职教师队伍,优化"双师"结构教学团队建设;三是继续加大投入,全力建设好拟第一批申报省级示范的6个重点专业,建好4~5门省级精品课程,力争年内国家精品课程零的突破。并抓紧组建广州工业交通职业教育集团、广州地区轨道交通教育与培训中心,努力把学院建成珠江三角洲地区工业交通高素质技能型人才培养基地。

回首学院艰难的发展历程,我们感慨万千;面对建设萝岗省级职教基地带来的千载良机,我们充满期待。在省、市教育主管部门的重视和支持下,在各位专家和领导的指导与帮助下,我们有决心、有信心由"适应"走向"超越",再创新的佳绩!

牢记养育之恩　脚踏实地进取
以扎实的功力把握好每一个发展机遇[①]

今天，我们怀着无比喜悦的心情欢聚在这里，隆重举行2009届学生毕业典礼。在此，我代表学院领导和全体教职工，向顺利完成学业的1 997名毕业生表示最热烈的祝贺！

2006年9月，在学院移交广州市政府管理的改革建设发展关键时刻，同学们来到广州铁路职业技术学院学习。尽管当时条件已经有了较大改善，但由于新八栋宿舍未能如期竣工，相当一部分同学住到了教工宿舍和实训室改造的临时宿舍里。三年来，同学们经受住了一次又一次的考验，你们勤奋学习，刻苦攻读，不仅在专业素养、职业技能等方面得到了很大的提高，而且以诚信品质、主人翁的精神伴随学院发展实力的提升一路走来，学会了做事，学会了做人，更懂得了珍惜、感恩、吃苦和磨炼，拥有了对学院、对团队的关爱之心。学院不会忘记你们，也为你们的成长、成熟、成才，由衷地感到高兴和欣慰。

特别值得一提的是，在这不平凡的三年里，你们见证了学院在深化教学改革、创新运行机制、改善办学条件、整治校园环境、提高人才培养质量等方面取得的较大进步，与学院一起成长，并以各种方式参与或表达了对学院建设与发展的理解和支持。学院能以前所未有的速度发展壮大，取得今天这样的成就，既有你们的参与和实践，也有你们的努力和拼搏。借此机会，我代表学院领导和全体教职工向全体毕业生表示衷心的感谢！

同学们，你们即将离开母校，走向社会。在你们奔赴新的工作岗位，开始新的奋斗征程之际，我提四点希望与大家共勉。

第一，永不忘记父母们的养育之恩。父母为了养育你们，为了让你们圆满完成学业，花费了很多的心血，他们再多的钱也愿意花，再多的苦也乐意自己受。在你们成长的道路上，他们给予了你们物质上的支持，精神上的鼓励。希望你们在工作岗位上用十倍的努力、百倍的勤奋，换取卓越的业绩来回报自己的父母！

---

① 2009年7月6日，在2009届学生毕业典礼上的讲话。

第二，经常想到母校和你们在一起。大学生活的酸、甜、苦、辣会给大家留下弥足珍贵的回忆，你们的身上已深深地留下了"广铁职院"的烙印。母校既是你们成长的摇篮，也是你们扬帆起航的港湾，你们在这里学习生活，吸取养分，成长壮大；母校还是你们人生的驿站，你们曾在这里驻足，积蓄力量，再向前行！无论你从事何种职业，碰到什么困难，母校都永远与你同行，你们的成才是对母校最大的回报，你们为社会建功立业，是给师弟师妹们最好的表率。无论你们走到哪里，学院都在关注你们，支持你们。也希望大家能常回母校看看。

第三，时刻牢记自己的社会责任。经过三年的勤学苦练，你们学有所成，具备了迎接挑战和可持续发展的基本能力。希望你们按照中山先生所说，"才智者……当用其学问为平民谋幸福，为国家图富强"。把实现自我价值和服务社会联系起来，既有高度的事业心，更要有强烈的社会责任感，自觉地肩负起服务社会、振兴中华的责任，在国家和人民需要的时候勇敢地站出来，为国家的富强和民族的昌盛做出自己最大的努力。

第四，永远保持创新奋进的精神。创新，就是把今天的事情做得比昨天好，把明天的事情争取比今天做得更好；创新，就是坚持问题导向，在善于发现问题中寻求解决问题的方法，并与时俱进解决所存在的问题。希望同学们牢记"创新每一天"的校训，把创新奋进的精神融入每一项工作、每一件事情中去。著名企业家李嘉诚先生说："一个人的职业综合素质是否高，首先看他的忠诚可靠程度，然后看他与企业共处的意向、期望，最后才看他的工作能力。"希望同学们脚踏实地，真正热爱你向往的事业，忠诚于你所选择的企业、职业和岗位。并以对你的选择负责任的心态，切实沉下心来，从大处着眼，小处入手，将小事做好，把细节做实，把大事办成。并虚心向同事学习，真诚向同行求教，以扎实的功力来把握好属于你们的每一个发展机遇！

加强修养 提升素质
肩负起评估整改争创示范的重任[①]

这次会议以学院发展为主题，围绕中层干部培训和新学期工作两项具体任务，采取分组讨论，大会交流，专家讲座与领导讲话的方式穿插进行，内容丰富，安排紧凑，成效显著，达到了集思广益，形成共识的目的。结合会议研讨的情况，我就如何肩负起评估整改、争创示范的重任，讲三个方面的意见。

一、本次培训班的思考

省委党校王玉云副教授给与会同志做了一个精彩的辅导报告，他着重阐述了中层干部综合素质问题。其中，以提高执行力为重点，理论联系实际，深入浅出地谈了很多事例，相信对大家都会有启发，我听了也受益匪浅。

廖惠卿书记在讲话中，提出了中层干部存在的四大问题和有效解决这些问题的六个方面的要求。我认为，这些问题切合学校实际，提得很有针对性，解决问题的思路和要求也切实可行。希望学院领导和广大中层干部都要高度重视、认真领会、对照反思，拿出行动、努力整改，切实提高自己的综合素质。分组讨论中，我所在的组有七位同志是新进入中层班子的，占的比例比较大，大家认为这次培训很有必要，非常及时，印发的关于中层干部如何提高素质的材料对做好工作很有指导性。总之，大家都能结合自己的经历和实际，谈收获和体会，表决心和态度，定措施和目标。我相信，只要大家潜心思考，必有所成，不仅综合素质会有一定的提升，对所在单位工作的开展也会有较大的促进作用。

在大家的努力下，我们顺利地通过教育部人才培养工作评估，这表明学院的发展又来到一个新的起点上，能否再接再厉、再往前冲、再创辉煌，中层干部将起到关键性的作用。接着会上王玉云副教授和廖惠卿书记的话题，结合当前中层干部的思想实际和广大师生员工的利益诉求，就几个问题在此与大家共同探讨。

---

① 2009 年 8 月 23 日，在新学期工作会议暨中层干部培训班上的讲话。

（一）见微知著，一点一滴做起

这里除了通常意义上讲的以小见大以外，结合学院当前实际，我们还要特别注重两个方面。一是正确处理大事和小事的关系。中层领导包括院级领导要管大事，抓大放小，一般来说，这是没有问题的。但对于我们教书育人的基层单位，教学、科研包括后勤应该都无小事，特别是关键时期的具体事项、攻坚时刻的文稿字句，其中哪怕是一个细节或一个标点，领导也应把它作为大事，做到亲自过问、字斟句酌。实际工作中，有的同志不但不这样做，反而以不"事必躬亲"为托词，不乐意或不重视做艰苦深入细致的基础性工作。记得《江泽民传》中记述了这样一个事例，大意是江泽民同志担任上海市长不久的1987年，地方上的检查人员反映上海火车站的一条水管漏水已有三个多月，却没人采取任何措施，江泽民得知此事即亲自下令马上修复。《解放日报》为此刊载了题为《江泽民市长亲自关心漏水事件》的文章，给予了高度评价。但事隔几周，却有另一名记者在一家全国性报纸以《"事必躬亲"的另一面》，不点名地批评"某某市长"干涉官员体系的工作，领导人不应该"亲自处理任何微小的问题"。江泽民同志看后，认为一座城市就是靠无数这样的小事运行起来的，如果领导人关心这些事，他就为下级树立一个好的榜样。如果市长也觉得过问这样的问题是他的职责，无伤他的体面，那么他们就更加责无旁贷了。此后不久举行的上海市政府扩大会议上，江泽民同志针对"事必躬亲"这篇文章进行反驳并责备了这位记者。什么叫大？什么叫小？"事必躬亲"的意义在哪里？什么时刻一定得"事必躬亲"？江泽民同志为我们做出了好榜样。俗话说"勿以善小而不为，忽以恶小而为之"，在事关学院人才培养质量，面对广大师生的利益诉求等系列具体问题上，我们不能以善小而不为，一定要正确处理好大和小的关系，树立四两拨千斤的意识，为师生员工办实事、做好事、解难事、服好务。二是要忠于职守，宽厚待人。作为领导，要专心致志琢磨学院的发展，不要搞上有政策下有对策，也不能一门心思为一己之名、之利、之位而挖空心思琢磨他人。所谓做人要有人格，做事要有准则，做官要有官德，我想，讲的就是这个道理。"己所不欲勿施于人"，对待教职员工和学生的利益诉求，要把自己摆在服务对象、管理对象的角度换位思考，尽心尽力去解决难题，做一个高尚的人。整顿机关干部作风，我认为要定一条，那就是谁不热情为师生员工办事，就要批评谁；谁卡压甚至刁难师生员工，就要对谁进行问责。学校设置的部门，你在这个岗位上，就是给大家服务办事的，该办的事情为什么不办？能一次办好的为什么要人家跑两三次？忠于职守，热情服务，宽以待人，不能光喊在嘴上，从为师生员工办事方面拿出实际行动来，才是硬道理。

（二）光明磊落，讲团结顾大局

从为人做事的角度讲，领导同志不要见着困难就让，把难题推给别人；不要见着名利就上，功劳成绩非我莫属；不要见着责任就躲，袖手旁观甚至幸灾乐祸；更不能既损人又不利己，搬弄是非搞内耗。学院这四年来的情况总体上是好的，但还是要打预防针，全院教职工都要旗帜鲜明地反对和抵制这种不良言行冒头。做到有话就实事求是说，不满意的事就直接提，批评意见就直截了当地讲，做到光明磊落，实事求是。对自己，把分内的工作负责到底，再难也不推脱给别人，该做的事情把它认真做好；对同事，讲协调协作，主动补台补缺，在人家有困难的时候帮上一把。总之，在学校这个大团队里，要提倡和发扬雷锋精神，做到对待同事像春天般温暖，对待工作像夏天般火热，对待困难像秋风扫落叶一样，做一个纯粹的人、高尚的人。这对学院发展非常重要，有些工作是边界工作，分不了那么清楚的时候，就要主动补台、补位、补缺，讲协调、重合作。这样既成全了别人，自己和所在部门也会受益。因为把路铺好了，在方便别人的同时也有利于自己行走，这应该是一样的道理。

对于教职工个体而言，学院整体是一个大团队，全院教职工都是这个团队的成员，再推而广之，包括学生就是一个更大的团队。作为团队成员，我们应时刻牢记"大家好才是真的好"这个道理。当然，大家好的前提是要把学院发展好，要以不计较个人得失之心来宽以处事、宽以待人，不要总是什么利益都只想着自己。中层领导作为团队的重要成员，既要实事求是地对待自己和所在部门，扪心自问反思，总结经验教训，又要客观公正地评价同事和兄弟单位，学会为同事和其他部门的成就鼓掌叫好。从而在全院形成比贡献、重实绩、顾大局、讲和谐的你追我赶的喜人局面。

（三）淡泊名利，心系学院发展

关注公众的利益，这一点对中层干部履好职、尽好责也至关重要。对学院来说，发展就是最大的公众利益，而且事关个人发展与前程，因为只有学院发展好了，个人的才能才会有用武之地，个人的成就才会得到社会的认可。如果没有学院的发展，就是当上院长又能怎样？此次中层受聘的同志，尽管各有各的发展前程和人生目标，但对自己都应有个正确的估量，切不能自以为是、夜郎自大，更不能心浮气躁、怨天尤人。如果有人头脑不清醒，还在斤斤计较个人的职位安排，觉得学院和教职工们亏待了自己，目空一切，不能自拔，这不仅完全背离了组织的要求和教职工的期望，而且历史的经验证明，这样的人迟早会摔跟头的。因此，希望各位中层领导包括所有参与竞聘的同志，都要量体裁衣，谦虚谨慎，戒骄戒躁，奋发有为，以扎实的作为来表明自己不会辜负学院党政和教职工的信任和期待，从有利于学院发展的角度正确对待个人的聘用去留。以一如既往地积极工作的态度经受组织的考验，做一个有助于学院事业发展的人，有益于师生员工的人。历史的经验也证明，这种真正把公众的利益摆在个人追求之上的同志，才是广大师生所欢迎的，也肯定会有大出息、大作为。

二、关于评估整改工作

刚才，王韶清副院长从整改方案的形成、依据、主要内容和贯彻落实的措施等四个方面，做了一个好报告，好就好在将整改方案粗线条的13个任务细化为48项具体工作和两大要求，具有非常强的针对性、实践性和可操作性。希望教务处和相关部门的同志，按照王副院长的要求和大会交流的意见，对整改方案认真进行修改完善。

会上，四个小组分别从师资团队、专业建设、课程改革和综合管理等方面进行了深入的研讨，基本上达成了共识，提出了评估整改工作的新思路、新措施。对于新学期这项重中之重的工作怎么来抓，我想说两句话：第一是坚定不移抓整改；第二是齐心协力创示范。抓整改和创示范是一件事情的两个方面，二者相辅相成，互为因果，缺一不可。要把整改和创示范这个新学期的工作重点抓紧、抓落实，首先，要明确抓整改的重要性，增加紧迫感和忧患意识，树立打硬仗、打大仗、打胜仗的信心和勇气。其次，要认真把思路厘清，把方案做好。俗话说，磨刀不误砍柴工。只有想到想好了，才能做到做得好。最后，要拿出开拓创新、拼搏进取的措施和劲头，特别要舍得在"创新"二字上下功夫。对此，我谈三点看法：

（一）整改的出发点和落脚点，都是提高人才质量

人才培养的质量是抓整改的出发点和落脚点，目的很明确。这次整改工作的针对性很强，都指向具体问题，就近的来说，就是近四年里学院的改革建设发展当中存在着问题；远而望之，就是学院建校这么多年中存在的不可忽视的差距。专家对学院核查、评估时提出的问题和建议，可以说哪一个没解决好，都会或多或少影响人才培养的质量，妨碍学院下一步的科学发展。所以，要把抓整改提到人才培养质量的高度来重视，作为继续和深化评估的硬措施来落实，上升到为创示范奠好基而不惜下大力气。

（二）整改的理念和要求，都要践行"一训三风"

要解决核查、评估中所存在的问题，除了对机关管理人员、后勤服务人

员提出要求外,教师应努力践行"潜心教书、大爱育人",学生也要"勤学苦练、砺能笃行",这就要求全院师生员工都能发扬"创新每一天"的精神,把一件事做得比一件事更好。大家都知道,创新不是件容易的事,王玉云副教授说它来源于对前人经验的滚瓜烂熟、对客观事实的了如指掌。应该说,我们具备了这个条件,因为学院改革发展四年的风风雨雨都是我们亲身经历过来的,对人才培养的经验已经是滚瓜烂熟,对所存在的问题也应该是了如指掌的,不能说,还是身在其中却"不识庐山真面目"。到底哪些方面存在不足和差距,大家应该比专家更清楚,因为专家是看大的方面,从宏观上去把握,而我们自己却把握着细节,清楚具体的原因。学院人才培养大的方面的工作都做了,但是不是都做到位了,都做精细了呢?这确实值得大家去思考。据说现在存在这样一种思想,认为评估就那么回事,没怎么样就过去了,而不愿再做艰苦深入的工作,希望有这种想法的同志,要全面客观地看学院的迎评促建工作。因为新评估指标体系最根本的一条,就是评一所高职院校今后的发展潜质,广铁学院仅150多亩地,在市教育局等政府部门的大力支持下,想方设法通过自己的努力不断扩大场地、改善条件、狠抓质量、扩大就业,6 000多名学生运作比较平稳,教学也有创新,展示了很好的发展势头,创造了公办院校自我发展的奇迹。学院这种迎难而上、艰难发展、自力更生、艰苦奋斗的拼搏精神和顽强毅力给专家留下了深刻的印象。省教育厅领导的评价更是高屋建瓴,我认为归纳起来可串为两句话,一是"励精图治,挖空心思谋发展";二是"上下求索,戴着脚镣在跳舞"。这既是四年中我们广大师生员工顽强进取的真实写照,也是省教育厅对学院以评促建的劲头、促改的绩效高度肯定的点睛之笔。试想,没有朝阳基地的拓展、没有羊城校区的租赁、没有花都基地的创建,我们的今天将会是个什么样子?而"拓展""租赁"和"创建"这看似平常的六个字,从思路、论证、选址、决策到实施,需要多大的胆略、气魄和智慧,而为之操心、费力、抛除杂念、励精图治,又需要多少人为之绞尽脑汁、敢于担当、挥汗洒水、上下求索。事实证明,艺高人胆大!这个"艺",就是全院广大教职工的聪明才智和对教育规律、市场规律有效把握的能力;这个"胆",就是为学院求生存的高度责任心和把不可能变成可能,把可能变成现实的气魄。仔细体味这些评价,绝不是说我们人才培养各项工作都做得很好了,应该说,与示范性高职院校相比,尽管这四年我们为之倾情付出,有了很大改观,取得令人刮目相看的成绩,但毕竟十年树木,百年树人,精品建设非一日之功,问题差距不可忽视,现状还是不容太乐观。正如专家反馈时所说:课程改革任重而道远,示范专业建设还在起步,精品课建设和教学成果奖差距不小。尽管良好的开始是成功的一半,面对学院的这些弱项,要奋起直追,又有哪一项能离开"创新",又有哪一项不需要我们拿出"精益求精"的作风!而精雕细琢不仅需要好的理念、高的标准,还需要韧力、耐力和娴熟的技能。

(三)整改的重点和任务,都为创新人才培养模式

刚刚结束的广东省高校党政一把手"读书班",主题是人才培养模式的创新,这是全省当前乃至今后一段时间高等职业教育改革的重点。抓人才培养模式的创新,就是抓办学理念的创新、抓办学特色的强化、抓内涵建设的发展、抓服务社会和学生创业、就业的能力。作为职业教育,人才培养模式创新的重点就是工学结合,联系到学院就是校企要深度融合,形成订单批量培养的局面。人才培养模式创新作为学院整改工作的重点,创示范院校的任务,具体要求还是要落实好"巩固、深化、提升、发展"的八字方针。"巩固"就是要认真总结学院四年来人才培养工作的经验、建校以来积淀的行业优势,特别是在评建工作中形成的好模式、好经验、好要求、好做法、好习惯、好风气,要一以贯之,坚持到底,发扬光大;"深化"就是要在认真总结经验的同时,对学院四年来改革、建设和发展还没有做好的方面继续加大力度,对时间、精力和能力还来不及关注到的方面加以突破;"提升"就是对已取得的成果和成功的经验,不能停滞不前、原地踏步,更不能自以为是、故步自封。比如,院级精品课要提升为市级、省级甚至国家级,院级重点专业要提升为市级、省级示范性专业等诸如此类的工作,只有不断提升,不断创新,不断加压,才不会再掉队落伍;"发展"是巩固、深化、提升的根本目的,检验的标准是能否出一批正副教授,出一批评估专家,出一批管理能手,出一批教科研成果,出一大批品德高尚、技能精湛、创新奋进的高技能人才。使学院的办学声誉和社会影响力不断扩大,教职工的社会地位和福利收入不断提高,从而真正实现学院更好更快地健康发展。按照以上"八字"方针,本学期起一段时期内我们要着力抓好以下四个方面的工作。

(1)师资建设这个学院发展的关键,是整改争创的重点。只有拥有一支高水平的师资队伍,才会有一所高水平的大学,决定人才培养质量的关键和重点都在于教师。对专家评估中提出的量化要求,要下大力气解决好,我们就得有一个短期要求和一个中长期的目标。新学期要在加大内培外引力度的同时,要重点抓企业兼职教师来院上课。国务院学位办主任张尧学在离开高教司时谈到职业教育,说兼职教师不仅仅是建库,还要有措施保证来校上课,要有A、B、C梯队。一个人来不了,得有人替补,教学计划才能顺利推进,这里的兼职教师是指从企业来的讲授专业实践技能课的教师。为此,学院决定设立兼职教师基金,使从企业来的教师觉得劳而有获,优劳重酬,

具有一定的吸引力。人事处要会同各系尽快调研，起草制定企业兼职教师分配管理制度，使确有真才实学的人员愿意来学院上课，使学院的实践技能课真正做到主要由有企业实践经验的能工巧匠和技术骨干来讲，把职业教育人才培养的特色做出来。

（2）专业建设这个牵引学院的牛鼻子，是打造特色的支柱。专业建设除了按既定方案推进外，本学期起还应扎扎实实做好三件事：第一，要整合专业的资源，特别是人才培养面向相似的专业，通过整合要形成有吸引力、有较强学院特色的新专业。学院今年招生第一志愿上线的情况，已反映出专业发展很不平衡，教务处与各系要静下心来思考，在专家进校回访前拿出专业整合调整的方案，在制定2010年招生计划前形成一个新的、具有非常强实力的专业体系。这里要特别强调的是，一定要排除学院的人际关系，不能因人开专业，学院要围着市场需求转，教师必须得先围着社会需要的专业人才转。第二，要强化专业的特色。根据2009年招生反映出的市场信息和学院近几年学生就业反映出的企业对人才的要求，要下力气把常规专业做出特色。同名同姓的专业，人家的很走俏，我们的专业却有点门庭冷落，除了办学条件，是否还说明我院的这些专业办学特色不够强，社会影响力不够大，考生的认可度不够高。怎样来解决这个问题？这应该不会只是市场需求的问题，还有常规专业怎么打造特色的问题，也就是专家组提出的如何对接轨道交通产业链和广州的支柱产业培养人才的大问题。第三，要形成专业优势。特色专业要形成优势，打造品牌，轨道交通类专业是学院的特色专业，社会需求和就业都很好，但为什么有的报考人数不多？要冷静地思考，要真正形成优势，其中，重要的还有社会认可的优势，起码专业名称要让社会了解熟悉，通俗易懂，不要连自己都说不出个一二三来。总之，要立足现有的27个专业，盯紧高速铁路等高新技术的发展和广州地区产业调整的走向，拓展"信号""工程"等主干专业并使之与行业需求配套，把市场需求的调研尽快转化为专业建设的成果。

（3）课程改革这个人才培养的根本，是提高质量的抓手。培养具有什么知识的人，培养的人有什么能力，培养的能力有多强，主要还是靠课程。这个学期抓课程内容的改革，还是要以花都基地为重点，抓产学结合、工学交替，突出职业性、开放性、实践性，并围绕这"三性"全面深入地推进课程改革。我们现有院级精品课程44门，市级精品课程3门，国家、省级精品课程各1门，总共近50门课。这些课程加上正在积极申报的院级重点课程，应该说，都进行了课程内容的改革，且不同程度地取得了一定成效，但占全院总课程的比例还是不大。面对课程改革这一差距，要全面动员、全体行动。其中，改革的难点是教师的观念和能力，有没有树立一种新的观念，觉得所授课程应该改革？有没有一种能力去推进所授课程的改革？这是一项艰难的工作，要发动全体教师，全面地抓、深入地抓、切实抓出成效。

（4）综合管理这个登高攀远的云梯，主要功能是保障教学和服务师生。学院进驻萝岗职教基地在省厅演讲竞争胜出基本已成定局，新校区建设作为综合管理的重点，当务之急是要加大推进力度，提前谋划，包括办学规模、专业发展、实训室布局、功能设计等都要着手抓好。教学管理要注重实践教学，当前尤其是顶岗实习的计划和要求到位，有的课程教学设计得很好，但执行又是另一回事，要有硬措施来保证计划执行不走样；要加强实践教学和设备设施的管理，所购的设备一样不能少，现有的设备都要动起来、用起来，这要作为一项硬性指标来要求。此外，就是人员队伍的组织和奖罚措施要到位，课程改革要全面启动，所有的教师要行动；设施设备要用起来，管理人员也要行动。所有这一切，都离不开高水平的管理，都要求职能部门的各位领导坚持原则，将队伍组织到位，管好自己的人，做好自己的事，不能门难进、脸难看、事难办，要为教学服好务，为师生办好事。当然，系部等教学单位也不能应付了事，更不能自以为是，故步自封，要切实把学生培养好。为调动起各方面的积极性，学院要进一步完善健全激励机制，分配要继续向教学科研一线倾斜，特别要再加大对教学科研精品的奖励力度，力争在较短的时间里出一大批精品，为学院上水平、上台阶、创效益、创示范增光添彩。大家都知道，教学科研是学院由适应市场走向服务社会、引领社会的资本，如果没有一流的教学科研，那我们永远只能是个入不了流的职业院校。对此，务必要提高认识、形成共识，顶着压力、克服阻力，鼓励冒尖、大胆创新。请教务处会同科研办、人事处、财务处和监察处，按照院长办公会的要求，抓紧修订现有奖励办法，实现教学科研奖励办法由推动型向精品型转变。各位领导要专心管理，在座很多中层干部还是教学科研的骨干，既要带好团队真抓实干攻难点，出精品，拿大奖，也要处理好管理和教学科研的关系，按照省教育厅的要求，不能因教学科研任务而疏于所在单位的党政事务，确实有能力、有精力的才去适度从事一些教科研工作，切不要挂空名，做虚功。

三、新学期其他主要工作

（1）新生报到与毕业生顶岗实习安排。新生入学报到工作要提前谋划，按照90%的报到率做好预案，重点是解决好住宿问题，确保教学到位、生活有序、人人满意。2010级毕业生顶岗实习和就业的安排也要提上重要议事日程，认真抓落实。

（2）花都工学结合基地的亮点打造。花都工学结合基地的稳定是新学期

的重点工作，基本生活条件要满足，1 300多名学生吃饭、住四、五层的新生用水及顶楼的散热问题，要抓紧时间解决好。亮点打造要基于设施设备使用率的提高，工学结合要在培养学生实践能力的同时，争取创造较好的经济效益，使投入产生收入，实际上这也是衡量学生实践能力强不强的一个重要方面。其中，一定要切实保障好实习学生的权益和安全。

（3）羊城校区的规范与稳定。新学期预计有500多名学生入住羊城校区，怎么抓好规范与稳定？相关部门的领导要拿出切实可行的方案，做到管理到位、规范有序、监管有力和考评有效。

（4）切实做好组建职教集团和企业培训中心的工作，启动校友会的筹建工作，为深化校企合作，挖掘校友资源，更好地服务行业企业搭建好平台。

（5）下力气抓好教学、行政管理和后勤服务等工作的督导督查，确保教学质量、管理到位和服务高效，进一步落实好系（部）和学院的问责制。

（6）认真分析排查学院不稳定因素，按照教育部、省教育厅的要求切实做好以学院60周年大庆为重点的校园安全稳定工作。结合学院的实际进行全面分析，切实抓好百度贴吧等网络信息平台的管理，杜绝虚假不实的言论，防止别有用心的人利用现代信息技术破坏学院的声誉与稳定。对于新闻媒体的报道和接待，请两办拟定一个方案，统一由对口的职能部门和分管院领导做好出面接待。

总之一句话，就是希望大家结合本部门实际，对新学期工作的开展，按学院的要求形成方案、拿出措施、责任到人，创造性地抓好落实，力争各项工作都上一个新台阶！

把握时机不犹豫，努力行动不言悔[①]

在这金风送爽、硕果飘香的季节，我们又高兴地迎来了来自广东、湖南、湖北、广西、江西等五省区的 2 649 名新同学。"十年寒窗终成就"，你们从跨入广铁职院校门的那一刻起，就开始了人生旅途中最为重要的征程，你们的身上，肩负着祖国的期望、社会的责任，背负着亲人的嘱托、自己的理想。在此，我代表学院全体师生员工，向你们表示最热烈的欢迎和最诚挚的祝贺！

"国势之强弱，视乎人才；人才之盛衰，源于学校"。学院作为广东省唯一一所培养轨道交通、铁路等特有专业人才的全日制普通高职院校，现有石门、执信南、羊城三个校区，建有朝阳实训基地和花都工学结合基地，设有轨道交通系、机电工程系、电气工程系、经济管理系、信息工程系、应用外语系、基础课部、职成部等 8 个系部。学院轨道交通类专业比较齐全，开设轨道交通、机电、电子信息、财经等 9 个大类 27 个专业，全日制高职学生达 7 078 人。学院高度重视实践教学，办学条件良好，教学仪器设备总值达 6 000 多万元，图书馆藏书 70 多万册；建有国内一流的地铁模拟驾驶中心等校内实训室 84 个，建有广州市地铁总公司、广州火车站、广州车辆厂、中国进出口商品交易会等校外实践基地 89 个；设有国家级、省级职业技能鉴定所（站），具有 56 个工种培训、鉴定技师和高级技师的资质；师资力量雄厚，拥有一支师德高尚、业务精良、结构合理的专兼职教师队伍，共有专任教师 300 余人，中高级职称占 68%，"双师"教师占 53%，博士、硕士研究生学历教师达 100 多名，占 33%。此外，还从行业企业聘请了 200 多名技术业务骨干、能工巧匠等担任学院的兼职教师。

学院按照"品德+技能+创新"的人才培养规格，注重培养学生的诚信品质、敬业精神、责任意识和职业技能，提高学生的创新意识、创业能力。近四年来学生在各类竞赛中获奖 60 多项次，其中，应用外语系陈倩同学 2008 年代表广东省参加全国高职高专英语口语大赛荣获优胜奖；2009 年，应用电子专业学生代表广东省取得全国职业院校技能大赛电子产品设计及制

[①] 2009 年 9 月 7 日，在 2009 级开学典礼上的致辞。

作技能比赛三等奖,物流代表队代表广东省取得全国物流技能大赛三等奖。学院招生就业形势良好,今年招生再创新高达 2 915 人,新生现已报到 2 649 人,报到率达 90.87%。2007 年就业率为 99.59%,名列全省高职院校前七名,2008 年就业率达 99.66%,位居全省高职院校第三。其中,在广、深、港地铁,广铁集团,广州本田等大型企业就业的达 58.06%。在全球金融危机造成就业寒流的 2009 年,学院初次就业率达到 98.50%,2010 年即将毕业的 2 164 名学生中已有 1 290 人被广州地铁、广铁集团等名优企业预定。

《大学》曰:"大学之道,在明明德,在亲民,在止于至善。"广铁学院不仅是你们学习知识和培养本领的地方,而且是净化灵魂、陶冶品性的场所,更是纯净心灵的故乡,将为你们练好本领、成就事业,报答父母、服务社会奠定扎实的根基。在这三年里的大学生活将会成为你们人生最值得回味和记忆的日子,美丽的流溪河畔将留下你们生命中最珍贵、最具人生价值的美好时光。为此,向同学们提几点希望和要求。

一、敢于面对,学会适应

大学生活是人生中一个崭新的旅程,用曲线函数来表示,从中学到大学的生活变化不是一个平滑连续的过程,而将发生一个突变性的跳跃,恰如英国科学教育倡导者赫胥黎的忠告是要"敢于面对新世界"。面对崭新的环境,同学们要把握时机不犹豫,尽快实现从高中生到大学生的角色转换,适应经济社会发展日新月异的变化,以饱满的精神、崭新的姿态,扮演好当代大学生这一新的角色。做到努力适应变化,敢于面对困难,在学会做智者、强者的同时,做一个最能适应变化者。

二、乐于向上,学会立志

古人云:志不强者智不达。希望同学们志存高远,树立远大理想,做好人生规划。复旦大学校友王沪宁教授曾说:"复旦大学的氛围让我感受了理想主义的魅力,这是复旦给我最宝贵的东西。"英国教育家怀特海德也说:"如果你们既不勇敢,又怕挫折,你们就不可能学业有成。你们不会对正在做的事情发生兴趣,除非你们树立了崇高的理想——渴望改善人类社会,乐于造福人们,勇于迎着困难前进。"因此,同学们要把个人成长与学院发展、社会进步结合在一起,在新的起点做好人生规划,确立自己新的奋斗目标,为把自己造就成为"品德高尚、技能精湛、创新奋进"的高素质技能型人才而努力学习,奋发图强。把立德修身、完善自我摆在头等重要的位置,做到融入集体,互帮互学;严于律己,勤奋向上;诚实守信,乐于奉献;勤学善思,砺能笃行,做一个品德高尚的智者。

三、勤于实践，学会做事

香港中文大学前校长金耀基在《大学之功能和大学生的责任》中提到："当一个青年进入到大学以后，他就被赋予了一种责任，即他应该以充实的学问为责任，即他应该沉浸在理性的精神当中，于图书馆、实验室、教室里与教师一起，在知识的大洋中做创造性的航程。"同学们要勇于担责，学会学习，首先要热爱学习，如英国教育家怀特海德所言："归根到底，作为学生，你们必须把学习当作一种享受，一种乐趣。"其次，要善于学习，做到学思结合、学问结合、学记结合，不怕苦，不畏难，不达学习目的不罢休。既要相信天生我材必有用，化平庸为神奇，又要学会发现问题、提出问题，养成解决问题、敢于实践的习惯。不好高骛远，不眼高手低，学会做中学，学中做，练就毕业即上岗操作的真功夫、硬本领，做一个技能精湛的强者。

同学们，如果将人生一分为二，前半段的人生哲学是"把握时机，不犹豫"，而后半段的人生哲学将是"努力行动，不言悔"。只要认真把握、讨诸行动，我们就能以才气立言，以骨气立身，以正气立德，以大气立功！

坚定不移抓整改,齐心协力创示范[①]

今天,我们在这里隆重召开教师节表彰暨评估整改动员大会,目的是要总结经验,巩固成果,表彰先进,部署整改,争创示范,推动学院人才培养和各项事业全面发展。刚才,学院对93名省、市、院级优秀教师和优秀教育工作者及迎评促建工作中表现突出的8个先进集体、117名先进个人进行了表彰。值此机会,我代表学院向获得表彰的先进集体和先进个人表示热烈的祝贺!向四年来为学院改革、建设、发展,特别是在迎评促建过程中忘我工作、无私奉献的广大教职工,表示节日的问候和衷心的感谢!

从2006年10月启动评建以来的这1 400多个日日夜夜里,学院认真贯彻评估"二十字"方针,在广州市委、市政府的正确领导和省、市教育主管部门的大力支持下,全院上下迎难而上、励精图治、想事成事、奋发有为;广大师生员工顾全大局、团结一致、关心评建、参与评建。人人都为评建用心尽力,个个都为评建拼搏进取,以高度的责任感和舍我其谁的使命感圆满完成了迎评各项任务,圆满实现了预期目标,得到了专家组的一致肯定和高度评价。为了评估,很多教职工放弃了寒暑假,忘记了双休日;为整改冲刺,各部门加班加点,夜以继日;为了评课说课,广大教师不计报酬、认真演练,努力避免因个人的闪失而影响全局。特别是在拓展朝阳基地、租赁羊城办学、创建花都基地等三大扩展办学场地、改善教学条件、打造实践教学亮点的攻坚战中,不少同志敢于担当、敢挑重担、敬业奉献、挥洒汗水,义无反顾、勇往直前。广大教职工这种日夜兼程连续作战的精神和无怨无悔的奉献,将永远载入广铁职院的发展史册。历史将不会忘记你们!

俗话说,好的开端是成功的一半。今天的大会,既是对评建工作的总结表彰,也是对评估整改和创示范的动员。肯定成绩、总结经验固然重要,但查找问题,认真整改,面对学院新的发展,确立新的任务、目标将更为重要。为确保全院上下统一思想,达成共识,形成合力,坚定不移抓整改,齐心协力创示范,我就本学期评估整改工作谈三点意见和要求。一是整改的意义,就是说抓整改为什么要坚定不移;二是整改的方针与重点,就是如何齐

[①] 2009年9月10日,在教师节表彰暨整改动员大会上的讲话。

心协力创示范；三是整改工作的几点要求，就是怎样确保整改到位、为示范奠好基。

一、思想上要高度重视整改工作

当前，学院存在这样一种思想苗头，认为评估过关没有想象的那么难，就那么回事。现在专家走了，评估结束了，该松口气了，大有"辛辛苦苦三四年，一夜回到评估前"之势。这种心态、这种苗头若长期存在，将对评估整改极为不利。为此，有必要对评估整改的意义进行再认识。

（1）抓好整改工作，是评建工作的应有之义。人才培养工作评估分为学校自评、专家组进校考察和学校整改三个阶段、十道程序。我们已经较好地完成了前两个阶段、六道程序。从整个评估过程来看，重头戏应该是第三个阶段也就是整改阶段，它是对前两个阶段工作的继续和深化。因为整改是手段，提高是目标，人才培养工作评估的根本目的是提高人才培养质量。是否重视整改，是否认真抓好整改，可以说是检验我们是真抓评估还是假抓评估，是搞花样文章还是真抓实干的试金石。按照广东省人才培养工作评估的要求，半年后专家要来校进行评估回访。所以，把整改工作真正作为评估工作的重要组成部分，确实抓紧抓好，具有十分重要的意义。所谓"行百里者半九十"，越是最后阶段越显重要，越要坚持，越要勇往直前。

（2）抓好整改阶段工作，是学院创省级示范的基本要求。整改工作与示范校建设是相辅相成，互为因果，缺一不可的。当前我院正处在改革发展的关键时期，人才培养工作评估尚未结束，争创省级示范院校和国家骨干职业院校的建设任务接踵而来。这次评估，专家组在肯定成绩的同时也给我们指出人才培养工作中的问题，并提出了许多建设性的意见，这些都是我们的弱项，加之示范性专业，精品课程比之省内高职院校都不占优势。逆水行舟不进则退，如我们不一鼓作气把整改工作做好，而是龙头蛇尾，那么创省级示范、冲刺国家骨干校只会成为一句空话。因此，我们绝不可掉以轻心，更不能麻痹大意，要提高认识，形成共识，统一步调，鼓劲加油，把评估整改作为新学期的重点工作、把创示范作为当前的核心工作来抓，进一步明确抓整改的重要性和针对性，增强创示范的紧迫感和忧患意识，继续树立打硬仗、打大仗、打胜仗的勇气和信心，拿出开拓创新、拼搏进取的谋略和劲头，未雨绸缪，扎实工作，多出精品，争创品牌。

二、整改工作的方针与重点

评建办根据评估专家提出的问题和建议，通过反复调研，充分论证，几易其稿，提出了学院评估整改方案，从指导思想、整改目标、基本思路、整

改任务与推进措施、时间安排和工作要求等6个大方面，提出了深化人才培养模式改革、全面加强专业建设等13项任务，王韶清副院长在中层干部学期工作会议上，将其明确为48个项目、2项要求，内容具体，责任明确，具有较强的针对性和可操作性，各单位要认真分解，努力抓好落实。关于整改工作的八字方针和要下力气抓好的四大任务，前不久我在中层干部培训班上讲过，并基本形成了共识，今天在这里向全院教职工再做强调，希望成为全体教职工的共识和自觉行动。

整改工作的总体方针，就是我代表学院在评估专家组反馈意见会上表态发言中提到的"巩固、深化、提升、发展"这八个字。"巩固"，就是要认真总结这四年多来人才培养工作的经验，努力发掘学院成立以来积淀的铁路人脉资源，把评建中的好要求、好做法、好风气、好习惯上升为制度，形成学校的文化，一以贯之，坚持到底；"深化"，就是要对学院这四年来改革、建设和发展正在推进但还没有形成好思路的项目加大实践探索的力度，对时间、精力和能力还来不及关注到的方面进行全面突破；"提升"，就是对学院已经推出的改革措施和取得的前期成果，不能停滞不前、原地踏步、故步自封。比如院级精品课，要提升为市级、省级甚至国家级精品课，院级重点专业要提升为市级、省级示范性专业。只有这样不断提升，不断创新，不断加压，才不会落伍掉队；"发展"既是巩固、深化、提升的目的，又是广大师生员工的利益诉求，衡量的标准是能否出一批正副教授，出一批评估专家，出一批管理能手，出一批教科研成果，出一批高素质技能型人才，实现学院更好更快的持续健康发展。按照这"八字"方针，本学期乃至今后一段时间内，学院要下力气抓好师资团队建设、专业建设、课程改革和综合管理四大任务。

（1）师资团队建设是学院发展的关键，是整改的重点。只有拥有一批高水平的师资，才会有一所高水平的大学，决定人才培养质量的关键和重点就是教师。对于专家两次评估中提出的整改量化要求，要下大力气解决好，必须得有一个短期目标和一个中长期的计划。本学期的工作重点，就是抓兼职教师来学院上课的问题。国务院学位办主任张尧学在离开高教司的时候谈到职业教育，说兼职教师不仅仅是建库，还要有措施保证来校上课，要有ABC梯队。一个人来不了，得有替补，教学计划才能顺利推进。这里的兼职教师是指从企业来的讲授专业实践技能课的教师。为此，学院要建立兼职教师基金，要使兼职教师们觉得劳而有获，具有吸引力。人事处要会同各系尽快调研，起草建立起企业兼职教师分配管理制度，使好的教师愿意来学院上课。要把职业教育和人才培养的特色做出来，实现实践技能课主要由有企业实践经验的能工巧匠和技术骨干来讲是一个关键。

（2）专业建设始终是人才培养的牛鼻子，牵引学院整个发展的走向，是打造学院特色的支柱，是工学结合和实践教学的载体。本学期专业建设能扎扎实实抓出成效，可作为专家回访时亮点展示的有三个方面：第一是整合专业的资源，特别是人才培养面向相似的有关专业的资源，形成有吸引力、有较强特色的新专业。2009年招生反映出学院的专业发展很不平衡，教务处与各系要静下心来思考，尽快拿出专业整合优化的方案，使2010年的招生专业构成具有较强实力的、特色非常鲜明的专业体系。这里要特别强调，教师一定要围绕社会需要去进行专业创新，否则，学院就是想保你这个专业也保不住。因为没有学生哪来你专业的立足之地？第二是强化专业的特色。要根据2009年招生反映出的市场信息和近几年学生就业时企业对人才的要求，下大力气把常规专业做出特色。因为同名同姓的专业，人家的很走俏，我们却门庭冷落，这说明学院这些专业的办学声誉、社会影响力还不够大。怎样来解决这个问题？这不仅仅是市场需求的问题，而是这些常规专业怎么打造特色的问题，这也是专家组提出的要我们对接轨道交通产业链和广州支柱产业培养人才的大问题。第三是形成专业优势。我们的特色专业在形成优势、打造品牌方面，发展不平衡问题不同程度的存在。应该说，轨道交通类专业是学院的特色专业，社会需求和招生就业都应该很好，但有些专业报考的人数为什么不多？冷静地进行思考，是不是这些专业的特色还没有被社会认同，或者社会上还不知道。总之，要立足现有的27个专业，瞄准高铁等高新技术的发展和广州地区产业结构调整的走向，分类进行整改，提出行之有效的对策，把市场需求调研的信息尽快转化为专业建设的成果。

（3）课程改革是学院人才培养的难点，是教学质量的抓手。培养的人有什么能力，有什么强项，主要还得靠课程设置和教学内容。抓整改、创示范，课程改革也是关键，本学期的重点要抓课程内容改革，抓产学结合、项目教学，突出职业性、开放性、实践性，并要围绕这"三性"下力气推进课程创新。我们现有院级精品课程44门，市级精品课程3门，省、国家级精品课程各一门，总共近50门课，加上正在积极准备申报的院级重点，这些课程应该说都进行了课程内容的改革，且不同程度地取得了一定成效，但所占全院总课程的比例还不大。面对这一差距，要全面动员、全体行动，全力推进课程教学改革。其中改革的难点是教师的观念和能力，有没有树立这样的观念，觉得这门课程应该要改革？有没有一种能力去推进改革，把所讲授的课程建设成精品？这是一项艰难的工作，需要发动全体教师，全面地抓、深入地改，坚持不懈地推进才行。

（4）管理创新是评估整改和创示范的重点。管理的根本任务是保障教学和服务师生。学院进驻萝岗职教基地建新校区，在省厅演讲竞争的结果已基本成定局，当务之急是要加大推进力度，提前谋划，包括专业发展、实训室的建设、办学规模和建筑功能的设计都要提前抓。此外，要严格教学管理，当前尤其是顶岗实习不能"放羊"，有的课程教学安排和设计都很好，但计划是计划，执行又是另一回事；要加强实践教学和设备设施的管理，所购的设备一个零部件也不能少，所有的设备都要用起来，要作为一项硬性指标来要求。还有就是人员与队伍的组织。课程改革要全面启动，实践教学的设备要用起来，数据平台的建设和应用要重使用，要抓好订单培养制度落实等各项工作，所有的教师要行动，管理人员也要动起来。这就要求管理要到位，各级领导要坚持原则，管好自己的人，做好自己的事，切实为广大师生提供一流服务。

三、抓整改创示范的几点要求

（一）强化团队意识，形成改创合力

团队意识，就是要强调学院工作是一盘棋，全院教职工是一个团队，再推大而广之，全院师生也是一个团队。这样一个大的团队，大家好才是真的好，《中国教育报》有一篇文章介绍中国地质大学国家级教学团队是如何炼成的，对我们很有借鉴意义。这个国家级团队强调积累、传承和务实，老中青结合。湖北教学名师龚一鸣教授用一个比喻形容这个团队："就像飞翔的大雁群一样，领头的大雁总是资格最老、经验最丰富的，而后面的就稍微稚嫩一些，这样有层次、呈梯队形状的分布，才能使这群大雁飞得又快又稳。"他们非常注重对青年教师的培养，不仅让新生力量尽早挑重担，而且能让他们不成为老一辈的复制品，做"青出于蓝胜于蓝"的接班人。学院推进示范校建设方案，强调的专业建设、精品课程、实训室建设等重点工作，出发点和落脚点都是提高人才培养质量，要走别人没走过的路，做别人没做成的事，工作难度可想而知。所以，好的团队一定要树立攻坚意识、精品意识、质量意识。

（二）加强组织领导，搞好部门协调

学院将评估整改创示范工作确立为"一把手"工程，各职能部门和系部"一把手"应对本单位的整改创建工作负总责，同时要指定专人负责具体工作的落实。学院示建办要会同教务、学生、人事等部门认真负责指导、组织和协调全院，做到整改创示范工作与常规教学工作有机结合，在规范教学管理中巩固评建成果，将改、创的重心放在有利于建立和健全长效机制上，确保整改各项工作任务落到实处。

（三）健全完善制度，确保改创到位

学院将实行整改创示范工作责任制，确定各级改创的主管领导和责任人，为改创工作的顺利进行提供制度设计和组织保障，以确保整改创示范"四个到位"，即思想认识到位、组织落实到位、措施办法到位、工作检查到位。示建办要充分发挥主导作用，确保职能到位、责任到位、落实到位。对表现优秀的单位和个人要进行表彰，对工作不负责任、延误工作进程、造成不良影响的单位和个人要进行问责。通过落实责任制，全院上下形成一级抓一级，一级带一级，层层抓落实的机制，做到目标到人，任务到人，责任到人。

评估工作虽然已取得阶段性成果，但学院发展是一个永恒的主题，面临的任务将更加繁重，遇到的困难和挑战会更多。我相信，经历了人才培养工作评估的洗礼，我们一定能继续弘扬迎评精神，站在新的起点上，齐心协力，真抓实干，出色地完成整改创示范的各项任务，推进学院人才培养工作和各项事业再上新台阶，开创广铁职院更加美好的明天！

脚踏实地保增长 着力改革惠师生
全面完成学院"十一五"确定的目标与任务①

一、2009年工作回顾

2009年是学院以评促建的丰收年。在市委、市政府的正确领导和省教育厅、市教育局等主管部门的指导支持下，我们以邓小平理论、"三个代表"重要思想为指导，以科学发展观统揽学院工作全局，以评建创为中心，以强化服务为抓手，全院广大教职工发扬"五加二、白加黑"的顽强拼搏精神，齐心协力、抢抓机遇、迎难而上、开拓进取。学院事业发展显著加快，内涵建设成果明显增长，教职工素质快速提升，社会影响力迅速扩大。

（一）以科学发展观统揽全局，事业发展显著加快

1. 成功打造"花都工学结合基地"

在省教育厅、市教育局的支持下，我们既大胆求证，力争支持，又稳扎稳打，环环紧扣地推进花都工学结合基地建设，以校企合作的方式扩大办学场地，既成功解决了学院人才培养工作参评资格的瓶颈问题，也为强化生产性实践教学，适度扩大办学规模提供了条件保障。基地改造建设从2月24日市教育局正式批复同意后组织实施，到4月18日首批学生进驻仅用了53天，并同期引进广州市大森机械有限公司等4家企业的生产线，以堪比当年深圳的新速度全力打造"教学工厂"，探索践行"产教一体、寓学于工"人才培养新模式，得到了各方专家和省、市政府部门、兄弟院校的好评和赞同。

2. 新校区建设取得重大突破

学院抓住省教育厅建设萝岗职教基地这一难得的历史性机遇，一方面积极联系省教育厅，就转制发展成效和到萝岗建设新校区的意愿，及时向省教育厅领导汇报；另一方面主动争取市委、市政府的支持，抢抓时机获得市委、市政府领导的批示认可，市领导认为"广州铁路职业技术学院办得不

---

① 2010年3月20日，在学院一届三次教职工代表大会上的报告。

错,其发展定位也与拟建中的广东省职教基地相吻合,萝岗区欢迎其进入省基地",明确表态要"全力争取(广铁职院)入驻萝岗省职教基地"。同时,我们精心组织申报材料和竞争演讲,学院转制发展这四年多里艰苦奋斗的精神、特色鲜明的成就,深深感染了省市领导和各位评委,从全省14所高职院校的竞争中脱颖而出,以排名第二的佳绩成功入选萝岗职教基地,新校区建设取得了阶段突破性进展。

3. 规模与条件同步增长

学院在校生规模首次突破7 000大关,达到7 077人,比去年净增578人,同比增长9%,规模发展由突破性增长进入调控期。同时,新购图书68 106册,电子图书25万种,教学仪器设备等办学条件又有改善,花都工学结合基地改造、酒店专业校内实训室建设和图书馆改造等项目相继完成。

4. 招生就业开创新局面

学院招生由B线首次升至A线,共录取新生2 915人,完成计划的106%。报到人数2 661人,报到率达91.28%,又创历史新高。毕业生人数首次升至4位数达到2 000人,比2006年增加5倍多,初次就业率达96.95%,位居全省第五,总体就业率达99.10%,排列全省第11位。

5. 信息化建设继续加强

校园网完成了腾讯通与OA系统的集成和平台转换,实现了"人员同步""信息同步"及"短信提醒"等功能。同时,数字教学资源库得到进一步充实和完善,网络存储空间新增4 T容量,新增数字资源近4 000 G,新增网络端口400多个,总数达7 100多个,网络端口无线接入点(AP)25个,联网计算机4 600余台,新增网络设备价值30多万元。

(二)以提高质量为中心,内涵建设成果明显

1. 移交五年率先评估,以评促建结硕果

面对省教育厅专家组提前一个月进校核查基本办学条件,广大教职工不畏难、不退缩、不等靠要,主动作为,拼搏进取,以石门、羊城和朝阳的办学条件,加上花都粤宝丽工业园区建成工学结合实践教学基地的方案和实现承诺,获得省教育厅领导和各位专家的认可,学院得以顺利通过条件核查,赢得了参评资格"入场券"。

为确保以优异成绩通过评估,全院上下发扬"白加黑、五加二"的连续作战精神,顽强拼搏。一是按照专家进校评估前学生进入、教学到位的承诺,抓紧花都工学结合基地的改造和建设;二是通过听取汇报、现场查阅和深度访谈等措施,按计划、分步骤高效推进自评工作。俗话说,功夫不负有心人,学院人才培养工作终以优异成绩获得专家好评,省教育厅领导以"励

精图治,挖空心思谋发展;上下求索,戴着脚镣在跳舞"精辟地描述学院这四年多改革、建设和发展的艰难历程,市教育局以"铁职院移交五年率先通过人才培养工作评估"为题,浓墨重彩地将学院的跨越式发展作为高校典型载入了《2009广州教育新发展》。

抓住评估顺利通过的契机,学院审时度势,顺势而为,迅即确立了"坚定不移抓整改,齐心协力创示范"的工作方针,认真把握专家反馈意见,从严制定整改方案,扎实推进亮点项目,及时启动省示范申报。学院上学期中期检查盘点和期末整改验收的情况表明,各项整改建设项目稳步推进,收效较好。

2. 师资队伍建设取得新成果

学院全年投入人才引培专项经费60多万元;评定专业骨干教师65名,专业带头人25名,发放专项津贴36万多元;引进副高以上教师4人,博士2人,晋升副教授3人,选培博士3人;选派第二批48名教师和管理骨干赴新加坡培训,组织38名教师和管理人员参加省里岗前培训;获省市优秀教师、优秀教育工作者称号8名,推荐申报了4名省市"教学名师"。按计划建立了兼职教师库,设立了兼职教师奖励基金,如期到校上课的企业兼职教师达73名。

3. 专业建设迈出新步伐

专业建设稳步推进,相关措施及时到位。一是按照"能力本位、项目导向"的理念,对2009级各专业人才培养方案进行了全面修订与调整。二是为优化专业结构,确定了对主干课程雷同、就业方向相近的专业进行整合的工作思路。三是启动4个院级重点专业的建设,申报的6个市级示范性建设专业实现了争"5"的目标,省级示范专业申报准备工作有序推进。

4. 课程改革取得重大突破

机电系陈泽宇老师的《数控机床装调》获评为国家精品课程,提前实现了学院国家精品课程零点突破的目标。全年新增省级精品课程2门,申报的8门市级精品课程实现了争"5"的目标。修订编制下发了2006—2008级课程标准,启动了网络课程建设工程,全院教师一次性申报量达55门。对2006年、2007年院级精品建设课程进行了验收评审。

5. 实训室建设注重绩效

2009年全院新增校内实训室34个,总量达到87个,校外实训基地达到91个。轨道供电实训基地获广东省和中央财政立项支持。设备采购进一步规范,管理水平显著提高,议标、招标公开公正,制定实施学院《2009年实训室(基地)建设与管理绩效考核实施办法》,组织对全院实训室教学仪器设备管理进行绩效考核。为提高实训设施利用率,量化考核标准,对2010

年拟新建、扩建、改建实训室新上项目，组织专家进行了论证答辩。

6. **校企合作开辟新途径**

对校企办人员与职能进行充实调整，有序推进职教集团和轨道交通教育培训中心的筹建工作，作为筹备启动之年联系加盟集团的企业已达 36 家；同时与广东省铁投等名优企业建立合作关系，订单培养规模进一步扩大至 2 002 人，同比增长 64%；校企合作开发课程 20 门，合编教材 10 部。

（三）以全面发展为目的，素质能力快速提升

1. **思想素质显著提升**

通过评选表彰评估先进集体和个人，开展"体验花都、感动广铁"活动，广大教职工敬业奉献、拼搏进取的精神明显加强，很多教职工不计个人得失，为改变落后局面加班加点，尽心尽力为学院改革建设发展攻难关、创品牌。

2. **教科研能力显著增强**

省、市级教学成果奖实现零的突破，全年获得省教学成果二等奖 1 项，广州市教学成果一、二等奖 3 项；教科研立项 68 项，市级以上达 30 项，增长 67%；获得专利授权 2 项；公开发表论文 341 篇，主编、参编教材 45 部；修订了教科研经费管理办法和奖励办法，充分发挥项目经费的扶持和引导作用；学报建设有所突破，与汕头职院合办《南方教育学刊》的工作有效推进。

3. **学生综合素质显著提高**

学院开办了以"我的岗位、我的责任"为主题的培训班，着力提高辅导员的思想素质、业务素质和专业化、职业化水平；广泛开展春运、广交会等顶岗实习及三下乡、阳光体育、文化艺术节、科技节等素质拓展活动，参加春运的师生达 3 108 名。全年获广东省"挑战杯"二、三等奖 3 项，省大学生舞蹈大赛、校园歌手大赛总决赛三等奖 1 项、二等奖 1 项。学生运动队获省大学生排球联赛男子丙组第四名、女子第六名、乒乓球联赛男子丙组第五名，广州地区高校足球比赛第二名、广州市"市长杯"高校组第五名。

4. **学生实操技能显著提高**

坚持"以赛促教、以赛促学、以赛促改"理念，学院制定了《职业技能竞赛管理办法》，建立起以赛促教的条件保障与制度激励的长效机制。全年获省级以上技能竞赛奖励 24 项，其中，应用电子、物流、计算机获全国一等奖 2 项，三等奖 2 项。成功承办省"神州数码杯"计算机技能竞赛并获"优秀组织奖"。

(四) 以强化服务为抓手,干部职工素质快速提升

1. 圆满完成中层干部调整

学院认真贯彻中央《党政领导干部选拔任用工作条例》,坚持改革创新和干部"四化"标准,组织实施新一轮中层干部聘任工作,为学院新一轮的改革发展提供了强有力的组织保障与人才保证。

2. 教学管理进一步规范

学院进一步完善教学规章制度,新增和修订教学管理文件20多个,并有效开展"教学质量月"活动,着力加强教学档案和考风考纪管理;进一步加强督导工作,将督导室独立建制并充实力量,各项工作更加到位;数据采集平台建设通过数据会审、人员培训和"因、果、效"分析等措施,"建用结合,以用为主"的效果初步显现。

3. 依法治校进一步加强

通过 OA 系统、墙报、橱窗等形式,不断创新校务公开形式,拓宽校务公开范围,提高校务公开实效;进一步强化教代会职能,加强民主管理;大力加强廉政建设,加强监察审计工作,组织开展"读廉政书、看廉政片、树廉政风"等系列活动,圆满完成了市审计局对教育专项经费资金预算执行情况的审计检查工作;学校审计处对2008年春运经费进行了初步审核;以优秀成绩通过省高校廉政建设量化考评。

4. 后勤管理进一步改进

按照"总体包干、据实考核、多劳多得"的按件计酬制度,维修工作做到24小时值班,全天候服务;运输部聘用司机与在编司机实施了按公里数计酬的改革;医务室通过办理《医疗机构医疗执业许可证》,增设急救、理疗室;改建一号教学楼后小花园,校园环境进一步改善;在省教育厅食堂达标综合评审中,三家食堂均以优秀成绩达标,综合排名全省第一。

(五) 以服务为宗旨,社会影响力迅速扩大

1. 社会培训成效突出

为广铁集团公司进行高级工、技师、高级技师的技能培训、鉴定,为广州科贸职院等院校学生进行铁道特有工种和通用工种的职业技能培训、鉴定,全年培训达5 627人次。开展铁路红十字救护员、车间主任、调度员等培训,参与13 754人次,被评为"广州市优秀继续教育基地";合作开展函授办学,在册学生742人,西南交通大学网络教育招生933人,创历史新高;合作开办专升本自学考试辅导班,在册学生500多人;中职毕业665人,毕业率达100%,招生达959人,创历史新高。《南方都市报》《中国教

育报》等媒体专版报道了学院"订单培养"到"教学工厂"的办学特色、南方电视二台对学院的办学成果进行了全方位报道,广东电视台、广州电台等9家媒体采访报道了我院供需见面会盛况。

2. 教职工福利待遇有所改善

发放教职工和离退休人员物业管理维修等补贴,总金额达300多万元;发放各类慰问金13万多元;继续组织了教职工和退休人员进行了健康体检。

3. 平安校园建设进一步加强

甲流防控工作取得显著成绩,教学、工作、生活秩序良好,校园平安稳定,未发生任何安全责任事故。

在充分肯定成绩的同时,我们也十分清醒地看到,学院改革建设和发展仍然存在不少问题和薄弱环节。主要表现在:一是"造血"功能还需进一步增强;二是管理粗放、效能低下的现象依然不同程度地存在;三是专业调整乏力,个别专业招生计划难以完成;四是职能部门特别是中层以上领导干部工作作风、执行能力和服务意识,与广大师生员工的期盼尚有一定差距。

二、2010年主要工作任务

2010年是学院"十一五"规划收官之年,作为发展冲刺和充满希望的关键一年,也是艰难发展中校内分配财力最困难的一年。我们要充分认识新形势、新任务的复杂性、艰巨性,进一步增强忧患意识和主人翁责任感,坚定信心,迎难而上,注重提高质量,着力强化特色,倾心打造优势,推动学院又好又快地发展。

学院工作的总体要求是:以邓小平理论、"三个代表"重要思想和科学发展观为指导,坚定不移转方式,脚踏实地保增长,着力改革惠师生,齐心协力促发展,全面完成"十一五"规划确定的各项目标任务,确保省级示范性高职院校申报成功,力争新校区能如期开工建设。

(一)以提高质量为中心,谋求更好更快的发展

1. 切实转变学院发展方式

要在2009年的基础上,再加力控制学生规模增长的速度,为以规模、结构、质量、效益协调发展为重点的学院内部调整分解压力、创造条件。调整的任务是,主动适应广州市、广东省转变经济发展方式的要求,以强化特色和提高质量为目标,着力推进轨道交通类、先进制造类和现代服务类专业建设,实现轨道交通和先进制造类专业的特色化发展。转制四年多的发展历程表明,学院最大的跨越是学生规模,2006年在校生达到3 435人,同比增加了147.3%;2007年达到5 099人,同比增加了48.4%;2008年规模达到

6 499人，同比增长了28%；2009年规模达7 077人，同比增加了9%，同比增长率首次低于10%，这说明2009年学院的办学规模已由急剧扩张进入稳步发展的调控期。今年要再加大调控的力度，集中精力实现由规模扩大与质量提高双重压力下，规模扩张为主的发展转到以调控结构、提升质量、多出精品为主的规模适度增长的内涵式协调发展。同时，校内运行也要实现由粗放式转向精细化的质量管理。

2. 全力保障办学效益增长

保增长，对于学院来说当前重点是四个方面。一是质量的增长。要适应区域经济发展方式的转变，关键是学生的培养质量和院内的质量管理要有切实提高。通过管理水平的提高，促进育人质量的大幅度提升，为下一个五年更好更快发展奠定坚实基础。二是规模的适度增长。现有的办学场地，难以实现"十一五"规划确定的8 000名学生规模，那是进入新校区的前提下的指标。学院面对当前实际反复论证，决定将2009年新生进校后的规模定为7 500人，即新增423人。2009年净增578名学生的条件保障主要是靠拓展花都基地，而2009年新增的423人完全依靠现有条件，可想而知挖潜的压力有多大。所以，当务之急是大家要在正确对待学院控制规模苦衷的同时，脚踏实地抓好新增学生的条件到位，满足各方要求。三是实力的增长。首先是以实践教学为主的基本办学条件与学生规模要实现同步提升，建设的重点是强化轨道交通和先进制造类专业的特色，特别要注重生产性实训基地建设和基本办学条件达标，将市财政拨付的专项建设经费用好、用完。其次是师资队伍建设要进一步加强。人才引进尤其是高技能、高职称、高学历领军人才的引进要有新的突破。同时，要重点关注现有教师职业能力的提升，抓好教师下企业实践的方式改革。高级职称评审力争副高通过5名以上，正高通过1~2名，实现院内培养正高教师"零"的突破。通过外引内培，力争在学院"十一五"规划的收官之年达到正高10名、博士10名的"双十"指标。四是效益的增长。以开源节流为重点，发挥资金投入的效益，通过效益的增长来弥补学院财力的缺口：一要扩大培训和技能鉴定的规模，提高生产性实训设备的办学效益；二要节约发展，坚决杜绝浪费，确保专款专用，做到投得准，建到位，用得好；三要严格预算管理，严格控制预算外新上项目和追加资金。

3. 确保师生员工得到实惠

学院机制创新和管理改革的目的是要使广大师生员工得到更多的实惠，重点是要着力做到三个"确保"。一是确保每一个学生都按期毕业，毕业的学生都能高质量就业。二是确保每一个教职工不掉队，称职的教职工在全市事业单位设岗聘用中都能上岗。在为每个教职工提供全面发展机会的同时，要加大力度创造条件,支持多干事、能干事、干成事的教职工实现提升和发展的愿望。三是确保教职工收入不因财经缺口而降低。通过开源节流等系列措施切实提高效益,抓住绩效工资改革的时机,实现校内分配自给自足,教职工的收入逐年增长的既定目标。

4. 打牢更好更快发展基础

要以争创省级示范院校为抓手,加快推进新校区建设,通过联企借力等措施谋求更好更快的协调发展。首先,要调整专业结构,调控规模增长,切实提高办学效益,缩小办学基本条件方面与国家级和省级示范院校的差距。其次,要着力改革,以提高质量为导向完善管理制度和工作机制,建立健全质量保障体系,特别是引企入校的制度建设和专兼职教师授课的质量保证。再次,要把握发展的重点和节奏,统筹协调各单位、各部门,确保全院协调一致,教职工和谐团结。最后,要进一步加强内涵建设,强化特色,提高质量,举全校之力确保省级示范院校申报成功,新校区能进场开工建设。

(二) 加快发展方式转型,扎实推进八项重点工作

为落实学院"调控结构,提升质量,多出精品"的总原则,实现以规模扩张为主转向内涵式协调发展方式为主,全校上下要齐心协力重点抓好以下八项工作。

(1) 认真组建"广州工业交通职业教育集团"和"广州轨道交通教育培训中心",并组织好工学结合论坛和花都基地一周年庆典活动。着力点是要联系广铁集团、广州地铁、广东铁投等行业企业加盟职教集团,与广州地铁等单位合建轨道交通教育培训中心,建立校企深度融合的互动平台。关键点是要精心打造提升产教一体的"花都模式",加强工学结合制度建设,引进更多优质企业适用资源,增强高技能人才培训、后备力量培养、普工替换和建设学习型社会等方面的吸引力,形成有效的社会需求。

(2) 扎实推进评估整改与示范院校申报工作。采取切实措施,认真落实评估整改方案,力争在师资队伍、专业建设、课程改革、教学管理等关键方面取得更大突破。全力做好6月专家评估回访和示范院校申报等各项准备工作,做到两手抓两手都要硬,确保高质量完成申报材料。下力气抓好精品课程、示范专业和实训基地建设,搞好省教育厅组织的思想政治理论课的自评工作,力争多出精品,形成优势。

(3) 认真抓好人员设岗聘任和财务、设备、基建、维修等各项质量管理。人事处要精心研讨方案,把握要点,抓住关键,在机构、编制和高级岗位控制数等方面要主动向市局反映,力争学院利益最大化。同时,要按照精细化的标准和质量要求,切实加强财务、设备、实训室和基建维修的管理。

（4）下力气抓好专业调整与二级学院组建。要根据区域经济发展方式转变、经济结构调整、产业升级换代的需要和示范院校建设申报的要求，加大专业调整力度，建设好轨道交通学院、机电工程学院和物流系，集中精力做强轨道交通和先进制造的特色，为"十二五"的发展奠定更扎实的基础。

（5）全力做好招生就业工作。确保第一志愿专业上线人数大于招生指标，并确保各专业上线人数大体均衡。就业工作在全省高职院校中继续处于前列，在位次上实现"保十争五"的目标。加强A线招生的形象宣传，探索试行考生网上预报名，重点抓好广州生源的报考，加强以创造、创新、创业为主题的就业教育和学生创业意识、创新能力的培养。

（6）数字化校园建设要有新突破。重点是要按照市政府和市教育局的要求，结合学院实际，将学院现有平台、工程职院平台和教育部数据平台"三融合"，力争建成全国高职院校数字化校园的精品。

（7）认真做好"十二五"发展规划。"十二五"学院事业发展的总体目标是，要争取进入国家示范院校行列，学生规模达到12 000人，借助轨道交通特色化新校区的建成，使办学条件包括师资队伍、实践教学、管理水平等全面升级，学院工业交通运输的办学特色更加鲜明。

（8）继续推进新校区建设。立足萝岗省级职教基地建设新校区，要下力气做好特色化校园功能布局的规划设计和方案论证，并要适时考虑谋划应对萝岗省级职教基地中途变故的预案，力争新校区建设的主动权。

（三）进一步深化管理改革，全面完成"十一五"目标任务

（1）认真盘点"十一五"发展规划，打好转变发展方式这场硬仗。通过盘点"十一五"建设任务完成情况，特别是"四项工程"的推进情况，总结经验、查找差距，采取切实措施，创造条件、克服困难，圆满完成各项主要指标和任务。

（2）加强教科研规划和立项指导，加大对应用技术和专利开发申报的扶持力度，促进教科研成果的转化与应用，进一步提高学院教科研水平。加大校企合作开发教材的力度，提高教材的适用性、适时性，力争省、市优秀教材和国家规划教材评选有所突破。继续加强与政府相关部门的沟通，努力筹办好学报。

（3）加强对院、系管理人员和后勤服务人员的考评和监督。认真落实行政问责制，做到有错必纠，有责必问，问责必严。进一步强化服务意识，切实改进职能部门工作作风。大力加强廉政建设，推进行政部门校内绩效审计，做好市财政局绩效评价的自评工作，试行中层干部离任校内经济责任审计，实行年度预决算校内审计，基建维修项目过程校内审计，设备物资采购

和科研经费使用的校内审计，确保专款专用，节约发展。

（4）加强聘用人员和兼职教师的队伍建设与管理。进一步完善人事代理与聘用管理，加强激励和考核，完善聘用转编制度，调动广大聘用人员工作积极性，建立企业兼职教师到校授课的长效机制。

（5）进一步拓宽面向社会的职业技能鉴定与考级培训，全年力争完成培训8 000人，其中获证率达到90%、高级工达到50%以上。积极做大培训市场，面向企业、社会的职业培训服务要达到20 000人/天。

（6）确保校园安全稳定。加强保安队伍建设，完善校园重点部位视频监控系统，完成图书馆、电房等重点消防系统的改造，加强学生实训实习安全教育与管理，落实突发事件应急处置机制，加强网络安全管理，做好重大疾病预防工作，努力为师生提供质优价廉的餐饮服务。力争全年无人身、食品、设备等安全事故。

（7）进一步关心师生身心健康。继续加强离退休人员工作，不断改善教学环境、生活条件与福利待遇，畅通师生利益诉求和表达的渠道，因地制宜开展阳光体育运动，切实落实《国家学生体质健康标准》。

2010年，学院发展形势喜人，危中有机。做好全年改革建设各项工作，使命光荣，任务艰巨。我相信，全院教职工只要拧成一股绳，心往一处想，劲往一处使，齐心协力，坚定不移，发展的各项任务一定能圆满完成，确定的各项指标一定能够顺利实现，争创省级示范院校的目标也一定能够达到。

以校企合作促实践教学，
以大赛培育促技术研发[①]

今天，学院、各系部和相关职能部门的领导、专业带头人、骨干教师和学生代表150来人，大家聚集一堂庆贺学院首个教师工作室——"张茂贵工作室"挂牌，我觉得这个仪式很成功，很完美。刚才，王韶清副院长做了讲话，彭铁英副书记宣布了学院的决定，教务处新革处长主持会议并对学院组建教师工作室的文件要点做了说明，两系一基地的主任们在会上做了发言，特别是电气系王亚妮主任精心设计的对联，把挂牌仪式推向了一个高潮，使它不仅仅是一个挂牌的形式，更多的是展示了学院改革建设发展这五年多来教师们从艰辛走向成功的不平凡的历程。这是我说的成功、完美之所在，是出席今天仪式发自内心的感慨。

对于为什么要组建教师工作室，为什么选择张茂贵老师来组建学院第一个工作室和怎么去建设好教师的工作室，前面几位领导和茂贵老师都做了非常好的解读、演绎和阐述，我就不多讲了。借这个机会，向与会的同志，并通过你们向全院的师生员工提四点希望和要求。

第一，希望张茂贵老师以工作室挂牌为新的起点，百尺竿头，更进一尺，继续努力地在实践教学、大赛培育和技术研发等方面取得新的成绩。教师工作室的成立挂牌，对我院是"新媳妇坐轿子头一回"，应该是一件新鲜事。俗话说，万事开头难。茂贵老师说有压力，既是挑战又是动力。我想压力是有的，但更重要的是动力，是推动教师不断创新的动力。所以，希望茂贵老师戒骄戒躁，沿着自己八年奋斗成功走出的中国高职教育教师成长的路继续走下去，把工作室建成学院的示范、广州的示范乃至全国的示范。新星主任讲是要冲出亚洲，走向世界，如果大家能够坚持去探索、去实践、去提炼，也不是没有这种可能。因为中国高等职业教育教师怎么走出一条成功的路，现在还处于探索之中，我们能不能率先构建一个像样的高职教师成长的模式，全在于我们每一位教师点点滴滴的探索、辛勤的付出、不断的努力和个人的奋斗。我相信茂贵老师会按照他所设计的建设方案精心实施，走向明

[①] 2010年5月5日，在"张茂贵工作室"挂牌仪式上的讲话。

天，走向成功！

　　第二，学院各职能部门，特别是花都基地和机电系要继续关心、支持"张茂贵工作室"的工作。既然是一件新生事物，很多时候更需要各职能部门、各系部领导和教师的呵护和支持。因为张茂贵工作室的成功，代表的是团队的成功，是电气系的成功，也是学院大家的成功。张茂贵老师取得的成绩，离不开学院和系里的支持，离不开团队教师的信任和帮助，我感受很深的是，王亚妮主任在茂贵老师八年奋斗走向成功方面，起到了一个启蒙者、合伙人和引航标的作用。机电系和花都基地要接过亚妮主任这个"传家宝"，一如既往地支持和鼓励茂贵老师，为工作室的建设营造一个很好的氛围，支持他联合企业进行研发，支持他带着学生一起干，支持他为工作室的建设探索出成功的模式。也希望各职能部门的同志都来关心、支持教师工作室的建设，把成功的经验在花都基地生根、发芽，并辐射带动全院开花、结果，使全院的专业实训室都能成为专业带头人和骨干教师的工作室。

　　第三，希望全院教师特别是专业带头人和骨干教师，要以"张茂贵工作室"挂牌为示范，在年内尽快组建起自己的工作室。组建工作室既是对教师个人发展成效的认可和肯定，也为教师们搭建了一个提升自我、事业发展的创新平台，同时也是学院推动教师融入实训室的一项措施。王韶清副院长说，张茂贵老师摸爬滚打、夜以继日地工作在实训室。希望全院教师都参照张茂贵老师的理念和精神，尽快选择好与自己专业发展相吻合、与学生能力培养相一致、与合作企业紧密对接的实训室来建设自己的工作室。

　　第四，希望同学们特别是花都基地的同学们，能够多参与到教师工作室和实训室的建设开发中来，有效地进行实践的训练和技能的提高。今天来了不少同学代表，我想向你们说的是，一定要正确认识和恰当把握在花都基地进行工学结合、半工半读这个非常好的时机。尽管花都基地没有高楼大厦，没有名教授，没有名学者，但是我们有像张茂贵老师这样一批能力高超、敬业乐教的优秀教师，他们会教给你们管用的专业技术和实践能力，教会你们成功走向社会又能经得起实践检验的可持续发展的理念和方法。希望同学们多深入到实训室和生产车间开展你们的学习，将学到的专业知识应用到实践之中。我觉得花都基地最大的好处是"产教一体、寓学于工"，你们能在这个平台上把课堂上学到的知识非常及时地、非常直观地应用到生产当中，能够非常好地加深对专业理论和课程教学的理解，并转换成你们自己的实践能力。所以，希望同学们能进一步理解和把握学院建设"教师工作室"的目的和初衷，在实践能力培养方面真正做到学有所用、学有所长。

　　最后，再一次衷心地预祝"张茂贵工作室"能够成功走出自己的路，在广铁职院生根、开花、结果，并成功走向全市、全省乃至全国。

齐心协力转变发展方式，谋篇布局"十二五"发展[①]

今天，我们在这里召开学院 2010 年工作会议，主要是传达贯彻省、市教育工作会议精神，盘点"十一五"规划落实情况，规划"十二五"学院建设发展，特别是研究确定 2010 年学院工作的重点任务。就此我谈三个方面的意见。

一、学院面临的形势和任务

刚才，王韶清副院长和彭铁英副书记先后传达了省、市教育工作会议精神，对全国和全省的高职发展情况分别做了介绍。我这里要讲的"形势和任务"，主要是对学院层面 2010 年面临的形势和任务来进行分析。

（一）深化改革发展有希望的一年

（1）学院转制发展五年多来，实现了办学规模和办学条件的历史性跨越，"造血"功能和办学实力大为增强。发展的每次突破，事业的每项成功，特别是攻坚克难从朝阳基地到羊城校区，再到花都基地的拓展，夹缝中求生存的发展方式和丰硕喜人的办学成效，凝聚着全院广大教职工的聪明才智，凝结着全体教职工的心血汗水。功夫不负有心人，学院转制发展的成果，得到了省、市的充分肯定和高度赞赏，市委主要领导认为"广州铁路职业技术学院办得不错，其发展定位也与拟建中的广东省职教基地相吻合，萝岗区欢迎其进入省基地"。广州市教育局主编的《2009 广州教育新发展》以"铁职院移交五年率先通过人才培养工作评估"为题，将学院的跨越式发展浓墨重彩地载入史册。上级的肯定，社会的认可，是对我们面临新困难、谋求新发展的最好鼓励和最大支持！既是我们前进的动力，也为学院谋求又好又快发展和申报省级示范提供了良好的社会环境。

（2）申报省级示范院校已奠定了扎实的基础。评估以后，学院确定了"坚定不移抓整改，齐心协力创示范"的工作方针，各项工作有序推进，真

---

① 2010 年 2 月 25 日，在学院 2010 年工作会议上的讲话。

正做到了评估不搞形式、整改不走过场。认真踏实的作风，卓有成效的作为，为申报省级示范院校打牢了基础，省、市相关部门充分肯定我们是实实在在抓教学、认认真真办学校，为此，广大教职工付出了不懈努力和辛勤汗水。2010年我们要更加注重质量和效益，更加扎实推进申报省级示范院校的各项工作，特别是省级和国家级精品课程、示范专业、实训基地建设和社会服务、专利申报等重点亮点项目，要有新的突破，再接再厉地为学院的发展增光添彩。

（3）办学实力日益增强，社会影响力日趋扩大。2009年学院以较好成绩通过评估，并成功竞争入选进驻萝岗省级职教基地，不仅办学条件大为改观，办学实力有较大提升，而且办学效益、社会影响力和知名度都有显著提高。

学院2010年把握新机遇，发展无疑充满希望，面对新任务，克难理应充满信心。我们要按照省、市教育工作会议继续推进职业教育发展壮大工程，完善现代职业教育体系，推进珠江三角洲地区职业教育基地建设的部署，不遗余力地加强内涵建设，转变发展方式，做好进省级职教基地建设新校区的报建手续，并力争全面开工建设。为实现学院更好更快的发展，再鼓把劲，再加把油。

（二）艰难发展中财力最困难的一年

从校内分配的可支配资金来讲，2010年将是学院转制以来最困难的一年。从可用资金来看，广铁集团三年（2004—2006年）人员补贴经费的节余款已基本用完；中央财政给学院的补贴，市财政部门已多次强调要停止拨付，这意味着校内分配要完全靠自己"造血"。学院自筹经费收入部分，尽管这近五年的规模和条件实现了跨越，"造血"功能和实力也大为增强，但由于新校区建设推进未果，尽管社会有需求，2010级的学生规模难有大的增长。所以，自筹经费中学费部分与2009年比最多能增加500万元。从财经支出来看，经费的出口在加大，离退休人员津贴补贴的增长，加上新增住房维修基金的发放全年将达900多万元，这些都要靠学院自筹资金。正所谓巧妇难为无米之炊，形势不容乐观。面对前所未有的经费紧张状况，如何确保教职工校内分配的收入不降低，教学管理运行的资金有保障，这是2010年学校管理的新课题、新考验、新挑战。

（三）学院再上台阶最关键的一年

2010年是学院"十一五"规划实施的收官之年，除新校区的学生规模方面的指标难以达到8 000人外，其他各项指标务必要想方设法、不遗余

力地去完成，为"十一五"各项指标的完成画上一个圆满的"句号"。同时，还要科学合理地制定好"十二五"规划，为学院下一个五年的发展谋好篇、布好局，画上一个非常醒目的"冒号"。简单地说，这个"句号"和"冒号"就是2010年的重点任务，因为在这承上启下的关键之年，攻坚克难的推进策略和工作措施至关重要，广大教职工的精神状态和必胜信心也非常关键。

二、推进工作的总体原则和思路

推进学院2010年的各项工作，总体原则和思路可以概括为四句话，即坚定不移转方式，脚踏实地保增长，着力改革惠师生，齐心协力促发展。

（一）转方式

转方式，就是要转变学院发展的方式，实现由规模跨越发展转为结构协调发展。面对2010年发展的新形势和新任务，学院要在2009年调控的基础上，再适当地控制学生规模增长的速度，为实现规模、质量、效益协调发展为重点的内部调整分解压力、创造条件。调整的任务是要主动适应广州市、广东省转变经济发展方式的需要，以强化特色和提高质量为目标，着力发展轨道交通类、先进制造类和现代服务类专业，实现轨道交通和先进制造类专业的特色化优质发展。回顾这四年多来的发展历程，学院发展最大的跨越是学生规模，2006年新增学生2 044名，规模达到3 435人，翻了一番多，同比增加了147.3%；2007年净增学生1 664人，在校生达到5 099人，同比增加了48.4%；2008年净增学生1 384人，规模达到6 499人，增长率为28%；2009年净增578人，规模达7 077人，增加了9%。很明显，2006—2008年是学院规模急剧扩大期，增长都在四位数，2009年规模增加下降为三位数，同比增长率控制在个位数，进入了规模调控期。2010年学院审时度势，将规模再确定为适度增长，学生进出实现基本平衡，使办学基本条件方面的压力没有前几年那么大。我们要抓住这一有利时机，集中精力调整专业结构，实现由规模扩大与质量提高双重压力下的规模扩张为主的发展，转到以注重结构、提升质量、多出精品为主的规模适度增长的协调发展。同时，要关注管理改革创新，使教书育人由粗放式切实转向精细化的质量管理。

（二）保增长

保增长，主要是保证质量和效益的增长。重点是四个方面：一是质量的增长要主动适应广州地区转变经济发展方式的要求，使学院由规模发展转向综合发展。关键是学生的培养质量和院内管理质量，要通过教学改革创新为主的管理水平提高，促进育人质量提升，为下一个五年规划更好更快的发展奠定坚实基础。二是规模的适度增长。就学院目前的办学场地来说，要实现"十一五""8 000 名学生规模"的目标，显然不够现实。所以学院将 2010 年新生进校后的规模定为 7 500 人左右（同比增长率是 5.9%），应该说，这已经创造了奇迹，因为 8 000 名学生规模是新校区建成后的指标。当务之急是要脚踏实地抓好新增 400 多名学生的条件到位，并下力气保证质量要求。希望全院教职工都树立这种大局意识，将思想统一到 7 500 名学生规模的质量保障上来，不再为追求 8 000 名学生的指标勉为其难地去新辟场地，以致因小失大、分散精力，甚至影响学院整个发展的大局。三是实力的增长。首先，实践教学条件要大幅度提升，实训室要重点围绕轨道交通、先进制造特色来加强建设，特别要注重生产性实训基地的建设，将市财政拨付的专项建设经费用好、用完。其次，师资队伍建设要进一步加强。人才是学院发展的关键要素，高职称、高学历、高技能领军人才的引进要有新的突破，同时，要重点关注教师在职提升和企业实践的方式改革。高级职称评审要力争有突破性进展，副高能评上 5 名左右，正高也能评上 1~2 名，实现正高零的突破。达到"十一五"规划要求的正高 10 名、博士 10 名的"双十"指标。教师下企业实践，要与技术开发和生产性实训室建设相结合，立足校内和假期进行，有效促进校企合作和工学结合。四是效益的增长。要以开源节流为重点，发挥资金投入的效益，通过节约发展、效益增长来弥补学院财力的缺口。开源，就是要广拓财源，扩大培训和技能鉴定的规模，提高生产性实训室设备的效益，通过更好地服务社会、行业和企业来提高办学效益。节流，就是要严格预算管理，杜绝浪费，专款专用，要以绩效评价为抓手，加强监察审计工作，认真抓好立项和招标工作，继续抓好校园环境的优化，确保建设经费投得准、绩效高，生产性实训室建到位、用得好。将有限的经费用在刀刃上，用在可持续发展的关键项目上。

（三）惠师生

惠师生，就是要通过运行机制的改革和内部管理的创新，使广大师生员工得到更多的实惠。简单地说，就是要做到三个"确保"：一是确保每一个学生都按期毕业，毕业的学生都能高质量就业。二是确保每一个教职工不掉队，称职的教职工在全市事业单位设岗聘用中人人都能上岗。在想方设法让每个教职工都有发展机会的同时，要大力创造条件，支持多干事、能干事、干成事的教职工实现提升和发展的愿望。三是确保教职工收入不因财政资金有缺口而降低，抓住绩效工资改革的时机，通过开源节流等系列措施，切实提高效益，实现校内分配自给自足，教职工的收入逐年增长的目标。

姚明说得好，团队的发展比个人发展的意义更大。每个单位的子团队组成了学院这个大团队，各团队的带头人一定要树立这种意识，尽责任实践好这三个"确保"。为学院实现协调发展营造良好的环境和氛围，以诚心善意和恰当方法，使每个成员都能尽心乐意、尽责克难地做好本职工作，愿干事、齐步走。鼓励支持多干事、干成事的成员快速发展，这既是领导的责任，也是学院事业发展的需要。时势造英雄，学院经过近五年的建设发展，应该到了出一批正副教授，出一批管理骨干，出一批技术服务能手，出一批评估专家，出一批教科研成果，出一批优秀毕业生的时候了。

（四）促发展

促发展，就是要以创省级示范为抓手，以大家的作为来谋求更好、更快的发展，实现由规模跨越发展转到结构协调发展。协调发展是以发展为前提，以相对均衡为目的，兼顾规模和效率，确保学院发展的可持续性。首先，是规模、效益、质量的协调，这既是决定学院科学发展的基本要素，也是衡量学院事业协调发展程度的基本元素。经过大家的努力，学院的办学规模有了跨越式发展，教职工的相关结构有了较大改善，人才培养的质量有了很大提高。但是，与国家和省级示范院校相比，与高职教育发展的要求相比，还有一定差距，特别是在规模发展的条件保障上表现特别突出，使之个别专业的发展与社会需求出现不均衡性。因此，2010年要以提高质量为核心，调整专业结构，调控规模增长，改革不符合协调发展要求的条条框框，理顺院内各种关系，切实提高办学效益。其次，要着力建立以质量为导向的管理制度和运行机制，健全质量监控保障体系，为实现规模、结构、效益和质量的协调发展提供有力保证。最后，要把握发展的重点和节奏，统筹各单位、各部门协调发展，确保部门之间协调一致，教职工之间和谐共进，步调一致地奔向新的目标。现阶段促发展的目标是，以加强内涵建设，强化特色，提高质量为目的，确保申报省级示范院校成功，新校区能进场开工建设。

三、工作开展的要求与措施

（一）认真盘点"十一五"发展，打好转方式这场硬仗

盘点"十一五"各项任务，特别是学院"四项工程"的完成情况。总结哪些是符合科学发展要求的，哪些是需要转变发展方式的，并归纳出按省、市要求和学院的实际去实现这个转变的经验和做法，做到心中有数。在2010年内着力创造条件，克服困难，确保"十一五"各项任务的圆满完成，

关键是思想上要形成共识，下大力气打好转变发展方式这场硬仗，坚持"抢抓机遇、化危为机"不动摇，坚持"保增长、惠师生、促发展"不动摇。

（二）科学规划"十二五"，为新一轮发展谋好篇布好局

在省市中长期发展规划的指导下，认真扎实、科学全面地研制好学院"十二五"规划，使省市各方评价不低于"十一五"规划。"十二五"发展的总体目标，是要争取进入国家示范院校行列，并按照这个目标谋篇布局学校内涵发展和新校区建设，使基本办学条件和发展实力包括师资队伍、实践教学、管理能力等全面升级，学生规模达到12 000人。

（三）加快实践发展方式转型，扎实推进八项重点工作

在转变学院发展方式的总原则下，2010年要重点抓好八项工作。

（1）认真组建好"广州工业交通职业教育集团"和"广州轨道交通教育培训中心"，并筹备高规格的工学结合论坛和花都工学结合基地建设一周年庆典活动。这几项工作难度大，时间紧，要求高，希望各单位和在座各位领导予以关注、关心、重视和支持，通过这一系列活动的开展，宣传和展示学院"工学结合"的成果，进一步密切校企关系，凝聚调动全院广大师生，切实提高社会影响力和美誉度。职教集团要做实、务实是既定方针，关键是校企互动达到双赢，合作紧密实现高效，资源共享成为互利，学生技能切实提高。著名职教专家马树超教授定于3月上旬来我院考察，主要是视察花都工学结合基地，对学院校企合作、工学结合进行指导提升，相关部门要做好相关准备工作。

（2）扎实推进评估整改与省示范院校申报工作。要力争申报成功，关键还是要育好人、出精品、展亮点。以创促建，重在质量，是我们申报示范的立足点和出发点。

（3）认真抓好市里人员设岗聘任和财务、设备、基建、维修管理等各项改革。彭铁英副书记和龚延祥副院长结合省、市的要求和学院实际，已分别做了安排，广生、维远等处长还就相关方案进行了专题说明，大家对有关方案和要求也进行了深入研讨。人事处要精心研讨省、市文件，把握要点，抓住关键，在机构、编制和高层次岗位数额上，向市有关部门争取学院利益最大化。各单位要高度重视这项工作，从有利于发展的角度，精心设计、合理设岗、按需聘任。同时，按照精细化的标准，切实加强财务、设备和基建维修等方面的质量管理，推动学院协调发展。

（4）下力气抓好专业调整与二级学院组建。学院领导根据省厅对示范院校建设申报的要求，结合学院的实际，对专业整合和二级学院组建进行了部

署，提出近期要将现有专业中的 10 个整合为 5 个，新设两个二级学院和两个系的意见。我认为切合实际、方向明确、思路清晰，请大家认真研讨。要把好的工作设计和思路变成可操作性的方案并落实到位，切忌雷声大，雨点小，关键要从利于学院发展的角度来思考如何调整，进而形成改革方案，切实按照既定目标扎实推进，为下一个五年的发展奠定更好的基础。

（5）全力做好招生就业工作。招生工作的目标是确保第一志愿上线人数大于招生指标，并实现各专业大体平衡。就业工作要处于全省高职院校前列，实现全省排名"保十争五"的目标。达到这些指标肯定还有难度，但我们要跳起来摘桃子。相关责任单位要根据新形势、新任务和新要求，总结经验、查找差距，采取过硬措施把这项工作抓实。

（6）数字化校园建设要有新突破。当前，重点是要按照市政府和市教育局的要求，将数字化校园做出自己的特色。教育技术中心要会同信息工程系及相关人员组成一个课题组，结合学院实际，将学院平台、工程职院平台和教育部数据平台"三融合"，力争建成全国高职院校的精品。

（7）认真做好"十二五"规划。具体要求和总体目标前面已经谈过。这里再提的是要结合"十一五"规划实施情况，认真总结经验，对"十二五"规划的实施情况按年度监测与评估，形成机制，加强对落实情况的督查。

（8）继续推进新校区建设。既要立足于萝岗省级职教基地建设新校区，也要考虑应对变故的预案。学院要得到市政府的一个明确的发展定位，建新校区是一个硬条件，连个达标的办学场地都没有，何谈发展定位和又好又快的发展？从这个意义讲，新校区建设关系到学院下一个五年规划的发展能否再上新台阶，这要作为 2010 年的重要工作不遗余力地继续推进。

展望 2010 年，形势喜人，发展艰难，危中有机，压力很大。我相信，只要各位领导齐心协力，拧成一股绳，全院教职工心往一处想，劲往一处使，迎难而上，坚定不移，我们承担的任务一定能圆满完成，各项工作的目标也一定能够达到。

把握骨干校建设"八大要点"，
花都示范园先行先试迈好步[①]

召开这次会议的起因是，按照国家骨干院校建设的要求，教务处组织2010级专业人才培养方案的修订，上周连续三天的专题研讨中发现了许多问题，其中最突出的是没能体现教育部两个文件、学院申报骨干校建设方案的精神与要求。就是作为花都工学结合示范园建设主体的机械与电子学院，即使在校企合作、工学结合方面取得了很大成绩，但与教育部的要求也还是有差距，为了进一步统一思想，把握文件精神，修订好人才培养方案，使人才培养的顶层设计符合国家骨干院校建设的要求，相关同志建议召开教研室主任和骨干教师专题研讨会，集中学习文件，提高思想认识，形成改革共识。我觉得这个提议很好，体现了花都工学结合示范园先行先试的境界和意识，一是可以提高机械与电子类专业人才培养方案修订研讨的成效；二是把各系（部）的正副主任，4个重点专业的负责人和相关职能部门的领导邀集过来，大家相互切磋和观摩，既可借他山之石攻玉，也能扩大研讨成效的受益面。

为给大家修订人才培养方案，启动国家骨干院校四个建设项目、四个重点专业与专业群建设提供有益的思考，我先做一个发言以抛砖引玉。

一、高职发展的新理念、新观点和新要求

教育部就国家骨干院校申报和"十二五"国家高等职业教育发展规划印发的两个文件，对高职新一轮的发展提出了很多新要求。大致归纳一下，集中有以下四个方面。

1. 校企合作体制机制建设

在"十二五"期间，高等职业教育发展的重点就是要力推校企合作，通过"四个合作"的深度融合来促进人才培养质量的提高。规划指出："以体制机制创新作为发展的强大动力，以优化政策环境作为发展的重要保障，以基础能力建设和特色发展为重点，全面提高人才培养质量，建设与社会主义

[①] 2010年9月11日，在花都工学结合示范园修订人才培养方案专题研讨会上的讲话。

市场经济体制相适应的充满活力的高等职业教育。"将校企合作的体制和机制建设,作为提高人才培养质量的保障性条件,可见,体制机制创新是骨干院校建设先导性的关键任务。

在体制机制创新与人才培养质量提高互为因果关系的总原则下,教育部对校企合作赋予了新的内涵,对学校方面提出了明确要求,即学校人才培养要与企业做到"四合""四共"。通过推进"合作办学、合作育人、合作就业、合作发展",来增强学校的办学活力,进而形成"人才共育、过程共管、成果共享、责任共担"的紧密型合作办学的体制机制,并将此写入了"十二五"国家高等职业教育发展规划。我的理解这不仅是国家骨干院校建设的事情,应是全国高等职业教育新一轮发展的总体方向和宏观要求。

2. 专业建设与人才培养模式改革

两个文件都提出高职院校要主动适应区域产业结构升级的需要,及时调整专业设置,优化专业布局。还强调要深化订单培养、工学交替等多样化的人才培养模式改革;要参照职业岗位任职要求,与行业企业共同制订专业人才培养方案,探索建立双证书制度;要校企合作共同开发专业课程和教学资源;要推行任务驱动、项目导向的教学模式;要探索建立"校中厂""厂中校"实习实训基地;要试行多学期、分段式的教学组织模式等要求。这些方面我们有的已经启动,有的正在深化,有的做得还算不错,需要分类加力。

3. 专兼结合的师资队伍建设

两个文件都提出了"90、50"的师资队伍建设指标。作为骨干院校在三年建设期内,双师素质的专业教师比例要达到90%。同时要聘用一批具有行业影响力的专家做专业带头人、一批能工巧匠技术骨干作为兼职教师,使兼职教师授课课时占专业课课时的50%。此外,文件还提出要"深化内部人事管理制度改革,落实教师密切联系企业的责任,引导和激励教师主动为企业和社会服务⋯⋯"。将教师联系企业列为一种责任。同时对新进专业教师提出了必须具备两年以上企业实践工作经历等相关要求,对此,我们要精准把握,融汇贯通。

4. 实训基地与社会服务能力建设

两个文件对实训基地和社会服务能力建设也提出了相应指标。比如说,规划提出要依托省级以上示范院校和知名企业,重点选择先进制造业和生产服务类专业,共建200个校企合作示范基地。第一批国家示范性院校100所,加上这次国家骨干院校建设100所,总共200所,站在院校的角度,你想成为国家骨干院校,就得要建一个这样的校企合作示范基地才行。此外,还提出要建立1 000个国家级生产性实训基地,建200个高级技能型人才培养(培训)基地,40个继续教育示范基地等,这些作为国家骨干院校申报的条件也应有所谋划才行。

为结合学院实际学好弄懂这两个文件的新理念、新观点、新要求，请示建办将学院申报方案和建设任务的主要指标与之相应地列出来，印发给每个教师，让大家都清楚文件的关键指标和学院的建设要求，做到人人皆知、事事皆明，并贯彻落实在人才培养当中。可以预言，专业教师要想在高职教育这个阵地上有所作为，有所建树，就必须认真领会、深刻把握这些文件的要求，并一定要勤于实践，勇于探索，敢于创新。否则，将会难于成事，甚至将难以维继。这绝非危言耸听，应该只是程度问题。

二、学院建设方案的框架设计和要点

学院建设方案共有二十多万字，为了使大家能全面把握、深刻理解，又言简意赅、上口好记，我把四个建设项目、四大重点专业的建设概括提炼为"八个点"，即一个出发点、两个基本点、一个示范点、四个落脚点。具体来说，就是以体制机制创新为出发点，以师资队伍和社会服务能力建设为基本点，以花都工学结合示范园建设为示范点，以城市轨道交通车辆、电气化铁道技术、城市轨道交通运营管理和数控技术等四大专业及专业群建设为落脚点。从出发点到落脚点，围绕提高人才培养质量这个核心，贯穿了"四共、四合"这条主线，承载着办学特色这个特定使命。从朝阳实训中心到花都建工学结合示范园，学院这五年改革建设的经验告诉我们，只有按照这个理念和思路对学院骨干院校建设的整体框架、改革布局和发展策略进行顶层设计，才能既符合国家"十二五"高职改革发展的要求，又切合学院当前的基础条件和今后发展的实际需要，才不会迷失方向、误入歧途。当然，能否得到教育部的认可，还有待于专家的评审。

1. 关于出发点

校企合作体制机制建设作为人才培养质量提高的先导性关键要素，是"十二五"期间高职教育发展的新走向。为此，学院建设方案提出要成立四个合作学院，探索董事会、项目部的管理体制改革；组建理事会体制下的职教集团，构建紧密层、半紧密层、松散层校企合作体系等建设任务。这都是学院国家骨干院校整个建设任务的重要组成部分，始终居于"牵一发而动全身"的基础性地位，对其他建设项目的推进起着重要的体制支撑和保障作用。其根本目的就是要建立起校企合作的长效机制，搭建起深度融合的平台，加大对企业合作的吸引力，增强合作办学的活力，提高建设发展的实力。这些现在看似简单的东西，从提出到成型，不知经过了多少轮激烈的争辩，承受了多少次否定之否定的煎熬，经历了多少个不眠之夜的沉思。俗话说，不怕做不到，就怕想不到，从这个意义上说，深思熟虑的谋划为申报的

成功开了一个好头。但这毕竟还只是谋划在脑、沉思于心、停留在纸上的东西，只是万里长征迈开的第一步。要在细化建设任务和工作步骤的基础上，一步一个脚印地抓落实，做到知行合一，还有更加艰难的过程。所以，务必组织精兵强将，调动精干人员，予以高度重视。

2. 关于两个基本点

创新体制机制作为出发点，根本目的就是要为教师谋事、干事、成事营造一个发展环境。其中，师资队伍"有能人"和社会服务"有事干"是两个基点。"能人"就是以骨干教师为主体的队伍。好的环境，好的平台，要靠能人去营造和搭建，环境和平台上进行建设更离不开能人，就像一台戏、一场晚会，决定的关键因素是演员。国家一级演员、著名歌唱家即使在学院这个简陋的礼堂演出，我想也会有声有色、高潮迭起、掌声不断。当然，一级演员再加上一流的演出环境，将会更加美轮美奂，但这只是锦上添花，锦才是起决定作用的。所以说，优秀教师作为高职的"锦"，是学院新一轮发展的基本要素，是内因；体制机制是学院新一轮发展的环境条件，是外因。好的内因因好的外因而充分发挥作用。对专业教师来说，关键是要落实密切联系企业的责任，在座的骨干教师和教研室主任包括全院的专业教师，都要认真把握好"责任"这两个字。所谓"责任"，是指分内应该做的事情，要切实履行责任，完美展现自身的能力，这也是最基本的职业精神，即做人做事的基本准则。只有负责的人，才能为团队所接纳并成为其中优秀的一员，不负责，就要被问责；负责不到位，也会要受罚。"双师型"教师队伍建设是高等职业院校彰显特色、提高整体办学水平的最重要的基础工作，也是当前学院发展的薄弱环节，所以，学院申报国家骨干校必须将其列为一个专门建设项目。能否如期达到这个标准，三年实现"90、50"的指标，难度非常大，任务十分艰巨，这不仅是教师人人要过的关口，也是对学院的管理层和领导班子的巨大考验和挑战。当然，世上无难事，只怕有心人。只要我们思想上高度重视，措施上果断有力，行动上争分夺秒，也就没有克服不了的困难，攻破不了的难关。"有事干"就是社会服务。两个文件对此界定得非常明确，作为社会服务的这个"事"涉及两大方面：一是高职学历教育即培养高素质高技能专门人才，这是高等职业院校社会服务的主体；二是面向行业企业开展技术服务和技术培训，参与企业技术创新和研发，为企业职工和社会成员提供多样化的继续教育、在职在岗接受高等学历教育创造条件等。学院建设方案在这两大方面都有明确的任务指向和建设指标，大家要认真学习、切实把握好。

3. 关于示范点

学院方案提出了三年把花都工学结合示范园建成国家级校企合作示范基

地的目标，花都的同志们建设任务比较重，整个团队都表示有信心、有能力、有责任去实现。"示范"就是要有这种气魄和精神，敢闯敢干、先行先试，改革上先行一步、发展上快人一拍、管理上高出一等，成为国家骨干院校建设的急先锋、新一轮学院大发展大提升的排头兵。今天这个会就是花都同志先行先试、先走一步的具体体现。希望机械与电子学院的广大教职工继续发扬敢想、敢干、敢打、敢拼的精神，为完成国家校企合作示范基地建设的各项任务、打造学院品牌，再立新功，再创辉煌。

4. 关于落脚点

四个重点专业与专业群是国家骨干院校建设的落脚点，说到底，这个点就是人才培养。水要流到头，这也是国家骨干院校建设成效的最终体现，这个任务同样艰巨。所以，特别要调动全体教师群策群力，团队攻关，创造性地抓好组织实施。国家骨干校建设的四个重点专业都确立了建成国家重点专业的目标，除此之外，电气系王亚妮主任有前瞻思考、自我加压，表示电气工程系一定要建一个国家级的生产性实训基地。全国要建1 000个，我院建一个显然是必要的，就电气系的基础、实力和闯劲，我想也是可以做到的，当然要克服很多困难，要下很大功夫。已列为申报省示范重点建设的汽车、文秘和电子信息等三个专业群更要抓紧，因为学院不可能像申报国家骨干校时那样，再组建一个大的团队，开近十次专门的研讨会帮大家反复修改方案，也就是说，你们就是想像申报国家骨干校时那样挨"批"也批不上了。实际上"批"和"改"，应该是学校工作中再平常不过的事，犹如教师批改作业一样，"批"者是一种责任，"改"者更是一种理性，虽然教师"批"中会很累，但只要学生能从批阅中获得启迪、欣然改之而取得进步，教师再累都会觉得"值"。希望已列为申报省示范的三个重点专业，发扬这种乐"批"愿"改"的作风，会后自行组织团队进行"批"和"改"，做到在批中前行，在改中创新。今天请来参会的骨干校项目负责人和相关职能部门负责人，"批"是你们的主要任务之一，通过你们的"批"帮助花都团队和申报省示范三个重点专业的同志们，"改"好人才培养方案和申报的相关行动方略。重点专业和专业群的建设，要求非常具体、任务十分明确，希望全院的教师，特别是教研室主任和骨干教师都发表真知灼见，为圆满完成各项建设任务出谋划策，攻难关、创亮点、闯新路。

三、花都工学结合示范园的建设任务

学院建设方案对示范园的建设列出了三大任务：一是"产教一体、寓学于工"人才培养模式的改革深化；二是"校中厂""厂中校"生产性实训基地的建设；三是管委会、项目部、教师工作室三级管理体制的创新与实践。

这些任务都得靠机械与电子学院全体领导、教研室主任、骨干教师发挥聪明才智和主观能动性，齐心协力、拼搏进取、团结和带动全体教职工努力去完成。

我这里要重点讲一讲"产教一体、寓学于工"人才培养模式的践行和提升。花都示范园要发挥学校和合作企业的作用，建成"双主体"育人的国家级校企合作示范基地，首先必须把好向、定好位，把"产教一体，寓学于工"这八个字融入到每一个专业的培养方案、每一门课程的教学设计、每一堂课的授课内容之中，并拓展到与企业合作的每个项目、渗透到人才培养的全过程中。把生产融入教学之中，将专业课的实践教学设计好、做到位、数量够、质量高，是产教一体基础性的关键环节。2009年4月搬迁花都建设工学结合基地至今，一年半改革探索的成效与成绩不可低估，但与这八个字的内涵实质还是有差距。一年级学生的学习主要是基本素质课程，一般以理论教学为主，二年级进入职业能力课程，应该以实践教学和技能培养为主。2009年年初的新学期工作会上，我就此对花都基地提出了"5、6、7、8"的要求，即专业实践课要达到50%，生产性实训要占实践教学的60%~70%，有条件的要力争达到80%。当时有的同志可能还不以为然，这次教育部国家骨干校申报文件和高等职业教育"十二五"发展规划，提出三分之一的教学任务在企业完成，专业课程主要由企业兼职教师承担，我们的人才培养方案、教学计划，包括专业课程设置的差距有多大？花都示范园做得怎样、各系有什么进展？我想电气系可能会好一点。修订专业人才培养方案，有两个问题要引起注意。一是不要"冒进"。所谓"冒进"，就是有的专业把实践课做得太大。一强调工学结合、工学交替，一讲要产教一体、寓学于工，就片面地以为都要上实践课。但我们培养的是高素质、高级技能型人才，而不是一线工人的培训，这个"高"字把握不好，又与中技校有什么区别。二是要反对"保守"。所谓"保守"就是还停留在老观点、犯老毛病，实践教学课时总是上不去，或有形式没内容，或有内容没有做到位。这次修订人才培养方案，要把"产教一体，寓学于工"这八个字融入整个课程设置和教学设计中去，关键是要把握好"高素质、高级技能"的"双高"原则，既反对冒进，又打破保守，正确处理好理论教学与实践教学之间的辩证关系。既不能一枝独秀，一味地强调实践教学，也不能厚此薄彼，一味地强调理论教学，确保人才培养和课程设置与国家骨干院校和省示范院校建设的要求吻合，较好地体现高素质、高级技能型人才培养这一总体要求。希望各职能部门、各位系领导、教研室主任和骨干教师包括全院教师都来深入思考这个问题，把握好关键环节，把申报"骨干"和"示范"时"4+3"的重点专业（专业群）的建设方案、实施路线、具体措施落实到人才培养方案的修订中。

　　社会最需要学院培养什么样的人才？我们的教师如何为人师表、率先垂范，才能培养出社会所需要的人？这是我们每个同志都必须搞清楚的重大问题。我想以清华紫光"诚聘英才"的资格条件作为这个问题的答案和今天讲话的结语，与大家共享、共勉。清华紫光聘英才有七个条件，且缺一不可：一、以企业生涯为终身职业者；二、有创业情结且寻求变化者；三、有团队合作精神者；四、君子爱财取之有道者；五、热爱工作可不舍昼夜者；六、喜欢挑战不惧困难者；七、可四海为家长期出差者。符合以上条件者的年龄、性别、学历不限。这些字里行间无不渗透着"做人做事"这四个字，所聘职位且非同一般，都是公司总监、子公司总经理和董事长一级。这些资格条件和岗位要求，我想应该能为我们的干部和教师规划人生、谋划发展提供新视角、新思维、新蓝图，能为我们修订人才培养方案、更好地培养新时代高职学生提供新借鉴、新标准、新路径。这是不是全新的人才观？会带给我们什么有益的启发？我们已经做的和将要做的还有什么差距？请大家认真去对照、去思量、去斟酌、去提升！

发挥双重优势,建好国家骨干校[①]

今天,非常荣幸地迎来了贡儿珍副市长一行视察我院。首先,我谨代表学院党政领导和 7 000 多名师生员工对贡副市长一行莅临学院指导表示最热烈的欢迎和最衷心的感谢!贡儿珍副市长刚忙完亚运会开幕、亚洲大学校长论坛等工作,在最繁忙的时候不辞辛苦,马不停蹄地来我院视察指导,既是对学院工作的充分肯定和巨大支持,也是对我院今后发展最好的激励与鞭策。下面我就学院国家骨干校建设等工作汇报如下:

一、基本办学情况与特点

学院于 2000 年 6 月由广州铁路运输职工大学、广州铁路机械学校、广州铁路成人中专合并组建,2005 年 8 月由广州铁路(集团)公司正式移交广州市政府管理,是广东省唯一一所轨道交通类高职院校。现有石门、执信南、广北等校区,自有占地 157 亩,加上与地方企业合作共建的羊城校区、朝阳实训中心和花都工学结合基地的场地 158 亩,学院总共占地为 315 亩。现有 28 个专业,全日制在校生 6 974 人,在编教职工 372 人,聘用人员 187 人,高级职称教师占 22.47%;具有硕士及以上学位的教师占 45.89%。

1. 行业背景深厚,专业特色鲜明

学院办学始于 1975 年,原隶属广铁集团公司。现有 28 个专业中,对接轨道交通产业链的工科类专业 21 个,占专业总数的 75%;市级示范专业 9 个,占 31%;构建了以城市轨道交通车辆、电气化铁道技术、城市轨道交通运营管理、数控技术等重点专业为龙头,相关专业为支撑的六大专业群,初步形成了对接轨道交通产业链的专业体系。广铁集团约 75% 的机车司机和铁道供电技术骨干,武广高铁、广州地铁约 50% 的高速动车组司机均由我院培养。

2. 转制跨越发展,办学实力增强

学院由转制移交时的 2 系 1 部 1 中心 17 个专业,拓展为 6 系 1 院 3 部 1

[①] 2010 年 11 月 16 日,在时任广州市副市长贡儿珍视察调研会上的工作汇报。

中心 28 个专业；全日制高职学生规模增长 4 倍；教师副高以上职称增长 2.4 倍，硕士以上增长 50 倍；教学仪器设备值增长 17 倍多；毕业生初次就业率由 60.44% 升至 98.75%；在市政府的大力支持下，建有轨道交通车辆驾驶等 103 个校内实训室。其中，中央财政支持实训基地 2 个，省级高职教育实训基地 1 个，广州市职业教育示范性实训中心 4 个。学院固定资产总值达 2 亿元，其中教学、科研仪器总值 8 036 万元。国家、省、市精品课程 13 门。

3. **快速提升上台阶，发展势头良好**

学院按照移交之初新班子确定的抓好评估、创建省级示范和国家示范的三步走战略，五年上了三个大台阶。一是 2009 年 6 月以优秀成绩通过了教育部人才培养工作评估；二是 2010 年 5 月申报了广东省示范性高职院校，评价良好；三是 2010 年 9 月按照省教育厅的通知，学院启动了国家骨干高职院校的申报工作，教育部 9 月公示学院成为"国家示范性高等职业院校建设计划"骨干高职院校立项建设单位，排列于 2011 年启动建设。当前，学院发展势态良好，教职工情绪高涨，形势喜人，前景广阔。

二、五年办学收获与体会

学院移交市政府管理五年以来，在市委、市政府的大力支持下，在市教育局的指导帮助下，充分发挥行业背景深厚和政府办学重视的双重优势，秉承"依托行业，适应学生，适应市场，适应政府"的办学理念，走特色立校、质量强校、优势兴校之路，培养"品德高尚、技能精湛、创新奋进"的高素质技能型人才，坚持质量、规模齐头并进，内涵、外延同步加强，强力推进"学院形象、教学质量、管理改革、评建创优"等四大工程，在艰难中起步，在攻坚中崛起，在适应中引领，在创新中发展，实现了从计划到市场，从封闭到开放，从行业主管到政府主办的快速转型与跨越发展，由一所起点较低、基础较弱的行业高职院校发展为定位准确、管理精细、质量良好、优势明显、颇具特色的高等职业院校。

1. **主动适应广州发展，打造专业特色**

学院抢抓珠江三角洲轨道交通和国家高速铁路大发展的机遇，主动适应广州市经济结构调整和发展方式转变的要求，服务广州建设国家中心城市和珠江三角洲全国重要经济中心的战略地位，依托行业背景优势，适应广州市经济发展的需要，按照"做优轨道交通类专业，做强先进制造类专业、做精电子信息类专业，做实现代服务类专业"的专业建设思路，适时调整专业结构，着力打造专业特色。一是按照广州及珠江三角洲地区打造轨道交通一体化人才的强盛需求和铁路大提速的技术要求，依托广铁和广、深、港地铁等名优企业，优先建设城市轨道交通车辆、电气化铁道技术方向和城市轨道交通运营管理等特色专业。二是对接广州"十一五"期间重点发展汽车、机械装备和电子信息产业,强力推进数控技术、机电一体化等骨干专业。三是根据区域产业结构调整升级的要求,依托特色骨干专业,扎实建好物流管理、财经和旅游等支撑专业,形成了"前延后伸、相互依托、资源共享"的专业发展新格局,零起点建设了广州市示范性(建设)专业9个。

2. 分离不分家,着力深化校企合作

学院移交市政府管理后,与广铁集团分离不分家,大力开展订单培养、实习实训、技术服务等合作。一是联企发展、合作育人。学院依托行业办学,与广铁集团、广州地铁集团有限公司等139家企业紧密合作,建立了97个校外实训基地,设立兼职教师奖励基金,大力聘请企业有影响力的专家作为专业带头人,吸引能工巧匠讲授专业课程。引入行业企业技术标准开发专业课程,建有国家、省、市精品课程13门。近3年来,学生获国家、省级各类技能竞赛奖100余项,其中,获国家一等奖2项、二等奖3项、三等奖4项。二是产教一体,寓学于工。学院以工学结合为切入点,推进校内教学管理改革和机制创新,集实践教学、技术服务和大赛培育为一体,率先建立骨干教师命名的工作室。在花都工学结合基地引入广州湘创机械有限公司等7家企业,开展生产性实训、产品加工、新技术服务和研发,初步构建了教学与生产一体、教师与师傅一体、学生与员工一体、作业与产品一体的运行机制。组织学生进行小发明、小创造、小制作、小革新,探索践行"产教一体,寓学于工"人才培养模式,省教育厅领导考察后给予了高度评价。三是订单培养、合作就业。学院订单式人才培养启动早、规模大、成批量、绩效好。与广深港地铁、广东铁路建设投资集团有限公司、广铁集团等名优企业签订订单培养协议,校企共定培养方案,共建课程,共编教材,共施教学、共同管理、联合考核,形成"人才共育、过程共管、成果共享、责任共担"新机制。近3年培养订单学生3 270人,占毕业生总数的64.8%,2008年、2009年总体就业率分别为99.66%、99.10%,就业对口率高达85%以上。2010届毕业生首次就业率达98.75%,居全省高职院校第七。四是服务社会、互利共赢。学院以国家级职业技能鉴定所(站)63个工种职业资格鉴定为重点,落实教师密切联系企业的责任。5年来,开展电力机车司机、供电接触网工等职业技能培训鉴定3万多人次。15 746名学生参加铁路春运服务,练岗位技能、强职业素养、重优质服务、展学院形象,获得铁道部、[①]

---

① 编者注:根据《关于国务院机构改革和职能方案的说明》,将铁道部拟订铁路发展规划放政策的行政职责划入交通运输部;组建国家铁路局,承担铁道部的其他行政职责;组建中国铁路总公司,承担铁道部的企业职责;不再保留铁道部。

省、市领导和各界的赞誉,连续4年被评为广州地区春运先进单位。

3. 努力挖潜办学,借外力壮实力

学院面对移交之初校园占地面积先天不足、设施陈旧、房屋破旧等困难,广大教职工不退缩,不等靠,主动作为,攻坚克难。通过改、建、扩三管齐下,调整校园规划布局、利用空坪隙地挖潜办学,投入近5 000万元改造教室、实训室、图书馆、宿舍楼和办公场所,新建了第八、九栋学生宿舍和饭堂。在新校区没有建成的情况下,为顺利通过人才培养工作评估,租羊城、建朝阳、拓花都,既闯出了一条从"订单培养"到"教学工厂"的发展新路子,践行了"工学结合、联企发展"的校企组合新模式,又较好地改善了办学基本条件,满足了社会日益增长的入学需求,打造了在全省具有一定影响力的花都工学结合基地。

三、骨干校建设需解决的困难与问题

纵观学院五年发展、三大跨越,得益于天时地利人和。天时就是移交转制后,市委、市政府的大力支持,市发改委、财政局、教育局等单位的帮助和指导;地利就是学院地处广州,珠江三角洲轨道交通、国家高速铁路以及先进制造、电子信息、现代服务业大发展为学院提供良好机遇;人和就是学院领导班子团结一致、上下一心,励精图治、开拓进取,全院教职工奋发进取、迎难而上、顽强拼搏。在全省被推荐申报的国家骨干院校中,学院虽然先天办学条件不够好,特别是校园面积最小,但凭借联企业强内涵、借外力壮实力的内涵式发展能一举成功,拼的是一种精神——攻坚克难,迎难而上;上的是一种理念——产教一体、寓学于工;赢的是一种内力——跨越发展的劲头和智慧。为了把上级主管部门的重视支持化为学院的前进动力和实际行动,在国家骨干校建设阶段,还需请市政府给予进一步的支持与帮助。

(1)改善基本办学条件,迫切需要政府进一步支持。学院现有占地面积仅有157亩,加上租赁的158.86亩,共315.86亩,生均占地24.3平方米,与教育部生均59平方米的标准相差甚远。作为一所国家骨干高职院校,在发展条件上明显落后,更谈不上发挥示范作用。学院一直不遗余力地推进新校区建设,但由于种种原因,始终未能如愿,基本条件不足仍是制约学院发展的最大瓶颈。学院新校区建设现有三个方案:一是就地扩建发展,在石门校本部周边征地300亩;二是开发白云区江高镇江村经济联社闲置土地600~700亩,但需转换土地使用方式;三是进驻广州市正在规划的职教园区。

(2)校企深度合作,迫切需要政府进一步推动。经过2年多的精心筹备,学院拟于2010年年底牵头挂牌组建"广州工业交通职业教育集团",以

更好地服务广州工业交通产业，实现校企资源共享，现有意加盟集团的企事业单位达 100 余家。2010 年 6 月 10 日，市教育局合同市发改委、财政局等相关部门及职教专家，专门召开了集团筹建工作论证会。根据有关兄弟省、市的成功经验，做强做实职教集团，最重要的是政府推动，职教集团的成立恳请政府尽快下文组建。根据学院骨干校申报方案，拟联合广铁集团、深圳地铁等企业共建 4 个合作学院，按照董事会管理机制探索董事会领导下的院长负责制，创新职业教育管理体制与运行机制。同时，亟须市政府将学院骨干高职院校建设纳入广州经济社会发展规划，制定企业参与人才培养的激励政策，建立顶岗实习工伤保险制度，支持单独招生考试制度改革，加强基础能力建设，建立兼职教师基金等政策支持。

（3）引进具有行业影响力的专业带头人和骨干教师，迫切需要政府给予政策倾斜。学院的发展关键靠人才，虽然经过五年发展，学院引进了一批高素质、高技能、高学历人才，但师资队伍还不够完善，特别是缺乏行业有影响力的专业带头人，亟须市政府在人才引进上给予政策倾斜：一是设立人才引进专项经费，解决引进人才的住房问题；二是妥善安置有企业经历和背景的高级人才配偶的工作，在全市范围内统筹解决；三是在学院内设机构上给以支持，与番禺职院、城市职院相比，学院现缺科研、设备、招生就业等处级建制。

回首学院艰难的发展历程，我们感慨万千；面对建设国家骨干高职院校带来的千载良机，我们充满期待。在市委、市政府和省市主管部门的重视支持下，有在座各位领导的关心帮助，我们有决心、有信心、有能力再创佳绩，再谱新篇！

组团队 拼智慧
凝心聚力推进国家骨干校建设[①]

在党办的精心组织安排下，学院2011年党建与思想政治工作会议圆满完成各项议题，今天就要结束了。这次会议的成效，可归纳为四句话：一是主题鲜明，会议围绕推进国家骨干校和省示范校建设，中心突出，要求明确；二是内容丰富，这是2005年8月学院新领导班子成立以来召开的第二次党建思想政治工作会议，时间跨度长，涉及领域广，既要总结党建与思想政治工作"十一五"规划期间取得的成就，又要谋划和确定"十二五"规划党建与思想政治工作推进的思路和策略；三是安排紧凑，既有主题报告、经验介绍、表彰奖励，又有分组讨论和大会交流等形式，层层递进，环环相扣，效率较高，分组讨论时大家争先恐后发言，积极思考，出谋划策，就足以说明这一点；四是成效明显，会议确立了今后五年党建思想政治工作的目标和任务，统一了思想，达成了共识。这个共识就是要把思想政治工作贯穿到国家骨干校和省示范校建设的"十四大项目"和每一个具体环节，渗入每一个人的头脑和实际工作当中。为突出会议的主题，本次会议特别邀请了国家骨干校和省示范校两大建设任务中"8+6"项目的第一责任人出席，这是学院有效推进两大建设任务的需要，因为第一责任人既要是精明强干的项目团队领头人，还要做善于思想发动和凝聚团队的有心人。

在这两大建设任务中，如何凝聚起一支精干高效、特别能攻关、特别能战斗、特别能吃苦的团队，这是我院今后三年国家骨干校、省示范校建设工作的重中之重。为此，我就加强改进思想政治工作，组团队、拼智慧、凝心聚力推进国家骨干校和省示范校建设谈三点意见。

一、明确团队的内涵

关于团队，字面上大家都很熟悉，但对其内涵，要说出个子丑寅卯来，确需下点功夫研究一番，仔细考量一下。所谓团队，就是由员工和管理层组成一个共同体，通过合理利用每一个成员的知识和技能协同工作，解决问

---

① 2011年6月2日，在学院2011年党建与思想政治工作会议上的总结讲话。

题,达到共同提高的目标,其构成要素主要是5个"P"。第一是明确目标(Purpose)。因为没有共同的目标就没有团队存在的价值,建设好国家骨干校和省示范校,就是我院500多位教职工组成的这个大团队的共同奋斗目标,这是大家都非常明确的。第二是选好人(People)。人是构成团队的最核心力量,通过人员的分工合作共同达成团队的奋斗目标。全体教职工作为学院这个大团队的成员,对于推进国家骨干校和省示范校两大建设,我们说人人有责,应该就是这个道理。此外,国家骨干校和省示范校建设"8+6"项目还要分别组建工作团队,这些团队的第一、二责任人和骨干成员,加上学院几个专项工作组的主要负责人,就是学院这个大团队最核心的力量。示建办近期一直在与相关系部和职能部门研究确定团队责任人,挑选团队骨干成员,这项工作抓得很有成效,也非常值得,因为磨刀不误砍柴工。从学院层面来讲,示建办的主要任务是选定"8+6"项目团队的第一、二责任人,选人的总原则至少要考虑两点:一是第一、二责任人必须是与项目内容紧密相关的各部门负责同志,所谓谋其政要在其位。二是要具备从事相关建设任务的能力、热情和水平,不挂空名虚名,要求干实事,见成效,既实实在在到位,踏踏实实做事,所谓在其位要谋其政。第三是定好位(Place)。位,就是团队所处的位置,应该履行的职责。国家骨干校和省示范校"8+6"项目团队,至少应该是学院今后3年改革、建设、发展的先锋队。从学院层面讲要为团队有这个位置而提供尽可能的支持,除了责、权、利以外,首要的支持,就是要确定第一责任人由系部主任、部门主要负责人担任。第一责任人不能由系部主任、部门主要负责人担任的,一定要选派一名相关负责人担任第二负责人。至于个体的定位,即每个负责人、每个成员在团队里扮演什么角色,第一、二责任人履行什么职责,都要分好工,定好责,形成团队的认同感、责任感,使每个骨干成员都能以实现团队目标为个人的最高利益诉求并努力为之奋斗。第四是权限(Power),就是责任人的财务、人事、信息等决定权。团队负责人到底有什么权限来组织实施项目,示建办要会同相关职能部门制定相应的制度予以明确和保障。第五是计划(Plan),即具体的行动方案。当前的主要任务是要把申报方案转变成建设任务书,并尽快得到教育部的认可、审批通过。这五个"P"中,我认为最关键的要素,第一是目标,即要建设好国家骨干校和省示范校,应该说这是非常明确的;第二是人,我们要为选准人、用好人,舍得下力气、花工夫;第三是计划,每个团队都要在做好建设方案的同时,做好具体行动计划,既要有3年的实施方案又要有年度推进措施。各项目的主要责任人,一定要强化"5P"的意识,组织好、协调好、凝聚好团队所有成员,不仅要做一个卓有成效的项目管理者、团队领头人,而且要做团队出色的思想政治工作者,学会做人的工作,解决好团队成员的思想问题,并要有包容的心态,勇于乐于善于听取、接受和采纳团队成员的各种不同意见。

二、形成团队的力量

团队发展一般有四个阶段,即形成期、凝聚期、激化期和收割期。学院组建的"8+6"两大建设团队,目前应该是在形成期向凝聚期转化的过渡阶段。形成期,就是从混乱中理顺头绪,示建办会同相关职能部门在申报的基础上抓紧磋商确定团队的第一、二责任人,做了大量工作,并就团队主要成员的选择做了前期工作,已从混乱中基本厘清了头绪。凝聚期,就是产生共识、积极参与的阶段。激化期,就是互相信赖、坦诚相见阶段,即每个团队成员都能发扬主人翁精神,积极为团队的建设发表意见,甚至是不同的意见。通过各种意见的反复交流与碰撞,最终达成共识,形成团队的统一意识和坚强合力,步调一致奔向成功的彼岸。收割期,就是苦尽甘来、品尝甘美果实的阶段。显然,这四个阶段中最关键的时期除了形成期以外,还要特别重视凝聚期和激化期。而要凝聚起队伍,激发出合力,绝对离不开行之有效的思想政治工作。这里所说的团队,学院层面应该还包括教书育人、学生管理、后勤服务等无数个有形的或无形的团队。如何形成团队的合力,这里需要大智慧,记得2005年年底学院人事分配制度改革动员大会上,我引用了著名经济学家厉以宁教授"新龟兔赛跑"和"三个和尚有水喝"的故事,告诫大家要正视现状、各尽所能、不甘人后、形成合力,抢抓学院发展新机遇。回过头来看这五年多来的发展历程,学院的团队建设已经初步形成"龟兔联跑互助"与"和尚分工合作"的格局和架构,并已初见成效,但还需继续给力。今天,尽管我们的团队建设和教职工组成比之2005年已发生了很大的变化,但我仍然还要引用这个故事,告诉大家面对光荣而艰巨的两大建设任务,仍然要科学分工、优势互补,仍然要团结合作、群策群力。通常讲的龟兔赛跑,是兔子以为自己跑得快貌视乌龟而败北,乌龟跑得慢却不甘落后而获胜,表现形式上是各跑各的,互不相干。而厉以宁教授讲的新龟兔赛跑,就是乌龟和兔子组成一个团队,旱地里兔子推着、拉着乌龟跑,水面上乌龟驮着、背着兔子游,优势互补,相得益彰,共同前进。关于三个和尚没水喝,通常的说法是一个和尚挑水喝,两个和尚抬水喝,三个和尚没水喝。厉以宁教授没有把这三个没水喝的和尚简单裁员为1~2个,而是将他们组成一个团队,通过流程再造,合理分工,各司其职,各得其所,供水不断。即由一个和尚负责把水从井里提上来,一个和尚负责把提上来的水倒入渡槽里,还有一个和尚负责把渡槽的水倒入水缸中,使之流水作业、环环紧扣,人人有责、难以度外。厉以宁教授的这个团队理念告诉我们,提高效率

的前提是要把人员组合好、分好工,把规矩立起来、定好责,不准各行其是、一盘散沙,你躲我避、相互推诿。当前,中层干部中互相推诿的现象还是不同程度地存在,有的还比较严重,谁也不愿多干事,干多一点就怕吃了亏,能躲就躲的情况也不鲜见,这是我们党建思想政治工作当前要重点解决的问题。学院要高效推进国家骨干校和省示范校建设,这些不良现象绝对不能出现在"8+6"两大团队中。希望各项目团队的主要负责人要创新组织方式,把团队凝聚起来,以高超的工作艺术和智慧把每个成员调动起来。

哲人说:努力是把事情做完,用心是把事情做好。要形成一加一等于二甚至大于二的新格局、新气象、新氛围,显然不仅要努力,而且要肯用心、求创新,要拼智慧、讲方法。五年多来学院发展走过的历程,包括人才培养工作的迎评促建,从总体上讲,感觉还是拼体力、拼汗水要多一些,"五加二""白加黑",加班加点,靠的还是笨鸟先飞。国家骨干校建设要发挥引领、带动作用,没有现成的模式和路径可仿可效,单纯靠拼汗水、拼体力已难济于事。当前,从国家到省、市讲经济发展、调产业结构,都明确提出要转型升级。学院的发展方式也不例外,也要转型升级。两大任务建设方案的制定,需要能力和智慧;把方案实施好,做到位,更需要情商和谋略,而且需要高情商、大谋略。情商来自团队负责人的恒心修炼和细心体验,谋略要靠大家的潜心研究、精心策划与用心探索。根据实际情况创新工作方法,由过去单纯拼劳力、拼汗水、加班加点、笨鸟先飞,转型升级为拼能力、拼智慧、靠群策群力、能力先行上来,这是我们各级领导和项目责任人要特别把握好的一个要点。

三、预测团队的成效

成效,在某种意义上是工作标准和团队攻关的实现程度。预测团队的成效,要从确定团队的工作标准和测评指标入手。一是要以团队的力量攻坚克难,把申报方案变成实在可行的建设方案,并把建设方案落实到位,变成亮点纷呈的成果,有很多工作需要我们去推进,有很多难关需要我们去攻破,显然,只靠项目责任人个人单打独斗、加班加点是不能奏效的。所以,我们作为或大或小的团队带头人,想事情,定方案,做决策,一定要多沟通、多协商、多考量,做到集思广益,博采众长,形成群策群力、众志成城的工作格局,以团队的智慧、团队的合力攻坚克难。二是要以精细化的管理促进团队发展。天下大事,必作于细,两大建设任务要如期推进,团队的管理要跟得上,都离不开精细化。幸福需要付出,精细化也需要付出,这次会议也有同志讲到"幸福",时任广东省委书记汪洋推荐的《幸福的方法》中"塑造我们的使命感:对工作的认可比工作本身重要"一节中有这样一段描述,

"每个人都可以在自己的工作中去塑造使命感，而获得更多的幸福感"。即幸福的工作来自责任感到使命感的升华。如果每个成员都把团队的利益作为自己的最高利益，把团队的事作为自己最重要的事情来做，再大的付出也不会觉得亏，再多的委屈也不会去计较，再重的担子也不会去推卸。应该说，经过这五年多的努力，学院的管理有了长足的进步，但因差错和纰漏导致管理不到位、师生有意见的现象仍不少见。千里之堤毁于蚁穴，万丈高楼焚于星火，一个小小的纰漏或者不太明显的差错，都可能带来一场大的麻烦乃至灾难。因此，希望大家以团队目标的实现为己之历史使命，增强责任心和紧迫感，为团队的利益追求而乐于付出，切实履行职责，把精细化贯穿于两大建设任务实施的全过程。三是要以高尚的情操大爱育人。学院"一训三风"尽管表述各异，其根本要求实际上都集中到一点即要以高尚的情操去实施教书育人。情操是以人的社会需要为中介的、以某种思想和社会价值观念为中心的高级情感。实施精细化管理，搞好优质服务，把团队的事作为自己的事，把实现学院的目标作为自己的发展需要和价值体现而为之付出，为之努力，为之奋斗，需要有爱心，动真情。学院举全院之力推进两大建设任务十四个项目，出发点和落脚点都是为了提高人才培养质量。所以，大爱育人是精细化管理的具体体现，精细化管理又是大爱育人的必然要求，同样需要团队的融合和团队的力量，同样需要团队成员的情商和智慧，同样需要强有力的党建和思想政治工作。通过行之有效的方法、过硬的措施和必要的手段，为两大建设的推进和学院的改革、建设、发展提供坚实的思想基础和组织保障，这应该成为这次会议的共识，成为每个中层以上领导和思想政治工作者的光荣使命。希望通过大家的努力，将其变成全院教职工的自觉行动，融入学院工作的方方面面，落实到教书育人的点点滴滴，体现在项目团队的时时事事，从而凝聚起学院向着新的更高的目标发起新一轮攻坚的强大合力。

见证发展共艰难，三年奋进同跨越[①]

今天，我们师生欢聚一堂，隆重举行2011届学生毕业典礼。借此机会，我代表学院领导和全体教职工，向圆满完成学业的2 258名毕业生表示最热烈的祝贺！

2008年9月，在迎接教育部人才培养工作评估最关键的时刻，同学们来到广州铁路职业技术学院学习。三年来，大家经受住了一次又一次的考验，克服了一道又一道难关，取得了一个又一个成绩。2008年冰雪灾害，是你们，奋战在春运一线，为旅客送去了阵阵温暖；2009年人才培养工作评估，是你们，砺能笃行，刻苦学习，给评估专家留下了深刻印象；2010年亚（残）运会，是你们，挥洒汗水，忘我奉献，为亚洲体育盛会默默无闻地奉献……运动场上留下了你们飒爽英姿，教学楼里留下了你们琅琅书声，流溪河畔留下了你们欢歌笑语……三年的勤奋学习，刻苦攻读，换来了你们道德素养、专业技能的全面进步；三年的不懈努力，顽强拼搏，你们助学院办学质量、发展实力大幅提升，既增光又添彩；三年的刻苦磨炼、社会实践，你们学会了做事，学会了做人，更懂得了珍惜、感恩和先苦后甜的道理。

在这不平凡的三年里，你们以各种方式参与了学院参加教育部人才培养工作评估、申报省示范校和国家骨干高职院校，见证了学院改革、建设和发展的三大跨越和巨大变化，与学院的跨越发展一起成长、成熟、成才。忘不了，经管系新同学入住羊城校区对学院的那份理解与热情；忘不了，机电学院同学搬迁花都工学结合基地的那种成熟与坚守……入住羊城，打响的是学院迎评促建、适应社会需求保规模的攻坚战；搬迁花都，拉开的是争创示范、打造校企合作、工学结合的大帷幕。回首往事，你们为之而做出的奉献和付出的汗水，历历在目——学院永远不会忘记；展望明天，你们由此而增加的社会阅历和难得经历，将成为人生旅途中走向成功的宝贵财富，受用永远。

同学们，你们即将离开学院走向社会，希望大家在新的岗位和征程中，发挥自己的聪明才智，再接再厉，奋发有为，拼搏进取，勇攀高峰，取得更

[①] 2011年7月5日，在2011届学生毕业典礼上的讲话。

大的成绩。

第一，永记父母养育之恩。百德孝为先，父母劳心费力的养育，花钱受累地资助，使你们在成长的道路上，既有物质上的支持，又有精神上的鼓励，更有心灵上的相印。希望你们用十倍的努力、百倍的勤奋，以取得的一点一滴业绩来回报父母的养育之恩！

第二，铭记母校关爱之情。三年的大学生活，你们在这里吸取养分、成长壮大，积蓄力量、再向前行；你们在这里扬帆启航，学会了审视社会，初尝了酸甜苦辣；领悟了人生奥秘，懂得了客观评判。无论你们身在何处，学院都将永远关注你们、支持你们，真诚地希望你们事业有成。因为你们的成功是对学院最大的回报，你们的建功立业是师弟师妹们最好的表率。

第三，牢记贡献社会之责。孙中山先生说，"才智者……当用其学问为平民谋幸福，为国家图富强。"三年的刻苦攻读，你们已学有所成，具备了迎接挑战的信心和勇气，练就了可持续发展的素质和本领。希望你们把实现自我价值和服务社会联系起来，既要有高度的事业心，又要有强烈的责任感，自觉地肩负起服务社会、振兴中华的责任。在国家和人民需要的时候，勇敢地站出来，为祖国的富强和民族的昌盛做出自己最大的贡献。

第四，谨记创新奋进之训。创新，就是一天比一天做得更好；就是在善于发现问题、寻求解决方法之中，又与时俱进地解决问题。希望同学们牢记"创新每一天"的校训，既仰望天空，又脚踏实地，虚心向同事学习，真诚向同行求教。从大处着眼，将小事做好，把细节做实，热心并忠实于所选择的职位和企业，把握好属于自己的每一个发展机遇，以不甘人后的拼劲、以勤奋务实的进取，开创出属于自己事业发展的广阔蓝天！

凝心聚力　真抓实干
全面推进国家骨干高职院校建设[①]

今天，我们在这里隆重召开国家骨干校申报总结暨建设启动动员大会，目的是振奋精神，统一思想，表彰先进，部署任务，推动学院人才培养和各项事业全面发展。今天的大会，既是对申报成功的总结会，又是对有突出贡献人员的表彰会，同时也是启动国家骨干校建设的工作部署会。借此机会，就全面推进国家骨干高职院校建设这个主题，主要讲三个方面的内容。

一、国家骨干校申报的简要回顾

学院国家骨干高职院校申报工作，总起来说，是谋划早、行动快、力度大、有成效。2009 年 6 月，以优异成绩通过了教育部人才培养工作评估后，学院就确立了"坚定不移抓整改，齐心协力创示范"的工作方针，坚持评估整改和争创示范两手抓，且两手都要硬。2010 年 5 月初，省教育厅下发了申报省级示范性高职院校的通知，学院立即组织团队，夜以继日编写《学院中长期改革与发展规划》《省示范性高职院校建设方案》《可行性分析报告》等材料，6 月初完成了省示范校的申报工作。6 月中旬，又按照省教育厅的要求，紧锣密鼓地着手申报国家骨干院校。就这样在市委、市政府的正确领导和省、市教育部门的大力支持下，全院上下励精图治，迎难而上，三步并做两步走，全面铺开材料申报工作，组织项目团队起草《学院"十二五"事业发展规划》，《国家骨干高职院校建设方案》、填写《国家骨干高职院校建设项目推荐表》、完善"高等职业院校人才培养工作状态数据"平台，制作"学院简介"5 分钟的视频光盘、翻印 2010 年招生简章等，8 月 13 日正式向教育部提交申报材料，8 月 29 日我和广州市地铁公司领导参加了教育部、财政部组织的国家骨干高职院校网络视频答辩会。9 月 17 日，教育部、财政部公示学院为全国第二批国家骨干高职院校建设单位。11 月 30 日，教育部、财政部联合下文正式确定学院为"国家示范性高等职业院校建设计划"骨干高职院校立项建设单位。

---

① 2011 年 9 月 23 日，在国家骨干校申报总结暨建设动员大会上的讲话。

回顾省示范校和国家骨干校两大申报创建工作前前后后的3个多月时间里，学院领导全程坐镇一线，关键环节亲自策划，主要工作倾力推进，重要文稿亲自动笔；项目团队夜以继日、不讲价钱，紧密配合、不打折扣；全院教职工齐心协力、忘我工作，热情高涨、全力支持。一个个思路提出来，又一个个被推倒重来；一个个模式萌发雏形，又一个个被否定再创；一个个方案拟定成文，又一个个被"批"再"改"。推倒了重来，否定后再创，"批改"中前行，在反复中不断提升，在碰撞中凝聚共识。这个项目刚完成，又加入到另一个项目团队，既不计得失、不打折扣，也不厌其烦、不抱怨、不折腾、不懈怠。五年磨一剑，今日显锋芒——国家骨干校终获立项，学院成功步入全国先进高职院校建设行列！

总结申报工作，成功经验主要有三点：一是市委、市政府的正确领导和高度重视，省、市教育主管部门的大力支持和精心指导，这是我们申报成功的坚实基础；二是学院领导班子的团结拼搏、同心同德，这是申报成功的可靠保障；三是全院教职工特别是团队成员们迎难而上的勇气、日夜兼程的奉献和可歌可泣的作为，这是申报成功的关键。在此，我代表学院领导向全院师生员工致以崇高的敬意和衷心的感谢！你们的功绩将永载广铁职院的发展史册，历史不会忘记你们！

骨干校申报成功只是迈出了建设高水平高职院校的第一步。可以说，申报工作相对来说要简单一点，尽管要有好的前期基础，但评的是材料，看的是方案，拼的是精神加能力。认真组织若干个团队，每个项目有十几个得力的团队成员，在短时间内突击也是能完成的。而建设工作却无法突击，三年建设期内八大项目的验收，看的是成效，比的是成果，拼的是精神加实力。因此，站在这个新的历史起点上，需要全院教职工齐心协力、共同努力，确保八大项目都能有成果，创品牌，出精品，高质量地完成申报方案确定的各项建设任务。

二、国家骨干校建设的目标与任务

（一）建设目标

国家骨干校建设的目标是，创新办学体制机制，组建广州工业交通职教集团，政校企联手打造花都工学结合示范园，校企共建3个合作学院；改革院内管理制度，引导教师主动服务社会，建设高水平"双师结构"教学团队；建成4个国家重点建设专业、2个国家生产性实训基地，国家校企合作示范基地和国家高技能人才培训基地各1个。总目标是把学院建成轨道交通特色鲜明、优势突出的国家骨干高等职业院校。

(二) 建设任务

围绕以上建设目标，国家骨干校主要建设任务概括起来讲，有以下五大方面。

1. 创新办学体制机制，搭建人才共育平台

抓好学院承担的国家综合改革试点项目子项目的探索与实践，联合120余家企业和院所组建广州工业交通职教集团，实行理事会管理机制，形成利益共同体，搭建合作育人平台；联合职教集团常务理事企业，政校企共建花都示范园，实行"管委会—项目部—'双师'工作室"管理机制；城轨车辆、电气化铁道技术、城轨运营等重点专业（群），分别联合紧密型合作企业，组建机车司机、电气化和现代运输等3个合作学院，实行院务委员会管理机制，共同解决发展规划、人才培养、基地建设、实习就业等问题。

2. 深化培养模式改革，对接产业做强专业

以花都示范园和合作学院为依托，校企共同设计、实施、评价人才培养方案。城轨车辆专业深化"三阶段递进，分方向培养"模式改革，实施"双元师徒制"个性化教学；电气化铁道专业深化"项目导向、能力递进"培养模式改革，实施"分段式"教学组织模式，建设国家生产性实训基地1个；城轨运营专业优化"三维合一、三层推进"培养模式，实施任务驱动教学模式，建设国家生产性实训基地1个；数控技术专业深化"产教一体、寓学于工"培养模式改革，引企入校，以生产带动教学，以产品提升能力。在继续深化订单培养、工学交替等多样化人才培养模式改革的同时，将职业资格标准融入教学内容，引入行业、企业技术标准，集中建设专业核心课程74门、网络课程118门；校企共建省级以上专业教学资源库2个；新建校内外实训基地49个，建成国家重点建设专业4个、省级特色专业7个。

3. 改革院内管理制度，建设"双师结构"教学团队

以深化校内管理制度改革为抓手，探索实施专业教师"2+1"校企交替工作制度，建设企业工作站16个、"双师"工作室20个；将教师开展企业实践、基地建设、"四技"服务、专利申报和科技研发等，按30%工作量纳入岗位职责，与收入分配、职称评聘和评优评先挂钩，引导激励教师主动为企业和社会服务，力促"十二五"期间90%以上在编专业教师具有2年企业一线工作经历。建立兼职教师基金和培训部，组建800人的兼职教师库，确保企业兼职教师承担专业课教学时数达到50%。

4. 联手打造花都示范园，探索"双主体"育人机制

政校企合建花都工学结合示范园，由管委会统筹协调示范园发展，项目部负责人才培养、研发项目引进；"双师"工作室进行技术研发、专利申报

和大赛培育。将技师职业资格标准融入专业人才培养方案，三分之一的教学任务在企业完成，专业课程主要由企业兼职教师承担，园内80%以上毕业生获得高级职业资格证与专科学历证"双证书"。以示范园场地、设备、专业教师等资源优势，引入规模企业10家，建生产车间3个、实训室30个、"双师"工作室12个；以技术研发辐射相关企业，建园外实习基地30个，将该园建成国家级校企合作示范基地。

5. 产学研培四力齐发，社会服务成效突出

依托花都示范园和三个合作学院，建设"四技服务与专利开发中心""广州轨道交通教育培训中心""成人学历提升中心"，打造国家"轨道交通高技能人才培训基地"。开展"四技服务"100项、申报专利成果100项，社会服务收入600万元；培训企业员工、开展成人学历教育等4万人次。建立志愿服务基地23个，志愿服务2万人次以上；支援福州、海南和乌鲁木齐等3所高职院校培养轨道交通类人才，跨省招生比例达30%以上，辐射带动泛珠三角和西部地区轨道交通类人才的培养；与广州市交运中职等5所学校建立中高职培养立交桥；与香港地铁公司和英国APEX 2000公司合作，招收60名香港地铁、尼日利亚铁路员工进修培训。

三、国家骨干院校建设的要求

以上目标和任务说明，学院今后两年多的建设任务非常繁重，要求更高，压力更大。成绩只代表过去，学院成为国家骨干高职院校立项单位，体现了上级部门对我院的充分信任和高度认可，大家昨天以奋发进取之为换来国家级建设项目，今天如果不努力作为，明天就可能会失去此位。因此，我们必须统一思想，形成共识，加强领导，明确责任，确保国家骨干高职院校建设工作的顺利推进和建设目标的如期实现，以良好的建设成效迎接教育部、财政部的评估验收，不辜负上级部门的关心和期望。

（一）加强领导，强化责任

国家骨干高职院校建设是我院今后两年的中心工作和工作重点，必须进一步健全和完善领导机制和工作机制，强化责任意识，实行项目责任制，分级管理、责任到人、分步推进、目标考核。为了加强对国家骨干高职院校建设工作的领导，学院成立了"示范校建设领导工作组""示范校建设工作办公室"和三个专门工作小组。要明确项目负责人和团队成员的责、权、利，把建设工作进展情况作为14个项目的负责人和团队成员年度目标考核的主要依据；要加大对国家骨干院校建设任务落实情况的督促检查力度，通过定期的督查，发现问题，及时会审；通过不定期的检查，扬长避短，及时整

改,真正做到优胜劣汰、奖优罚劣。国家骨干高职院校建设事关学院的发展大局,事关每位教职工的切身利益,全院教职工都要积极行动起来,立足本职岗位,兢兢业业教好书,全心全意育好人,尽心尽力服好务,为骨干校建设贡献自己的智慧和力量。

(二) 加强协作,形成合力

一是要加强学习,切实增强责任感、紧迫感。通过这几年迎评估、创示范工作,大家的思想认识有了很大提高,但仍然还有少数同志存在一些模糊认识,工作不够主动,认为骨干高职院校建设是学院领导和项目团队的事,与己无关。因此,必须加强学习,认清形势,纠正错误思想和模糊认识,切实增强每位教职工建设国家骨干高职院校的责任感、紧迫感,以良好的精神状态和求真务实的工作作风,一步一步推进各项建设工作。

二是要强化团队意识,形成建设合力。所谓团队,就是由员工和管理层组成一个共同体,通过合理利用每一个成员的知识和技能协同工作,解决问题,达到共同的目标。团队建设的关键是定好目标,选好人,制订计划并付诸实施。把申报方案变成实在可行的建设方案,并把建设方案落实到位,变成亮点纷呈的成果,有很多工作需要我们去推进,有很多难关需要我们去攻破,只靠项目负责人或者项目团队的单打独斗、加班加点是不能奏效的,也是不可能完成的。必须发挥全院这个大团队的力量,集思广益、博采众长,群策群力、众志成城,以团队的智慧克难,集体的合力攻坚,才能完成各项任务。

(三) 明确任务,实干巧干

围绕国家骨干高职院校建设的目标与任务、思路与措施,学院领导班子要团结一心,励精图治,坚持科学发展,以广阔的视野、先进的理念,按照教育部、财政部关于骨干院校建设要求,统筹领导学院的骨干校建设,精心谋事、用心想事、尽力干事,全面提高骨干校建设的领导能力;示建办和项目团队,要以《建设方案》和《任务书》为行动指南,认真落实,责任到人,通力协作,加强管理,切实保证项目建设任务高质量按期完成;全院教职工要积极承担专业建设、实训基地建设和课程改革等各项任务,加强学习,勇于实践,全面提高教学水平和工作能力,争做骨干校建设的先锋模范。

(四) 深化改革,稳步推进

要正确处理好国家骨干校建设与常规办学的关系,坚持国家骨干校建设与常规办学两手抓、两手都要硬。不能因为骨干校建设而放松常规管理，导致无序的状态；也不能因抓常规办学而忽视骨干校建设，造成严重的错位。行动上不能厚此薄彼，更不能顾此失彼，人为地把两者割裂开来，甚至对立起来。要坚持以骨干校建设为指导，引领促进常规办学的开展，又要以常规办学为基础，充实丰富骨干校建设的内涵，双力齐发共同把学院管理好，把学生培养好。

一是要深化体制机制改革，增强办学活力。要深化校企合作内涵，丰富合作形式，提高合作效益，以职教集团、合作学院为平台和抓手，改革创新，推陈出新，产教融合，互动共赢，成为校企紧密型合作办学的典范。

二是要深化教育教学改革，提高办学质量。要以人才培养模式改革为主线，加大课程体系改革；推行教学做一体化、任务驱动等教学方式，深化教学模式改革；探索学分制、分段式等改革，深化教学管理制度改革；吸引社会、企业参与评价，探索多元评价方式改革。

三是要深化内部管理，提升治理水平。管理出质量、治理出效益，学院要提高核心竞争力，必须把优化管理放在更加突出的位置，努力探索与现代高职教育相适应的管理体制、管理方式和管理经验。首先，要以院内津贴制度改革为重点，强化二级管理，出台教师"2+1"校企交替工作管理办法，将社会服务指标纳入岗位职责并与分配挂钩，完善激励机制，进一步激发创示范的内生动力和创新活力；其次，要加强校园管理，努力建设和谐的校园文化，形成良好的校园风貌，创造和谐稳定、健康向上的校园氛围，推进校风、学风、教风建设；再次，要加强制度建设，坚持用制度管人、按规定办事，切实提高执行力，畅通内部治理运行机制。最后，要加强经费管理，一方面多渠道筹措建设经费，通过争取专项资金、企业投入等形式，拓宽建设经费来源；另一方面加强预算管理，严格控制经费支出，精打细算，科学调度，提高资金使用效益，争取少花钱、多办事、办好事。

开弓没有回头箭。在激烈的高校竞争和日趋严峻的招生形势下，我们迎难而上，知难而进，抓住了国家骨干院校建设这个难得的历史机遇。面对经济社会发展新形势、骨干校建设的新任务和高职发展的新要求，我们必须开拓新思路，采取新举措，开创新局面。学院国家骨干院校建设的思路已经确定，任务已经明确，措施也已经制订，站在这个新的起点上容不得半点徘徊犹豫，更不能有一丝懈怠消极，全院上下必须齐心协力，真抓实干，继续发扬顽强拼搏的精神，敢打敢拼的作风，为描绘好广铁职院更加美好的明天而努力奋斗！

从适应到跨越 从突破到带动
广铁职院移交转制跨越发展的实践与探索[①]

根据大会的安排，我结合广铁职院的实际就行业高职院校转制发展战略做个主旨报告，题目是：从适应到跨越，从突破到带动，广铁职院移交转制跨越发展的实践与探索。

一、转制发展的环境分析与战略抉择

世纪之交，我国高等教育管理体制发生了重大变革，一批国有企业相继将所属院校移交给地方政府管理。面对区域经济发展的新形势、新任务和新要求，这些转制行业高职院校必须按照SWOT原理，对新环境下转制发展的优势、劣势、机遇和挑战进行理性思考和科学分析，审时度势做好发展战略的顶层设计，合理确定推进策略与实现路径。面对这一历史机遇和挑战，特别是地方高职院校发展的强劲势头，转制行业高职院校能否审时度势，尽快实施由"适应"到"追赶"进而"跨越"的发展战略，事关转制后可持续发展的长远之计。广铁职院转制发展六年的探索实践证明，只有勇于面对起点较低、起步较晚的现实，在主动适应社会需求、学生诉求和政府要求的同时，通过实施"双轨并行""同步加强""集群发展"和"合纵连横"的推进策略，加大追赶的力度与速度，才能对先进高职院校历经的发展阶段进行超常规跨越。

1. **双轨并行——立足行业与服务地方的发展面向策略**

面对紧贴行业与服务地方的双重任务，转制高职院校要尽快确立立足行业与服务地方的"双轨并行"策略，既充分发挥行业办学的特色优势，奋力追赶，又尽快融入地方经济社会发展，共生共长。

2. **同步加强——内涵发展与外延扩展的模式互补策略**

面对转制阶段扩大规模、改善条件和提高质量、打造品牌的双重压力，转制高职院校要实现从适应到追赶的战略决策，必须以超常规的举措，同步加强办学基本条件建设，深化内部管理改革，努力提高人才培养质量。

---

① 2011年10月30日，在广东省高职研究会2011年年会上的主旨报告。

3. 集群发展——对接产业与争创优势的专业布局策略

实施专业对接产业，集群争创优势的专业布局，直接决定和影响从追赶到跨越的加速度和同步加强的成效。转制高职院校既要下大力气保持和强化专业已有的行业特色，实现保持特色与追求前沿的有机结合，又要努力顺应市场需要和经济发展的"风向"，善于发现新的社会需求，及时调整拓展专业设置，优化专业布局，做到通用专业求优势，特色专业创品牌。

4. 合纵连横——校企融合与校校联合的资源整合策略

在政府的主导和行业的支持下，转制高职院校通过创新体制机制，既要汇集校企优质资源，人才共育，合作发展，又要联合地方高、中职学校和科研院所，优势互补，互通有无。以为谋位力争获取与共享优质办学资源特别是竞争性资源，以丰富的办学资源弥补之前的欠账，以加快追赶的速度节省时间资源，从而又好又快地实现从追赶到跨越的战略目标。

二、广铁职院改革发展的实践探索

广铁职院就是在这种大环境下，2005年8月由广铁集团公司移交广州市政府管理。面对转制之初发展滞后、实力较弱的状况，学院新领导班子审时度势，以人事分配制度改革为切入点，以超常的智慧，策略和劲头在艰难中起步，在适应中追赶，在追赶中跨越。通过五年多的艰苦探索、追赶跨越、创新发展，终以优异成绩通过教育部人才培养工作评估，跻身广东省示范性高职院校和国家骨干高职院校建设行列。

（一）取得的成效与经验

1. 发展面向：立足行业，服务地方

面对转制发展的新形势、新要求，学院提出"一依托、三适应"的办学理念和"在适应中追赶，在追赶中跨越"的发展战略，以创建示范院校为目标，以办学上规模、育人上质量、管理上水平为要求，保持为行业企业培养人才的宗旨不变、校企人员互聘的机制不变、提供技术服务的责任不变，弘扬企业文化的理念不变；实现从计划培养向订单培养转变，从封闭办学向开放办学转变，从服务行业向服务行业与地方并重转变，从等靠依赖型向进取经营型转变，较好地适应了轨道交通行业大发展对特色人才的需求，有效地融入区域经济社会发展。

2. 发展模式：内强外拓，双措并举

在主动适应社会需求，逐年扩大招生规模的同时，学院全面加强内涵建设。一是校企共同设计、实施、评价人才培养方案，探索践行"产教一体、寓学于工"人才培养模式改革。城市轨道交通车辆专业深化"三阶段递进，

分方向培养"模式改革,实施"双元师徒制"个性化教学;电气化铁道技术专业深化"项目导向、能力递进"培养模式改革,实施"分段式"教学组织模式;城市轨道交通运营管理专业优化"三维合一、三层推进"培养模式改革,实施任务驱动教学模式。二是深化管理改革,实施"人才强校"战略。建立"师德引领+利益引导"激励机制,选拔"专业带头人""骨干教师",鼓励教师攻读硕士、博士学位,建立"双师工作室"和"企业工作站",加大教科研奖励力度,以科研促教改。三是校企深度融合,共育人才。与广铁集团等企业共建中央财政支持的实训基地;与广州地铁等8家企业开办冠名订单班,培养的学生占毕业生总数的64.8%,近四年毕业生总体就业率平均达到99.40%,被评为"广东省普通高校毕业生就业先进集体"。

3. **专业布局:对接产业,强化特色**

抢抓轨道交通大发展的机遇,主动适应区域经济发展方式的转变和产业结构调整的要求,学院对接珠江三角洲先进制造业、电子信息业、服务业等产业发展,调整专业结构,着力打造专业特色,做优轨道交通类专业、做强先进制造类专业、做精电子信息类专业、做实现代服务类专业,构建了以城市轨道交通车辆和应用电子技术等七个国家和省级重点建设专业为龙头、相关专业为支撑的专业群。

4. **整合资源:尽力挖潜,借力发展**

面对移交之初校园破旧的现状,学院"改、建、扩"三管齐下,调整校园规划布局,利用空坪隙地挖潜办学。同时,校企合作打造朝阳实训基地和花都工学结合基地,构建了由订单培养走向"教学工厂"的办学新模式,花都基地引入生产企业10家,合作开发新产品3项,生产零件300余种,5万多件,产值达300多万元,改革成效入选了教育部国家示范校建设四周年成果展。轨道交通类专业大力支援福州、乌鲁木齐、海南和省内6所高职院校,加强专业建设,培训师资,共享优质教育资源,与广州市交通运输等中职学校探索建立中高职衔接立交桥。

(二)发展的重点与措施

转制高职院校经过从适应到跨越的创新发展,与地方先进高职院校站到同一发展平台上,面对影响和制约高职改革发展的共同难题,必须采取从跨越到突破,进而实现带动的发展战略,集中优质资源打开缺口,冲破屏障,努力形成绩效显著、操作性强的改革成果和新鲜经验,切实发挥好示范带动作用。

作为2011年启动建设的国家骨干高职院校,学院发挥后发优势,提出"在跨越中突破,在突破中带动"的跨越后持续发展战略目标,通过办学理念大更新、发展思路大调整、建设标准大提升,主动适应转方式、调结构对高职教育的新要求,大力加强社会服务能力建设,积极创新校企合作体制机制,促进校企深度融合、精品批量打造和内涵再度加强。

1. 创新校企合作体制机制

抓好广州市政府主持的国家综合改革试点子项目"校企深度融合体制机制建设"的探索与实践,建立合作办学的长效机制;联合 120 余家企业和院所组建广州工业交通职教集团,实行理事会管理机制,形成利益共同体,搭建合作育人平台;联合花都区中小企业局和园区骨干企业,共建花都示范园,实行"管委会—项目部—'双师'工作室"管理机制;联合集团中紧密型合作企业,组建机车司机、电气化和现代运输等 3 个合作学院,共同解决发展规划、人才培养、基地建设、实习就业等问题。

2. 加强社会服务能力建设

建立激励教师服务社会的管理机制,引导教师服务企业;依托花都示范园和三个合作学院,建设"四技服务与专利开发中心""广州轨道交通教育培训中心""成人学历提升中心",打造国家"轨道交通高技能人才培训基地"。开展"四技服务"100 项、申报专利成果 100 项;培训企业员工、开展成人学历教育等 4 万人次。建立志愿服务基地 23 个,志愿服务 2 万人次以上;与香港地铁公司和英国 APEX 2000 公司合作,招收 60 名香港地铁、尼日利亚铁路员工进行培训,为香港及非洲国家的铁路公司提供培训服务、技术咨询和教师培训。

三、启示与思考

(一)适应社会是高职院校发展之基

"优胜劣汰、适者生存"是自然法则,适应社会需求是高职院校可持续发展的根基。高职院校要实现可持续发展,必须主动适应国家产业发展战略和区域经济社会发展的需求,确定改革建设发展的主攻方向、改革方案和应对措施。

(二)服务能力是高职院校发展之本

服务能力是高职院校持续发展的本钱。高职院校要在举全院之力对接社会用人需求,优化专业结构,提高人才培养质量的同时,努力拓展社会服务功能,面向行业企业开展技术服务,面向社会开展新技术培训,扩大对外交流与合作。

（三）体制机制创新是高职院校发展之力

高职院校要积极推动地方政府以立法形式优化区域高职教育发展环境，因地制宜打造职教集团等校企合作平台，创新校企合作办学运作机制，建立"校中厂""厂中校"等合作模式，探索建立"双主体"育人新体制，建立充满活力、互利共赢的校企合作长效机制。

以教学促科研 以科研挺教学
努力培养高素质高端技能型专门人才[①]

学院 2006 年召开第一次教学工作会议以来，教学科研工作朝着既定目标，稳步启航，扎实推进，教学质量显著提高，科研工作打开局面。在启动国家骨干高职院校建设的今天，学院又如期召开了第二次教学工作会议暨第一次科技工作会议。会上，王韶清副院长做了题为《对教学工作、科技工作的回顾与总结》的报告，认真总结了学院教学与科技工作五年来取得的巨大成绩，实事求是地指出存在的问题与不足，全面部署了今后一段时期改革发展的具体任务；教务处、科技处的两位主要负责同志就提交会议讨论的"全面提高教学质量的意见"和"十二五"科技工作规划分别做了很好的说明，并进行了分组讨论；来自一线的六位教师分别从专业建设、团队组建、教书育人、为人师表、科技开发、专利申报等方面介绍了自己的经验和体会。这次会议主题鲜明，内容丰富，创新了思路、指明了方向。根据会议的安排，我谈三点意见和大家共同探讨。

一、高职人才培养目标的变迁和内涵

（一）培养目标的变迁

高职教育发展近二十几年内，人才培养目标的提法经历了不断调整、逐步完善的历史过程，高端技能型专门人才是目前最新的提法。

（1）20 世纪 80 年代，高职作为职业教育的高端，其培养目标定位为：培养生产、服务、建设管理一线的"应用性"人才或"实用性"人才，培养的是"技术员"。

（2）1990 年，原国家教委在广州召开全国专科教育工作座谈会，会后印发的《关于加强普通专科教育工作的意见》指出，专科教育培养能够坚持社会主义道路、适应基层部门和企事业单位生产工作第一线需要的、德智体诸方面都得到发展的"高等应用性专门人才"。

[①] 2011 年 11 月 30 日，在学院第二次教学暨第一次科技工作会议上的讲话。

（3）1991年，《国务院关于大力发展职业技术教育的决定》提出，"努力办好一批培养技艺性强的高级操作人员的高等职业学校"，人才培养目标的定位是"技艺性强的高级操作人员"。

（4）1995年，国家教委召开全国高等职业技术教育研讨会，提出的培养规格是"在生产服务第一线工作的高层次实用人才"。这类人才的主要作用是将已成熟的技术和管理理论变成现实的生产和服务，毕业后在生产第一线工作，称之为高级职业技术人才。

（5）1999年6月，第三次全国教育工作会议《关于深化教育改革全面推进素质教育的决定》提出，培养一大批具有必要的理论知识和较强实践能力的生产、建设、管理、服务第一线和农村急需的专门人才，没有高级、中级之分。

（6）1999年11月，教育部召开全国高职高专教育第一次教学工作会议，会后印发的《教育部关于加强高职高专教育人才培养工作的意见》提出：高职高专教育是我国高等教育的重要组成部分，培养拥护党的基本路线，适应生产、建设、管理、服务第一线需要的，德、智、体、美等方面全面发展的"高等技术应用性专门人才"。

（7）2002年8月，《国务院关于大力推进职业教育改革与发展的决定》提出，"培养一大批生产、服务第一线的高素质劳动者和实用人才"。这是国家在职业教育人才培养的目标，第一次加入了"高素质"的定语。

（8）2003年年底，党中央召开的全国人才工作会议上，提出了"高技能"人才的概念。与此相呼应，教育部《2003—2007教育振兴行动计划》提出，高职院校要"大量培养高素质的技能型人才特别是高技能人才"。这也是教育部第一次提出高职院校要培养"高技能人才"。

（9）2004年4月，《教育部关于以就业为导向深化高等职业教育改革的若干意见》提出，"高等职业院校要主动适应经济和社会发展需要，以就业为导向确定办学目标……坚持培养面向生产、建设、管理、服务第一线需要的'下得去、留得住、用得上'，实践能力强、具有良好职业道德的高技能人才"。

（10）2004年，教育部部长周济在全国职业教育工作会议上，首次区分高职和中职的培养目标，中职学校培养的任务是培养数以亿计的高素质劳动者，高职学校的任务是培养数以千万计的高技能人才，高职培养的人才就是应用型白领、高级蓝领或者叫银领人才，就是高技能专门人才。

（11）2006年，教育部16号文件根据新形势下高职人才培养的任务和国家相关文件精神，在德育、素质结构和人才类型方面，对高职人才培养目标进行了充实、调整，提出"高素质技能型专门人才"这个概念。

（12）2010年教育部教高8号文既申报国家骨干院校的文件提出，高职教育培养目标是"高素质高级技能型专门人才"。

（13）2011年8月，教育部连续发了9号文、12号文，在这些文件里面都提出：高等职业教育具有高等教育和职业教育双重属性，以培养生产、建设、服务、管理一线的高端技能型专门人才为主要任务，就是今天我们说的高端技能型专门人才。

以上资料表明，高职院校人才培养目标，近20年内总共有11种提法。从高职人才培养规格变迁的历史脉络看，国家教育主管部门根据经济发展、社会变化和技术进步的要求，对高职教育的培养目标是在反复调整、逐步深化的，这既表明我国高职教育在改革探索中不断完善，同时也说明高职培养目标的动态性特征。当然，也有专家从不同的角度提出不同的见解说，我国职业教育特别是高职教育培养目标变化有点快、有点乱，十来种提法不知以哪个为准。我的看法是，时代是进步的，发展是向前的，这些提法表明高职教育一天比一天走向成熟，一天比一天完善，一天比一天更明确。作为办学的基层单位，我们应该要按照教育部最新的提法和要求，来确定学院人才培养的目标和规格。

"高端技能型人才"，作为高等职业教育人才培养的一个新概念，最先出现是在鲁昕副部长2011年6月8日在教育部高职院校长高等职业教育引领职教科学发展战略研讨班开班仪式的讲话中，其后的8月30日教育部发了一个9号文，8月31日发了一个12号文，正式以文件的形式明确了高等职业院校人才培养的规格和目标。鲁昕副部长认为，在现代职业教育体系构建中，中等职业学校发挥基础作用，重点培养技能型人才；高等职业学校要发挥引领作用，重点培养高端技能型人才。同时，要探索本科层次职业教育人才培养的途径，重点培养复合型、应用型的人才；探索高端技能型专业学位研究生的培养制度，系统提升职业教育服务经济社会发展的能力和支撑国家产业竞争力的能力。教育部以正式文件的形式，对高职教育诞生以来一直争论的办不办本科，可不可以搞专业学位研究生，明确表态要进行"两个探索"。"高端技能型人才"的定义和内涵是什么？百度解释"高端"是指事物的最高层次，是高水平的，它是与低端相对应的。这个概念是在大力推进中高职衔接的历史背景下提出来的，鲁昕副部长就任教育部以来一直提出而且非常重视中高职的衔接，表示要打造一个现代职业教育体系，这是我们职业教育发展的一个最新指向。目的大致在于区分高职与中职的培养目标定位，使两者各安其位、各得其所。

现代职业教育体系是一个对外顺应经济社会发展，对内实现有效衔接、协调发展的人才培养系统，层次上有高低，结构上有差异，规格上有类别，

系统上有区分。具体而言，中等职业学校发挥基础作用，培养技能型人才；高职院校要发挥引领作用，重点培养高端技能型人才。因此，"高端技能型人才"可以定义为，通过学习训练，掌握操作技能和心智技能，对技术成果进行消化、吸收和物化，使其转化为现实的产品或服务，并对产品或服务能够在一定程度上进行适时的改进、提升和创新。就是说，"高端技能型人才"作为生产、服务、管理、建设第一线的高水平专门人才，要能够对技术成果进行消化、吸收和物化，要把它变成现实的产品或者服务，而且要能够对这种产品或服务在一定的程度上进行适时的改进、提升和创新。

（二）高端技能型人才的内涵

综上所述，"高端技能型人才"可以定义为生产、服务、管理、建设第一线的高水平人才。现实生活当中，人的技能客观上也存在着高低之分。高端技能人才不仅具有熟练操作的经验性技能，而且具备一定技术和工艺方面的创新能力。从本质上看，高端技能人才之"高"，绝不仅限于数量上的技能熟练程度的"高"，更多的是体现在质量上的个体构成要素，是高素质、高层级、高水平的。所以高端技能人才的坐标定位应该是：在类别上属于技能型人才，但位居技能型人才这个层级的最上端，所以叫高端技能型专门人才。因此，又可以把高端技能型专门人才的"高"概括为：具有一般技能人才所不具备的精湛技艺，以及解决复杂性、关键性和超常规实际操作难题的能力，即"熟练的技能＋创新的能力"。

从时代背景来看，高端技能型专门人才的提出，是为了适应中国制造向中国创造转变这个发展趋势；从服务产业来看，高端技能型专门人才是为了满足高端产业企业的用人需要；从任职岗位来看，高端技能型专门人才就业的岗位是技术密集型岗位，而不是劳动密集型岗位；从人才特征来看，高端技能型专门人才处于技能型人才的顶端，具有"三高""三强"的特征，即职业道德高、专业技能高、知识水平高，知识迁移的能力强、技能创新的能力强、可持续发展的能力强。从与中职培养目标的区别来看，高端技能型专门人才与技能型人才相比，理论知识更多，专业能力更强，综合能力与创新能力更加突出。

二、教学与科研的关系

汇报交流分组讨论情况时，有的组提出学校科技工作"十二五"规划中教学科技双中心的提法，怎么去把握、去理解的问题。对高端技能型专门人才"熟练技能"加"创新能力"的定位，是学院下一步人才培养的方向和指向，是国家对高职教育提出的新的更高要求。怎样才能把人才培养成既具有熟练的技能，又具有创新的能力，结论就是要同步加强教学与科技工作，加强教学就是要培养学生熟练的技能，强化科技就是要培养学生创新的能力。对于高职院校来说，二者应该也是相互依赖，互相促进的，既要以教学促进科技，又要以科技支撑教学。作为职业院校，教书育人肯定是本分，是应有之义，所有教师不会有哪一个会对此提出质疑或者发生争论。那么，对于要不要开展科技活动，不但是高职院校，就是本科院校也时常有这样的争论，即以科研为中心还是以教学为中心、是两个中心还是一个中心的问题。

以教学促进科研，就是要从教育教学的鲜活实践中，不断地发现问题、寻找问题，并把课堂教学、人才培养和社会服务中各种疑难问题汇集成为课题来进行研究。就是说，以教学促进科研是一个过程，是把教育教学鲜活的实践之中不断冒出的问题进行归类汇集，然后结合企业需求把它变成课题进行研究的过程。当然，这里指的教学主要是产教融合的实践教学。以科研支撑教学，就是以教学实践课题研究来丰富教学内容，指导教学改革，并通过其成果反哺教学，提高培养质量，产生比较好的人才培养效益。教学对科研的促进作用，我认为主要体现在两个方面：一是教学工作丰富了科技选题的内容，从专业创新、课程整合，教学方法改进，实践教学实施，实训基地建设中提炼教学科研的课题，通过校企合作攻克技术难关、开展四技服务和专利申报，进而提高学校服务社会的能力和校企合作的吸引力。二是教学工作是科技工作的逻辑起点和实践验证，高职院校的科研始于教学实践的总结与提升，把教学过程中积累的经验上升为科技理论成果，又反作用于指导教学，推进教学工作进一步改进和提高。问题即课题，高职院校人才培养面对日益增长的社会需求，特别是面对区域经济调结构、转方式的新需求，不可能没有问题。在这个意义上说，作为高职的人才培养也就不可能没有科研，高职的科研就是解决人才培养和社会服务中的难题并能以此成果指导新的实践。

以学院人才培养模式改革为例，在人才培养工作评估和国家骨干院校申报、省级示范院校申报的过程中，各个专业都提炼了自己的人才培养模式，我认为这些模式从提出到提炼再到成型，都是由教学实践到科学研究不断探索、不断完善、不断提升的过程。每一次修订就是一次新的灵感的开启，每一次修改就是一次新的观点的发掘，每一次提升就是一次新的思想的碰撞。并在这种修订、修改、提升的循环反复之中，有效地完成了以教学促进科研，以科研支撑教学的全过程。比如说，轨道交通运营管理专业的人才培养模式，团队内部的修改不少于15次，学校层面的修改至少有三至四次。2008年年前，提的是"订单式"人才培养模式；2008年底，申报广州市示

范性建设专业时,把"订单式"人才培养模式提升为"双元双环一体,三师三轨并行"的培养模式;2009年年进行专业评估时,把这个模式提炼为"校企共营,双轨并行"的订单培养模式;2009年底申报省示范院校的时候,又把它提升为"三合一,三递进"的订单式人才培养模式;直到2010年申报国家骨干院校,才把它定为现在的"三维合一,三层递进"培养模式。几经修改,反复提炼,形成的"三维合一,三层递进"和最先提出的"订单式"相比,不仅是字面上就是内法意义上,也都不可同日而语了。这样一个不断否定、不断修改、不断提炼、不断反复的过程,是不是在进行课题的研究?我觉得这是一个大课题,这个课题是从人才培养、教学实践之中的问题集成、抽象而来的;课题研究形成的"三维合一,三层递进"培养模式的成果,又用于指导运营专业的专业教学改革、人才培养。这是不是把教科研成果又反作用于教学改革,推进人才培养?所以,科研也是一个不断发现、不断改进的过程。

三、高端技能型人才培养对教师的要求

从前面的分析可以看出,培养高端技能型人才的关键在教师。换句话说,教师必须成为高端技能的先行者,因为没有高端技能的教师,就不可能造就一大批高端技能型的专门人才。要成为具有高端技能的教师,我认为要着力在"四高"即高素质、高技能、高职称和高学历上下功夫。以前都只讲"三高"人才,我觉得今天把"高素质"这个统领性的要求提出来,具有特别的含义。

(一) 关于高素质——坚守职业道德

高素质的核心是要坚守职业道德,即通常说的立德树人,师德为先。教育部人事司和《中国教育报》联合推出的"坚守职业道德,建设高素质教师队伍"专题大讨论,有很多名校的校长、书记做了精彩的发言,认为坚守职业道德的教师高素质体现在六个方面:一是爱国守法;二是敬业爱生;三是教书育人;四是严谨治学;五是服务社会;六是为人师表。东北师范大学的校长认为高素质的教师,应该具备四个方面的职业道德素养:一是热爱教育事业;二是有自己真正理解的教育理念;三是能够全面把握学科知识;四是会反思、会研究。这四个方面的核心和前提条件是热爱教育事业,要有爱心和恒心。《中国高等教育》的总编辑陈浩说:敬业是教师的基本职责所在,没有情就不会有爱,没有激情哪来大爱。"敬业"是职业对从业者设定的原则性道德规范,敬业的教师首先是一个充满爱心的人,把追求理想、塑造心灵、传承知识当成人生的最大追求,没有爱就没有教育。学院提出"大爱育

人",这里的"大爱"就是要有激情。许多老一辈的教师,一登讲台就激情飞扬,时刻把学生成人成才挂在心间,深受学生的爱戴。但是有的则不然,或职业倦怠、精神懈怠,或心浮气躁,认为成天围着讲台转没有价值,以至备课不到位,上课不认真,严重影响教学质量。大学教师敬业爱生的激情来自对崇高理想执着的追求,来自对职业道德的他律、自警和自省,来自心中有事业胸中有理想。复旦大学原党委书记说:知识创新、服务社会、文化传承都要围绕育人,否则就不能称其为大学,在学校里,谁主要承担育人的责任?教师,只有教师。所以,育人是教师的天职。理想信念一淡化,人生目标必虚化,社会责任就弱化。教育不仅是智育,更是德育,只有身正才能为范。有的教师没有把教书育人作为首要职责、终身事业,认为这个谋生手段来钱来得少、来得慢,就把主业当副业,哪个来钱多、来得快,就往哪里钻,不能恪尽职守,甚至不惜败坏师德师风。还有的教师唯独在育人上用心不够,花精力很少,干脆把思想教育的任务甩给辅导员,使育人讲起来重要,做起来次要,课堂教学和教书育人两张皮,教与育严重脱节……。

关于坚守职业道德,建设高素质的教师队伍,还有很多很精彩的论述,各系要认真组织教师结合实际进行学习讨论。在此,我想结合学院的实际和大家一起分析分享前段对教师教学工作量的统计,以数据客观地谈一点看法。上个学期全校205位教师中,把一周八课时的课集中在三天内上的有67位,其中,机电学院19位,轨道系11位,电气系5位,经管系19位,物流系8位,外语系4位,思政部1位,只有基础课部没有。其余教师的周学时是10~20节不等,其中把10节以上的课时集中安排在三天内上的有56人,有一位教师的10节课安排在一天上,也就是说他一周可以只来学校一天。中国向来有"经师易遇、人师难求"之说,教师大爱育人不仅是教育工作的前提,而且是教学工作的内在要素,请大家在学习讨论中分析一下这些数据,从某些教师教书与育人的状态上,对这样突击上课、这种连轴式灌的育人多问几个为什么?一周只想来校一天是一种什么价值行为?会对学生产生什么"师"范和潜移默化的影响?这是在坚守什么样的职业道德?从去年起高中生源日益减少,高职的招生改革也在悄然发生变化,江苏等省高职招生已在进行试点注册入学。注册入学的招生方式将对高职院校带来巨大的冲击和考验,谁没有特色与质量,谁就会被市场淘汰。如果一所学校的师不乐教,职业倦怠,责任心不强,把主业当副业,培养的质量就会打折扣,学生就不会报考你,这绝不是危言耸听。因此,面对学生自主选择式的招生改革,要求教师更具高素质,特别是职业操守,做到潜心教学,大爱育人。

（二）关于高技能——高职教师的本钱

国家职业大典定义高技能是指熟练掌握专门知识和技术，具备精湛的操作技能，并在工作实践中能够解决关键技术和工艺操作性难题。高职院校教师的高技能有两个方面：即熟练的动手操作能力和较强的科研能力。这是我们作为教师培养高技能人才的本钱，给学生一碗水，教师应该先有一桶水，讲的也是这个道理。学院国家骨干校建设提出专利100项、技术服务100项的目标，"2+1"校企交替工作制度等要求，目的是要提高教师的研发能力和实践指导能力，这既是学院对教师提出的要求，也是学校给教师搭建的发展平台。学院采取措施让没有企业工作经历的教师三年内有一年到企业去挂职顶岗，考核合格的发给满工作量的所有待遇，出发点就是要促进教师提高技术研发能力，提高校企合作能力和自身对企业的合作吸引力。当前，学院教师的"双师"素质和科研成果虽然都有了较大进步，取得了突出成绩，实现了重大突破，但还存在纵向课题较多、横向协作较少、教研教改课题较多、技术研发项目较少、工科特色不突出等问题，科技创新和服务地方的能力亟待增强。学院推行"2+1"校企交替工作制度，对提高教师专业技能和解决实际问题的能力、练就精湛的操控技能，是一条有效的措施和路径，相关专业教师都要积极行动，做到行有所为，动有所成。

（三）关于高职称——项目竞争的筹码

人们通常认为，职称反映专业技术人员的学科技术水平、工作能力和研究成就。经过五年多的努力，学院教师的职称结构有了很大改观，副高以上职称由15.87%提高到了26.4%，增长了近10个百分点。但我们要清醒地看到，学院教师的职称结构还是很不合理，最大的问题是教授比例严重偏低。全院教学一线才5名教授，特别是本校教师中晋升的很少，同样是六年起步，广州电大从2003—2009年先后有6名教师晋升教授。这次铁道部任处长来学院，问到学院的师资特别是高职称情况，我们都不知怎么说好。近六年里，学院专业建设、课程改革、基地建设都取得一些标志性成果，但有相当多的同志没有对这些实践进行总结，提炼为成果、模式进行发表，我们的教师如此不重视科研，不想写论文，不愿报项目，不肯潜心钻研，这不能不说是个遗憾。学院为加强科研，出台了一系列政策措施，大额度奖励教科研，搭建了很好的成长平台，可我们一些教师却不以为然，既没有压力，也形成不了动力，以致错失良机。据统计，本学期全院191位在编教师共发表论文116篇，发表论文的人员中，52人是教学工作量达标的（占工作量达标教师总数的70.27%）；25人是未满工作量的（占未满工作量教师总数的

21.37%）。未满工作量的教师中，既没发表论文，也没下企业的达 42 名（占未满工作量教师总数的 35.89%）。由此不难看出，我们"不以为然"的教师还占有多大的比例，搞科研、发论文与承担教学任务的冲突在哪里。因此，学院必须制定科学合理的科研考核机制，不能只奖不罚，既为促进"不以为然"的教师们，注重科研提高自己的能力素质，又为扭转当前有的教师因论文少而评不上职称的尴尬局面。当然，改善师资的职称结构，也得坚持两条腿走路，在注重培养提升的同时要采取切实措施加强人才引进。当前，有些省的示范校、骨干校正与本科院校联合培养高职本科人才，对此，我们必须高度重视，密切关注，提前应对。届时，如果没有一支高职称的师资队伍，我们就可能会丧失主动权，甚至被淘汰。教师们，高职试办本科、专业硕士，面对这新一轮竞争和挑战，你准备好了么？

（四）关于高学历——教师后发的潜质

大家都知道，学历是人们接受科学、文化知识训练的学习经历。学历越高，接受学习的时间越长，获得知识的层次越高，从事高新技术的能力则越强。经过近六年的努力，学院教师的学历结构有了很大改观，硕士以上教师由 2.78% 提高到了 30.3%，增长了 27 个多百分点。特别是增加了 13 名博士，大大增强了学院的师资实力。但要看到，学院教师的学历结构还不合理，硕士以上学历教师比例仍然偏低，还未达一半。特色专业教师的硕士比例仅有 22.8%，明显低于其他专业教师的硕士比例，这个问题必须高度重视。为此，学院要继续加大对高学历教师的引进力度，特别是特色专业的人才引进工作。

综上所述，高素质是教师敬业的灵魂，高技能是教师从业的本钱，高职称是获取竞争性资源的筹码，高学历是可持续发展的资质。其中，高素质在培养高端技能人才中起引领性核心作用，又是其他"三高"的叠加和综合体现。当前，高职教育的发展态势是"群雄逐鹿""百舸争流"，竞争日趋激烈，既面临本科院校和中职学校的前压后挤，也面临同类行业院校和地方高职院校的左碰右撞，重新洗牌的局面迟早会来临。不进则退、慢进也会退，如果我们满足现状、按部就班、慢条斯理，结果只能是与高职教育发展的主流渐行渐远，甚至被淘汰出局。

教学质量的提高，科技实力的增强，是一个系统工程，教师是主体，全员有责任。希望全院广大干部和教师继续发扬迎难而上、顽强拼搏的精神，投身教学科研、钻研教学科研、服务教学科研。励精图治，奋发有为，将学院高端技能型人才培养提高到一个新的水平！

立足行业 服务地方
开创学院改革建设发展新局面[①]

一、学院基本情况

广州铁路职业技术学院于2000年6月由广州铁路运输职工大学、广州铁路机械学校、广州铁路成人中专合并组建，2005年8月由广州铁路（集团）公司正式移交广州市政府管理，是广东省唯一一所以培养轨道交通、铁路等特有专业人才为主的全日制普通高职院校。学院坐落在广州原羊城八景之一的"石门返照"风景区，是教育部、财政部2010年11月确定的"国家示范性高等职业院校建设计划"骨干高职院校立项建设单位。

学院移交六年来，在市委、市政府的正确领导下，在市教育局、发改委、财政局等政府部门的大力支持下，坚持以科学发展观为统领，面对扩大规模和提高质量的双重压力，不甘人后，攻坚克难，五年实现了三大跨越，2009年以优异成绩顺利通过教育部人才培养工作评估，2010年成功立项为广东省示范性高职院校和国家骨干高职院校建设单位。并先后荣获"全国德育先进集体""广东省普通高校毕业生就业先进集体""广州市依法治校示范校""广州地区春运工作先进单位"等称号。学院改革、建设和发展取得了喜人成果，主要体现在以下四个方面。

（一）规模扩大 条件改善

学院在校学生由2005年的1 390人增加到现在的6 926人，增长了4倍多。校园自有占地157亩，通过校企合作等方式，与羊城专修学院、朝阳工业区和花都粤宝丽工业园合作办学场地扩大到314.86亩，增长100.55%；建筑面积171 778.34平方米，教学行政用房119 717.76平方米，生均建筑面积为24.80平方米；纸质图书385 554册，增长了139%；固定资产总值22 460.15万元，教学科研仪器设备9 326.65万元，增长近5倍；校内实训室11个，校外实习实训基地59个。其中，中央财政支持实训基地2个，

[①] 2011年12月14日，在广州市教育局屈哨兵局长来校调研时的工作汇报。

省、市示范实训基地 7 个；在编教职工 385 人，聘用人员 182 人。其中，专任教师 320 人，高级职称教师占 21.88%，具有研究生学历学位的教师占 51.56%；建有市级创新学术团队 2 个、优秀教学团队 1 个。

（二）办学质量显著提高

学院现有招生专业 31 个，专业数增长 93.75%。其中，国家骨干校重点建设专业 4 个，广东省示范校重点建设专业 3 个，市级示范性（建设）专业 12 个；国家、省、市级精品课程 22 门；近三年学生获全国、省、市各级各类技能竞赛奖 180 余项；2010 年总就业率达 99.3%，2011 年初次就业率为 97.8%，稳居全省前列。

（三）服务能力显著增强

学院近六年为社会输送合格毕业生 7 790 名，为广州地铁、广铁集团等行业企业开展岗位培训、高级工、技师、高级技师培训和技能鉴定年均超 10 000 人次；连续十年服务铁路春运，得到社会广泛好评。

二、办学成效与经验

学院移交转制近六年来，充分发挥行业背景深厚和政府办学重视的双重优势，秉承"依托行业，适应学生，适应市场，适应政府"的办学理念，走特色立校、质量强校、优势兴校之路，培养"品德高尚、技能精湛、创新奋进"的高素质技能型人才，坚持质量规模齐头并进，内涵外延同步加强，在艰难中起步，在适应中跨越，在创新中发展，实现了从计划到市场，从封闭到开放，从行业主管到政府主办的快速转型与跨越发展。较短时间内快速崛起，由一所起点较低、基础较弱的行业高职院校，发展为定位准确、管理精细、质量良好、优势明显、颇具特色的高职院校。

（一）发展面向：立足行业，服务地方

面对移交转制带来的挑战和机遇及区域经济发展的新形势、新要求，学院以教育思想观念更新为先导，提出"依托行业，适应学生、适应市场、适应政府"的办学理念和"在适应中追赶，在追赶中跨越，在跨越中转型"的发展战略，以创建省示范院校为目标，以办学上规模、育人上质量、管理上水平为要求，坚持为行业企业培养人才的宗旨不变、校企人员互聘的机制不变、提供技术服务的责任不变，弘扬企业文化的理念不变；实现了从计划培养向订单培养转变，从封闭办学向开放办学转变，从服务行业向服务行业与地方并重转变，从等靠依赖型向进取经营型转变，转型升级为国家骨干高

职院校建设单位,较好地适应了轨道交通大发展的需求,有效地融入区域经济社会发展之中。

(二) 发展模式:内强外拓,双措并举

在主动适应社会需求,逐年扩大招生规模的同时,学院全面加强内涵建设。一是校企共同设计、实施、评价人才培养方案,探索践行"产教一体、寓学于工"人才培养模式改革。二是深化管理改革,建立激励机制。坚持"师德引领、利益引导",着力培养选拔"专业带头人""骨干教师",鼓励教师攻读硕士、博士学位,建立"双师工作室"和"企业工作站",加大教科研奖励力度,以科研促进人才培养。三是校企深度融合,努力探索"双主体"育人,与广铁集团等企业共建中央财政支持的轨道交通供电与车辆、轨道交通运营管理等实训基地;与广州地铁等8家企业合作开办冠名订单班,联合培养的学生达到毕业生总数的64.8%;近五年毕业生就业率平均达到99.35%,被评为"广东省普通高校毕业生就业先进集体"。

(三) 专业布局:对接产业,强化特色

学院抢抓轨道交通大发展的机遇,主动适应区域经济转方式、调结构的要求,按照"做优轨道交通类专业、做强先进制造类专业、做精电子信息类专业、做实现代服务类专业"的专业建设思路,适时调整专业结构,着力打造专业特色。一是适应广州及珠江三角洲地区打造轨道交通一体化带来的强盛人才需求,按照铁路大提速的技术要求,依托广铁集团,广、深、港地铁等名优企业,优先建设城市轨道交通车辆、电气化铁道技术和城市轨道交通运营管理等特色专业。二是对接广州重点发展汽车、机械装备和电子信息产业,强力推进数控技术、机电一体化等骨干专业建设。三是根据区域产业结构调整、升级的要求,依托特色骨干专业,扎实建好物流管理、财经和旅游等相关支撑专业,构建了以重点建设专业为龙头、相关专业为支撑的七大专业群,形成了以轨道交通类专业为龙头,先进制造类和电子信息类专业为两翼,现代服务类专业为支撑的专业发展新格局。

(四) 整合资源:尽力挖潜,借力发展

针对校园占地面积不够的现状,学院一手谋划新校区建设的同时,适时调整现校园规划布局,实行"改、建、扩"三管齐下,利用空坪隙地挖潜办学,新建了第八栋、第九栋两栋学生宿舍和一幢学生饭堂;一手实施"借外力壮实力"发展策略,联企业强内涵,校企合作打造花都工学结合示范园,构建了由订单培养走向"教学工厂"的人才培养新模式。花都工学结合示范

园建立两年多来，引入企业 10 家，生产零件 300 余种 5 万多件，产值达 3 000 多万元，开发新产品多项。校企合作发展的成效入选了教育部国家示范校建设四周年成果展。

三、发展重点与措施

按照教育部的规定，我院将于 2011 年启动建设国家骨干院校。面对这一新的发展阶段，党政领导班子研究决定采取"在转型中突破，在突破中示范"的发展战略，主动适应广州转方式、调结构的新要求，进一步更新办学理念、调整建设思路、提升发展标准，创新校企合作体制机制，加强社会服务能力建设，促进校企深度融合，着力打造批量精品，再度加强办学内涵。

（一）创新校企合作体制机制

抓住广州立项为国家职业教育综合改革试点城市的契机，学校组建高水平团队积极开展所承担的子项目"校企深度融合体制机制建设"的研究与实践，探索建立校企合作办学的长效机制。重点是要加快推进三个联合，即联合 120 余家企业和院所组建广州工业交通职教集团，建立由政府、行业、企业和学校组成的理事会，形成利益相关方共同育人的长效机制；联合花都区政府及名优企业，政校企共建花都示范园，实行"管委会—项目部—'双师'工作室"管理机制；联合广铁集团、广州地铁等紧密型合作企业，组建机车司机、电气化和现代运输等 3 个合作学院，共同解决发展规划、人才培养、基地建设和大学生实习就业中的难题。

（二）进一步加强服务能力建设

学院深化人事分配制度改革，探索实施"2+1"校企交替工作制度，高标准建设"双师"工作室和教师企业工作站，引导激励教师增强社会服务能力；依托花都示范园与相关企业共建合作学院，建设了"四技服务与专利开发"为主攻方向的三个中心，打造"轨道交通高技能人才培训基地"。校企合作开展"四技服务"项目、申报专利成果，培训企业员工，开展成人学历教育，建立志愿服务基地；并与香港地铁公司和英国 APEX 2000 公司合作，为香港及非洲国家的铁路公司提供员工培训、技术咨询和教师进修等服务。

四、发展中主要困难

学院移交以来的六年发展、三大跨越，归功于市委、市政府的正确领导，归功于市教育局、发改委、财政局等政府部门的关心支持，归功于广大教职工的团结拼搏、艰苦奋战。在肯定成绩的同时，我们清醒地认识到学院

的改革建设发展仍然面临不少困难和问题,需要市政府的进一步关心、指导与支持。

(一)校区扩建需请市政府进一步支持

按照贡儿珍副市长视察学院时确定的就地扩建方针,在市教育局、发改委、财政局、国土房管局和白云区政府等部门的大力支持下,校园周边新增了284亩教育用地用于校区扩建,目前城市规划、土地规划调整、土地测量等前期工作已基本完成。但2012年要启动建设的实训大楼、学生宿舍的用地指标还有待具体落实,在校区扩建方面的用地指标、征地拆迁等事项还需请市政府进一步加大力度给予协调解决。

(二)体制创新需请市政府进一步推动

经过三年多的精心筹备,学院牵头拟于2011年年底挂牌组建"广州工业交通职业教育集团",以更好地服务广州工业交通产业,实现校企资源共享。现有意加盟"集团"的企事业单位达100余家。2010年6月10日,市教育局曾组织市发改委、财政局等相关部门及职教专家专门召开了"集团"筹建工作论证会。根据湖南等兄弟省的成功经验,要做强、做实职教集团,最重要的是政府推动。为此,对职教集团的成立恳请市政府尽快研究下文批复,为推动校企合作体制机制的创新,为与广铁集团、广州地铁等名优企业共建合作学院打下良好的基础。

回首学院艰难的发展历程,我们感慨万千;面对建设国家骨干高职院校带来的千载良机,我们充满期待。在市委、市政府的正确领导下,有在座的政府部门各位领导的大力支持,我们有决心、有信心、有能力建设好国家骨干高职院校,为广州高等职业教育的大发展再创佳绩、再谱新篇!

辞旧迎新 继往开来
努力开创国家骨干校建设新局面[①]

一元复始,万象更新。值此新春佳节来临之际,我们在这里欢聚一堂,隆重举行新年团拜会,对花都工学结合基地建设启动阶段评选的新闻人物进行表彰。借此机会,我代表学院党政领导向受表彰的新闻人物表示热烈的祝贺!向为学院发展贡献智慧、付出心血、挥洒汗水的全院教职工表示亲切的慰问和新年的祝贺!

过去的2011年,作为学院实施"十二五"规划的开局之年,国家骨干校建设的启动之年,全院教职工以科学发展为主题,以提高办学质量为主线,以校企合作和内涵精品建设为关键,以实现体制机制创新、人才培养模式改革等十大突破为重点,集中智慧,凝聚力量,克服困难,开拓进取,在转型中突破,在突破中引领,各项工作都取得了较好的成绩。

(1)骨干校建设如期推进。国家级四个重点建设专业全面推进;重点推进的一团、一会和三个合作学院的筹建工作又有新进展;花都工学结合示范园新引进大通(广州)机械有限公司等3家高新技术企业,校企合作的成果作为案例入选教育部国家示范校建设四周年成果展;对口支援取得新突破,新增福州、乌鲁木齐两所高职学院合作培养轨道交通类人才。

(2)校区扩建取得重大突破。在贡儿珍副市长等领导的亲自过问下,市发改委、教育局、白云区政府等部门大力支持,确定在学院周边新增284亩教育用地规划;广州市政府各职能部门均表态在政策、用地、资金等方面,全力支持学院扩建校区;新校区扩建的城规、土规调整、土地测量等前期工作已基本完成,各项工作都按照2012年年内开工的预期目标在抓紧落实。

(3)内涵建设稳步加强。专业建设取得新进展,新增中央财政支持建设专业2个,国家重点建设专业达到6个;新增市级示范性建设专业3个,总数达12个;技能竞赛取得新成果,获市级以上奖励63项,其中国家级8项;学校还成功承办广州市市属高职院校数控机床装调及加工职业技能竞

[①] 2012年1月8日,在学院2012年新年团拜暨花都基地建设新闻人物表彰会上的讲话。

赛；科技开发数量上明显增长，质量档次上明显提高，全年教职工发表论文315篇；论文成果获奖35项，主编参编教材50部；立项主持承担市级以上课题达80项，成功实现教育部和省教育厅人文社科课题立项"零"的双突破；新增专利及其他知识产权18项。

（4）师资结构进一步优化。新增副高职称7人，新增博士学位教师6人；加大企业一线能工巧匠兼职教师的引进力度，兼职教师授课比例有较大提升；组织了150多位教师赴美国、德国、澳大利亚、新加坡等国家开展国际培训，开阔视野，提高技能。

（5）招生就业再上新台阶。自主招生圆满完成，全院录取新生2 525人，报到率为87.96%，学生总数达6 918人；2011年订单人数达1 103人，同比增长13.36%，2011届毕业生初次就业率达97.78%，在省内示范性院校中位列第五。

（6）社会服务成绩显著。连续四年荣获"广州地区春运工作先进单位"荣誉；社会培训逐步推进，全年共完成了32个培训班，培训人数折合15 123人/天；职业技能培训和鉴定达6 180人次；国际合作有所突破，与英国APEX 2000公司签订了国际铁路培训合作框架协议；校企合作逐步深入，与长沙地铁、广州南车、江门南车、东莞地铁、广州塔、妙购物联网公司、联邦快递公司、广州铁路（集团）公司等名优企业签署订单培养、实习就业、合作办学等协议，深化校企合作内涵。

展望2012年，作为学院进入国家骨干校建设的第二年，也是最为关键的一年，按照教育部审定批复的建设方案，全院教职工要齐心协力，扎实推进国家骨干校建设，全力完成既定的各项任务。一是体制机制创新要有新突破；二是校区扩建确保年内开工要有新举措；三是专业建设课程改革要有新进展；四是招生就业要有新业绩；五是"90、50"工程要有新突破；六是"四技服务"要有新成果。

总结成绩，催人振奋；展望未来，重任在肩。学院转制六年内实现三大跨越的可喜成果，特别是2011年作为国家骨干校启动元年，全院论文发表、成果获奖、科研立项和专利申报等方面显著提升的事实再一次证明，只要广大教职工同心协力，奋发进取，就没有办不好的事情，就没有攻不破的难关，就没有实现不了的目标。我们面对推进国家骨干校建设的历史重任，促进新一轮的大发展，开创新的更大辉煌，使命光荣，责任重大。希望全院教职工在新的一年里，更加振奋精神，更加务实工作，更加拼搏进取，更加奋发有为，齐心协力把广铁职院建设得更加美好！

加强领导　规范管理
开创学院党风廉政建设工作新局面[①]

学院召开本次党风廉政建设工作会议，目的是深入学习贯彻中央十七届六中全会和中纪委七次全会精神，把广大党员干部的思想统一到中央新的要求上来，努力开创党风廉政建设工作新局面，为实现学院又好又快的发展提供重要保障。从这个意义上可以说，今天的大会既是学习会、动员会，又是部署会，对继续保持学院良好的发展势头，全面完成今年改革发展的各项任务，建设国家骨干高职院校具有非常重大的意义。各单位会后要认真学习和传达好这次会议精神，从讲政治、讲大局的高度抓好贯彻落实。下面，我结合学院工作实际讲三点意见。

一、科学分析，准确把握党风廉政建设形势

中央纪委七次全会从党和国家事业发展全局和战略的高度，全面总结了党风廉政建设和反腐败斗争取得的新成效和新经验，科学分析了当前的反腐倡廉形势，明确提出了2012年党风廉政建设和反腐败工作的总体要求和主要任务，深刻阐述了保持党的纯洁性的极端重要性、紧迫性以及总体要求、工作重点。强调全党要不断增强党的意识、政治意识、危机意识、责任意识，坚持党要管党、从严治党，坚持强化思想理论武装和严格队伍管理相结合、发扬党的优良作风和加强党性修养与党性锻炼相结合、坚决惩治腐败和有效预防腐败相结合、发挥监督作用和严肃党的纪律相结合，不断增强自我净化、自我完善、自我革新、自我提高的能力，始终坚持党的性质和宗旨，永葆共产党人政治本色。要求大力保持党员干部思想纯洁、队伍纯洁、作风纯洁、清正廉洁，大力加强监督和严明纪律，把党建设成为坚强有力的马克思主义执政党。各单位要认真学习贯彻落实胡锦涛、贺国强在中央纪委七次全会上的重要讲话精神，通过联系实际学习，科学分析和准确把握反腐倡廉形势，把思想统一到中央的要求上来，把力量凝聚到实现全会确定的各项任务上来，紧密联系学院发展实际，研究制订好工作计划。

[①] 2012年4月9日，在学院党风廉政建设工作会议上的讲话。

近年来，高等院校发生的腐败案件呈增多趋势，已经成为当前党风廉政建设和反腐败斗争面临的一个新情况、新问题。我院作为市属公办高职院校，虽然党风廉政建设和反腐败工作一直抓得很紧，但近年来随着国家骨干校建设的不断推进，国家投入的力度不断加大，学院的专项经费、基本建设、政府采购项目、科研经费总量越来越大，在经费使用、基建项目和政府采购招投标等方面都存在着较大风险。如果管理监督不到位，就可能会出现决策失误和腐败问题。因此，我们一定要以科学的理念和思路谋划党风廉政建设工作，按照中纪委全会和省市有关会议要求，部署和推进学院党风廉政建设各项工作。要在坚持和完善以往行之有效方式方法的同时，积极探索新办法、掌握新手段、开辟新途径，不断提高反腐倡廉建设科学化水平，努力为学院又好又快发展提供坚强保障。

二、规范管理，科学构建党风廉政建设机制

学院抓改革、谋发展的责任主体是各级领导班子，成败的关键与核心也在各级领导班子。在全面推进学院各项改革建设的工作任务中，学院的各级领导干部不仅要有敢抓、敢管、敢做的责任意识和工作魄力，也要有能抓、善管、会做的管理能力和业务素养。推进以构建惩防腐败体系为重点的反腐倡廉建设，就是要从机制与制度上为提升各级领导班子的办学治校能力提供廉政、发展平台与谋事、成事保障，精神实质是为学院人才队伍的安全成长服务，为学院事业的健康发展服务。

1. 通过构建反腐倡廉制度体系促进依法办学

科学规范的管理必须以健全的制度体系作为前提，形成完善有效的制度体系，是反腐倡廉建设、规范管理的治本之策，是惩防体系建设的根本任务和基本目标，也是从严治教、依法办学的根本保障。近几年来，学院坚持将反腐倡廉工作与推进改革和制度管理相结合，把有利于思想教育、权力制衡、防范监控的办法，纳入反腐倡廉制度体系建设，努力做到按制度用权、处事、管人。2005年以来，学院共新建和修订全院性制度200多个，应该说，已初步构建起了一个与学院改革发展需要基本适应，具有广铁特色的廉政建设制度体系。但我们也要清醒地意识到，学院反腐倡廉制度体系建设还存在着一些不足和问题，表现在有些制度的科学性不够、制度之间的协调性不强、制度的执行与落实不到位等。今后一段时间，学院治理体系建设要与改革发展的进程相协调，重点围绕规范管理、从严治教、依法办学的目标，有针对性地强化制度集成，增强制度权威，加强执行制度的宣传教育与监督检查。学院广大干部要有带头执行制度的意识，有维护制度的严肃性和权威性的自觉，增强制度落实的责任感、自觉性和执行力。

2. 通过创新反腐倡廉教育机制、权力运行监控机制，推进学院的科学管理和民主监督

随着学院的发展，工作面越来越大，资产越来越多，设施越来越配套，管理的难度也越来越大。管理的约束问题、运行的效率问题、人财物的分配问题、院系个人三方利益的协调问题等日益突出，工作千头万绪，管理得好则出效益，管理缺位必影响效益。构建反腐倡廉教育机制和权力运行监控机制，就是要结合学院的改革实践，针对客观存在的现实问题，把加强对干部的监督与发挥干部主观能动性相结合，自律和他律相结合，着眼于解决客观存在的突出问题，推进科学管理和民主监督。首先，要建立起一套真正管用的教育机制与监控制度，时刻警醒广大干部自觉增强顾全大局、遵纪守法、勤政廉政的思想意识，珍惜自己所处的位置，将所赋予的权力用于为师生谋福利、将职位看作干事业的平台，做到干干净净做事，堂堂正正做人。其次，要进一步建立和完善思想宣传、纪检监察、组织人事、学生工作等党政齐抓共管的反腐倡廉"大宣教"格局，着力提高反腐倡廉教育的针对性和实效性，形成反腐倡廉教育的长效机制。再次，要建立起一套权力监控与制约机制，尽量减少和避免各级干部和工作人员面临诱惑而违纪犯罪的风险。重点加强对职能部门尤其是重点部位和关键岗位行使权力的监控机制与制度建设，推进各级领导班子民主决策、科学决策的机制与制度建设。

3. 通过信访与案件查办促进和谐校园建设

和谐校园既是我们改革建设的方向和目标，也是我们事业发展的前提和保证。信访与案件查办工作可以直接有效地促进和谐校园建设，通过耐心细致的信访接待、调查和处理，可以有效化解各种矛盾，理顺各种关系，平息各种情绪；通过查办案件，可以进一步扶正祛邪、激浊扬清，维护学院利益和校园公正，取信于广大师生员工。学院纪检监察部门要积极协助党委和行政，把做好信访与案件查办工作放在构建和谐校园、推进学院事业发展的全局中来把握，不断提高信访接待和查办案件的工作能力和水平。在工作中要敢于坚持原则，该明示纪律的要及时明示，防止行为失范；该监督检查的要坚决监督检查，防止有令不行、有禁不止；该追究和惩处的要严肃追究和惩处，防止失信于师生员工。

4. 通过作风建设促进面貌的进一步转变

领导干部作风的好坏，是学院事业能否得到健康发展的关键因素。继续深入推进院、系（部）两级领导干部与机关作风建设，既是学院反腐倡廉建设的客观需要，也是学院改革建设的现实要求。学院作风建设的核心是要树立为师生员工服务的理念，重点是要建设一个完整的服务体系，每位党员干部都应当强化政治意识、大局意识和宗旨意识，密切与群众的血肉联系，正

确处理国家、集体、个人三方利益的关系，把学院当作自己的家一样来维护，把师生员工的利益当作我们的眼睛一样来爱护。具体来讲，一是要时刻想到师生员工需要什么，自己应该为师生员工做些什么；二是工作要有激情和热情，有良好的精神面貌，不怕困难，勇于开拓创新；三是要真抓实干，不推诿、不扯皮、不敷衍，敢于承担责任，时刻以学院利益为重；四要廉洁自律，养成健康的生活情趣，结识纯洁的朋友圈子，慎独、慎微，做到时刻自重、自省、自警、自励。

5. 通过强化监督检查与内部监察职能，为学院新一轮改革建设保驾护航

加强管理贵在落实，围绕改革发展中心任务开展监督检查和内部监察，是学院纪检监察部门的重要职责，是反腐倡廉的重要工作内容，各单位要从促进学院科学发展、推进事业新跨越的角度来理解、贯彻、支持和配合他们的工作。近年来，学院纪检监察部门围绕创先争优、国家骨干校项目建设、领导干部与机关作风建设等重大事项开展监督检查，围绕招生录取、工程建设、设备采购、教学科研等热点事项开展内部审计监察，都取得了较好成效，这既有他们的敬业与付出，也有大家的支持与配合。2012 年，学院纪检监察部门要重点围绕学院重大改革任务建设项目，继续加强监督检查和内部监察，为学院新一轮改革建设保驾护航。

三、加强领导，全面落实反腐倡廉建设任务

这次会议的主要任务，是对学院 2012 年反腐倡廉建设进行动员和部署，各级党政领导干部要真正把思想认识统一到本次会议精神上来，加强对本单位反腐倡廉建设的领导，切实落实好学院 2012 年反腐倡廉建设的各项工作任务。

1. 切实担负起反腐倡廉工作的责任

学院各级领导干部一定要认真学习《广东省高等学校领导干部廉洁自律暂行办法》及学院实施意见，真正了解把握学院反腐倡廉工作的指导思想、目标任务、工作内容、领导体制、工作机制、责任分解、责任考核和责任追究等基本问题；真正清楚明白自己在学院反腐倡廉工作中究竟应该扮演什么角色、承担什么责任；真正理解抓好学院反腐倡廉工作与促进学院改革发展稳定之间的关系。同时，时刻牢记自己在学院党风廉政建设方面需要履行的"三重责任"：即以身作则，管好自己；从严要求，带好班子；按照分工，管好部门的重要责任。学院各级党组织、行政各部门和领导干部要进一步强化"一岗双责"意识，变"要我抓"为"我要抓"，切实负起党风廉政建设的领导责任。

2. 认真传达学习好本次会议精神

会议结束以后，各单位要把胡锦涛总书记在中央纪委十七届二次全会上的重要讲话与本次会议精神结合起来，与学院和本单位的建设发展实际结合起来，与学院年度的工作计划结合起来，组织教职工认真学习，注意引导教职工深入开展讨论并落实到工作中，体现在行动上。

（三）加强对落实本次会议精神的监督检查。学院纪委和监察审计处要采取多种措施，督促院内各单位贯彻落实本次会议精神。各单位要把学习传达和贯彻落实本次会议精神的情况、抓好本单位反腐倡廉建设的年度工作计划并及时反馈给学院纪委办公室。

党风廉政建设关系到党和国家的命运，关系到学院的兴衰成败。我们一定要坚持以科学发展观为指导，全面贯彻党风廉政建设的新任务、新部署、新要求，准确把握反腐倡廉建设面临的新形势、新内涵、新问题，增强党风廉政建设的整体性、协调性、系统性、实效性，使学院党风廉政建设各项工作迈上一个新的台阶，从而有力地促进学院人才培养工作跨越式发展。学院能有今天，是因为改革；学院要有更好的明天，更需要改革。面对新的形势带给我们的历史机遇与巨大挑战，大家必须肩负起党和人民的重托，担当起改革的重任，以昂扬的精神状态，饱满的工作热情，在奋力推进学院大发展、新跨越的同时，深入推进反腐倡廉建设，促进学院大和谐、大稳定。

凝心聚力　攻坚克难
全力打好国家骨干高职院校建设攻坚战[①]

一、2011年工作回顾

2011年是学院"十二五"规划的开局之年，也是国家骨干高职院校启动建设的第一年，在市委、市政府的正确领导下，在省教育厅、市教育局等主管部门的指导支持下，我们以邓小平理论、"三个代表"重要思想和科学发展观为指导，以创新体制机制、内涵建设和校区扩建为重点，以实现"四技服务"、人才培养模式改革等十大突破为主要任务，以启动院系二级目标管理、深化年度绩效考核为推动力，攻坚克难，开拓进取，在转型中突破，在突破中引领，事业发展明显加快，内涵建设成果显著，师生员工素质快速提升，社会影响力迅速扩大，较好地完成了全年各项工作任务。

（一）群策群力，"十二五"规划开局良好

1. 规划可行获得好评

在全面总结"十一五"事业发展的成功经验和差距不足的基础上，按照科学发展、先行先试、量力而行的指导原则，以国家和省市规划和区域经济社会发展为依据，结合学院实际，经过自下而上、自上而下的多轮修改，反复论证，数易其稿，确立了学院"十二五"事业发展的指导思想、发展定位、总体目标、推进策略和保障措施。省示范校评审专家们认为，该发展规划目标明确、重点突出、脉络清晰、科学可行，给予了高度好评。

2. 校区扩建取得突破

按照市政府贡儿珍副市长考察学院时确定的就地扩建方针，在市发改委、教育局、财政局、国土房管局和白云区政府的大力支持下，学院周边新增了284亩教育用地用于扩建。该地块的城市规划、土地规划调整、土地测量现已基本完成，校区扩建是箭在弦上，启动在即。

[①] 2012年5月，在学院第二届二次教职工代表大会上的工作报告。

3. 办学条件进一步改善

学院着力改善办学条件，全年完成中央财政支持的实训基地、国家骨干校、花都示范园空调与供水系统、校本部培训楼教学仪器设备采购等各项任务；成功收回了谋划多年的天兴大厦、广铁二中、广铁计量所占用的学院房产；完成了第八、第九栋学生宿舍及新学生食堂的综合验收工作；完成学生宿舍第十栋改教师办公室、四号实训楼、花都工学结合示范园等房屋维修改造等18个项目；新购图书2.64万册，电子图书增加3万种，"学院科研成果数据库""数字图书馆数据库"等自建数据库增加文章5 000余篇，硬件条件又有新的突破。

4. 招生就业开创新局面

学院录取新生2 525人，其中普高单招169人，普高统招2 154人，"3+证书"202人。广东省内普高统招第一志愿报考率达193.79%，第一志愿上线率为111.47%。报到2 222人，新生报到率为88%。2011届毕业生初次就业率达97.78%，在省内11所国家示范校和骨干校中，名列第5位。毕业生就业质量一路走高，其中87.14%供职于国有大中型企业，职业发展前景良好。

5. 信息化建设继续加强

按期建设网络中心机房环境监控系统，构建了较为完善的网络安全与监控体系。全院网络端口总数达7 500个，联网计算机6 000余台。为院内相关单位新建或改版部门网站8个，制作各类专题网站12个。进一步充实和完善数字教学资源库，新增数字资源2.7 T。校内FTP服务、VOD视频点播服务与视频直播服务在功能与资源方面均有长足进步，校园网的性能与服务水平均有进一步提高。

（二）狠抓质量，内涵建设成果显著

1. 国家骨干校建设全面启动

高效推进国家骨干校建设，一是完善组织机构，建立监控机制。成立国家骨干校建设项目领导小组，统筹国家骨干校项目建设；确定骨干校八大项目建设第一、二责任人和团队成员，落实项目责任制，集体攻关；制定实施监控、绩效考核、岗位津贴发放等制度，加强项目管理与监控。通过集中与分散相结合的方式，组织项目主要负责人和相关职能部门负责人多次研讨与论证，修改完善建设方案，经过5轮修订、3次上报，较顺利地通过教育部专家评审，在国家2011年启动建设的30所学校中排列第3。二是按照边修改、边完善、边建设的思路，及时启动国家骨干校项目建设，扎实推进各项工作任务：三个合作学院筹建工作有序推进，校企合作体制机制建设取得一定成果；花都工学结合示范园新引入企业3家，获赠设备与资金29万元，建设成果入选国家示范校建设四周年成果展；以提升四技服务能力为突破口，社会服务能力项目取得阶段性成果，专利授权新增19项，四技服务到账经费收入60.61万元，新开发培训项目6项，收入150万元以上。

2. 师资队伍建设取得新成果

圆满完成了岗位设置和聘用工作；修订《专业带头人、骨干教师选拔及管理暂行办法》《聘用人员薪酬管理办法》等文件，提高了聘用人员待遇和编内B类人员待遇；力推专业教师"2+1"校企交替工作制度，通过建设企业工作站、"双师"工作室等措施，选派教师参与企业生产实践150多人次，确保教师三年中有一年扎扎实实地在企业顶岗挂职实践；将教师开展企业实践、基地建设、"四技"服务、专利申报和科技研发纳入岗位职责并定额为周教学时数的1/3，与收入分配、职称评聘和评优评先挂钩，引导激励教师主动为企业和社会服务，提高"双师"素质；安排150多位教师赴美国、德国、澳大利亚、新加坡和中国台湾开展培训；组织90多名教师参加"以学生为中心教学法"的国际合作培训。新引进人才20名，新晋副高职称7名；获省市优秀教师、优秀教育工作者称号7名，推荐申报6名省市"教学名师"；建立了兼职教师库，入库兼职教师达280人，落实到校上课的企业兼职教师203名，兼职教师授课占专业课时总量的15.32%。

3. 专业建设迈出新步伐

新增市级示范性建设专业3个，总数达12个；新增中央财政支持重点建设专业2个，总数达6个；按照国家骨干校建设课程改革和"90、50"工程等要求，制定各专业2011年人才培养方案，重点论证优化国家骨干校和省示范校七大重点专业的人才培养方案；开展专业调研评比工作，提高调研水平，评选一等奖1个、二等奖3个、三等奖5个。

4. 课程改革继续深化

新增市级精品课程8门，国家、省、市级精品课达22门；对学院首批建设的16门院级网络课程进行了中期检查，新增院级网络课程13门，总数达29门；制（修）订了2010级、2011级课程标准，并汇编成册；完成院级立项的精品课程验收；改革职业指导课程体系，将其纳入人才培养方案。

5. 实训室建设注重绩效

新增市级示范性实训基地2个，国家、省、市财政支持（示范）基地达9个；修订实训室申报、绩效考核等文件，加强实训室过程管理；举行院级实训室讲解竞赛，评选2个一等奖、5个二等奖、8个三等奖、1个优秀组织奖、2个优秀团队奖；成功申报广东省职业教育师资培训基地。

6. 校企合作开辟新途径

学院先后与广州塔、妙购物联网、联邦快递、广铁集团等签订合作协议，深化合作内涵；花都工学结合示范园新引进大通机械、广州冠通、广州鸿辉等3家企业，入园企业设备资产总值达1 000余万元，获赠设备与资金29万元；与英国APEX 2000（英国）公司签订国际铁路培训框架协议；与广州南车、东莞地铁、长沙地铁等行业企业建立合作关系，在校订单学生达2 101人，创历史新高。

（三）德技双馨，师生素质能力快速提升

1. 教职工思想素质显著提升

通过表彰骨干校工作申报先进集体和先进个人、开展"优质服务承诺""五星评比"等活动，广大教职工敬业奉献，忠于职守，拼搏进取，齐心协力为学院改革建设发展攻难关、创品牌。

2. 教职工教科研能力显著增强

全年教职工发表论文315篇，同比增长29.63%；论文成果获奖35项；主编、参编教材50部，同比增长56.25%；主持市级以上课题达80项，同比增长128.57%；实现教育部和省教育厅人文社科课题零的突破；新增专利授权及其他知识产权18项，达到了29项，为上年的4.5倍；学报出版3期，论文质量不断提高。

3. 学生综合素质显著提高

学院开展学工论坛，着力提高辅导员队伍和学生干部的思想素质、能力水平；认真开展春运、广交会等顶岗实习及三下乡、阳光体育、文化艺术节、科技节等素质拓展活动，志愿者工作先后8次在广州创文工作快报《大拇指》及《创文工作信息通报》获通报表扬；学校连续四年荣获"广州地区春运工作先进单位"荣誉。

4. 学生实操技能显著提高

学院坚持"以赛促教、以赛促学、以赛促改"的理念，2011年学生技能竞赛取得丰硕成果，学生获国家级奖励20项，省级奖励4项，市级奖励28项。其中，全国大学生数学建模竞赛国家一等奖1项、二等奖3项，全国大学生电子设计大赛国家二等奖1项，第四届全国大学生广告艺术大赛国家级奖励2项。成功承办市属高职院校数控机床装调及加工职业技能竞赛；举办物流技能、接发列车、点钞等6项院级职业技能竞赛，参赛学生达1 280人次。

（四）规范管理，改革步伐显著加快

1. 大力推进优质服务承诺

通过满意度测评、加强督查和考评，学院各部门努力践行优质服务承诺；改善软硬条件，制定服务标准，简化程序，真正把方便让给师生，职能部门的协同意识、工作能力和服务水平有较大改观。

2. 教学管理进一步规范

学院加强教学专项经费管理，规范使用程序；坚持国家骨干校建设和常规工作一起抓，加大对常规教学工作的检查力度，制定了课堂常规教学巡察制度，对教研室活动、兼职教师授课、校内兼课教师资质、校企合作活动、课程标准规范性、顶岗实习等常规检查进一步加强。督导工作的督教、督学、督管功能进一步发挥；数据采集平台启用广东省网络版，圆满完成系统维护、数据备份、系统升级等工作，"建用结合，以用为主"的成效进一步凸显。

3. 依法治校进一步加强

学院制定了招标管理等规章制度，招标工作做到了有章可循，照章办事，并实行全院归口管理；高度重视师生来信来访，开通了"院长网络信箱"，鼓励师生主动参与学院管理，踊跃建言献策，共收来信130余封，对解决学院实际问题，改进工作作风，提高服务水平，维护学院稳定发挥了重要作用，并开创性地举行学生来信表彰交流会，评选表彰年度学生来信30封，其中一等奖2名、二等奖5名、三等奖10名、优秀奖13名；加强校务公开和制度建设，全年下发制度文件10余个；圆满完成教代会换届工作，进一步强化教代会职能，加强民主管理；加强党风廉政建设，认真开展"小金库"、公务用车等专项治理工作；加强内审工作，组织相关人员对2010年已结题的科研经费、2009—2011年的招生经费、学生亚运公共交通补贴经费发放情况等进行专项审计；坚持依法办学，强化内部管理，学院成功申报获评为广州市"依法治校示范校"。

4. 后勤服务水平进一步提高

如期改建了校本部培训楼，满足了企业员工培训住宿的基本要求；对食堂进行了招标运营，粮油大宗物资实现集中采购，建立价格平抑基金，稳定食堂饭菜价格；提高教职工中餐标准，由7元提高至10元，进一步保障了饭菜质量；全年完成水电维修8 756项，成功改造好教学区供水管，使该区月均用水大幅下降，由30 000立方米降为3 000多立方米，有效地节约了用水成本；车队运输保障有力，全年累计安全行车大车256 443公里、小车71 260公里；校园内增种了桂花、玉兰花等花草树木，师生工作学习环境进一步美化。

（五）扩大服务，社会影响力明显增强

1. **技能鉴定培训成效突出**

为广铁集团、广州科贸职业学院等单位进行高级工、技师、高级技师技能培训、鉴定6 180人次；完成广铁集团等企业"电力机车""接触网工"等培训32个班，折合15 123人·天；成人大专招生424人，在册学员达1 023人，增长了29.5%；函授学生达742人，网络教育招生933人，自学考试在册学生500多人，中职招生963人，均创历史新高。

2. **社会影响力进一步增强**

全年共接待广州市人大常委会、市教育局等政府部门、福州职业技术学院、新疆职业大学等来校来访26批164人次；《中国青年报》、广东卫视等主流新闻媒体报道学院22次，学院社会影响力不断增强。

3. **教职工福利待遇有所改善**

认真抓好学院《职工慰问办法》的实施，慰问生、婚、育及病、故（职工直系亲属）等教职工89人次，支出慰问金30 158元；组织"钟声杯"运动会，校内参赛教职工达230多人次，参加广州市比赛达70多人，获得团体二等奖（高职院校第一名）和优秀组织奖；继续组织了教职工和退休人员健康体检。

4. **平安校园建设进一步加强**

积极举办新生法制、消防和安全教育等讲座；深入开展"安全教育周活动"和禁毒宣传，加强人防、技防、物防；全校教学、工作、生活秩序良好，校园平安稳定，未发生任何重大安全责任事故。在全省高校治安综合治理考核中，被评为2008—2010年度优秀学校。

以上成绩的取得，是全院广大教职工团结一心、共同奋斗的结果，全体教职员工的付出有目共睹。在充分肯定成绩的同时，我们也十分清醒地看到，学院改革、建设和发展仍然存在不少问题和薄弱环节：一是骨干校建设推进的力度有待进一步加强；二是新校区建设推进的速度有待进一步加快；三是校企合作的深度有待进一步加深；四是教职工中精神懈怠的现象仍需引起高度重视。

二、2012年工作任务

（一）总体思路

全面贯彻落实《国家中长期教育改革和发展规划纲要（2010—2020

年)》和省、市教育事业"十二五"发展规划,以邓小平理论、"三个代表"重要思想和科学发展观为指导,以建设好国家骨干校为目标,完成两大任务,化解三大压力,坚持四项原则,处理好五个关系,确保各项学院事业发展再上新台阶,以优异成绩迎接党的"十八大"召开。

(二)总体原则与要求

(1)实现一个目标。高水平建成国家骨干高职院校。

(2)完成两项任务。一是举全院之力保质保量完成骨干校建设的年度工作计划;二是确保校区扩建工程在年内开工。

(3)化解三大压力。一是保质保量完成骨干校建设年度计划的压力;二是校区扩建年内开工的压力;三是内涵建设出精品、创品牌的压力。

(4)坚持四项原则。一是国家骨干校建设是实现学院科学发展的重大机遇,必须牢牢把握;二是人才培养质量是学院发展的最高追求,必须始终坚守;三是深化院内管理体制机制改革是必然选择,必须坚定不移;四是政校企行合作办学、产教融合是必由之路,必须坚持不懈。

(5)处理好五个关系。一是骨干校建设与校区扩建的关系;二是二级目标管理与骨干校建设的关系;三是专业发展上奖优与扶贫的关系;四是校内分配盯住学生学费与开拓市场的关系;五是管理重心下移与机关服务一线的关系。

(三)主要工作与措施

2012年,是国家骨干高职院校建设的关键年,做好全年的工作,对学院承前启后、科学发展意义重大。因此,要采取有效措施,下力气抓好以下主要工作。

(1)制定并落实院内二级目标管理方案和制度,做到放水养鱼,扩大院系等教学单位在教学、分配和管理方面的自主权;抓好职能部门管理改革,转变管理理念和方式,精兵简政,重心下移;加强宏观调控、规划引导、过程监控、激励约束、绩效考核等机制建设,确保院系二级管理改革平稳有序,卓有成效;修订好学院章程,并配套修订好学院相关管理制度。

(2)落实国家骨干校年度建设计划。下力气抓好广州市教育局、花都区政府和学院共建花都工学结合示范园,广州市政府和广铁集团共建广铁职院等两件大事;组建好广州工业交通职教集团,搭建起校企合作平台;联合广铁集团,校企共建电气化合作学院。

(3)确保校区扩建工程年内动工。加强与市、区、镇三级政府和村委的沟通与协调,争取全力支持,做好规划设计、征地拆迁、开工建设等各项工作。

（4）抓好广州市承担的教育部"地方政府促进高等职业教育综合改革试点"项目中学院负责的子项目建设，探索建立高职院校理事会制度和运行模式，构建产学研结合的长效机制。

（5）进一步加强师资管理。以绩效工资改革为契机，深化院内分配体制改革；重点实施"2+1"校企交替工作制度，做好"8+4"教师工作任务落实与监控；加强兼职教师管理与培训，建立校内教师与兼职教师互动互促机制，使兼职教师讲授专业课比例达到40%；加强专业带头人、骨干教师的培养与考核；加强"双师工作室"、企业工作站的建设与考评。

（6）进一步加强教学工作。加强省级重点专业的申报与建设，力争立项2个，培育2个；继续加强精品（网络）课程、实训基地、技能竞赛等标志性成果培育，争取取得更大突破；继续加强信息化建设，加大教学资源库建设力度；加强专业标准、三二分段课程衔接等建设工作；引入第三方质量评价，加强质量跟踪与监控；加强专业教学团队建设，争取市级以上教学科研团队的更大突破；进一步加强教学管理和督导督察工作，继续规范各类教学文件的收集整理，夯实基础性工作。

（7）进一步推进科技工作。认真抓好学院"十二五"科研规划的落实，成立学校学术委员会，继续加大教科研奖励的力度，建立合理的科研激励机制与考核体系；抓好高级别科技成果和项目立项，鼓励和支持专利申报及推广工作，努力体现学院的工科特色；继续办好《南方职业教育学刊》。

（8）加强招生就业工作。重点抓好单独招生和三二分段招生试点工作，加大招生宣传力度，进一步扩大学院的社会影响力和知名度，确保2012年招生第一志愿上线率、报到率有新突破；拓展建设大学生就业基地，增加行业企业订单培养人数，同时加强学生创业能力培养，鼓励学生自主创业，确保就业率始终处于全省高职院校前列。

（9）改进学生管理工作。全力做好学生的安全稳定工作，及时关注形势发展，做到提前预防、防患未然，谋划在前、工作到位；继续开展学生春运实践、"三下乡"、先进人物讲座、职业技能竞赛等活动；加强学生文明素质和礼仪培养，营造丰富多彩的校园生活，引导学生开展积极向上、寓教于乐的活动，提高学生自我教育、自我管理、自我约束的能力。

（10）切实做好继续教育与技能鉴定培训工作。努力开展多层次、多种类的继续教育工作，加强以技术开发为主的社会服务能力建设，拓展国内外培训市场，实现社会服务的新突破；充分有效利用学院各种教学资源，组织好各类社会培训考试和技能鉴定工作，满足社会的多层次需要，争取社会效益和经济效益双丰收。

（11）加强财务、审计、信访与工会工作。推行院内经费二级管理改革；加强财务预决算、经费使用的监管工作；加强审计工作，实行事前、事中和事后审计相结合，搞好风险监控；加强信访与工会工作，维护教职工合法合理的诉求。

（12）搞好后勤保障和安全保卫工作。继续深化后勤服务改革，加强食堂管理，努力为师生提供质优价廉的餐饮服务；加强校园环境管理，营造整洁舒适的校园环境；切实加强网络安全管理，及时清除有害尤其是影响校园稳定的信息；开展防火安全和治安防范宣传教育和检查，落实突发事件应急处置机制，做好预防甲型流感等疾病工作，力争全年无重大教学事故和人身、食品、设备安全事故，确保校园安全稳定。

2012年学院发展形势喜人，任务艰巨，做好全年改革建设各项工作，使命光荣，时不我待。全院教职工只要拧成一股绳，心往一处想，劲往一处使，齐心协力，坚定不移，学院发展的各项任务就一定能圆满完成，既定的各项指标也一定能够顺利实现。

永续铁路情结，合作发展共赢[①]

广铁集团2012年客运职业技能竞赛今天在学院隆重举行，值此开幕式之机，我谨代表全院师生员工，向亲临指导的广铁集团公司各位领导表示衷心感谢！向各参赛代表队表示热烈欢迎！向参与赛事组织服务的全体工作人员致以诚挚的问候！

学院作为广东省唯一一所以培养轨道交通类高端技能型人才为主的高职院校，2005年由广铁集团移交广州市政府管理以来，在市政府和广铁集团的大力支持和指导帮助下，充分发挥铁路行业背景深厚和政府重视支持的双重优势，借外力壮实力，联企业强内涵，极大地改善了办学条件。校园面积扩大到314.86亩，增长了100.55%，校区就地扩建也正在稳步推进；学生规模稳步扩大，在校生达到7 000余人，增长了405.7%；办学实力明显增强，现有中央财政支持实训基地2个，国家、省、市精品课程22门，中央财政支持重点建设专业6个，广州市示范专业12个；人才培养质量不断提高，近四年平均就业率达99.40%；社会知名度显著提升，2009年以优异成绩通过教育部人才培养工作评估，2010年成功立项广东省示范高职院校和国家骨干高职院校建设项目；学校还先后获评全国德育先进集体、广东省高等学校毕业生就业先进集体、广州市依法治校示范校等荣誉称号。

学院秉承"分家不分离"、服务铁路不变样的原则，按照做优轨道交通类的专业建设思路，对接区域产业链，形成了以轨道交通类专业为龙头，先进制造类和电子信息类专业为两翼，现代服务类专业为支撑的专业发展格局。学院坚持走校企合作、工学结合之路，充分发挥铁路类专业优势、设备优势和师资优势，坚持服务铁路大发展对高端技能型人才需求的办学宗旨不动摇，坚持与广铁集团公司的血肉联系唇齿相依不分离，在合作发展方面紧紧抓住几个关键环节不松劲。一是着力满足集团公司对高端技能型人才的需求，校企合作开展订单培养，订单班在校学生现达到1 456人；二是全力支持集团公司职工培训和素质提升，每年为集团公司培训机车司机、供电工等达2 000人次；三是全力支持集团公司春运、暑运工作，平均每年派出4 000

[①] 2012年6月13日，在广铁集团客运职业技能竞赛开幕式上的致辞。

余名师生作为志愿者参与铁路运输，不讲价钱，真情服务，实践育人，打造了广州春运志愿服务的品牌；四是校企共建集团公司所辖三大火车站和车务段、机务段、动车段等大学生实践教学基地。

广铁集团公司这次将客运职业技能竞赛的赛事交给学院承办，是对学院工作的充分信任和高度认可。全院各相关部门要通力协作，积极配合，承办单位要细心准备，用心服务，确保赛事顺利进行。全校上下要把承办好此次赛事作为增进广铁集团公司联系了解、加深合作伙伴关系、增进相互友谊的契机，做到全力以赴，全程服务，确保赛事圆满成功。我坚信，只要大家齐心协力，精心做好每一项合作，以实际行动促成广州市政府与广铁集团公司共建广铁职院，接下来的合作办学，形式将会更加多元，内涵将会更加丰富，领域将会更加广阔，前景将会更加美好！

以务实敬业之心，发攻坚进取之力[①]

今天，我们欢聚一堂隆重举行2012届学生毕业典礼。首先，我代表学院党政领导和全体教职工，向圆满完成学业的2 626名毕业生表示最热烈的祝贺！向为学院人才培养付出辛勤汗水的全体教职工表示衷心的感谢！

2009年9月，同学们满怀激情、充满期待地来到了广铁职院。三年来，你们勤奋学习、刻苦攻读，经受住了一次又一次的考验，克服了一道又一道难关，创造了一个又一个辉煌。春运一线，你们不畏艰辛，为回乡旅客送去阵阵温暖；亚（残）运会，你们挥洒汗水，为体育健儿默默奉献；广州创文，你们忘我工作，为城市文明建设添砖加瓦。运动场上留下了你们飒爽英姿，教学楼里留下了你们琅琅书声，流溪河畔留下了你们欢歌笑语……一串串感人的事迹、一幕幕动人的情景。忘不了志愿服务中李梅等同学的繁忙身影，忘不了大运会上梁红梅等同学的青春风采，忘不了创文活动中吴晓明等同学的热情笑脸……你们的勤奋学习，刻苦攻读，结出了道德素养、专业技能全面进步的硕果；你们的不懈努力，顽强拼搏，为学院办学质量、发展实力的大幅提升增了光添了彩。你们在适应大学生活中立志，在勤奋进取思考中创新；你们学会了做事，懂得了做人！在广铁学院的这三年里，你们以各种方式参与了广东省示范高职院校和国家骨干高职院校的建设，见证了学院改革、建设和发展的巨大进步，并与学院的跨越发展一起成长、成熟、成人、成才，一起走向成功。你们为学院发展进步做出的贡献和付出的汗水，学院永远不会忘记；你们由此而增加的社会阅历和宝贵经验，我们感到由衷高兴。

在你们即将离开母校，走向社会，奔赴工作岗位之际，在这充满激动与欣慰、不舍与牵挂之刻，真诚地希望同学们牢记父母养育之恩，永记母校关爱之情，谨记服务社会之责。

1. 永持务实敬业之心

三年的学习审视，你们接触了社会，懂得了客观评判，初尝了人生的酸、甜、苦、辣。希望同学们牢记学院"创新每一天"的校训，既仰望天

[①] 2012年7月2日，在2012届学生毕业典礼上的讲话。

空、志存高远，又脚踏实地、踏实干事。热爱并忠诚于自己所选择的企业和职业，切实沉下心来，从大处着眼，将小事做好，把细节做实。虚心向同事学习，真诚向同行求教，点点滴滴积累，孜孜不倦追求，提高修养，丰富知识，增长技能，服务社会，以不甘人后的拼劲，把握好属于自己的每一个发展机遇，开创出各自事业发展的广阔蓝天！

2. **永蓄攻坚进取之力**

三年的拼搏进取，你们既赢得了赞赏和掌声，也历经挫折和磨炼。"宝剑锋从磨砺出，梅花香自苦寒来"，人生的真谛在于不断接受挑战，不断提升自我，在攻坚克难中努力实现个人价值。希望大家继续发扬这种永不言败的进取精神，在漫长而坎坷的人生道路上，不向困难低头，不被挫折屈服，自强不息，奋发向上，努力进取，历练成才。做到以骨气立身，以才气立言，以正气立德，以大气立功！

3. **永怀感恩报国之志**

三年的刻苦攻读，你们已学有所成，具备了迎接挑战和可持续发展的基本素养。"此去须怀报国志，不忘春风化雨情"，而今，你们站在人生一个崭新的起点上，希望你们诚实做人、岗位成才，把实现自我价值和服务社会联系起来，既有高度的事业心，更要有强烈的社会责任感，自觉地肩负起服务社会、振兴中华的责任，为国家的富强繁荣和单位的兴旺发达做出自己的最大努力！

同学们，长空万里好风劲，潮平岸阔云帆高。祝愿你们在新的人生旅途中健康快乐，在各自的人生舞台上谱写出绚丽篇章！

进一步深化三项改革，力促国家骨干校建设[①]

这次花了两天的时间来研究学院新学期的工作，总的来说，会议主题明确，就是要以改革促进发展，以发展深化改革；任务很清晰，就是要保质保量地做好教育部、财政部验收检查前国家骨干校建设各项工作；措施也很具体，就是要推进院系二级目标管理改革，力推院内审批制度改革，进一步深化专业综合改革。一句话，就是要调动全校教职工的力量，通过推进院系二级目标管理等三项改革，为国家骨干校建设营造一个创新发展的良好环境，提供一种保障有力的运行机制，圆满完成骨干校八大项目的建设任务。围绕会议的主题，骨干校八大项目的第一责任人结合中期检查做了总结自评，在肯定成绩的基础上找到了问题和差距，提出了下一阶段的任务和对策。中期检查的情况表明，八大项目的建设任务比2011年年底有了很大突破，把没有完成的任务追补上来了。院办就推进院内审批改革提出了意见，特别是在暑期院内审批改革专题会议的基础上，对学院审批程序进行了全面清理，提出了调整意见。两院四系一部就贯彻落实学院二级目标管理改革，提出了具体思路和工作对策。各位院领导也就分管工作做了介绍。这次会议安排紧凑，与会人员大多都能集中思考、认真准备，会风不错，达到了预期目的。为贯彻落实好本次会议精神，切实做好新学期工作，借此机会我谈三点意见。

一、推进二级目标管理改革

校院二级管理改革的方案拟定基本完成，总体方针已经基本确定，接下来是各院（系）、部如何把握好学院的总方针，结合实际切实抓好落实。贯彻实施校院二级目标管理改革方案，总的要求是，要种好改革的试验田，总结摸索好改革经验，为国家骨干校体制机制创新项目贡献智慧和成果，并谋取院（系）、部各自更好的发展。前人说，智者抓住机遇，胜者创造机遇。国家骨干校申报成功说明在座的各位都是智者，因为大家抓住了这个历史机遇。接下来，相信各位也都能做胜者，为骨干校建设大功告成创造学院再发

---

① 2012年8月30日，在2012年学院暑期工作会议上的讲话。

展的机遇。这个机遇就是学院当前要重点抓的校院（系）二级目标管理改革，通过这项改革创新，把院（系）、部的内生动力和发展活力进一步激发出来，把广大教职工的积极性、主动性充分调动起来。为此，院（系）、部和相关职能部门的同志要认真把握校院二级目标管理改革的宗旨、特点和要求，要向广大教职工做好宣传，使人人理解、个个把握、大家参与。校院二级目标管理改革的宗旨，是重心下移、简政放权、放水养鱼、自主发展，在这个总的框架内，要重点把握好以下五个方面的特点。

1. **分步实施，逐年到位**

通过三年改革，逐步实现院（系）、部的办学经费、人员经费全部与办学绩效挂钩。这里定的三年，主要是想给招生不多的某些专业、办学规模较小的系有一个成长期、缓冲期，使之能有足够的时间集中精力抓紧发展，逐步实现自己能"造血""供血"，并做到自给自足，改变依赖学院"输血"的现象。

2. **一地一策，区别对待**

对花都、羊城、实训中心等远离校本部并承担合作办学任务的单位，分别给予异地资金补贴或政策方面的支持，本次改革方案中已明确要给专项补贴资金。其中，对实训中心给予的是项目支持，即凡是校内要对外请人生产加工的东西，实训中心能够做得到的，在同等条件下都优先交给实训中心来做。

3. **设置基金，立项支持**

在骨干校建设期间，对院（系）、部聘请企业兼职教师授课设立100万元课酬基金，支持聘请高水平的兼职教师。院（系）、部要专款专用，把好兼职教师的"高水平"这个关，决不能张冠李戴；对聘任的"三高"人才，特别是有影响力的正高职称的专业带头人，学院还要给予院内津贴的补贴。

4. **简政减员，倾斜教学**

学院管理重心下移后，职能部门要在定编、定岗、定员的基础上再相应裁减人员，减下来的人员主要是充实院（系）、部。此外，要组建好后勤服务公司，以服务求效益，减少学院的津贴分配压力，相关同志到株洲考察认为湖南铁路科技职院后勤公司的操作模式好，我认为好就好在他们的运行好、效益高，好在他们的理念在将后勤服务按公司化运作的同时，不仅姓"教"，还要姓"学"，要求通过为师生服好务来争取效益。倾斜教学，就是要将机关管理人员2011年的津贴总额压减3%，把这25万多元资金作为院（系）、部二级目标管理改革的奖励基金，由院（系）、部根据改革目标到位与绩效情况再分配给一线的教师。

5. 创收提成，利在院（系）部

为鼓励院（系）部组织教职工积极开展"四技服务"，在启动阶段学院对现创收管理办法的提成再让利50%给院（系）部，对于开展铁路类的岗位培训，可以酌情实行零上缴。这一点对各院（系）、部是平等的，因为铁路类是个广义的概念，这也是激励大家都来关注"铁"字号企业，应该没有厚此薄彼。对二级目标管理改革的推进，相关职能部门和各院（系）、部的负责同志都要高度重视，认真把握，在座的各位领导同志更要把思想统一到学院的改革方案上来，不能在院（系）、部推进改革的过程中出现与学院方案不同的声音。因为任何改革方案都不可能做到尽善尽美、人人满意才出台。执行中有不同的意见、不同的想法，也应该通过组织逐级反映，确属原则性的问题再斟酌改进。

二、力推院内审批制度改革

学院2005年8月移交市政府管理以来，各职能部门都能认真贯彻落实上级的要求，特别是市政府和省教育厅相关的规定和制度，在铁路管理的基础上大力进行整章建制，加快转变管理职能，全面推进依法行政，注重管理方式创新，学院步入了规范管理、依法行政的良性发展轨道，行政管理取得了明显成效。但是，随着学院办学规模的扩大、改革发展的深入和国家骨干校建设的推进，院内审批制度与学院发展不相适应的现象日益明显，特别是与当前要推进的二级目标管理改革、简政放权的要求不相适应。主要表现有三个方面的不足：一是重复审批较多；二是院内审批设置不够合理；三是监管机制不够健全。我们要力促国家骨干校建设，保障二级目标管理改革到位，简政放权的工作必须要先到位。为此，当前必须着力推进院内审批制度的改革，以破除制约国家骨干校和省示范校建设，特别是学院事业持续发展的体制机制障碍，进一步激发全院广大教职工的改革活力和创新动力。

准确把握和落实好院内审批制度改革，一是要按照"应简必减、该放就放"的原则，切实抓好简政放权的工作。在学院审批制度改革暑期专题会议的基础上，各职能部门和各项目组的工作效率非常高，前两周集中加班时有几个专业的中期检查汇报达到了较高的水平，这就是成效，当然有些专业、有些项目还是要再加油。涉及审批制度改革的相关责任部门，都已经按照学院的改革要求进行了全面清理，现行的75项审批制度中，提出了取消3项、调整21项的初步意见。今天院办给各位汇报讲到的这些意见，希望大家进一步分析和把握，取消3项、调整21项，是不是还有遗漏忽视、是不是划分得合理，各院（系）、部还要发动教师认真负责地进行研讨，提出修改完善的意见。院办要把教职工的意见挂到网上，使各职能部门知晓院（系）、部到底想改什么,想保留的是哪些。同时,请各职能部门按照"应简必减、该放就放"的原则和学院推进二级目标管理改革的要求,对重复设置的审批一律取消;对设置不合理的逐一论证提出意见;对不恰当的要进行调整或简化。以切实提高学院的办事效率,防止人力资源的浪费,防止互相推诿扯皮,防止系部教师对机关的意见,防止因重复审批而产生的矛盾和不愉快,从而有效避免"一管就死"的局面。二是要按照"严格规范、便捷服务"的原则,认真履行审批职责。必要的行政审批,是贯彻执行好上级政策法规的必要环节,是依法行政、廉洁行政的必然要求,对于必须建立的审批制度,全院师生员工都要自觉遵守,积极配合。各级、各部门都要认真履行职责,在全面查漏补缺、提供优质服务的同时,努力把握审批关,坚决杜绝"一放就乱"的现象。

当前,院内审批制度改革要坚持两手抓,一手抓取消和调整,一手要抓查漏和补缺。各级领导同志头脑要清醒,必要的审批,必要的管理,是坚定不移的,是一定要坚持的。各职能部门要在强调严格把关,规范操作,管好自己的人,做好自己的事同时,又要实行便捷服务,防止审批权的滥用,有效地制止管、卡、压。还要认真加强监管,特别是简政放权以后,对院(系)、部运作的监管。比如说,此次会议提出取消的3项、调整的21项,取消和调整并不表示学院以后不管,而是把这些权力交给了院(系)、部,放到了基层单位,而相关的职能部门则要负起监管的责任,加强过程的管理,进行宏观调控,抓好考核评价。这是一个事物的两个方面,决不能"一放就乱",特别是给予院(系)、部一定的财权后,一定要做到收支两条线,不能够把钱留在院(系)、部,锁在自己柜子里,所有收支的操作都要按照学院的规定执行。希望各相关职能部门按照学院这两个原则和两手抓的要求,结合部门的实际,处理好严格审批与快捷服务两者之间的关系,做到不顾此失彼,既方便教职工办事,又严格规范审批行为。

三、努力强化专业综合改革

这里再次强调专业综合改革,旨在通过改革进一步提高专业的吸引力和社会各界的认可度,这是强化学院各项改革的落脚点和着力点。刚才,王韶清副院长分析了学院2012年招生录取的相关情况,应该从两个方面来看待这种现象。一是自己与自己比我们确实上了一个台阶,学院在广东省录取了2 063名新生,加上自主招生和外省录取总共是2 954名新生,招生的规模和第一志愿的报考率、上线率都比2011年有进步,尽管步子不大,但还是有进步。假期当中,为了2 954名新生按90%的报到率能够入住,后勤处、学生处的干部职工都在加班加点,对学生宿舍进行条件改造,招生办的同志加班加点进行录取,这也是很大的进步。但是,本次广东录取的2 063名新生中,按专业分析就不难看出我们的差距,这里将有关数据简略地和大家做个分享:一是第一志愿报考率与上线率分析。学院第一志愿报考率不足100%的专业(方向)有18个,其中不足50%的有7个,最低的涉外旅游是25%、模具是23.56%、英语翻译是35.19%;第一志愿上线率与专业招生数有差距的另外还有6个专业。这就是说,共有"18+6"共24个专业(方向)第一志愿的上线率不足100%,占本次招生专业(方向)的60%。18个专业中差距比较大的还有数控、计算机应用、应用电子等专业和轨道交通检修方向。二是与省内其他示范校、骨干院校的比较分析。广东省11所国家示范校、骨干院校中,番禺职院文科的最低出档线是526分,省轻工是501分,而我们第一志愿录取的文科520分以上是9人、理科500分以上是31人,总共只有40人接近番禺职院和省轻工的最低出档线,而这些人只占到录取新生总数的1.9%。在11所国家示范、骨干院校中按照省文科425分、理科400分的出档线进行录取的,就只有广铁职院和顺德职院。这种专业严重失衡的数字令人担忧,为什么会出现如此大的差距,是什么原因造成的,我们得静下心来认真弄清原因,是这些专业招生宣传不深入,是校园面积小、相关条件差,还是市场的需求?专业的定位?社会的影响力?到底是什么问题?在和大家分享这些数字的同时也想给各位出两个题目。如果说是校园面积小,相关条件差,比不上其他高职院校,这是不争的事实。如果在办学上和其他院校的同类专业相比没有什么特色和过人之处,考生为什么不选条件好的来选你广铁?所以,非铁路类专业要考虑如何往"铁"字号去靠,真正发挥支撑专业的作用,办出人无我有的特色;是铁路类的专业则应考虑如何做好宣传,扩大社会影响力,把自己好的市场需求和就业前景告知广大考生,这是题目一。如确实是市场需求有限、发展前景也不那么看好的专业,学院是坚决停办还是针对市场需求去做好专业整合这篇大文章,这是题目二。请招生就业处把相关数据发给各个院(系)、部和相关职能部门,请大家都来认真解题、寻找对策。也请王韶清副院长牵头、教务处会同相关部门以2012年第一志愿报考率和上线率为依据,并与省内其他10所国家示范、骨干院校同类专业进行分析,新学期开学后就优化专业特色拟定相关意见,采取切实可行的措施适时予以改进。大家知道,抓专业综合改革就是抓学院发展,抓核心竞争力,在这个意义上,将专业特色和优化调整提到多高都不算过分。为此,全院上下要统一思想,形成共识,下大力气进行专业优化、调整、改造和创新,把学院可持续发展的能力做强,进而提高办学的吸引力和社会各界的影响力。

马仁听主任介绍国家骨干校体制机制创新项目中期检查的情况时,认为

学校在校企合作、"四技服务"等方面离设定的目标还有较大的差距。究其原因，除了以上专业综合实力和对企业的吸引力不强外，与企业的联系和沟通也是必须要加强的。关于加强和广铁集团高层的互动，争取拿到共建合作学院的尚方宝剑，这个指向是正确的，但是要加力行动。就是说，在找广铁集团、广州地铁、广州市政府的领导时，要提出具体的方案，要有专人对口联系。市教育局的领导是想把职教集团做实、做强的，一直想让发改委出面发一个文。这次通过协调各方已达成了一致意见，发改委同意研究后给个答复，市教育局领导表态如发改委不能批示行文，市教育局则马上批示下文。与广州地铁的合作学院也有了突破性的进展，假期中我和王韶清副院长及相关同志与广州地铁的领导讲到共建合作学院，广州地铁领导非常愉快地答应在广州地铁培训学院的基础上与广铁职院共建合作学院，以后需要做的培训工作以及学院能够承担的工作，都交给这个合作学院来做。请体制机制创新项目组调动各方力量来抓学院体制机制建设，继续与广铁集团、广州地铁、广州市政府的领导联系。很多事情要锲而不舍，只有通过大家锲而不舍的努力，通过专业综合能力的增强，特别是学院毕业生在企业的作为，进一步提高学院校企合作的吸引力和社会各界的认可度。

进"城"兼顾扩建,确保"验收"合格①

8月6日,您亲自率领市政府一班人考察广州职教基地选址,并主持召开座谈会,大手笔、大力度、大气派推进"广州教育城"建设,为广州职业教育的大发展和学院加强内涵条件建设提供了千载难逢的机遇,作为为新校区建设奔走近七年未果的广铁职院人,我们非常感动,也无比激动,更备受鼓舞,进一步坚定了全院广大教职工建设好国家骨干高职院校、争创全国一流的决心和信心。现就学院有关改革、建设和发展的情况报告如下。

一、学院办学的主要成绩

学院2005年8月由广铁集团正式移交广州市政府管理,是广东省唯一一所培养轨道交通、铁路等特有专业人才的全日制普通高职院校。移交转制七年来,在市委、市政府的正确领导和市教育局等部门的大力支持下,学院克服占地面积小、发展底子薄等困难,坚持以科学发展观为统领,面对扩大规模和提高质量的双重压力,以杀出一条血路的勇气和决心,不甘人后,攻坚克难,坚持质量规模齐头并进,内涵外延同步加强。在校学生规模由1 380余人扩展到7 000余人,专业由17个发展到31个;毕业生总体就业率年均达99.40%,进入全省高职院校十强,被评为"广东省普通高校毕业生就业先进集体";与广、深、港地铁,广铁集团等名优企业开展订单培养,2012届"订单班"学生达毕业生总数的44.9%,2013届毕业的学生现已基本被企业预定,2014届毕业的学生也被广州地铁、东莞地铁等预定了600多人;在市属高职院校中率先通过教育部人才培养工作评估,于2010年成功申报国家骨干高职院校和省级示范院校,实现了移交市政府管理五年三大跨越。学院转制发展的骄人成绩和迎难而上的办学精神,得到了省教育厅、教育部和社会各界的广泛认可,

广铁职院按照"做优轨道交通类专业,做强先进制造类专业,做精电子信息类专业,做实现代服务类专业"的专业建设思路,对接广州区域产业链,形成了以轨道交通类专业为龙头,先进制造(电子信息)类专业和现代

---

① 2012年8月8日,以学校名义写给时任广州市市长陈建华的报告。

服务类专业为两翼的专业发展格局。现有 31 个招生专业中，建有中央财政重点建设的专业 6 个，省重点建设（培育）的专业 2 个，广州市示范性（建设）专业 12 个；国家、省市精品课程 22 门；校企合作办学成绩斐然，学院与花都区中小企业局等共建的花都工学结合示范园引入先进企业 10 家，服务区域中小企业培养高素质技能型人才，建设成为广东省职业教育师资培训基地，2011 年作为教育部第四届示范校建设成果在天津向全国展示；广州市政府与广铁集团（铁道部）共建广铁职院、与清华紫光测控等公司共建电气化合作学院和组建广州工业交通职教集团等工作正在稳步推进。

二、发展瓶颈与解决措施

学院国家骨干校建设从 2011 年启动以来，体制机制创新、城轨交通车辆专业建设等八大项目均取得重大突破，现建设任务已完成过半，下阶段工作正在加快推进。目前，发展的主要瓶颈是校园占地面积过小，教学行政用房严重不足，国家骨干校四大重点建设专业的实训基地难以落地到位。校园自有占地面积仅 157 亩，生均占地为 14.8 平方米，与教育部生均 59 平方米的标准相差甚远，加上花都工学结合示范园等 3 个合作办学单位的 157.86 亩，所有占地面积也仅 314.86 亩。面对轨道交通专业毕业生的巨大需求，为建好国家骨干校学院不得不从 2010 年起采取压缩招生规模，调整教师办公室腾出房子来改造实训室，在花都粤宝丽工业园扩大合作办学场地等措施，勉强落实了国家骨干校四大重点建设专业 2011 年的实训基地建设项目。但 2012 年、2013 年两年投入建设的设备场地尚无着落。

为解决学院办学场地不足的问题，贡儿珍副市长 2010 年 11 月 16 日考察学院适时确定了"就地扩建"的工作方针。按照该方针，学院积极与市发改委、教育局、规划局、白云区政府等部门沟通联系，于 2011 年年底确定在现校区周边扩征 284 亩地分两期建设。第一期工程（占地 184 亩）的项目前期工作现正稳步推进：2012 年 1 月，市发改委批复学院该校区改扩建项目正式立项，并列为广州市重点项目的预备项目；3 月，学院与所在地的庆丰村就扩建征地达成原则意向，并在广州建设工程交易中心完成了该项目代建单位的招标工作；该建设项目的选址意见书和土地预审意见等已得到市有关部门的批复，并确定了征地拆迁的实施部门。此外，一期工程可行性研究报告、场地地震评估、地质灾害评估、修建性详细规划方案等项目的招标工作也均已完成，现正办理建设用地规划许可证、洽谈征地拆迁、设计单位招标等工作。

三、关于进入广州教育城的思考

广州建设教育城能有效整合各种资源,抱团发展,形成规模,打造特色,加快推进中高职衔接,是全市职业教育大发展的特大好事。学院迫切要求进驻广州教育城建设新校区,为确保国家骨干校建设"验收"合格,经反复研究论证特提出以下两个方案,恳请得到市长的指示和支持。

方案一:广州教育城如能于2012年年底或明年上半年开工,学院现已启动的就地扩建可以不再建设,保留现校址培养轨道交通类专门人才,先进制造类和现代服务类等其他专业进入广州教育城办学。

方案二:广州教育城在2013年上半年如不能开工,请求市政府再加力度,加快推进学院现已启动的就地扩建第一期工程的建设进度,使2012年、2013年两年国家骨干校实训基地建设等任务能落地到位,在2013年教育部、财政部专家组来校检查验收时,确保市政府对教育部建设新校区的承诺能兑现。

广州铁路职业技术学院万名师生员工衷心感谢市长的支持和关注,并诚邀您在百忙中莅临学院视察指导,为学院又好又快发展把舵指航。

创新体制机制,拓展国际合作[①]

非常荣幸,能邀请到各位嘉宾参加学院与德国凯勒公司共建数控实训室的揭牌仪式。值此机会,我代表广铁职院向前来参加揭牌仪式的各位领导、各位来宾表示热烈的欢迎和诚挚的谢意!

广铁职院于2000年6月由广州铁路职工大学、广州铁路机械学校、广州铁路成人中专合并组建,2005年8月由广州铁路(集团)公司移交广州市政府管理,是广东省唯一一所以培养轨道交通、铁路特有专业等高端技能型人才为主的全日制普通高职院校。移交广州市政府管理六年来,在省市领导以及社会各界的关心支持下,全院上下抢抓移交转制和轨道交通大发展带来的两大机遇,发挥行业背景深厚和地方政府鼎力支持的双重优势,联合广州地铁、广铁集团等名优企业积极探索共建合作学院,联合120家规模企业组建了广州工业交通职教集团,先后出台了"合作企业引入、准入、退出"和"兼职教师基金筹措"等系列校企合作制度,于2010年成功申报为国家骨干高职院校建设单位。

我院近三年与合作企业订单培养学生的人数达到3 270人,占毕业生总数的64.79%,全院就业率年均达99.45%。2014年的毕业生已被广州地铁、东莞地铁等预定600多人,占毕业生总数近30%。学院与花都区中小企业局共建的花都工学结合示范园,形成了"产教一体、寓学于工"的人才培养模式,并作为校企合作案例入选教育部国家示范校建设四周年成果展。为全面推进国家骨干高职院校建设,学院按照省教育厅"共同搭建粤德职业教育合作交流平台"的要求,努力拓展粤德交流合作,在人员交流互访、制度设计等方面探索建立深层次伙伴关系。2012年5月,学院廖惠卿书记率团到德国雷姆塞德培训中心、凯勒数控软件公司进行考察磋商,双方就共建实训室、合作培训师资等方面达成一致协议,并采取有力措施认真抓好落实。

学院将抓住省教育厅深化粤德合作的大好机遇,在创新体制机制,拓展合作领域方面,努力探索,积极进取。一是管好用好与凯勒公司共建的实训室,精心培养好数控专业的高端技能型人才;二是组建中德培训中心,面向

[①] 2012年9月12日,在中德共建实训室揭牌仪式上的讲话。

全省乃至全国开展专项培训；三是做好教师互派互访工作，提升教师素养；四是吸纳借鉴"双元制"模式，优化提升"产教一体、寓学于工"人才培养模式，探索构建"轨道交通专业现代学徒制"；五是拓展与广东省内德资企业的合作，共同开展"订单班"人才培养。为区域经济发展培育更多高端技能型人才，为广东省、广州市高等职业教育发展做出更大的贡献。

转换角色定位，塑造完美人格[①]

今天我们聚集在一起，隆重举行2012级新生开学典礼，热烈欢迎来自全国14个省、自治区的2 687名新同学。刚才的检阅中，我们看到了一支训练有素、整齐威武的队伍，新同学们意气风发、激情四射的精神面貌令人振奋，学院因你们的到来而增添了新的活力，为你们成为新的广铁学院人而高兴。在此，我代表学院领导和全体师生员工，对你们的到来表示最热烈的欢迎！向辛勤训练的官兵和师生致以崇高的敬意！

学院作为广东省唯一一所以培养轨道交通类高端技能型人才为主的高等职业院校，2010年成功申报国家骨干高职院校和广东省示范性高职院校建设单位。现有石门、执信南、羊城三个校区及花都工学结合示范园和朝阳实训基地，设有轨道交通、机械电子等8个院（系）、部，全日制高职在校学生6 961人。学院教学设施齐备，师资力量雄厚，发展势头强劲，在流溪河畔这片热土上，教师们"潜心教学、大爱育人"——辛勤耕耘；学子们"勤学善思、砺能笃行"——成人成才，共同为学院建设发展添砖加瓦，共同为人才培养建功立业。目前，学院按照国家骨干校建设方案，创新体制机制，加强专业建设，改革培养模式，着力提高人才培养质量与社会服务能力，加快推进新校区建设，全力打造轨道交通特色鲜明的高水平国家骨干高职院校，为广州新型城市化发展做出积极的贡献！

金秋九月，骄阳似火，为期11天的军训让同学们磨炼了意志，锻炼了体魄，提高了国防意识、理论水平和军事技能，培养了吃苦耐劳的精神。为持续保持和发扬这种奋发向上的精神状态，借此机会，我向同学们提四点希望和要求。

第一，学会适应，转换角色定位。大学生活是人生的一个崭新历程，新的人际关系、新的授课方式、新的管理模式，在带给你们新鲜的同时，也会带给你们一份辛劳，也许还会品尝到一些苦涩。希望同学们尽快适应这一新的环境，转换角色定位，规划好大学期间的每一天，坚持理论学习与实践训练相结合、课堂学习与社会活动相结合、专业技能与基础能力相结合，积极

[①] 2012年9月21日，在2012级新生开学典礼暨军训阅兵式上的讲话。

承担起大学学习的重任，既不甘于平寂又不好高骛远，脚踏实地实现自己的学习规划和人生理想，为自己的人生旅程写下绚丽篇章。

第二，学会思考，提升创新能力。21世纪是知识经济时代，学会学习、学会做人，已经成为年轻一代成长成才、走向成功不可缺少的职业素质和能力要求。希望同学们从教科书为主的平面式接受型学习，转向以课室、图书馆、实训室和网络媒体、企业实习岗位相结合的立体式研究型学习，在每天的授课中学会思考，在每次的实践中学会创新。让思考成为一种自觉，让实践成为一种习惯，长志气、增才气、添灵气，将自己培养成专业的行家、技术的能手、管理的骨干。

第三，学会做人，塑造完美人格。大学不仅是学习知识、锻炼本领的地方，更是提升素质、陶冶品性的场所。希望同学们把修身做人放在头等重要的位置，把个人的成长成才与国家的发展、民族的振兴紧密结合起来，以创新的心态、满腔的热情、进取的精神和拳拳的爱心，去看待周围的一切，做一个重诚信、会感恩的人，把知识升华为综合素质，把习惯积淀为个人修养，将自己培养锻炼成为有益于国家、有益于社会、有益于人民的栋梁之材。

第四，学会合作，培养团队精神。现代社会越来越注重人的综合素质和团队精神。历史的经验告诉人们，会不会做事、愿不愿干事、能不能成事，是能力和素质的试金石；会不会包容、愿不愿合作、能不能共事，是个人作为和成功的重要因素。希望同学们主动融入多姿多彩的大学生活中，在做事中成长，在成事中成才；在合作中提高，在共事中成功，不断增强专业知识和技术技能，不断提升独立解决问题的能力，把自己塑造成为既能满足社会需要又能推动事业发展，既能立足基层又能胸怀祖国的高端技能型人才。

机遇总是垂青那些有准备的人。同学们，新的学校，新的起点，新的目标，新的希望，在召唤着我们，只要大家本着求真、求实、求新的精神，抱着敬业、乐业、创业的态度，"真心求学，潜心钻研，诚信做人"，你们必能达到成功的彼岸——人人成为品德高尚、技能精湛、创新奋进的人才，个个如愿称心地完成学业、满意就业、成就事业。你们的愿望一定能够实现，你们的目标一定会达到！

服务校友　奉献母校
为国家骨干高职院校建设增光添彩[①]

今天，是学院发展历程中一个不平凡的日子，精心筹备的广州铁路职业技术学院校友会正式挂牌成立了。来自全国各省、市、区的60余名校友代表和学院师生员工欢聚一堂，畅谈友情，忆叙往事，交流成长的经验，分享成功的喜悦，见证母校的发展。值此机会，我谨代表学院党政领导和全院师生员工，向校友会的成立表示热烈的祝贺！向百忙之中莅临大会的各省、市、区校友代表表示最热烈的欢迎！并通过你们向全体校友们致以亲切的问候！

学院于2000年6月由广州铁路机械学校、广州铁路运输职工大学、广州铁路成人中专等三校合并组建，2005年8月由广铁集团正式移交广州市人民政府管理。近八年来，学院发挥行业背景深厚和政府重视支持的双重优势，坚持质量规模齐头并进、内涵外延同步加强，2009年以优异成绩通过教育部人才培养工作评估，2010年成功申报广东省示范性高职院校和国家骨干高职院校，实现了五年奋斗三大跨越，成功打造为国家骨干高职院校建设单位，取得了令人瞩目的辉煌成就。

学院设有轨道交通学院等9个院（系）、部，全日制高职学生7 000余人，广州铁路机械学校全日制中职学生2 200余人，继续教育学院成人大专、本、硕学生3 700余人。校园自有占地157亩，以校企合作租赁等方式，与花都粤宝丽工业园等单位合作办学占地165亩，合计为322亩，建筑面积171 778平方米，纸质图书49万册，固定资产2.5亿元，教学科研设备值1.2亿元；现有招生专业30个，建有国内领先的地铁模拟驾驶等校内实训室近百个，与广铁集团等企业共建校外实训基地96个。其中，中央财政支持重点建设的专业6个，省、市重点建设专业15个，中央财政支持和省、市建设的示范性实训基地11个；建有国家、省、市精品课程22门，市级创新学术团队2个、优秀教学团队1个；教职工主持承担市级以上课题300余

[①] 2013年5月12日，在学院校友会成立大会上的讲话。

项，获省、市教学成果奖18项、授权专利65项；学生获国家、省、市技能竞赛奖400余项；招生就业呈现良好局面，毕业生总体就业率连续七年达99%以上，位居全省高校前列。尽管高校毕业生就业形势复杂严峻，但学院2013年毕业的学生已有90%就业，2014年毕业的学生现被企业预定了1 159人；2015年毕业的学生也已预定了543人；校企共建的花都工学结合示范园引入企业10家，生产零件300余种5万多件，产值达3 000多万元，该园区"厂中校、校中厂"的办学模式和成效，入选教育部国家示范校建设四周年成果展；近五年学院服务铁路春运达91万多人次，为广铁集团等企业开展技师培训和技能鉴定年均超万人次，社会服务绩效得到社会的广泛好评。

我们欣喜地看到，遍及全国近3万名校友们，在各自的领域内辛勤工作，施展才华，建功立业，取得了无数骄人的业绩。一大批校友成为管理精英、行家里手、技术能手，为母校赢得了广泛的社会影响和良好的业界声誉，并以各种方式关心、支持和参与母校的建设。学院的各项事业能有今天又好又快的发展，很大程度得益于校友们的关心、支持和参与。借此机会，向广大校友致以衷心的感谢和崇高的敬意！

展望未来，我们豪情满怀、信心百倍。前不久广州市政府领导先后带队来学校视察调研，他们一致认为学院在如此艰难的条件下办得这么好，应该列为广州市首要大发展的高等学校，特别是广州建设技术性大学，无论是从办学实力还是从产业需求的角度，都应该首先关注广铁职院。并一致要求学院在大力发展现有高职、提高质量的同时，要按照广州交通大学的定位来进行应用型本科的顶层设计，形成一个中职、高职、本科、硕士交通类人才培养的华南板块，力争全国第一。站到这一新的历史起点上，我们将按照市政府领导的要求和嘱托，以国家骨干校如期合格验收为动力，以进入广州教育城建设新校区为契机，为打造"广州交通大学"奠好基，铺好路，创新业，立新功，为实现新老广铁人这一震撼人心的"广铁梦"而全力奉献，增光添彩，努力奋斗。

校友们的事业，是广铁学院办学和发展的宝贵资源；校友们的成就，是广铁学院办学质量和社会地位的重要象征。广州铁路职业技术学院校友会的成立，为我们架起了校友与母校沟通的桥梁，搭建了校友们交流信息、共享资源、联络感情的平台，也为我们实现"广州交通大学"的"广铁梦"提供了坚强有力的保障。

学院将全力支持校友会的工作，把校友会工作纳入学院事业发展的整体规划和工作议程之中，并努力建设热情待人、乐于奉献、热心服务的校友会

工作班子,加强母校与校友、校友与校友之间的联系和交流。校友会也要进一步汇集历届校友的信息,搭建信息交流平台,组织校友进行工作交流、来校兼职授课、开展资源共享与项目合作等系列活动,为母校与地方、企业、科研院所建立合作关系牵线搭桥。通过校友会有力有效的工作,使广大校友们与母校手拉手,肩并肩,心连心,互相关注,携手共进。

深化改革 协同创新
全面完成国家骨干校建设各项任务[①]

这次工作会议紧张而忙碌了两天,下午就要画上句号。新学期工作的推进能不能把这个句号画圆,可能还要等到年底来检验,因为到了年底国家骨干校八大建设项目都见成效了,这个句号才算画圆满了。会议用了整整一天研究讨论十个"意见""方案",大家精神抖擞、聚精会神,积极思考、踊跃发言,做到了讲真话、摸实情、出硬招,状态自始至终都很好,希望大家把这种精神状态带到 2013 年全年的工作中去。为进一步统一思想,形成共识,集聚正能量,把学院新学期的工作做好,在九位同志十个主题发言和大家认真研讨的基础上,围绕如期完成国家骨干校各项建设任务,我讲三点意见。

一、加力深化改革

2012 年,学院推出了多项改革措施和实施方案,特别是真刀实枪地实施了二级目标管理和绩效分配改革,取得了突出成效。但在实施过程中,某些环节还欠考虑,具体操作上或多或少还存在一些不足,请校办会同人事处等相关部门认真听取院(系)部的意见建议,在总结经验的基础上进一步深化。

二、努力协同创新

协同创新是学院质量工程的新要求、新举措、新抓手。"双师"团队、体制机制、新校区建设、中央财政支持的项目建设等各方面,都离不开协同创新。学院层面讲协同创新主要应为三个方面:一是院内部门单位之间、教职工之间需要协同,要打破专业界限,甚至是院(系)部的界限,通过协同攻关实现创新;二是学院和企业之间需要协同,以冲破行业壁垒,在合作育人、合作发展中实现创新;三是学院和政府部门之间需要协同,以扫清体制机制障碍,在政校行企四方联动中实现创新。

---

① 2013 年 1 月 23 日,在学院 2013 年工作会议上的讲话。

三、全力完成国家骨干校建设任务

不管是深化改革还是协同创新,当前阶段的主攻目标,都是为了全力完成国家骨干校建设各项任务。围绕这一主攻目标,改革如何深化,创新怎么协同,我想关键要从四个方面来下力气。

(一)下力气抓好"双师"团队建设

学院移交转制七年多来,校园面貌焕然一新,发展日新月异,改革建设硕果累累,这些成就和进步中,当然也包括"双师"教师团队建设。但是,把各方面取得的进步排一下队,"双师"结构教师团队建设肯定排不到前面,而且应该是比较靠后,这也是有目共睹的。师资队伍是学院可持续发展的关键,2013年作为国家骨干校建设的收官之年,"双师"结构教师团队建设更要举全校之力,做到临门一脚,努力冲刺,实现新突破,争上新台阶,以良好的素质、达标的数量、合理的结构迎接教育部、财政部专家组的验收。抓"双师"结构教师团队建设,怎么抓?力怎么下?集中到一点,还是要按照教育部生师比的要求扎扎实实地抓好"90、50"两个指标。"生师比"和"90、50"是学院"双师"结构教师团队建设的系统工程,"生师比"大家都很清楚,在近三年压规模、引人才、扩队伍的三管齐下的努力之下有了很大的改观,但仍然大意不得,还需继续发力。"90、50"的着力点就是骨干校建设方案中提出的"2+1""8+4"。所谓"2+1",就是没有企业工作经历的专业教师,通过三年骨干校建设,至少要有一年到企业去实践,具备生产、管理一线的工作经历。"8+4"就是专业教师平均每周要拿出教学工作量定额三分之一的时间和精力去从事"四技"服务。通过"2+1""8+4"落实到位,使90%以上的教师都能达到"双师"素质的要求,同时由此腾出专业教师50%的课程请企业一线的能工巧匠、技术骨干来校讲授。落实"2+1""8+4"的关键,是要按骨干校建设任务书确定的指标组织好企业实践、员工培训、技术研发、专利申报、"双师"工作室和企业工作站,这既是"双师"结构教师团队建设的一条工作主线,也是一项学院改革发展再上台阶的一项重要的基础性工程。

学院对社会服务的定义应该说是在不断地完善,对企业实践的理解也是在不断地深化,这种完善和深化都是往国家骨干校建设的定义和要求上去靠,任何人都不能断章取义,更不能随意曲解。2012年各院(系)都不同程度地开展了企业实践,相对来说,轨道交通学院对企业实践的理解要到位些,把关上也严格些。企业实践按满工作量计算,前提是要有项目、有任务、有成果、有总结并考核合格。技术研发、专利申报核算工作量的争议不大，问题是获得专利后的科研奖励，是二者取其一，还是两头都占，科技处在具体操作时，要进一步明晰核算标准。对"双师"工作室和企业工作站的建设，也应该要计算相应的工作量，2012年学院的"双师"工作室基本建起来了，尽管院（系）分布不均衡，到位情况不同步，但总算行动起来了。当然，相比较而言，企业工作站的建立还在起步之中，有的院系还需再加力度，迎头赶上。

抓"双师"结构教师团队建设，一定要研究"90、50"的要求，把握"2+1""8+4"的内涵，通过工作量核算标准这个指挥棒，来牵引"双师"工作室、企业工作站、教师企业实践、专利申报、技术研发等项目到位，进而提高教师的"双师"能力，把企业实践经验和课堂教学内容有机结合起来，最终实现提高育人质量这一根本目的。但在2012年真刀实枪的操作中，这些要求有的被割裂了，有的被分解了。学校提出"8+4"，是平均每周8节课堂讲授，4节社会服务，绝不是机械地要教师如此排课。机械地对待和安排"8+4"，学院工作肯定会出问题，而且会出大问题，一是教师授课的课程无法安排，二是企业实践也无法正常开展。因此，作为抓好2013年"双师"结构教师团队建设的措施，本次会议提出了"教师聘用办法""专业课界定办法"和"教师工作量计算办法"等，使教师都明白"8+4"没到位、"2+1"没达标，年度绩效分配肯定会要吃亏。人事处、教务处要会同各院（系）按这个要求做好2013年专业教师的调配和教学安排，把"8+4""2+1"按院系年度打包、捆绑计算，由院系给专业教师到企业实践搭平台、建机制、提要求，实际上这也是校院二级目标管理的题中应有之义。作为教师只要按要求完成了企业实践，院（系）就应按满工作量计算发放全额津贴，所发放的这部分津贴从学院的总津贴中切块来解决，绝不增加二级学院和各系的负担。各院（系）要根据这一要求因地制宜、创造性地制定好各自的具体实施方案，做到既从实际出发，又有锦上添花，为校院二级目标管理改革的推进提供新鲜经验。思政部、基础课部等承担公共课的教师，不必强求一律实施"8+4""2+1"改革，不要搞形式主义。2012年学院这一改革实施中的最大问题就是搞形式主义，个别单位以"8+4""2+1"为名，把校内教师的课压下来，高薪聘请校外兼职兼课教师来校授课，造成"4"的核算标准五花八门，违背了教学的基本规律和学院的改革原则，对骨干校建设和人才培养乃至整个改革不但没有增光添彩，反而惹来了许多不必要的麻烦。在此，再次强调要求，2013年专业教师的课程安排必须按学校的要求进行，公共课、基础课大可不必把教师的工作量压到"8"，腾出"4"去请外面的人来讲。

（二）下力气抓好体制机制建设

体制机制建设，对外拓展就是"一团、一会"，"两个共建"和"三个合作学院"。广州市政府和广铁集团共建学院，学院和市教育局、花都区政府共建花都示范园是改体制；学院组建职业教育集团和校友会是搭平台；学院与广铁集团共建电气化等三个合作学院是创机制。有了"两个共建"的体制保障和"一团、一会"的合作平台，三个合作学院的机制创新也就迎刃而解了，各院（系）的校企合作这台戏就注入了活力和动力。对于广州市政府和广铁集团共建学院，体制机制项目组要紧追不舍，合作共建既要讲内容，也要有必要的形式，这个形式就是签约和授牌。因为有了市政府和集团"约"和"牌"这个尚方宝剑，再加上实质性的合作内容，就有了共建三个合作学院的"通行证"，就有了校企合作的长效机制和持续发展。当然，在共建的内涵上绝不能搞形式主义，因为没有内容的形式只能是空中楼阁，而且这样的形式肯定是摆不到台面上的。与广铁集团共建合作学院，相关院（系）在前期做了大量的工作，与站段的运作也很好，但大多靠的是人脉关系、铁路情结和站段需要，由于没有广铁集团签约这个形式来表示"首肯"，与站段共建合作学院的牌子总是挂不起来。事实说明，个人感情和铁路情结只能是一时一事，因人过而事迁，绝不是一种可持续发展的长效机制。因此，必须要通过市政府出面以"共建"的体制来形成"合作"的长效机制，从而保障校企融合并实现可持续发展。

体制机制建设，对校内来说就是二级目标管理和绩效分配改革的推进。无论是二级管理改革还是绩效分配，确实都是一件棘手难办的事情，可以说，全国没有哪所高校做得尽善尽美，方方面面都很满意。正因为都做得不够好，所以，我们通过自己探索并努力把它做好才有现实意义和创新价值，这也是学院国家骨干校建设的应有之义。实践证明，学院对2012年绩效分配改革的切块，总体上是符合校情的，但还是有需要完善的地方。一是订单班的系数要相应调整，要给原订单学生所在的院系和专业以相应的补贴，以实现共同发展、共享改革成果；二是经管系羊城校区要在2012年的基础上，考虑再适当倾斜，给多一些补贴；三是将后勤处和设备处的维修中心合并到实训中心，一定要同步给足政策，保证有"市场"需求。体制机制项目组对此费了不少脑筋，花了很多心思，想了许多办法，出了很多主意，但从这次会议讨论的情况看，二级管理改革的九条标准中还存在一些问题，有一些还是不能与院（系）、部有效对接。这也不要紧，只要我们大家都不回避问题，敢担当，认真改，就没有什么解决不了的。请两办、人事处会同体制机制项目组，认真总结2012年改革的经验与不足，根据会议讨论的意见，进一步明确院（系）、部改革的目标任务，在开学后一周内修改、细化和完善好这九条标准，在学院举行二级目标管理改革总结暨2013年目标责任书签订会之前出台正式文件。

后勤处和设备处的维修中心合并到实训中心，学院给政策，保市场，一句话就是学校需要做而中心又能做的事情都要优先交给他们来做，鼓励中心多干事、支持他们干成事。实训中心的首要职责当然是教书育人，完成好学生实训指导任务和技能鉴定培训；其次，是把学院设施、设备和水电的维修及后勤的保障做到位，使学生的投诉率大幅度降低。把后勤处、设备处的两个维修中心合并到实训中心，既是一种校内协同创新，也是职业院校的一大创举，因为我们把学校需要做而中心又能做的事情，都优先交给中心的教师带着学生来做，这不正好为中心的教师真刀实枪地指导学生实训创造了条件，这应该是职业教育的本来意义。如果职业院校的实训指导教师不能带着学生有效占领这个有限的市场，何谈走出校门、深入社区？又怎能办出特色，服务企业？我认为这是职业院校教育改革的一个亮点，花都示范园已经先走了一步，相信实训中心的改革同样能干出成绩，创建特色，打造亮点。

（三）下力气抓好央财专项项目

示建办李营老师把学院2012年中央财政支持的五大项目和学院已有的项目情况及在全国的排名给大家做了介绍。这五大建设项目中我们现在是有三缺二，已有的一是国家骨干校"4+4"项目，即城市轨道交通车辆、电气化铁道技术、城市轨道交通运营管理和数控技术等国家级重点建设的四大专业，加上校企合作体制机制、"双师"团队、花都示范园和社会服务能力建设的项目。这些项目在国家骨干校2012年建设的总体排名中还比较理想，但与全国同层次建设的铁路院校来比还是不容乐观，全国铁路院校中第一批示范院校3所，加上第二批骨干院校5所，我们在这八所学校中排名第七，需要予以高度重视。二是中央财政支持的实训基地建设，铁路供用电和轨道运营管理这两个项目，还要按照建设要求继续抓好抓紧。三是专业服务社会能力建设，物流管理、应用电子已是榜上有名，要下力气按照建设要求用好中央财政支持的经费，提升专业建设特别是服务社会的能力和水平。

缺的两个项目，一是国培项目，即国家级师资培训基地；二是国家教学资源库立项。花都工学结合示范园要在省级师资培训基地的基础上，下大力气做好申报国家级师资培训基地的各项工作，力争尽快拿到这块金字招牌，给学校骨干校建设增光添彩，学院将竭尽全力给以支持。国家级教学资源库的建设，具备申报能力和基本条件的院（系）和专业要当仁不让，下大力气来抓，学校要举全院之力支持大家申报和建设，力争近期能有新进展，尽快

实现零的突破。

（四）下力气抓好新校区前期工作

教育城新校区的功能分区和规划设计工作，在陈爽书记的带领下，新校区办公室工作团队的同志们加班加点，在整体谋划和前期推进方面做了大量的工作。这项工作时间紧、任务急，各相关部门、院（系）部都要予以高度重视，认真按照新校区办公室的要求和进度抓好落实，做到紧密配合、主动作为，按时完成好各自的工作任务。

2013年学院工作只要紧紧抓住这四大重点，确确实实抓落实，切切实实抓到位，下大力气做实做好，国家骨干校建设各项任务的圆满完成也就八九不离十了，教育部、财政部专家组来校验收时我们胜算的底气也就足了。希望大家会后把这次会议的精神和要求传达好、落实好，并在全校开出务实之花、结出丰硕之果，确保骨干校建设各项任务保质保量、一丝不苟地达到国家验收的标准。

政校行企齐发力,建好花都示范园[①]

今天,我们在这里隆重举行局、区、校三方共建花都工学结合示范园签约暨"示范园管委会"成立大会。首先,我谨代表学院党政领导和全体师生员工向百忙中出席签约仪式的市教育局、花都区政府各位领导和嘉宾表示衷心的感谢!向长期以来给予学院改革、建设和发展大力支持和热忱帮助的上级部门、合作单位和社会各界致以崇高的敬意!

广铁职院作为广东省唯一一所培养轨道交通类高端技能型人才为主的高职院校,现有全日制高职学生近 8 000 人;设有轨道交通学院等 9 个院系(部),招生专业 30 个,其中,中央财政支持重点建设专业 6 个,省、市重点建设专业 15 个;校园占地 322 亩,纸质图书 49 万册,固定资产 2.5 亿元,教学科研设备总值 1.2 亿元;建有国内领先的地铁模拟驾驶等校内实训室 111 个,与广铁集团等共建校外实训基地 96 个,其中,中央财政支持和省、市示范实训基地 11 个。学院 2000 年 6 月由广州铁路运输职工大学、广州铁路机械学校、广州铁路成人中专等三校合并组建,2005 年 8 月正式移交广州市人民政府主办。移交转制八年来,学院发挥行业背景深厚和政府重视支持的双重优势,强力推进"校园环境、教学质量、管理改革、评建创优"等四大工程,攻坚克难,改革创新,将一所办学基础比较薄弱、发展起步滞后的行业高职院校打造成国家骨干高职院校建设单位,五年时间里实现了三大跨越,取得了令人瞩目的成果,赢得了政府、社会、企业和学生的广泛好评。

花都工学结合示范园成立于 2009 年 4 月,四年多来,在省市教育主管部门的高度重视下,在花都区政府及中小企业局等部门的大力支持下,牢牢把握"利在企业、功在育人"的合作发展理念,与花都区域内粤宝丽集团、广州铁道车辆厂、广州鸿辉等 20 多家企业合作办学,探索践行"产教一体、寓学于工"的人才培养模式,培养了一大批高端技能型人才,取得了骄人的办学成果:园区内现有大学生 1 600 多人,实训室 27 个,实习车间 10 个,"双师"工作室 12 个,设备总值达到 5 000 多万元,实习实训场地面积 2.6

[①] 2013 年 9 月 17 日,在局、区、校三方共建签约暨示范园"管委会"成立会上的讲话。

万平方米，获得专利54项，园区企业产值超亿元，为当地居民义务维修家用电器3 000多件，社会服务收入近50万元，为国家和省培训师资100多人次，收入153万元。领导和专家现场考察后，均给予高度评价，"厂中校""校中厂"的办学模式入选2011年教育部全国示范高职院校建设四周年成果展。

为加快推进广州市政府主持的国家教育体制改革试点项目"地方政府促进高等职业教育发展综合改革试点"，为花都区现代产业发展培养一大批高端技能型人才，实现政、校、行、企办学资源的优化配置，构建起合作各方互利共赢的紧密型发展共同体与运行机制，广州市教育局、花都区政府和广铁职院研究决定三方共建花都工学结合示范园。在此，对市教育局和花都区政府的大力支持表示衷心的感谢，并致以崇高的敬意！学院将以此次共建为契机，进一步创新校企合作体制机制，深化专业课程改革，提升社会服务能力水平，联合花都区相关企业、中职学校，深化人才培养模式改革，打造全国具有示范引领作用的校企深度融合的试验区。我们坚信，在市政府的指导关怀下，在市教育局、花都区政府的大力支持下，局、区、校三方合作发展的领域将会得到更好拓展，合作育人的内容将会更加丰富，共建共享的方式必将多姿多彩，合作办学的收获必定硕果累累。

以轨道交通大发展，力推高职转型升级[①]

非常荣幸能参加第九届穗台校长论坛并做主旨报告。围绕本次论坛的主题，我从轨道交通大发展力推铁路职业院校人才培养转型升级这个角度，以广铁职院改革促发展、发展推转型的实践探索为例，对产业转型升级与高职教育的使命、粤台职业教育合作培养轨道交通类人才等提出一些观点和看法，和大家共同探讨分享职业教育协同创新、转型升级、实现持续发展的策略与路径。

一、轨道交通人才培养转型的探索

进入 21 世纪，中国铁路迎来高速发展的黄金时期。到 2012 年年底，全国铁路营业里程达 9.8 万公里，居世界第二位；高铁运营里程达 9 356 公里，居世界第一位，以"四纵四横"为主骨架的高速铁路网，引领我国全面进入了高铁时代。与此同时，北京、上海、广州、南京、深圳等城市地铁线路继续延伸，福州、长沙、厦门、东莞等城市地铁全面开工建设。

轨道交通的大发展，为铁路类职业院校带来了前所未有的发展机遇。广铁职院坚持育人与中国铁路同步，转型与高铁技术并进，校企合作日益深入，人才共育日趋紧密，毕业生供不应求。以 2013 年为例，一次性为广铁集团按"2+1"模式培养学生 2 100 余人；为福州地铁进行一年期培训社会招聘的 240 名大学毕业生；为厦门、福州地铁定向招生培养准员工 200 多人；与乌鲁木齐、福州两地职业院校合作招收培养近 200 名学生，为当地谋划地铁发展提前培养轨道交通类专业人才。

1. 办学机制：从单打独行转向组团发展

广铁职院抢抓移交转制地方政府管理的契机，适时确立"利在企业、功在育人"的合作发展理念，按照"一依托、三适应"的办学思路，着力厘清学院与政府、行业、企业和学生之间的关系，建立政府投资主办、行业指导合作、企业主动参与、学院服务育人的新格局，既顺势而为，又乘势而上，做到与铁路企业"分家"不"分离"：办学围绕"高速"时代的中国铁

[①] 2013 年 9 月 30 日，在第九届穗台校长论坛上的主旨报告。

路,紧扣行业的发展需求;合作瞄准高速铁路的发展方向,以为谋位增强吸引力;育人对接轨道交通产业链,产教一体、寓学于工,着力培养高端技能人才。在校企合作体制创新上,打出"1个集团、2个共建、3个合作学院"的组合拳,牵头组建广州工业交通职教集团;推进广州市政府和广铁集团共建广铁职院,广州市教育局、花都区政府、广铁职院共建花都工学结合示范园;校企共建机车司机学院、电气化学院和现代运输学院等3个合作学院,实现转制后与轨道交通企业更加紧密地组团发展。

2. **合作方式:从单一性、偶发式转向多样性、制度化**

广铁职院紧紧抓住产业转型升级的契机,发挥铁路行业背景深厚的优势,立足区域经济社会发展,多途径多方式广泛开展合作办学,合作方式实现了从单一性、偶发式向多样性、制度化的转变。

(1) 校地合作。在花都工学结合示范园内引进10余家优质企业,校企共建"厂中校""校中厂",共享政、校、企办学资源,构建起互利共赢的紧密型合作机制。

(2) 校企合作。与广铁集团等100多家企业开展全方位的战略合作,定向培养人才、共建实训基地,开展技术服务。

(3) 校校合作。与乌鲁木齐、福州、江门等省内外6所高职院校和广州交通运输等中职学校,开展对口交流,合作培养轨道交通类人才,共享轨道交通优质教育资源。

3. **专业设置:由个体散打转向集群协同**

广铁职院对接轨道交通产业链高端技能人才需求,积极调整专业结构布局,着力打造专业集群。按照做优轨道交通类专业,做强先进制造类专业,做精电子信息类专业,做实现代服务类专业的建设要求,将各自为政的37个专业,发展为以电气化铁道技术等国家重点建设专业为龙头的七大专业集群。

4. **"双师"能力:由教学型转向教学技术综合型**

广铁职院探索践行"2+1"校企交替工作制度,大力度推行"8+4"教学工作量改革,努力提升专业教师的实践能力和"双师"素质。

(1) 组建31个"双师"工作室,融实践教学、大赛培育、技术研发、师资提升于一体,校企合作攻关,教师带着学生进行小制作、小发明、小创造、小革新。近两年内,指导学生获国家、省市技能竞赛奖149项,为企业提供技术服务145项,获国家专利授权75项。

(2) 深化与广铁集团等单位的合作,在生产、建设、管理一线共建16个"企业工作站",为教师企业实践、技术服务、学生实习搭建了平台。2013年,向湖南铁路联创中心派出的10名专业教师,全脱产挂职顶岗,深入高铁站场,既当教师又当工程师,为企业解决技术难题,培训指导一线员工。

（3）校企协同推进兼职教师队伍建设,进行教学能力培训,校企1：1混编组建教学团队,合作教学、结对互助,促进校企教师实践技能和教学能力双提升。

5. 人才培养：从"订单培养"转型"教学工厂"

广铁职院以培养高技能、复合型、创新型人才为目标,结合轨道交通生产过程的科技化、智能化和综合化特征,注重文化素养和职业素质培养,引导、鼓励、支持学生开展技术革新,努力培养熟练技能,提升岗位职业能力,培养模式从"订单培养"向"教学工厂"提升。一是调动订单企业的育人积极性,积极探索"产教一体、寓学于工"人才培养模式,将实际的企业环境引入教学环境,以岗位能力为主线,以项目任务为载体,确定课程标准；二是以工作任务、典型产品为载体,重构教学内容,开发学生的创新能力和团队精神,探索"2+1"校企合作育人、合作就业模式,在就业企业进行一年期岗位专业能力培训；三是根据企业人才需求,推行"分段式"教学组织模式,打造"教学工厂",践行专业与企业一体、课程与项目一体、课堂与车间一体、教师与师傅一体的育人模式,与合作企业做到责任共担、成果共享；四是按照基础训练、模拟仿真与现场实习三层递进的原则改革实践教学,紧贴高铁技术和先进制造等前沿技术,努力培养学生的职业技能、高端技术、世界视野；五是紧跟轨道交通的步伐加大设施设备投入,与企业共建接触网、模拟驾驶、运输沙盘等实训基地,集人才培养、员工培训、技术研发、技能鉴定于一体,构建起"通用技能训练→专项技能训练→综合能力训练"的实践教学体系,突出员工技术革新能力的培养。

二、产业转型升级与高职教育的使命

1. 以政企共建破解办学体制之惑

校企合作陷入困境的表象是企业动力不足,外因是政府支持乏力,内因是学校缺乏吸引力。政企共建职业院校,既可发挥政府主导、办学自主、经费有保障、发展有空间等优势,又共享企业的能工巧匠、技术设备和实习就业等优质资源,使学校紧贴企业需求育人,深入生产一线服务,增强职业院校校企合作的吸引力和服务企业的竞争力。

2. 以高职升级破解职教体系之缺

加快中高职衔接,联合本科院校培养高层次技术技能型人才,是调整高等教育结构、拓展现代职教体系的应有之义。广东省国家示范和骨干院校在省教育厅《2013年广东省深化教育综合改革工作要点》框架下,正在进行高职升级破冰之举，与应用型本科院校试点协同培养高级技术技能型人才，探索本科层次技能型人才培养的新途径和新模式；与中职学校探索"3+2"中高职衔接，从培养目标、专业内涵等10个方面构建立交桥。这一改革探索也为粤台职业教育合作发展提供了广阔空间。

3. **以协同创新破解"双师"人才之困**

人才培养与社会服务是高职院校教师职业发展的两大支点，加强专业教师技术服务能力，既是服务企业解决技术难题、加快发展的要求，也是提高专业教师综合素质，增强学校吸引力和竞争力的需要。校企人员互派互聘协同创新，打造"实践育人+四技服务"发展平台，是高职教师专业化发展的有效路径。

4. **以体系建设破解能力培养之难**

院校面向经济转型与产业结构调整，建立"基础学习领域、专业学习领域、拓展学习领域"项目化课程体系；校企以职业发展能力为主线，共同确定理论与实践合一，技术与人文并重，课内与课外互补的"双轨并进、产教合一"的人才培养体系；校政行企联于构建"基础素质、职业素质、创新素质"三位一体的素质教育体系。全方位促进学生的知识、能力与素质协调发展，全面提升学生创新精神，创业意识和就业竞争力。

三、粤台职教合作发展大有作为

1. 两岸轨道交通人才培养模式比较

台湾地区捷运企业人才的培养，主要采用面向社会上在普通院校相关专业的毕业生公开招考，由铁路企业培训上岗的模式，类似于广铁职院协助福州地铁培养人才的模式。广东高职类轨道交通人才的培养，一是按照"2+1"合作育人、合作就业的模式，由铁路企业从铁路院校选拔1~2年级学生，通过在就业岗位进行2-1年的专业顶岗实习，实现零距离对接工作岗位就业；二是企业为主，学校协同，从社会上选拔录用往届大学毕业生，以铁路院校为主，就业企业协同进行专业能力培训后上岗。

2. 粤台轨道交通人才合作培养的途径

以上比较可知，粤台轨道交通产业合作育人大有可为。一是开拓院校交流项目，既发挥台湾职业教育体系完善，高学历、高职称师资丰富的优势，又发挥广东一流铁路装备与高铁前沿技术、高职院校先进教学设备与办学理念的优势，既取长补短，又优势互补，合作开展教师互派、学生互访、学分互认、"3+1"协同培养本科层次技术应用型人才；二是开发新员工培训项目，发挥广东高职院校良好的教学设施和育人模式，与台湾高校和铁路企业合作培训员工，搭建粤台轨道交通技术研发平台，开展新技术跨境研发与培训，合作解决生产运营技术难题。

3. 迎接高铁技术挑战，增强社会服务能力

加强粤台职业教育合作研究，协同应对人才需求对现有学科和知识体系的挑战。通过建立"产教一体"育人机制，主动融入、切实服务轨道交通产业的发展，以校企合作发力规避"孤岛效应"，以轨道交通新技术、新产品的开发，牵引行业研发团队与高校科技团队，共同打造深度融合的企业工作站、"双师"工作室和技术研发中心相互融通的校企协同创新平台，形成"创新研发—成果转化—技术转移"良性循环机制，实现粤台职业教育内涵与轨道交通技术的同步发展。

五载探索结硕果，今日挂牌深融合①

今天，我们在这里隆重举行广州工业交通职教集团挂牌仪式。作为组建集团的牵头单位，首先，我代表全院师生员工，向出席挂牌仪式的各位领导、各位嘉宾和企业界的朋友们表示衷心的感谢！向市教育局、市发改委及所有关心、支持集团组建的政府部门和广铁集团，广、深、港地铁等合作企业表示衷心的感谢！向为职教集团探索运行付出辛勤劳动和汗水的各界朋友表示衷心的感谢！

学院 2008 年年底着手筹建广州工业交通职教集团，到 2013 年 10 月广州市教育局正式批复，五年中，联合广铁集团，广、深、港地铁等一大批名优企业，携 120 余家理事单位按照做实、做强、做出成效的原则，在平等、互利、自愿的基础上，从人才培养、员工培训、基地建设、实习就业、四技服务等各方面开展了良好的合作：校企共建校内外实训基地 207 个，为合作企业输送毕业生 5 000 余人，年培训员工上万人次，开展四技服务 200 余项，申报专利 100 余项。力促学院短时间内实现了教育部人才培养工作评估、广东省示范院校和国家骨干高职院校的三大跨越。实践证明，组建职教集团是促进职业院校和企业实现优势互补，培养高端技能人才的有效途径，是加快职业教育改革与发展步伐，建设适应现代职教体系的重要举措，对建立校企合作办学、合作育人、合作就业和合作发展的长效机制，对办人民满意的职业教育具有十分重要的意义。

今天，广州工业交通职教集团在五载探索结硕果的时节举行挂牌运作的仪式，其意义不仅仅是在挂牌这个形式，它既是集团各成员单位深度合作、累累硕果的展示日，更是校企人才共育、成果共享、深度融合的校企对接日。广铁职院将以职教集团挂牌运为新的起点，继续按照"利在企业，功在育人"的合作理念，加强学校与学校、学校与企业、学校与科研机构、学校与行业协会之间的全方位合作，促进校企优质资源的进一步集成与共享，形成学校与企业互利共赢的良性发展，下大力气从三个方面再融合、再发力、再进取。

---

① 2013 年 11 月 16 日，在广州工业交通职教集团挂牌仪式上的致辞。

一是进一步明细分工，创建好沟通协调机制。在集团理事会的领导下，按照专业与实训基地建设、产学研合作与培训、招生与就业工作和师资队伍建设等四个专门工作委员会的架构、分别组织实施专业与实训基地建设、四技服务和员工培训、学生实习就业和"双师"队伍建设，进一步拓展集团成员之间合作的广度和深度。

二是进一步加强联系，搭建好信息交流平台。通过建立职教集团网站等方式，宣传集团成员单位产品、文化，发布企业的用工信息；宣传集团成员学校的办学模式、培养质量、专业课程、学生风采，发布毕业生就业信息等，搭建起行业、企业、院校、职工和学生之间信息互通的桥梁。

三是进一步开展合作，开发好四技服务项目。充分发挥集团成员单位联合互动、优势互补的有利条件，通过各种途径，抓住一切机会，为企业开展技术研发、技术咨询、技术转让、技术培训，为企业排忧解难，在人才培养、实训基地建设、教材开发、产品研发、技术服务、课题研究、员工培训等方面深度合作，形成生源链、产业链、师资链、信息链、就业链、成果转化链，促进集团成员单位之间改革难题共解，发展成果共享。

特别值得一提的是，在各级领导的关心、支持下谋划已久的"广州市人民政府与广铁集团公司共建广州铁路职业技术学院"的框架协议在政府与集团高层已达成共识。双方主要领导已签字批复，近期将在学院择机正式签约实施。这标志着学院校企合作体制机制创新，在今天职教集团挂牌运作的基础上，又向更新、更实、更高的层面上有了新的突破，将为谋划动议中的"广州交通大学"的广铁梦搭建起政、校、行、企协同创新的更为宽广的发展平台。

理论篇

学院有"出路"了[①]

2007年6月30日,学院第一次党员大会隆重召开,作为向党员大会献礼的工程——学院门前大道亦全线贯通。在这双喜临门的日子,我陪同前来参加大会的市委领导从路口走向学院,别样的心情难以言表——是激动还是感动,或许是又激动又感动。因为这是市建委、市教育局、庆丰经济联社和学院四方共建的友谊路,是几经曲折牵动各方领导过问终于柳暗花明的挑战路,是全院师生员工关注、预示着走向光明灿烂的"出路"。

记得那是2005年8月19日下午,市委领导带我到广铁职院考察,返程路上的漫谈中,我不经意地发出一句观感,大意是这个学院出门竟然都没有一条直路。当时两位领导好似都认同,并说校园确实要好好整治一下才行,但对于这条路没有具体应话。真可谓说者无意,听者有心。第二天,市委领导打电话告诉我,关于学院门口这条路,已和市建委联系好了,由负责广清高速公路的施工单位给学院来修,投资由市建委负责,征地的钱由市教育局负责,此事也与市教育局领导商量好了。接到这个电话确实让我感动了一番,尽管两位领导当时没就路的问题表态,却将这么一件不属于职责内、也完全可以不管的事,不仅放在了心上,而且主动出面与相关单位联系。他们体察下情、务实认真、以人为本的作风,可见一斑。

2005年8月26日,市建委领导主动来学院现场办公,确定将校前道路工程作为连接广清高速的附属工程,由广州市中心区交通项目领导小组办公室(简称"市项目办")组织实施。市领导为我们牵线搭桥指导,具体实施还得按程序规范来办。我到任不久即与廖惠清书记商定此事,确定由时任学院后勤处副院长负责、后勤处副处长办理,并正式致函市建委请求支持建设。当时负责的同志很兴奋,说关于这路的修建,他们早就盼望多年了,只是征地要钱,修路也要钱,这下可好了,市有关部门既给钱修路,又负责征地投资大包干,大家有盼头了。接着,市建委复函批示同意支持立项出资为学院施工建设校前大道。9月中旬,市建委项目办项目负责人第二工程部部

[①] 2007年7月28日,发表在《广州铁路职业技术学院院报》总第5期,"学院"指广州铁路职业技术学院。

长带领设计人员多次查看现场,落实道路修建方案,确定学院征地范围。9月21日,市财政局文教处和市教育局计财处领导应邀来学院,专题调研广铁集团补差经费协议兑现等问题时,我领着他们察看第十栋学生宿舍楼破旧状况时又专门就校前大道的修建、2005年市财政经费追加、2006年市财政专项拨款预算等,特别是拨付校前大道的征地款等情况做了反映。10月26日,受市教育局领导的委托,计财处三位处领导又来到学院,现场考察以校前大道修建征地等需追加经费解决的项目,并当场答复修路征地款及时到位。在基本确定道路立项、征地拨款等事宜后,10月31日,学院有关负责同志到项目办商谈征地等事宜;11月8日,我与学院有关负责同志到庆丰经济发展总公司与联社领导协商校前大道占地规划与地价等,可以说是一拍即合,得到了庆丰经济联社的大力支持。11月9日,后勤处与庆丰经济联社签订《关于征用学院正门前土地共建文明大道的协议》,完成征地工作。至此,校前大道的立项、建设资金和征地款及征地手续等基本落实。

2005年11月17日,后勤处完成道路施工设计,并在市项目办的组织下完成该项目的施工招标工作。12月18日,市建委施工队正式进场施工,一个月后,修至与庆隆路大道连接水道处。2006年元月18日,在工程仅余下排洪涵洞(道路约30米)的情况下,因庆丰变电所电线横穿道路上空,且有电杆立于道路占地内,施工队担心用吊车安装管涵的安全问题而不得不停工。面对电杆移位方案不一,再扯上不久前学院为方便学生出入食堂将连通学生宿舍高土墙拆除等问题,后勤处与有关单位经过几轮商谈未果,市建委施工队只好转移至其他工程。至此,该修路工程一直拖至2007年5月。

停工期间,2006年4月石井街人大会议上,街道人大代表就该路的修建向街道党政领导反映。不久,石井街有关负责人与学院党政领导交换有关情况,街道领导到现场察看协调;5月11日,市委领导来学院视察,很关切地问起校前大道修建情况,并叮嘱华同旭局长转请白云区政府给予支持,尽快协调处理好有关问题;7月,市建委领导询问工程进展情况,并委派督办处领导多次到修路现场察看协调。经几方协调,市建委、白云区政府均表示电线杆迁移各方都分担一部分资金。直至8月18日市建委施工队才得以再次进场施工,9月3日在安装好管涵后,因水道过水管是圆形管涵还是方形管涵等问题,工程又不得不再次停工。

2007年元月22日市人大会议期间,市委领导见到我第一句话就是问校前大道修建情况,并当场找来白云区政府领导叮嘱支持学院协调各方尽快修通该路。区政府领导向我了解相关详情后,即安排白云区市政和建设分局领导负责协调;此外,市委领导在得悉相关情况后表示再与市建委领导联系,克服困难将好事办好办完。在庆丰经济联社领导的关心下,4月20日后勤处与庆丰变电所顺利达成将变电线路迁移改为电杆移位、电线升高的方案,并于4月22日完成电线杆移位等工程。在市建委项目办的协调下,设计院于5月28日按照庆丰村的意见完成圆形管涵改为方形管涵图纸的变更后,经学院相关负责同志与施工队多次磋商施工方案,市建委施工队于5月16日第三次再进场。经过二十几天的日夜奋战,一条全长98米、宽14米的学院门前大道终于在6月30日修通了!

路修通了,广铁职院5 000多名师生员工多年的期盼终于实现了。它的通车,是市委领导同志和组织部、教育局领导关怀的结果,是市建委、白云区政府、白云区建设局、石井街道工委和庆丰经济联社党委支持的结果,也是后勤处相关同志辛勤工作和广大师生员工关注、理解和支持的结果。这一年又7个月的操心与操劳,同时牵动着这么多领导的关注和关心,至今想起,动人场景仍历历在目,经验启示仍久久难忘。

其一,学院从企业管理转制为政府管理,从面向行业办学转为面向社会办学,由中职教育转为高职教育,适应政府、适应社会的任务,确实是任重而道远。

其二,学院要扩大规模,充实内涵条件,需要主动地争取当地政府的支持与帮助,做到多联系、多沟通。与所在社区和村委提前做好协调和通气工作。

其三,学院的建设和发展已进入攻坚阶段。南沙新校区建设、新学生宿舍楼交付使用、新建学生宿舍和食堂的开工建设、新生入校工作安排,都是当前学院建设发展的重头戏。细节决定成败。回想起校前大道的建设过程,在关键细节的把握上,应该说有若干个值得总结的"假如当时……"如果我们能从这些"假如当时……"中吸取教训,用于"今后应该……"之中,就能既防患于未然,又运筹于明天。从这个意义上说,这些"停工""再停工"的教训带来的经验与启示,也将是我们的一笔宝贵财富。

学院有"出路"了。校前道路工程是在市、区领导和相关部门、庆丰经济联社等关心支持下完成的。说它是友谊之路,挑战之路,应该不过分:四方支持,八方关注,无疑铸就了"友谊";几经曲折、几多艰难,更是挑战了"耐心"。这条路,既拓宽了与市有关部门的关系,建立了沟通渠道,又磨炼了相关干部,增长了见识和才干。在这个意义上说"学院有'出路'了",应该别有深意。借此,以"学院有'出路'了"为题,将这一见证广铁职院适应政府、走向社会、联系当地的始点,将这一体现广铁职院人百折不挠、顽强拼搏的信心和勇气的史实,以纪实性文体形式呈献给全校教职工和各位读者,借以感谢关心支持学院改革、建设、发展的各位领导!感谢为修路付出辛勤劳动的各位同志!感谢对修路进程中再三停工的艰难曲折给予理解、支持和包容的广大教职工!

迎难而上　止于至善[①]
以思想大解放促进新跨越的思考

21世纪初，广州高等职业教育发展史册应该载入一笔的是，广州铁路职业技术学院由广铁集团移交广州市人民政府管理并快速转制崛起，步入市属先进高职院校跨越发展的快车道，初步实现了并轨同步运行。

一、卧薪尝胆　居安思危

我院面对转制之初底子薄、积累少、适应力不强、自我发展能力弱等难题，审时度势，抢抓机遇，实施内涵式发展战略，以先进高职院校的眼光和谋略，举全院之力发挥自己的优势，坚定不移走自己认定的路，励精图治、顽强拼搏，集中精力搞建设，专心致志谋发展。以"十一五"发展规划为统领，全力推进"84321"发展目标，教育事业的发展取得喜人的成就，初步实现了办学规模和内涵条件建设的历史性跨越。在改革求发展、发展促和谐方面，成功杀出一条血路，走出了一条具有自己特色的路子。从移交至今的两年多里，在校学生规模达到5 099人，增长367%；新增教学行政用房25 300多平方米，增加46%；新添教学仪器设备价值4 800余万元，提高300%；在编教职工328人，减少了2%（其中，教师占教职工比例达到57.1%，提高了18.1%，党政后勤管理人员下降为42.9%）；引进高学历、高职称、高技能人才41人，教师中有硕士以上学位占23%，提高了20.14个百分点，副高以上职称人数占27.3%，提高了14.19个百分点；招生录取火爆，新生报到率2006年为85%，2007年为90.8%，毕业生就业率2005年为98.66%，2007年达到99.59%（2006年没有毕业生），名列全省高职院校前七名，均创下历史新高。在教师企业实践，学生订单培养，共建实训基地，教科研立项获奖等方面推进力度空前。特别是深度融合铁路行业，将服务春运纳入实践教学，以统一着装展示学院风采，连续两年获得广州市春运先进单位。

[①] 2008年3月28日，发表在《广州铁路职业技术学院院报》总第9期，获广州市属高校政研会论文优秀奖。

物竞天择，适者生存。办好人民满意的高等职业教育，学院在进入新的发展阶段，面对新的发展任务之今天，必须规模服从质量，速度服从效益。要更加关注质量、效益的发展，比之规模起步阶段，显然，质量的标准要高得多，效益的要求要严得多，发展的难度要大得多。因为硬件不足，校园破旧，"投入＋管理"很快就可以见效；学生规模不大，加大宣传，拓展面向，也可以立竿见影；硕士、副高比例较低，"培训＋引进"双管齐下，提起来也不是太难。而发展到一定层面上，要攀登"省级示范"这一新的高峰，就如同"招待所"升级为"旅社"，再冲刺"星级宾馆"，发展所需解决的问题特别是制约再发展的深层次矛盾难免凸显。

回顾过去的两年，学院的进步应该是巨大的，发展的成绩也是令人瞩目的。但这只是自己与自己比较，如果将这些进步和成绩放在广东乃至全国高职院校蓬勃发展的坐标上，那只是星星点点。展望未来，以质量、效益为目标，出精品，创优势，学院教育事业又面临新的危机和挑战。处在这个新的发展起点上，为使广铁职院跨越危机，应对挑战，解放思想，闯出新路——一条走上新的发展境界，写下新的质量篇章，创造新的业绩效益的光明之路。全院上下必须以科学发展观为指导，发扬敢闯敢拼、苦干实干的精神，刻苦自励，同舟共济。唯有强化忧患意识，不为成绩所累；强化进取意识，不被困难所惧；强化责任意识，不再袖手旁观，做到迎难而上，止于至善。除此别无他途。

二、弘扬美德　精益求精

迎难而上之"迎难"，始于"知难"的智慧和良知，成于"解难"的谋略和勇气。"知"为找准前进方向，"解"是迎的目的；"上"则需要胆识、毅力、勇气和锲而不舍的拼劲。止于至善在此意指"迎"而"上"的程度，即通过不懈的努力，以臻尽善尽美而停止，也就是说不达到十分完美的境界绝不停止自己的努力。此语出自《礼记·大学》："大学之道，在明明德，在亲民，在止于至善。"它言简意赅地道出办大学的原则在于发扬光明的德行，革除旧习，达到完善。南宋思想家朱熹在《大学章句》中对"止于至善"做了如此阐述："止者，必至于是而不迁之意；至善，则事理当然之极也。言明明德，新民，皆为止于至善。"

可见，办大学、修身育人，必须达到完善的境界而毫不动摇。用之于学院当今"知难""解难"，我以为是，为评建创示范，实现新阶段质量效益目标，教学、育人、评建，必登峰造极；聪明、才智、劲头，必发挥极致。为新阶段大发展而造极、极致，而倾其所能，是一份良知，一种境界。上至院领导，下至教职工，无论他智商有多高，能力有多大，而只有达到这种境

界，具有这份良知，才是一个品格高尚的人，一个无私无畏的人，一个为广大师生员工所需要的人，才不至时过境迁，发出类似"少壮不努力，老大徒伤悲"式的自悔。

三、深思远虑　直面挑战

"知难"源于深思，是一种智慧，一种卓识。在于"生于忧患，死于安乐"的远虑，是求生存的动力，抓发展的自觉。人有远虑，可解近忧，在高职教育强手如林，发展速度今非昔比，波澜曲折此起彼伏的今天，用深"谋"熟虑来预测明天，解除隐患近忧，更凸显其重要性。广铁职院冲刺新的发展高峰，我们有足够的忧患意识吗？我们是在今天的崛起前驻足停顿，而沉迷、沉没？还是以今天之崛起为新起点自强不息，而奋斗、奋进？！

事实证明，发展的成功与机遇总是和发展的危机与挑战结伴而行。即成功的本身就孕育着失败的危机，昨天的成就并不能保证明天的成功。广铁职院转制跨越发展，随着教育部高职人才培养工作评估专家组的进校、省级示范性高职院校建设项目的申报，其大限离我们越来越近，抓质量、促效益，推进新阶段大发展，又面临着一系列新的挑战。

挑战之一，自我发展能力不强。纵观广州，广铁职院学生规模有所扩大，办学条件有所改善，但办学场地受限，人员结构性矛盾没有完全解决，市属高校"造血"能力仍最弱，基本建设主要依赖市财政投入。值得庆幸的是，在这150多亩地、几万平方米建筑的校园，有五千之多的学生——教学正常运行，生活井然有序，实属奇迹！此乃广大师生员工特别是出实招、有作为、为之奋斗流汗的各级领导，一线默默奉献、像蜡烛一样燃烧自己照亮别人的教师与管理骨干们的功劳。欣慰之余深思明天：面对良好的行业背景，巨大的人才需求，要与之适应，我们就得挖掘潜力扩大招生，以不负众望。而我们又心有余又力不足——办学场地受限，评估难以达标。若按社会需求招生，弹丸之地——教学、生活条件怎么保障？若固守一隅减少招生，生源市场如何保住和扩大，教职工思想如何统一？特别是当今我们还依赖市财政生存之现状也不允许这样选择。这是全院教职工，特别是院党政班子、各级领导必须面对的难题。能否找到第三条路，既招生不减，又确保质量，教学、生活等办学基本条件不降低或还有改善，让学生满意，使家长放心？路在何方？路就在脚下！但这种寻路的智慧和能力，如此闯关的胆识和气魄，我们有吗？！

挑战之二，评、建、创示范尚需冲刺。评建，示范，在于质量、效益，成于学生满意、社会满意、政府满意；归于毕业生用得上、干得好、受欢迎。在办学理念提升，培养模式提炼，精品课程、示范专业和实训基地建设及省、市级教科研成果等星级项目方面，我院尽管已经下了很大的功夫，不遗余力地推进前期工作，取得了一定的进步和成效，但欠账太多，犹如逆水行舟，不进则退。"冰冻三尺，非一日之寒"，出精品、上星级需要长期的积累和沉淀，要赶上先进高职院校，"还账+同步"，必须百米冲刺，背水一战，如此方能如愿以偿，除此再无捷径。在现有的基础上，下最大功夫最大限度地还好账，同好步，能否又创一个奇迹？把握有多大？院级领导，系（部）主任，教务、人事等部门乃至广大教职工，应该心中都有数。这个数就是先一步评估为优秀的高职院校和国家示范性建设院校的经验：决心多大，实现把握就有多大；劲头多高，胜算程度就有多高。显然，只有按照省委汪洋书记"人一之，我十之；人十之，我百之"的要求，以一当两、以两当五，将两年、三年之功毕于一役。否则，创造奇迹又谈何容易！这种决心，如此的劲头，我们有吗？！

挑战之三，新校区推进非举手之劳。"造血"能力不强，自我发展后劲不足，众所周知的主要原因是校园占地制约——石门校区太小。评建创示范，重在建设，以评促建，新校区建设已成为学院最大的促建项目，既要奔走呼吁促政府促主管部门，又要自我加压促学院促职能部门。新校区项目的推进，可以说是既波折起伏，又前途光明。市里已将其整体打包列为市里重点建设预备项目，市教育局主要领导就新校区推进有很明确的表态承诺。关键是学院和职能部门要紧追不舍，紧盯死守。把"不可能变成可能，可能变成现实"之钻劲拼劲发挥极致，下最大的功夫，花最大的气力，扎实推进每一天！这种钻劲，如此的拼劲，我们有吗？！

挑战之四，管理创新任重道远。转制以来，遵循高职教育规律，学院在教学、科研、人事、财务、后勤、设备和学生管理创新各方面，都推出不少改革举措，取得一定成效。如出台《关于加强教学工作提高教学质量的若干意见》，质量目标进一步明确，质量意识普遍增强；以调整课时标准为切入点改革人事分配制度，强调按劳分配，实行竞争上岗，广大教师教学积极性高涨；教科研出台奖励办法，论文、课题、项目有较大突破；年度绩效考核与津贴发放挂钩，强调绩效优先，优劳优酬，广大教职工出勤更出力，授课重育人等。但是，按照现代大学理念要求，在学分制推进、选课制实施、校企融合、工学结合、发挥铁路行业优势、学生素质拓展、质量保障体系乃至实训室建以致用、体制机制创新等方面，我们与建亮点、创品牌的要求，还存在不容忽视的差距。消除差距的招数，再接再厉的作为，我们有吗？！

四、艰难困苦　玉汝于成

"解难"来自于责任，是一颗赤子之心，一份爱院之情；在于至善的追

求、极致的信念，是一种美德，一份心机；在于决胜的对策、果敢的行动，是一种谋略，一份实力。学院改革、开放、发展进程出现新问题、新情况、新挑战，既是社会经济成长过程中矛盾的呼应和缩影，也是高等职业教育发展到特定阶段，追求高质量优效益的必然转折和大好机遇。全力避免学院快速发展势头在各种矛盾的挤压下过早夭折，抓住机遇、用好机遇，我以为，从心态、精神和干劲方面努力把握，要点有三。

其一，端正心态。客观全面真实地审视过去，不因一时之得失，或自我沉醉，或怨天尤人。"忘记过去，就意味着背叛。"过去，可能是辉煌的历史。那么，就认真总结成功经验并发扬光大。当然，也应反省曾经的不足和遗憾——即使最伟大的成就也不可能没有一点瑕疵；过去，也可能是无果的回忆。那么，就应该从中吸取教训，幡然醒悟，并引以为戒。无须垂头丧气——即使最惨烈的败笔也有值得总结的欣慰。从此，告别昨天，以焕然一新的面貌重新来过，让世人刮目相看：环境改变，我也能行！在自我否定中行动、前进，从痛苦回忆中自拔、自立。

其二，振奋精神。忧患促人慧，逆境增动力，反思为设计今天，求新以提升明天。创新每一天，一天干得比一天好，既不居功自傲、夜郎自大，也不自甘落后、萎靡不振；既要敢于负责，不在岗位虚度混人生，又要勇于进取，不因己之倦怠而累团队；既要舍得为发展出力，实事求是对待自己，又要学会为成功喝彩，客观公正评价他人；既要主动作为，不把难题留给他人，又要有所作为，不把失误推给客观；既要迎难而上，不尽好责不罢休，又要奋发图强，不站好岗不言败。

其三，苦干巧干。艰难玉汝成，关键在于干。世界上的事情都是干出来的，任劳任怨地干，无怨无悔地闯。面对艰难困苦，既果断决策，言必行，更冲锋陷阵，行必果。将能力发挥极致定为标准，倾情干好每件事；将干劲倾尽立为要求，全力务实每一天，领导带着干，大家跟着上，不达目标不停顿，不获全胜不收兵。

勤勉践行，毫不气馁。寻路的智慧和胆识——我们有！再创奇迹的决心和劲头——我们有！把不可能变成可能的钻劲和拼劲——我们有！再接再厉的招数和作为——我们有！长此以往，教书育人必将硕果累累，发展前景必将灿烂辉煌。

在适应中追赶　在追赶中跨越[①]
广铁职院改革建设发展的成就与经验

"十一五"期间，是学院发展史上具有里程碑意义的五年。我们在市属高职院校中率先通过教育部人才培养工作评估，成功申报省级示范和国家骨干高职院校，取得了移交转制五年三大跨越的辉煌成就。我们五年的改革、建设和发展有很多可圈可点的业绩与成就，也有不少值得认真总结的经验和教训。收获和体会概括起来，应可大致归纳为"十个最"。

（1）最令人振奋的，是"84321"目标的确定和落实。对"十一五"发展的谋篇布局，学院做了一个"84321"的顶层设计，为实现这一目标，学院党委和行政提出了"双四工程"的措施。回溯到2005年来历史地看，这些目标和措施是非常令人振奋、特别鼓舞人心的。想当时17个专业，在校生仅1 390来名，学院规模偏小、条件简陋、人心浮动。学院领导班子审时度势、高瞻远瞩地提出"十一五"期间要发展到8 000名学生，开设40个专业，抓好精品课程、示范专业、实训基地建设三个重点，建设好高职称、高技能"双师"型师资队伍，毕业生的就业率处于全省高职院校前列的目标；提出"改善办学条件、改革校内管理、提高教学质量和以评促建创优"等四项工程。过去的五年，全院上下对"84321"目标和"四项工程"，都殚精竭虑并不遗余力地去推进和认真抓落实。除由于受办学场地的限制，在校学生规模还差几百人外，我们基本实现了这一宏伟目标。

（2）最令人自豪的，是移交转制五年实现了三大跨越，一举以优异成绩通过人才培养工作评估，并成功申报国家骨干和省级示范高职院校。对此成绩的成因，可借用广州市依法治校示范校评估专家组进校考察座谈的评价所述，广铁职院"领导很低调、教职工很自豪、学生很阳光"。广大师生员工对学院的认同感、归属感和自豪感，由此亦可见一斑。

（3）最令人感动的，是2006年上半年教职工腾宿舍给新生入住，改部分闲置实训室作为学生的临时宿舍。2006年是学院"十一五"发展的起步之年，也是最艰难的一年，由于第8栋新学生宿舍建设受阻没能如期建好，

[①] 2011年3月28日，发表在《广州铁路职业技术学院院报》总第27期。

而新生入校又迫在眉睫。学院不得不紧急动员住教工宿舍的教职工腾出房间给新生，并发动各系和相关职能部门将部分闲置的实训室改成临时学生宿舍。这种舍小家为大家的奉献精神和实际行动所折射出的大局意识、发展劲头和攻坚克难精神，至今仍让人感动不已。

（4）最令人难忘的，是2009年年初花都工学结合基地的突击建设与亮点打造。花都工学结合基地的建设是继2006年教工宿舍大搬迁、实训室临时改作学生宿舍，2007年实训中心迁租朝阳，2008年部分新生入住羊城等艰难发展举措之后，学院为确保教育部人才培养工作评估办学条件达标、适度扩大规模、深化校企合作、实现创新发展而做出的果断决策和担当之举。花都工学结合基地近两年建设发展的事实无可争辩地证明，这项决策是英明的，实施是成功的，办学是有成效的。其为学院以优异成绩通过教育部人才培养工作评估、一举成功申报省示范和国家骨干高职院校和实现在校学生规模达到8 000人的指标，不仅提供了有利条件，打下了扎实基础，而且创建了品牌，打造了亮点。花都工学结合基地突击建设如火如荼的场景，一批同志日夜奋战打大仗的工作历程，令人记忆犹新、难以忘怀。

（5）最令人触动的，是2005年年底一步到位打破大锅饭的人事分配制度改革。这既是一次利益格局的调整，也是对过往分配方式的伤筋动骨，更是对广大教职工思想观念、工作方式的革命。改革力度之大、推进速度之快、影响面之广、成效之好，是始料所不及的。那种午休时间在教室里接二连三为"为什么改、不改不行"的集体对话场景，依然历历在目；众多激愤不解的发言与沉静后的掌声带来的心灵触动仍然令人振奋。可以说，学院今天的成就与广大教职工对人事分配这一重大改革的理解和支持分不开，这也是学院五年跨越发展奠定的坚实基石。

（6）最令人牵挂的，是推而不进的新校区建设。学院把新校区建设和内涵建设当作学院发展的车之两轮、鸟之两翼的工程，一直坚持两手抓、两手都要硬。应该说，也没少花力气，没少下功夫，没少费心思，但是推而不进、悬而不决，成效不明显，至今未能如愿，时刻令人牵肠挂肚、放心不下。

（7）最令人揪心的，是第8栋新学生宿舍和校门前大道修建的艰难和反复。第8栋新学生宿舍原计划2006年9月新生入住，但是由于村民以地基打桩致房屋裂缝要求索赔和复杂的地质状况等原因，建设过程历经磨难。直到2007年9月新生报到时，后勤处等部门还在没日没夜地忙着扫尾工作，足足比原计划安排晚了一年多。校门前大道的建设也是多经波折，2005年12月动工，计划用两个月修好，先后两度眼看着要修通，但因为电杆移位、安装管涵等意想不到的枝节问题不得不一再停工，历时长达一年零七个月，最终牵动市区各方领导多次过问协调才得以竣工。

（8）最令人震惊的，是2005年下半年发生的四件事，想来这半年算得上是学院发展史上的多事之秋。一是10月报纸公布毕业生初次就业率为64.77%，排在全省倒数第六位（后经学生处下大力气实行包干，全年总体就业率才得以快速提升。此后，达到了至今可以宣传的高就业率98.66%，进入全省前列）；二是11月按照教育部办学条件监测指标，省教育厅核查称因学院硕士教师比例不达标而要亮黄牌（当时全院145名教师，硕士学历4名，仅占2.8%，而监测指标不亮牌的最低要求是8%。经人事处快速筛选，终于在年底前补齐了名额才得以平息）；三是12月安排2006学年上学期教学任务，全院1 390来名学生，教师145人，生师比不到10∶1，但因周课时定额为7节，和包括备课、答疑、改作业等环节，教师满定额后便不愿意多上课，以致很多课没有人上。究其原因是工作量定额低和分配大锅饭、干多干少一个样惹的祸（这既是直接促使学院率先大刀阔斧改分配制度的成因，也是2006年上学期50多位教师成批量下企业实践的动因与助力）；四是对校园第一个破棚拆除的非议。当时，进校门右侧的铁棚棚顶千疮百孔，与大学校园高雅氛围很不协调、很不相称，拆除理所应当，应该顺理成章，然而却引来一些人的"不舍"（这个破棚的拆除拉开了校园环境大整治的序幕）。

（9）最令人动情的，是这五年来上万名学生统一着装，服务春运一线，练技能、长才干、计学分、展形象，以有效服务密切了与广铁集团的联系，擦亮了广铁职院的校牌。师生们夜以继日、风雨无阻，抗冰灾、战严寒、疏导旅客、服务安保，不怕苦、不言累，其情其景真是令人感动。

（10）最令人骄傲的，一是毕业生就业率自64.77%到98.66%，而后再一路攀升，至今稳居全省高职院校前列；二是学生技能竞赛屡获大奖，特别是多次获得国家级大奖……如此种种骄人的业绩，不仅为学院，而且为广州市、广东省赢得了荣誉，成为学院的骄傲和荣耀。

总结"十一五"这"十个最"，应该是让广铁职院所有过来人感触最多、印象最深、影响最大的一些事件。从中也不同程度地折射出学院这五年多来，在市委、市政府的正确领导和省教育厅、市教育局等部门的指导支持下，改革、建设和发展一路走来的历史足迹和深刻记忆。其中，既有广大教职工奋斗、拼搏和进取的骄人业绩和深刻反思，也是学院"十一五"教育事业在适应中追赶，在追赶中跨越的具体体现。从这个意义上说，"适应""追赶""跨越"，成为见证学院"十一五"改革、建设、发展的关键词。

行业转制高职院校发展模式的构建[①]

行业转制高职院校是指原属行业部委管理,具有显著行业特色和专业优势,世纪之交在高教管理体制改革中划入地方政府管理或由行业与地方政府联合共建的高职院校,主要包括铁路、地质、矿业、石油、化工、纺织、邮电、农林、司法等类型的学校。行业转制高职院校在长期的办学中,形成了独具特色的行业优势和办学风格,根据主办者的不同,我国现存的行业高职院校可分为地方政府主管、行业主管、行业与地方政府共建共管等三类。世纪之交,国家经贸委、财政部等6部委联合发文《关于进一步推进国有企业分离办社会职能工作的意见》(国经贸企改〔2002〕267号),按照国家"做强主业、分离辅业"的要求,一批国有企业相继将所属院校移交给地方政府管理,使得地方政府主管的行业院校在行业高职院校已占据绝大部分。本文以此类体制划转地方政府主管的高职院校即行业转制高职院校为研究视角。

一、高职院校转制后的优势、劣势、机遇与挑战

对行业高职院校转制的优劣势及面临的机遇和挑战进行分析,既有利于此类高职院校将自身的优势和机遇结合起来,趋利避害,抓住机遇;又有利于这些高职院校扭转劣势,避开威胁,赢得战略上的主动。

1. **行业转制高职院校的优势**

(1) 专业特色明显。行业特色高职院校最大的优势就在于依托其行业拥有若干独具特色、不可替代的优势专业,体现出鲜明的行业烙印。这些专业是院校的立命之本和发展之基,是转制后特色得以保持的核心要素。

(2) 行业背景深厚。行业高职院校是我国行业部门办学的历史成果,在长期的办学实践中,它们与行业产业同生同长,积累了丰富的办学经验,创造了公认的社会贡献,具有了稳固的社会地位。行业办学的历史传统和文化底蕴,在这类院校和企业内探索与实践"校企合作、工学结合"蕴藏着得天独厚的优势。

---

① 2009年6月21日,发表在《中国职业技术教育》总第346期。

2. 行业转制高职院校的劣势

随着隶属关系的变化，行业高职院校与原行业产生体制性"断裂"、供给上"断奶"，与原行业主管部门的沟通渠道和运行机制逐渐弱化，扶持政策的倾向性也有所转变，对专业建设、设备条件、人才培养、实践教学的指导和支持也日渐减少，行业特色的优势发挥与互动空间必然随之收缩。加之，划归地方管理后高校的定位与目标大多围绕地方需求而进行调整，为行业服务的意识与主动性有所降低，不同程度地出现日渐"弱化"现象，进而加剧了行业特色的淡化。沟通与服务的弱化再加特色的淡化，使得一些行业高职院校面临不断被边缘化的尴尬。

3. 行业转制高职院校的机遇

（1）办学自主权的扩大。随着行业转制高职院校划转地方管理，办学的主体地位得以确立，自主权得到可靠保障，这有利于职业院校根据市场需求和发展实际进行战略定位，确立学校发展目标，明晰发展方向，确定发展规划，进而整合资源，办出特色，办出水平。

（2）地方政府重视与支持力度加大。社会经济发展与科技进步客观上促进了高职教育的发展，国家大力发展高职教育从政策法规上提供了有力支持，高职教育的外部发展环境进一步改善，这些高职院校的发展遇到千载难逢的"黄金时期"。

4. 行业转制高职院校的挑战

（1）增长与发展条件矛盾突出。转制高职院校办学规模由过小走向增长，从高等教育发展理论来看，这种量的快速扩张是一种补偿性增长，既是为了满足人民群众对高等教育的需求，也是为了发挥办学资源的正常效应。但同时也会带来某些负面效应，首先就是其内涵条件不能满足学生的学习需要，也跟不上社会变革与时代发展的步伐，所以会感到越来越不适应。

（2）专业特色有所削弱。隶属关系变化后，如何在专业建设、实践基地建设及人才培养模式等调整与规划中保持和加强行业特色与优势，成为行业特色高校共同面临的重要问题。为了"生存"和"办学规模"，转制高职院校的专业设置在市场需求和考生、家长的专业意愿之间摇摆，更多地倒向后者，造成专业设置的时尚化、同质化、趋同化。有的甚至盲目追求综合性发展，对传统的行业特色专业进行不恰当的调整，甚至把有的专业撤销，导致特色专业核心竞争力削弱。

（3）发展战略趋于模糊。行业转制高职院校绝大多数是在中专的基础上升格而来，在培养人、塑造人的问题上，与社会需求、职业发展仍有不小的差距。有些院校在服务行业还是服务地方之间摇摆不定，造成定位不准，目标不明。加之转制后盲目扩大规模，内涵建设不够，忽视师生企业一线经历

与实践训练,导致人才培养质量下降。

二、转制后与行业、地方关系的梳理与重塑

由于行业高职院校大多由原中专学校升格、合并而来,与国家的经济发展密切相关,1997年高校扩招之前,其办学规模、办学特色、办学成果等为同类学校之翘楚,发挥着极大的张力和示范带头作用。随着1997年高校扩招,地方政府开始举办面向区域经济的高职院校,由于政府的倾斜性政策,加之办学定位准确、办学思路清晰、办学机制灵活,该类学校获得高速增长。相比而言,行业高职院校在改革办学体制后,由于办学定位趋于模糊,加上办学经费和条件紧缺等制约,在发展上日渐滞后于这些地方高职院校。

1. 行业转制高职院校与行业的关系

从发展历程看,行业转制高职院校与行业的关系,大致可分为"相融—相离—相交"三个阶段。

相融阶段,即计划经济体制下,行业主管理部门对相关职业学校的统一领导与管理时期。1953年,政务院规定:"中央各部和主管部门对中等专业学校实行集中统一的领导与管理,劳动部门对技工学校实行综合管理。"交通、铁路、机械、电子、卫生、纺织、商业等各个行业都设立了自己的院校,从中专、大专到本科一应俱全。总体而言,这一时期我国的职业教育是一种"条条"式的管理体制,学校与行业之间不仅存在着体制上的血缘关系,也存在着职业指导与就业的内在联系,关系相对比较密切。"文革"期间及"文革"刚结束后的一段时期,地方政府行业主管部门和企业的办学十分红火,"七·二一"工大、职工大学一度成为我国职业教育的重要力量。职业学校与行业企业是融为一体的,学校是行业企业的附属单位,校企合作等方面没有任何障碍,能够从企业内部制度和组织层面推进"师生进工厂车间,技术人员进学校课堂,生产工艺方法进教材讲义"的"三进教学模式",能够灵敏地感受并准确地判断企业和企业所在行业的发展趋势及人才需求,主动调整专业布局、专业方向和课程技能训练项目,真正落实职业教育对行业、企业的动态跟随。

相离阶段,即我国改革开放以来,特别是进入20世纪90年代以后,职业教育与行业、企业进入相互"剥离"时期。一方面,行业主管部门举办的具有典型行业特色的院校或下放给地方政府,或改由教育行政部门管理。另一方面,国有大中型企业经营困难,使得一些企业和行业举办的教育实体——如职工大学、中专学校、技工学校等纷纷被剥离、解体或关闭。1996年通过的《中华人民共和国职业教育法》规定"国家教育行政部门负责职业教育工作的统筹规划、综合协调",这足以使得职业教育越发失去行业背景。以 1997 年高校扩招为界限，为了满足高度教育大众化的需要，许多行业中专学校纷纷向大专升格，随之而来的是专业数的增加、学生人数的扩大。加之体制改革，行业高职院校从行业中剥离出来，一些学院在办学上逐渐脱离原行业的影响，与行业的关系从"相融"走向"相离"，割裂两者的天然纽带，在各自的轨道上越走越远。高职教育日益成为本科的压缩饼干，造成学生培养质量的下降，受到社会各界的诟病。

相交阶段，即 21 世纪以来，我国职业教育进入大发展的时期，社会逐步形成了共识，职业教育与行业之间必须重新沟通，建立一种新的互动机制，职业教育不能脱离行业背景。为全面提高高职教育质量，教育部颁发了 16 号文，全面指导高职院校摒弃外延发展道路，走内涵发展道路，并要以"校企合作、工学结合"为抓手，全面推动高职教育的改革。一些行业高职院校逐渐认识到重新定位与行业关系的重要性，开始寻找校企合作新的利益结合点，以实现资源共享。院校与行业企业的关系由"相离"走向"相交"，行业转制高职院校与行业企业重新携手合作，但绝不是走回头路，而是在合作的基础上实现共赢。

2. 行业转制高职院校与地方的关系

从管理体制和相互依存的角度看，行业转制高职院校与地方的关系，可大致归纳为"分割—磨合—融合"三种状态。

计划经济体制下，行业与地方处于"条块分割"状态，行业高职院校按计划为行业培养人才，与地方两者各不相干，互动较少。行业高职院校划转地方管理初期，由于院校发展理念缺失、定位摇摆、观念落后、管理粗放，与地方区域经济发展的"磨合"状态不可避免。

高职教育主要任务是为地方经济建设和社会发展培养大批高级应用型人才，尤其要为生产、建设、管理、服务第一线培养下得去、留得住、用得上的高技能人才。随着社会经济的发展，产业结构和行业主旨发生了变化，高职院校必然也要面向产业群，根据区域经济发展的需要和变化相应调整人才培养面向。因此，适应成为转制发展的第一要素，区域特色成为院校事业发展的生命线，校地"融合"状态成为高职院校发展的首要追求，即根据区域经济和相关行业企业的需要，走学历教育与非学历教育并举的发展道路，为区域经济发展提供用得上的高技能人才。

三、行业转制高职院校发展模式构建

面对新机遇和新挑战，行业转制高职院校要始终抓住优势和特色专业这个纲，以内涵发展和特色发展为两个轮子，正确处理政府、行业、学院三者关系，不断强化和提升特色，加大优势和特色专业的辐射和带动作用。根据自身条件和地方经济发展布局，在保持特色的前提下，适当扩大服务面，促进相关专业的协调发展，形成"异峰突起、群峰竞秀"的局面。为此要牢牢把握"四个不变"，实现"四个转变"，即为行业企业培养所需人才的宗旨不变，与行业企业人员互聘的机制不变，为行业企业提供技术支持的服务不变，保持深化行业的企业精神和企业文化不变；实现从计划培养向市场订单式培养转变，从服务行业向服务行业与区域经济转变，从闭门办学向开放办学转变，从守成依赖型建设学院向进取经营型建设学院转变。

1. 科学定位：行业转制高职院校发展的牵引力

科学定位是凝练办学理念的核心。院校定位是指其在整个社会结构和高校机构中以及人才培养的规格上，如何确定自身的发展方向和奋斗目标，是院校改革和发展的基本依据，提高办学质量的可靠保障，实现可持续发展的行动指南。院校发展定位涵盖了办学层次、办学规模、专业设置、服务面向、培养规格等方面，直接关系到学校的方向选择、角色定位、办学特色，是学校沿着正确轨道持续、稳定、健康发展的保证。行业转制高职院校必须综合考量自身条件、区域经济发展、筹资能力等因素，确定自己的发展目标。

2. 优化专业：行业转制高职院校发展的支撑力

专业是高职院校的立校之本、发展之基、力量之源，是高职院校兴衰成败的关键。专业建设是高职院校建设的核心工程，是办学实力的集中体现，是学校联系社会的纽带和教学贴合生产实践的切入点。行业特色高职院校最大的优势就在于拥有若干独具特色、不可替代的优势专业，体现出鲜明的行业烙印。这些专业是学院的立命之本和发展之基，是学院特色得以保持的核心所在。行业转制高职院校的专业布局应按照"不求其全、但求其特，不求其大、但求其强"的发展战略，继续保持和强化原有传统专业的特色优势，在适应行业发展需求的基础上实行重点突破，并顺应市场和经济发展的"风向"，及时进行调整，借势发展。同时，应加强专业内涵建设，提高专业竞争力，加强职业分析研究，以市场需求为切入点，从工作岗位需要出发，以社会职业岗位为对象，善于发现新的社会需求、新的职业岗位或岗位群，不断有所侧重地优化专业设置，在把通用性专业和特殊性专业、长线专业和短线专业、传统专业与前瞻性专业相结合的基础上，拓展区域经济发展所需要的专业，拓宽跨岗位、跨专业、跨职业的课程内容，以复合型的高精尖人才步入市场。

3. 工学结合：行业转制高职院校发展的驱动力

校企合作是高职教育实现产学结合的必由之路，是保障高职教育质量和特色的关键要素。行业高职院校是我国行业部门办学的历史成果，在长期的办学实践中，它们与行业产业同生同长，积累了丰富的办学经验，创造了公认的社会贡献，具有了稳固的社会地位。行业办学的历史传统和文化底蕴，使得"校企合作、工学结合"这一重大命题在该类院校和企业内实践，获得成功的案例令人羡慕。所以，行业转制高职院校应主动作为，与行业企业"分家"但不"分离"，根据企业需求确定专业方向，组建由行业企业的专家、高级技师、政府人员组成的专业专家指导委员会和实习指导委员会，与企业签订专业实习协议，在企业建立实习基地等；加强与行业、企业的横向联系，确定专业培养目标、课程计划，制订切实可行的专业教学计划等；主动为企业提供咨询培训等服务，与企业一道确立科研计划、攻关项目，帮助技术改造、升级以及成果转化等，以贡献求支持，以创新求发展。

4. 管理创新：行业转制高职院校发展的保障力

体制创新就是根据社会发展的现实，创建能够促进学校发展与进步的管理体制。行业高职院校除了继承借鉴古今中外行之有效的管理体制外，还要与时俱进，寻求突破与创新，努力清除计划经济体制遗留的僵化、集权倾向。为加强学校与社会间信息的流动速度与效率，充分发挥各职能部门和系部的积极性和创造性，必须抓好两个转变：一是从集权式的领导管理体制转变为集权、分权相结合的领导管理体制，形成一个有序的职责权匹配的机关群；二是重心下移，由直线型职能型组织向扁平式组织模式转变。

广州铁路职业技术学院教育现状分析与"十二五"发展预测[①]

广州铁路职业技术学院作为广东省唯一一所以培养轨道交通、铁路等特有专业人才为主的工科类普通高等院校,充分发挥行业背景深厚和政府办学支持的双重优势,秉承"依托行业,适应学生,适应市场,适应政府"的办学理念,走特色立校、质量强校、优势兴校之路,培养品德高尚、技能精湛、创新奋进的高素质技能型人才,探索形成了"产教一体、寓学于工"的人才培养模式。

一、发展现状

"十一五"期间是学院发展史上具有里程碑意义的五年。学院在市委、市政府的正确领导和省教育厅、市教育局等主管部门的大力支持下,坚持以科学发展观为统领,面对空间狭小、起步较晚等办学困难以及扩大规模和提高质量的双重压力,不甘人后、拼搏进取、开拓创新、攻坚克难,以杀出一条血路的勇气和决心,坚持质量、规模齐头并进,内涵、外延同步加强,强力推进"学院形象、教学质量、管理改革、评建创优"等四大工程,全力转方式、保增长、惠师生、促发展,在市属高职院校中率先通过教育部人才培养工作评估,成功申报省级示范和国家骨干高职院校,取得了转制五年三大跨越的辉煌成就。

(一) 主要成就

1. 认真厘清办学思路,办学条件明显改善

"十一五"期间,学院紧跟高职教育和轨道交通发展的时代脉搏,抢抓轨道交通大发展和移交地方管理的历史契机,通过"走出去""请进来"的方式,转变思想观念,以"84321"发展目标为指引,凝练了"依托行业、适应学生、适应市场、适应政府"的办学理念和"以市场需求定办学面向,以社会满意为质量标准,以适应规律推教学改革,走资源共享、集约化、集

[①] 2010年11月30日,刊登在《广州市教育发展蓝皮书(2010)》。

团化、集成化办学之路"的发展理念，按照"一个规划、两大任务、'三上'要求、四项工程、五大创新"的"12345"转制发展思路，成功闯出了一条从计划到市场，从封闭到开放，从行业办学到政府主管的转制发展之路。

五年来，学院加大投入，挖潜办学，改造教室、实训室等场所，新建学生宿舍和食堂。同时积极联合企业借力发展，先后租赁朝阳工业区、花都粤宝丽工业园区等建设实践教学基地，校园占地达到 314.86 亩，增长了 100.55%；教学行政用房达到 119 233 平方米，增长了 12 倍；纸质图书达到：443 554 册，增长了 175%；教学科研仪器设备总值 8 273.82 万元，增长了 419.71%；固定资产总值 20 372.39 万元，增长了 143.65%；校内实训室 103 个，校外实习实训基地 96 个，其中，中央财政支持实训基地 2 个，广东省高职教育实训基地 3 个，广州市示范实训基地 4 个。校园环境良好，教学设施齐全，设备配置优良，办学实力明显增强。

2. 对接产业设置专业，专业建设彰显特色

学院主动适应区域经济发展和产业结构调整，及时调整专业结构，以城市轨道交通车辆、电气化铁道技术、城市轨道交通运营管理、数控技术等重点专业带动其他专业的建设与发展。新设铁道机车车辆、电气化铁道技术、物流管理等 15 个专业，撤并法律事务等专业。现有招生专业 31 个，增长 93.75%，其中对接轨道交通产业链工科类专业 23 个，占专业总数的 75%，初步形成了对接轨道交通产业链，以重点专业为龙头、相关专业为支撑的七大专业群。零点起步建有国家、省、市级示范性（建设）专业 12 个、院级重点建设专业 13 个。

3. 深化专业教学改革，模式创新成效明显

学院注重构建基于工作过程的课程体系，实现课程与岗位任务的对接。零点起步建设国家及省级精品课程 5 门、广州市级精品课程 17 门、院级精品及建设课程 44 门，院级网络课程 16 门。借助网络平台，形成了多专业、多课程的网络教学平台。重视教材建设工作，建立教材建设基金，出版专著和主、参编教材 129 种。

在花都工学结合基地成功实践的基础上，各专业以"产教一体、寓学于工"人才培养模式创新为主线，实施订单培养、工学交替、顶岗实习等教学模式改革。依托行业背景，与广铁集团、广州地铁、深圳地铁等名优企业开展订单培养，共组专业指导委员会、共订人才培养方案、共建实训基地、共同开发课程、共编教材、共同考核评价，校企合作办学共育人才的机制基本形成，实现校企互利、互动、共赢。四年来（2006 年无毕业生）培养订单学生 2 286 人，占毕业生总数的 41.32%。结合人才培养实际，探索实践了

从"订单培养"到"教学工厂"的校企合作新路径。

4. 加大奖励配套力度，教科研成果快速增长

学院加大教科研奖励范围和力度，对教师公开发表论文、成果获奖和从事示范专业、精品课程建设及市级以上立项课题，采取给予配套经费和立项奖励等举措，较好地激发了广大教师从事教学科研的热情和积极性。五年来，多项教科研项目实现了零的突破，或十几倍的增长，共有纵向项目99项、院级项目122项、获奖项目226项，到账科研经费482.55万元，其中省部级课题15项，厅局级课题84项；承担各类横向课题7项，研究经费达43.61万元；发表论文990篇，其中核心期刊144篇，SCI、EI、ISTP收录5篇，获得专利授权13项；获国家教学成果二等奖1项，省教学成果一等奖1项、二等奖1项，广州市高等教育优秀成果一等奖4项，二等奖7项。并积极与省、市相关部门及兄弟院校协商沟通，成功申办了《南方职业教育学刊》。

5. 学生素质全面提高，招生就业局面良好

学院深入开展素质拓展、"三下乡"等活动，强化学风建设和职业道德教育，突出学生职业能力培养，实行"双证书"制度，学生综合素质全面提高。2010年高职在校生达7 056人，比2005年增长了4倍多。招生就业呈现进口旺、出口畅的景象，五年中第一志愿上线率平均达200%，报到率平均为89%。近四年毕业生总体就业率平均达99.40%，其中，就业对口率高达85%以上。用人单位对学院毕业生的满意率均在97%以上。2010届毕业生初次就业率达98.75%，比2005年提高了23.98个百分点，由全省高职院校倒数第6上升至顺数第7，总体就业率达99.26%，被评为"广东省普通高校毕业生就业先进集体"。重视职业技能竞赛，以赛促学，以赛促教，学生双证书获取率达90%以上，2007年以来学生在国家、省、市各类技能大赛中获奖186项。

6. 加大外引内培力度，"双师"结构渐趋合理

学院以师德引领、利益引导为原则，出台支持教师在职攻读硕士、博士学位并报销学费，在规定年限内获得博士学位、晋升副教授、教授给予奖励，教师下企业实践按满工作量计算等多项举措，大力加强教师学历培训和"双师"素质培养。对引进的高层次人才给予相应安家费和科研启动资金，加大人才引进力度，改善师资队伍的职称、学历、能力和年龄结构，建设了一支拼搏进取、改革创新、潜心教学、大爱育人的"双师"结构教学团队。共引进"三高"人才85名。现有专任教师214人，增长47.59%，其中硕士以上学位159名，占74.3%，提高71.5个百分点，副高以上职称58名，占27.1%，提高10.3个百分点。建有市级创新学术团队2个、优秀教学团队1个。

7. 社会服务能力增强，辐射带动影响广泛

学院近四年共为社会输送合格毕业生 5 532 名，在培养区域产业发展急需人才的同时，为地铁、国铁及相关行业企业开展岗位培训，提供技能鉴定与职业资格考证和面向社会的培训等年均超 10 000 人次；学院将参加铁路春运、广交会等社会实践活动纳入人才培养方案，实行学分管理，引导学生练技能、长才干、计学分、展形象，共派出师生 914 800 人次，以实际行动密切了与铁路企业的联系，连续四年被评为"广州地区春运工作先进单位"（广州地区唯一获此殊荣的高校）。学院广泛开展境外合作交流，与新加坡南洋理工学院等国外高校开展师资培训等合作，与海南、湖南、新疆等省内外 5 所高职院校开展对口支援交流，合作卓有成效。

8. 内部管理更加规范，校园文化积淀浓郁

学院五年的成就始于改革，源于创新。2005 年年底一步到位打破大锅饭的人事分配制度改革，掀起学院改革的高潮；完善系部建制，新建经济管理、信息工程、应用外语、物流管理、思政部，组建机械与电子学院；职成部、车队实行目标管理，职成部按照学院所定的总目标和利润目标，实行经费包干，车队实行按公里数计酬，提高运营效率；推进"主动教学、主动管理、主动服务"活动，推行优质服务承诺，改善机关作风，形成科学规范管理的长效机制；根据公平竞争、择优聘任、有序流动的原则，开展"三定一聘"改革，精减机关后勤人员，首轮竞聘精减了管理服务人员 32 人，教师比例由 39% 上升至 57.1%，党政后勤管理人员由占教职工总数的 61% 下降为 42.9%，改变了教师与其他人员人数倒挂的现象，建立向教学一线倾斜的院内分配机制。融入企业高效管理方式，引进 ISO 9001 质量管理理念，推行精细化管理；加强校务公开和党风廉政建设，完善教职工代表大会，推进依法治校示范校建设。

学院秉承铁路人创新超越、敢争一流的"火车头"精神和奉献精神，在各种困难和挑战面前，勇于担当、善于思考、勤于实践，深入开展企业文化进校园、职业素质进课堂活动，注重提炼精神文化，明确核心价值理念，凝练了"创新每一天"的校训，"精益求精"的校风，"潜心教学、大爱育人"的教风和"勤学善思，砺能笃行"的学风，开展五星评比、艺术节、技能竞赛、"三下乡"活动、志愿者服务等校园文化活动，形成了浓厚的校园文化氛围。

（二）主要问题与困难

在充分肯定五年转制发展成绩的同时，学院清醒地认识到改革建设发展仍然面临不少问题和困难，主要体现为五个方面。

(1) 内涵建设有待进一步加强。示范专业与精品课程的建设有待突破，实践教学和社会服务水平有待提升，师资队伍的"双师"结构、职称结构、学历结构、素质结构还不够完善，行业企业有影响力的专业带头人和技术骨干到校授课的比例有待进一步提高，校企人员互派、互兼、互聘的机制建立亟待突破。

(2) 校园占地面积难以满足学院进一步发展的需要。新校区建设要进一步推进，高标准建设现代新校园，全面改善办学条件，将市政府建好新校区的承诺尽早变成现实尚待努力。

(3) 校企合作有待进一步深化。校企合作的动力机制、利益平衡机制和政策支持保障机制、校企合作制度创新等尚需进一步探索与实践。

(4) 专业结构需进一步优化，以尽快适应产业发展的状况与趋势，实现专业发展与区域产业发展同步，专业结构调整与产业结构调整并行。

(5) 内部管理体制机制需进一步创新。人事、教学、科研、后勤、设备等管理尚需加大改革力度，深化岗位设置与人事分配制度改革、创新教学组织运行、实行多学期及分段式教学组织形式改革，以及优化科研管理流程和完善设备管理制度等，需进一步突破。

二、"十二五"发展预测

"十二五"既是我国职业教育发展的关键时期，又是广州国家中心城市建设的攻坚时期，也是学院改革建设发展的重要战略机遇期。全院上下要不断增强机遇意识和忧患意识，树立"在适应中突破，在突破中引领"的发展新理念，通过办学理念大更新、发展思路大调整和建设标准大提升，实现体制机制创新、应用技术研发、示范专业与精品课程建设、示范基地建设、人才培养模式优化、"双师型"团队提升、专业教学资源建设、内部管理改革、重大成果与项目和新校区建设等"十大突破"，确保实现校企的融合、精品的打造和内涵的加强。

（一）学院改革建设发展指导思想

要深入贯彻落实科学发展观，按照《珠江三角洲地区改革发展规划纲要（2008—2020年)》《国家中长期教育改革和发展规划纲要（2010—2020年)》《教育部　财政部关于进一步推进"国家示范性高等职业院校建设计划"实施工作的通知》（教高〔2010〕8号)、《中长期铁路网发展规划（2008年调整)》以及《2020年广州市轨道交通线网规划方案》等文件精神，紧紧围绕高素质高级技能型人才培养、服务广州国家中心城市建设和经济社会发展、中小企业技术研发等三大使命，着力创新校企合作办学体制机制，大力推进合作办学、合作育人、合作就业、合作发展，以专业建设为抓手，以师资队伍建设为重点，以制度建设为保证，以实践"产教一体、寓学于工"人才培养模式为主线，以建设高水平省级示范院校和国家骨干高职院校为目标，努力提高人才培养质量和社会服务能力，全面提升办学水平和综合实力。

（二）学院改革建设发展的总体目标

为更好地适应广州实现经济发展方式转变，广州国家中心城市建设和经济社会发展的需要，联合行业企业组建董事会管理机制的"1（学院）+N（合作企业数）"合作学院和理事会管理机制的工业交通职教集团，形成紧密型校企合作办学体制机制，不断增强学院的办学活力；深化教育教学改革，优化专业结构，加强"双师型"师资队伍建设，不断提高人才培养质量和办学水平；深化内部管理运行机制改革，不断增强服务区域经济社会发展的能力，把学院建成轨道交通特色鲜明，国内一流、高水平的国家骨干高等职业院校，为省内乃至全国高职院校的建设发展起到示范带动作用。

（三）学院改革建设发展的推进策略与主要任务

为更好地为轨道交通行业和区域经济发展提供人才保障和智力支持，发挥好国家骨干高职院校的示范作用，要举全院之力推进以产、学、研结合，提升核心竞争力为重点的教学质量工程，以实施人才强校战略为目的、以校企合作为重点的办学体制改革工程，以重点专业及专业群建设为关键点的创建示范工程，以创建良好育人环境、优化办学条件为重点的校园文化工程，并努力实施八大策略。

（1）建好国家骨干院校，提升综合办学实力。以4个中央财政项目为重点，整合政、行、企、校资源，推进教育教学改革，优化内外发展环境，增强校企合作办学活力，全面提升育人质量，从硬件到软件提升学院整体实力与办学水平。

（2）创新办学体制机制，搭建合作发展平台。按照"利在企业，功在育人"的理念，在政府的指导下，牵头组建广州工业交通职教集团，建立4个理事会机制的合作学院，开展订单培养、共建实训基地等多种合作形式，搭建学院与企业共同发展的平台。

（3）对接区域产业发展，打造特色专业体系。主动围绕经济发展方式转变，适应国家铁路和珠江三角洲城市轨道交通大发展以及地方产业结构升级对高技能人才的需要，加大专业调整力度，建成4个国家重点专业，8~10个省级特色专业，20个市级示范专业，带动7个专业群的发展，形成以轨道

交通类专业为龙头、先进制造类和电子信息类专业为两翼、现代服务类等文科专业为支撑的专业格局。

（4）优化人才培养方案，深化培养模式改革。进一步扩大订单培养的规模，深化订单培养内涵；以典型职业岗位和职业资格标准为依据，以能力为主线，以素质为本位，完善专业人才培养方案；加大校企合作开发课程力度，校企合作建成150门优质专业核心课程，150门网络课程；加大教学组织、评价模式的改革力度和教学资源建设的支持力度，继续深化"产教一体、寓学于工"人才培养模式改革。

（5）推行人才强校战略，提升"双师"团队水平。建立校内专任教师与企业兼职教师互派、互兼、互聘长效机制；以教师工作室为平台，以培育省、市优秀教学团队、科技创新团队为抓手，使专任教师"双师"素质达到90%；建立企业兼职教师准入制度、考核评价制度和兼职教师专项奖励基金等，建立一个1 000名兼职教师资源库，实现50%的专业课课时由企业兼职教师承担。

（6）突出职业素质教育，提升学生综合素质。构建职业素质教育平台，强化职业素养培养，实现职业道德的养成、关键能力的发展和职业素质的提升，培养下得去、留得住、用得上的人才。建成高质量的就业服务平台，加强就业、创业、创新能力培养，全面提升学生综合素质和就业质量，学生就业率达99%以上，始终处于全省前列。

（7）拓展社会服务范围，增强社会服务能力。适应广州市建设学习型社会的需要，以华南地区轨道交通教育培训中心、珠江三角洲地区中小企业技术研发与服务中心、广东省轨道交通职教资源共享中心为平台，提高技术研发与服务能力；以轨道交通行业企业和珠江三角洲中小企业为主要服务对象，拓展多样化继续教育项目，使年社会培训达在校生两倍以上。加强国际交流与合作，拓展国际办学领域。

（8）打造特色校园文化，营造和谐育人环境。以精神文化建设为核心，以行为文化、环境文化为重点，以促进师生的全面发展为目标，注重校园文化与企业文化相结合、继承与创新相结合、科学精神与人文精神相结合，发挥文化育人功能，将行业、企业、职业等要素融入校园文化，促进校园文化建设和人才培养的有机结合，努力建设内容丰富，格调高雅，健康向上，体现高职特色、时代特色和轨道交通特色的校园文化。

三、"十二五"开局之年发展思路

2011年，是学院"十二五"规划的开局之年，也是学院启动国家骨干高职院校建设的第一年。做好今年的工作，对学院承前启后、科学发展意义重大。要全面贯彻落实《国家中长期教育改革和发展规划纲要（2010—2020年）》和国家、省市教育工作会议精神，以邓小平理论、"三个代表"重要思想和科学发展观为指导，以校企合作和内涵精品建设为重点，以实现体制机制、人才培养模式改革等十大突破为目标，以深化人事分配制度、兑现优质服务承诺等管理改革为保障，在适应中突破，在突破中引领，全面建设国家骨干高职院校，为学院"十二五"发展开好局、起好步、奠好基。

（1）科学制定"十二五"发展规划。要全面回顾"十一五"发展规划的落实执行情况，在全面总结成功经验，查找差距和不足的基础上，转变发展思路，破解发展难题，创新发展模式，进一步拓展来之不易的发展好势头；要进一步集思广益、充分论证，动员全院教职工积极参与规划的修改完善，使制定规划的过程成为全院上下统一思想、统一行动、鼓舞人心、催人奋进的过程；要在申报国家骨干高职院校的基础上，结合国家和地方"十二五"发展规划和国家骨干高职院校建设的要求，对接区域产业和社会经济发展，科学制定理念先进、目标明确、切合实际的学院"十二五"发展规划。

（2）抓好国家骨干院校建设启动。要按照教育部的要求，把学院申报方案变成可操作、可量化考核的建设任务，完成建设任务书填报工作，并按照年度计划认真组织实施；组织大学习、大培训、大提高活动，抓好校内培训，使国家骨干院校建设的八大项目和建设要求人人皆知，个个掌握，全面提高教师素质和水平；落实建设任务与责任，建立国家骨干校管理考核运行机制，做到一周一检查、一月一考评，稳步推进各项建设任务。

（3）新校区建设力争进入实质性阶段。在就地拓展、省市职教基地建设新校区等多个方案的基础上，要进一步拓宽渠道，力争在拿下红线图进入操作程序等方面有重大进展。

（4）以合作学院培训中心做实职教集团。解放思想，创新体制机制，组建好广州工业交通职教集团，搭建校企合作平台；科学论证选定好合作企业，撬动市政府政策支持，共建1~2所专业合作学院；轨道交通企业培训中心争取挂牌运作，并取得良好的社会和经济效益。

（5）政、行、校、企共建工学结合示范园。花都工学结合示范园要按照政府、行业、企业共建模式，抓好项目部和工作室的组建工作，引进优质企业和先进生产线，发挥示范园在校企合作、专业建设、课程改革、培养模式方面的示范作用。

（6）深化管理改革扩大系部办学自主权。一是抓好院、系二级管理改革，按照责任、权力、利益相一致以及分级管理、逐步到位的原则，进一步明晰学院、职能部门、系部的管理及工作职责，理顺二级管理权责关系，适当扩大各系（部）办学自主权，充分调动各系（部）和教职工工作的积极

性和主动性,将日常工作管理重心切实下移;明确院系两级经济责任,强化监督约束;研究改进二级学院预算分配方案,加强对二级财务的管理,逐步实现学院管理模式由过程管理向宏观调控转变,提高效率与效益;二是抓好设岗聘用工作,按照市人事局事业单位岗位设置管理工作的要求,认真抓好核编设岗,制定并实施岗位聘任及竞岗方案;三是深化人事分配制度改革,修订完善工作量计算及分配办法;四是以优质服务承诺兑现考评为切入点,按照现代大学制度的要求,树立服务意识、改进管理方式、理顺管理关系、创新内部管理制度。

(7) 启动"90、50"工程"双师"结构见成效。加大兼职教师引进力度,使企业兼职教师授课比例在年内达到30%;加强兼职教师管理与培训,建立校内教师与兼职教师结对互动、互促机制;调整专业带头人和骨干教师选拔培养标准,并制定相应考核标准,把专业带头人、骨干教师的考核与国家骨干院校建设的年度考核挂钩,实行动态管理和调整优化。

(8) 抓好实训室建设与基地扩建。提高实训室单位用房的效率,抓好实训室的检查和考核工作,重点考核实训设备的论证、使用和效益情况,加强设备论证、使用管理,提高利用率和使用效益;改造好石门校区相关实训室,按期完成花都工学结合示范园的扩建工作。

(9) 加大专业建设课程改革力度。坚持以教学为中心,加强示范专业建设,加大课程改革力度,开发核心课程,构建科学的课程体系;深化"产教一体、寓学于工"人才培养模式改革,各专业要结合专业特点提炼体现"产教一体,寓学于工"特征的具有自身特色的培养模式;借鉴省内外示范高职院校的成功经验,开展信息化校园的管理和建设工作,加强与湖南职教新干线和思科公司的合作,建设教学资源库;继续抓好技能竞赛工作,保持在省内高职院校的优势地位;进一步加强教学管理和督导督察工作,继续规范各类教学文件的收集整理,夯实基础性工作。

(10) 加强技术研发和推广应用。制定学院三年技术研发建设方案,积极推动校企共建研发中心(基地),加大对发明专利的支持力度,努力体现学院的工科特色;加强对研发中心(基地)等科研平台的服务与管理,加大科研经费、研究力量方面的支持;整合校内资源,组建科研团队,以应用研发为核心,加大课题申报力度,努力实现横向课题资助有大的突破,省部级纵向课题立项再上新台阶;办好《南方职业教育学刊》,提高学报办刊质量和水平。

(11) 稳步推进招生就业工作。重点抓好单独招生的改革试点工作,加大招生宣传力度,加强中职学校招生基地建设,进一步扩大学院的社会影响力和知名度,确保2011年招生第一志愿上线率达100%以上。向周边省份拓展特色专业的就业基地建设，增加行业企业订单培养人数，加强学生创业能力培养，鼓励学生创业，确保就业率始终处于全省高职院校前列。

（12）努力提高社会服务水平。要根据实际情况和发展需求，认真规划，科学定位，为中职学生及社会考生搭建多层次、多种类的继续教育平台，加强以技术开发为主的社会服务能力建设，拓展境外、海外培训市场，实现校企合作的新突破；根据市场需求，适时有序地开展各种职业技能鉴定工作，组织好各类社会考试和培训工作，满足社会的多层次需要，充分有效地利用学院各种教学资源，争取社会效益和经济效益双丰收。

在适应中突破 在突破中引领
全面建设国家骨干高职院校①

广州铁路职业技术学院坐落在广州原羊城八景之一的"石门返照"风景区，是教育部、财政部确定的"国家示范性高等职业院校建设计划"骨干高职院校立项建设单位。结合学院移交转制六年来改革、建设和发展的心路历程，通过认真阅读胡锦涛同志《在庆祝清华大学建校100周年大会上的讲话》以及《苦难辉煌》《幸福的方法》《对我们生活的误测：为什么GDP增长不等于社会进步》等有关书籍，经过深度思考，全面总结，有如下体会和感想。

一、在适应中追赶，借力改善办学条件

泰勒·本-沙哈尔在《幸福的方法》一书中提到："一个明确的目标，可以指引我们的方向，并给我们的生命赋予意义——生命不再是支离破碎的片断，而变成了一个有机的整体。"② 面对移交之初校园占地面积狭小、设施陈旧、房屋破旧等困难，学院以教育部16号文件为指引，确立了"依托行业、适应学生、适应市场、适应政府"的办学理念，以"十一五"事业发展规划"84321"目标为引领，不退缩，不等靠，攻坚克难，主动作为，着力挖潜办学，尽力借力谋发展。

（一）努力挖潜办学，借外力壮实力

为满足社会需求，扩大办学规模，提高培养质量，学院三管齐下、分步实施、有序推进。一是改、建、扩三管齐下，调整校园规划布局、利用空坪隙地挖潜办学，投入近5 000万元改造教室、实训室、图书馆、宿舍楼和办公场所，新建第八、九栋学生宿舍和饭堂，增加教学行政用房22 924平方米；二是整合社会办学资源，开辟羊城校区、建朝阳实训基地，拓展办学空间，增加教学行政用房24 798平方米；三是联合企业打造花都工学结合示范园。在省、市教育部门的大力支持下，利用广州市花都区"粤宝丽工业园"

---

① 2011年8月22日，在广东省高校领导暑期读书班的书面发言。
② 泰勒·本—沙哈尔·幸福的方法［M］．北京：当代中国出版社，2007．

建成占地105亩,建筑面积60 000多平方米,能接收1 800名学生的工学示范园,政、校、企合作打造"校中厂""厂中校"。既较好地改善了学院整体办学条件,满足了社会日益增长的入学需求,又闯出了一条从"订单培养"到"教学工厂"的发展新路子,有效践行了"工学结合、联企发展"的校企组合新模式,成功打造了享誉全国的工学结合示范园。校园现有占地达到314.86亩,增长100.55%;纸质图书达到443 554册,增长175%;教学科研仪器设备总值8 273.82万元,增长419.71%;固定资产总值20 372.39万元,增长143.65%。

(二)注重内涵发展,增强办学实力

针对转制之初2系1部1中心、17个专业、1 391名学生,教职工多达340余人但教师与工勤服务人员人数严重倒挂、比例完全失调的情况,学院抢抓轨道交通和区域经济发展机遇,着力加强内涵建设。经过六年的努力,拓展为6系1院3部1中心、31个专业,学生规模达7 000余人;副高以上职称教师增长2.4倍,硕士以上教师增长50倍;教学仪器设备值增长17倍多;建有轨道交通车辆驾驶等103个校内实训室,其中,中央财政支持实训基地2个,省级高职教育实训基地1个,广州市职业教育示范性实训中心6个,教学、科研仪器总值达8 036万元。

二、在追赶中跨越,聚力打造品牌优势

六年来,学院充分发挥行业背景和政府办学的双重优势,走特色立校、质量强校、优势兴校之路,培养"品德高尚、技能精湛、创新奋进"的高素质技能型人才,坚持质量、规模齐头并进,内涵、外延同步加强,强力推进"教学质量、管理改革、校园环境、评建创优"等四大工程,在艰难中起步,在攻坚中崛起,在追赶中跨越,在创新中发展,聚集全院师生的力量,努力提高人才培养质量,精心打造品牌优势,五年的时间实现以优异成绩通过教育部人才培养工作评估,成功申报广东省示范性高职院校和国家骨干高职院校建设单位的三大跨越。

(一)优化专业结构,强化办学特色

学院主动服务于广东省、广州市经济结构调整和发展方式转变的需要,按照"做优轨道交通类专业,做强先进制造类专业、做精电子信息类专业、做实现代服务类专业"的专业建设思路,通过"撤、并、拓、增"等方式,适时调整专业结构,着力强化办学特色。一是按照广州及珠江三角洲地区打造轨道交通一体化强盛的人才需求和铁路大提速的技术要求,依托广铁集团

和广、深、港地铁等名优企业,优先建设城市轨道交通车辆、电气化铁道技术方向和城市轨道交通运营管理等特色专业;二是对接广州"十一五"期间重点发展汽车、机械装备和电子信息产业,强力推进数控技术、机电一体化等骨干专业;三是根据区域产业结构调整、升级的要求,依托特色、骨干专业,扎实建好物流管理、财经和旅游等支撑专业,形成了"前延后伸、相互依托、资源共享"的专业发展新格局。

(二) 转制分离不分家,深化校企合作

充分利用铁路、轨道交通企业资源,与名优企业联手开展人才培养、员工培训、技术开发和教师培养等多方面合作,做到与行业分离不分家。

1. 联企发展、合作育人

一是校企共同制定实施人才培养方案,与广铁集团和广、深、港地铁等名优企业开展订单培养,有效推进"师生进工厂车间,技术人员进教室课堂,生产工艺进教材讲义",实现了校企联动,企业、学校和学生三方受益;二是共同建设实训基地,电气化铁道技术等专业秉承"共建、共享、共赢"三共理念,与中铁建电气化局等单位共建供用电接触网等生产性校内实训基地;三是共同开发项目任务课程,有效实现课程设置与职业岗位的贴合,教学内容与生产任务的对接;四是共同开展技术开发与服务,与新之地环保产业有限公司、广铁集团等企业开发"节能型泥污回流智能控制系统""电力机车受电弓保护装置"等国家发明专利;开发"韶山3B型电力机车车辆DK-1型制动机"多媒体教学系统、"韶山8型电力机车故障处理系统",分别用于专业仿真教学和员工培训。

2. 产教一体、寓学于工

一是在花都工学结合示范园引入广州湘创机械等7家企业,开展生产性实训、产品加工、新技术服务和研发,组织学生进行小发明、小创造,初步构建了教学与生产一体、教师与师傅一体、学生与员工一体、作业与产品一体的运行机制,探索践行了"产教一体,寓学于工"人才培养模式。二是推进校内管理改革和机制创新,建立骨干教师命名的工作室,集实践教学、技术服务和大赛培训于一体。三是基于工作过程,深化课程改革。对接岗位任务,广泛开展项目导向、任务驱动等教学模式改革,建有国家、省、市精品课程23门。

3. 订单培养、合作就业

学院订单式人才培养启动早、规模大、绩效好,先后与广、深、港地铁,广铁集团等名优企业合作,共定培养方案,共建课程,共编教材,共施教学、管理与考核,构建了"三结合、三突出"综合素质养成模式,着力培

养学生良好的品德素质、文化素质、职业素质和身心素质。一是坚持人文教育与专业学习相结合，突出学生社会能力的培养。轨道交通类专业以职业道德规范为内容，分别依托春运与暑运等专业教学实践活动，系统地培养学生的敬业意识、服务意识、质量意识、诚信品质、社会责任感和法纪观念。二是坚持专业课程与岗位标准相结合，突出学生职业能力的提高。按照"双证融通"的要求，将素质教育贯穿到人才培养全过程和学生素质教育中，全面培养学生从业必备的职业素养。如城市轨道交通车辆专业，注重培养学生的机务作风、安全意识、团队协作、遵章守纪、敬业精神；城市轨道运营和供用电技术等专业，着重培养学生安全意识、吃苦耐劳、爱岗敬业、良好形象与优质服务。三是坚持职业能力与创新意识相结合，突出学生创新能力的锤炼。践行技术服务与人才培养相融合，将教学融于生产实践、社会服务及技术开发之中，着力培养学生的创业精神、创造意识和创新能力。近四年培养订单学生2 286人，占毕业生总数的41.32%；总体就业率平均达99.40%，稳居全省前列。学生"双证书"获取率达90%以上；2007年以来学生在国家、省、市各类技能大赛中获奖186项。

4. 服务社会、互利共赢

学院近五年共为社会输送合格毕业生5 532名，在培养区域产业发展急需人才的同时，注重社会服务能力建设。一是为地铁及相关行业企业等开展"电力机车司机""供电接触网工""列车长""红十字救护员"等岗位培训，提供技能鉴定与职业资格考证和面向社会的培训年均超10 000人次，被广东省安全生产监督管理局授予"特种作业培训工作优秀奖"、广州市人力资源和社会保障局授予"年度专业技术人员继续教育基地表扬单位"、广铁集团授予"优秀职业技能鉴定站"等；二是将参加春运、广交会等社会实践活动纳入人才培养方案，实行学分管理，共派出师生914 800人次参加春运；三是开展技术服务，共完成校企合作横向科技项目13项，开展应用技术咨询与服务项目37项，新技术推广项目5项，科技攻关项目3项，为中小企业开发机械零件工艺10项，2009年与广州中车轨道有限公司合作完成的"城市轨道车辆机电一体化变频空调机组"的研制项目已投入重庆市地铁二号线使用；四是广泛开展境外合作交流，与新加坡南洋理工学院等国外高校开展师资培训等合作，与海南、湖南、新疆等省、自治区内外5所高职院校开展对口支援交流，合作卓有成效。

（三）内培外引结合，提升"双师"素质

针对教师队伍学历偏低、科研不强的状况，加大内培外引力度，向教学一线单位倾斜，改革分配制度，着力提高师资水平。

一是加大教师培养力度，超常规实施教科研奖励，通过对教师公开发表论文、成果获奖和从事示范专业、精品课程建设等给予支持奖励，对市级以上立项课题给予相应配套经费和立项奖励等举措，激发广大教师从事教学科研的热情和积极性。六年来，教科研立项和成果实现了零的突破，或成十倍地增长，共有省、市纵向项目 99 项、院级项目 122 项、教材 128 部、获奖 226 项，到账科研经费 482.55 万元，其中省部级课题 15 项，厅局级课题 84 项；承担各类横向课题 7 项，研究经费达 43.61 万元；发表论文 990 篇，其中核心期刊 144 篇，SCI、EI、ISTP 收录 5 篇。重视专利申报工作，共获得专利 13 项；获国家教学成果二等奖 1 项，省教学成果一等奖 1 项、二等奖 1 项，广州市高等教育优秀成果一等奖 4 项，二等奖 7 项。

二是加强教师在职提升力度，通过师德引领、利益引导，支持教师在职攻读硕士、博士学位并给以报销学费奖励，在规定年限内获得博士学位、晋升副教授、教授的给予奖励，教师下企业实践按满工作量计发院内津贴，大力加强教师学历培训和"双师"素质培养。

三是加大高学历、高职称、高技能人才引进力度，对引进的高层次人才给予安家费和科研启动资金，共引进"三高"人才 85 名，从而有效改善了师资队伍的职称、学历、能力和年龄结构，建设了一支拼搏进取、改革创新、潜心教学、大爱育人的"双师"结构教学团队。现有专任教师 214 人，增长了 47.59%，其中硕士以上学位 159 名，占 74.3%，增长 38.5 倍；副高以上职称 58 名，占 27.1%，增长 164%。建有市级创新学术团队 2 个、优秀教学团队 1 个。

三、在突破中引领，科学发展争创一流

"十二五"时期是广州建设国家中心城市的关键时期，也是学院改革建设发展的战略机遇期。全院以建设好国家骨干高职院校、发挥引领带动作用为抓手，实行新一轮的办学理念大更新、发展思路大调整和建设标准大提升，将广大教职工的思想统一到"在适应中突破，在突破中引领"的发展新理念上，实现体制机制创新、应用技术研发、特色专业和精品课程建设、示范基地建设、人才培养模式优化、"双师型"团队提升、专业教学资源建设、内部管理改革、重大成果和项目以及新校区建设等"十大突破"，确保校企融合、产教一体、打造精品和加强内涵。

（一）发展目标

更好地适应广东和广州经济发展转型升级的需要，下大力气推进省示范、国家骨干院校和新校区三大建设。努力践行"四个合作""四个共同"，

形成紧密型校企合作办学体制机制，不断增强社会服务能力和办学吸引力。继续加强内涵建设，以建设高水平"双师型"结构教科研团队为重点，不断提高人才培养质量和办学水平。深化内部管理机制改革，以分配制度改革为切入点，引导激励教师开展"四技"服务，不断增强服务区域经济和社会发展的能力。把学院建成轨道交通特色鲜明的高水平国家骨干高等职业院校。

（二）推进策略

为实现"十二五"发展目标，更好地为轨道交通行业和区域经济发展提供人才保障和智力支持，发挥好国家骨干高职院校的带动作用，举全院之力从八个方面推进以实施"四个合作""四个共同"为重点的紧密型校企合作体制机制改革工程；以重点专业和精品课程建设为关键点的人才质量工程；以产、学、研结合，提升学院吸引力为重点的社会服务工程；以创建良好育人环境、优化办学条件为重点的校园文化工程。

（1）组建创新团队，建好国家重点专业。按照岗位与能力相结合、申报与指定相结合的原则，确定项目责任人，挑选团队成员，明确项目负责人的责、权、利，强化激励考核机制，凝聚团队力量。以骨干校建设城市轨道交通车辆、电气化铁道技术、城市轨道交通运营管理、数控技术等4个重点专业及专业群建设，以及校企合作体制机制建设、花都工学结合示范园建设、"双师型"专业教师队伍建设、社会服务能力建设等八大项目建设为重点，整合政、行、企、校各方优势资源，推进教育教学改革，优化内外发展环境，形成教学、科研、管理等八个主干团队，建好四个国家级重点专业，从硬件到软件提升学院整体实力与办学水平。

（2）创新体制机制，搭建合作发展平台。按照"利在企业，功在育人"的理念，在政府的主导下，牵头组建广州工业交通职教集团，以职教集团为平台，组建校企合作办学理事会，推动政、校、企、行四方联动，聚集发展资源，建立校企合作长效机制；与广铁集团、广州地铁等企业建立"机车司机""铁道电气化"等4个合作学院，搭建学院与企业共同发展的平台，优化订单培养，实现合作办学、合作育人、合作就业、合作发展，形成人才共育、过程共管、成果共享、责任共担的紧密型校企合作体制机制。

（3）对接区域产业，打造特色专业体系。主动围绕经济发展方式转变，适应国家铁路和珠江三角洲城市轨道交通大发展，区域产业结构优化升级对高技能人才的需要，对接现代服务业、先进制造业和现代综合运输体系，加大专业调整力度，增设高速动车、轨道交通工程等专业，在4个国家重点专业的带动下，努力建设6个省级特色专业，8~10个市级示范专业，形成以轨道交通类专业为龙头，先进制造类和电子信息类专业为两翼、现代服务类专业为支撑的专业格局。

（4）优化培养方案，深化培养模式改革。在订单培养的基础上，按照合作育人的要求，深化订单培养内涵，实现校企共同制定培养方案，人才共育；以典型职业岗位和职业资格标准为依据，以能力为主线，以素质为本位，完善专业人才培养方案；加大校企合作开发课程力度，按照职业岗位标准建成150门优质专业核心课程，150门网络课程，建设2~3个市级以上专业教学资源库；加大教学组织、评价模式的改革力度和教学资源建设的支持力度，在"产教一体、寓学于工"总模式下，探索具有各自专业特点的人才培养模式。

（5）加力人才强校，提升"双师"团队水平。建立校内专任教师与企业兼职教师互派、互兼、互聘长效机制；以教师工作室为平台，以培育省、市优秀教学团队、科技创新团队为抓手，以"四技"服务为重点，以国家、省级教学名师为突破口，使专任教师"双师"素质达到90%；建立企业兼职教师引入制度、考核评价制度和兼职教师专项奖励基金等，建立一个800名兼职教师的资源库，实现50%的专业课由企业兼职教师承担。

（6）给力"四技"服务，加强服务能力建设。适应广州市建设学习型社会的需要，以广州轨道交通教育培训中心、珠江三角洲地区中小企业技术研发与服务中心、广东省轨道交通职教资源共享中心为平台，以指令性计划、大额度奖励和纳入岗位职责等系列措施，将"四技"服务与工作量计算、津贴分配、岗位升级、评优评先挂钩，引导和激励教师积极投入，努力提高技术研发与服务能力，五年内技术服务总计达150项，收入达1 000万元以上；以轨道交通行业企业和珠江三角洲中小企业为主要服务对象，拓展多样化继续教育项目，使年社会培训达到在校生两倍以上，2015年达到24 000人次。并努力加强国际交流与合作，拓展境外合作办学领域。

（7）突出职业素质，提升学生综合素质。构建职业素质教育平台，强化学生职业素养，实现职业道德的养成、关键能力的发展和职业素质的提升，培养下得去、留得住、用得上的人才。建成高质量的就业服务平台，加强就业、创业、创新能力培养，全面提升学生综合素质和就业质量，学生就业率达99%以上，始终处于全省前列。

（8）打造特色文化，营造和谐育人环境。以精神文化建设为核心，以行为文化、环境文化为重点，以促进师生的全面发展为目标，注重校园文化与企业文化相结合、继承与创新相结合、科学精神与人文精神相结合，发挥文化育人功能，将行业、企业、职业等要素融入校园文化，促进校园文化建设和人才培养的有机结合，努力建设内容丰富，格调高雅，健康向上，体现高职特色、时代特色和轨道交通特色的校园文化。

追赶与跨越：行业转制高职院校改革发展的探索与实践

——以广铁职院创建国家骨干院校为例[①]

行业转制高职院校是原属行业部委管理，在世纪之交的国有企业分离办社会职能中，划归所在省、区、市政府主办的高等职业院校。这类院校作为高职教育重要而特殊的组成部分，具有深厚的行业背景和较强的办学特色，但转制前受企业做强"主业"经营思想的束缚，发展长期处于"辅助"地位，人才培养工作存在一定的困难和局限。其主要表现为专业设置单一、学生规模偏小；与社会联系不广，办学相对封闭；人员结构不合理，综合实力较为薄弱。客观上导致该类院校社会适应性不强，对外开放度不够，基本办学条件较差，人才培养绩效不高。如何抢抓历史机遇，在发挥行业优势的同时，寻求内涵式发展的最佳路径，以适应社会需求，快步追赶先进，实现跨越与突破，成为行业高职院校转制后实现科学发展的重要命题。

一、在适应中追赶，实现并轨快速发展

广州铁路职业技术学院 2005 年 8 月移交广州市人民政府管理后，因合并、升格和转制带来的观念、理念等方面的碰撞，办学由半封闭走向开放带来的校内管理体制、运行机制等方面的冲突，凸显教育观念落后、办学规模小、教学设施陈旧、人员结构不合理、发展负担重、建设压力大等矛盾和难题。面对现状，学院痛定思痛，以不甘人后、自我加压、团结拼搏、艰难发展的精神，发挥行业背景深厚、政府重视支持和珠江三角洲区位等优势，成功探索出以市场需求为牵引，以特色品牌为推动，以并轨超越为追求的内涵式发展路径。

（一）主动适应，内涵外延齐头并进

学校教育发展包含内涵的深化和外延的拓展两大方面，发展水平是指数量增长、规模扩张、结构转型、条件改善、速度加快、质量提高、文化提升

[①] 2011 年 3 月，发表在《南方职业教育学刊》第 1 卷第 2 期。

等若干主要指标。内涵式发展是发展结构模式的一种类型，是以事物的内部因素作为动力和资源的发展模式。对于高职院校更多的是从实践层面对学院教育发展内容、发展谋略和发展路径的探讨，包括办学理念、"双师"素质、特色专业建设和教育科研等诸多方面。学院作为一所学生规模不到1400人，可用教学仪器设备不到800万元，校园破旧随处可见的行业转制高职院校，要实现内涵式发展，在适应的同时追赶先进高职院校，并非易事。学院新领导班子审时度势，从转变教职工"等、靠、要"思想观念入手，导入市场竞争意识，转变陈旧发展方式，以"走出去，请进来"的方式，深入省内外先进高职院校调研，先后请陈希天、姜大源、杨应崧、马树超等多名专家来校讲座。

大讨论带来了大智慧，大交流引来了新思路。面对高等职业教育新一轮发展的历史机遇，学院凝练了依托行业、适应学生、适应市场、适应政府的"一依托、三适应"办学理念，明确了"优化行业、对接产业、服务区域经济社会谋发展"的发展思路，确立了"做优轨道交通类专业、做强先进制造类专业、做精电子信息类专业、做实现代服务类专业"的专业定位，并确立了"办学上规模，育人上质量，管理上水平"的阶段发展目标，进行了"十一五"发展规划"84321"目标任务的顶层设计。全院上下秉承"创新每一天"的校训，倡导"精益求精"的校风，践行"潜心教学、大爱育人"的教风，砥砺"勤学善思，砺能笃行"的学风，成功探索实践了"产教一体、寓学于工"的人才培养模式。五年来，广大教职工奋力推进"教学质量、管理改革、校园形象和评建创优"等四项工程，在适应与追赶之中履行社会责任，卓有成效地实现了规模的扩大、内涵的提升，有效地从计划为主的单一培养转向市场导向的立体培养，从服务铁路行业向服务区域经济的延伸，从半封闭维持办学转向全方位开放式的快速追赶。

(二) 师资强校，精心构筑人才高地

教师是高职院校人才培养、科学研究和社会服务三大职能推进的主力军，有影响力的专业带头人和骨干教师是高职院校实现内涵式发展的关键，而对于一所转制之初生师比不到10∶1，硕士学位教师不达教育部监测指标的行业高职院校而言，对强大师资的需求尤显迫切和关键。学院以移交市政府管理为契机，针对计划体制下形成的平均主义"大锅饭"、只上不下的"铁交椅"及激励奖惩机制不健全等问题，提出"人才强校"战略，一手抓人事分配改革，一手抓内培外引，下大力气建设一支结构合理、专兼结合、规模适度、素质优良，能够满足学院三大职能、服务区域经济社会发展需要的"双师型"教师队伍。在批量安排专业教师到企业顶岗实践，主动聘请行业企业的技术骨干和有影响力的专家，大胆培养和使用青年教师承担教学科研任务，加大力度引进高学历、高职称、高技能人才等方面进行了超常规的改革和实践探索。先后制定出台了"专业带头人、骨干教师选拔""专业技术职务聘任""教学名师评选""'双师'素质教师认定""教师参加企业实践培训""兼职教师管理与提高薪酬"等一系列制度，搭建了"校企融合、专兼协作、动态优化"的教学团队建设平台，强力推进了能者上、平者退、庸者下和多劳多得、优劳优酬、绩效优先的人事分配制度改革。

五年来，学院人员结构显著优化，广大教师教学积极性空前高涨，现有专任教师320人，兼职教师165人。专业教师中"双师"素质占70%，具有职业资格证书的占66%。建有市级以上创新学术团队2个、优秀教学团队1个，市级以上优秀教师22名，60名教师受聘企业、行业或上级部门成为技能鉴定专家，初步建成一支专兼结合，校企共育共用的"双师型"专业教师队伍。学院同时以"四技"服务为切入点，以课程建设为着力点，以人才培养为落脚点，以省市以上项目和成果为突破口，以绩效考核为抓手，大力推进教育教学研究和技术研发，不断深化教育教学改革。教师主持承担市级以上教学改革与横向技术课题101项，出版教材（著作）137部，公开发表论文990篇，获得国家、省、市级教学成果奖18项，国家专利授权12项，获得国家、省、市教科研成果奖、论文奖200多项。

（三）构建体系，着力强化专业优势

所谓优势，是指组织自身具备比同行或对手做得更好的某些因素。如果说，发展取向是办学特色的躯干，那么专业优势则是其生机和体魄，既充满活力，又坚韧不拔。因为专业不仅是社会职业分工对人才需求的集中体现，也是学校联系社会、教学贴合生产、培养特长人才的切入点。行业高职院校具有显著的行业特色和专业优势，转制后既要继续保持与原行业部门的紧密联系，加大与相关骨干企业的交流与合作，又要紧贴区域经济建设和支柱产业的发展，培养高素质高技能应用型人才，呈现良好的发展势头；转制后必须重构专业体系，既瞄准行业"风向"，又紧盯区域经济"走势"，做到顺势而为，借力发展，重点打造出特色鲜明、基础条件好、办学水平和就业率高的优势专业，并拓展衍生一批市场需求强劲的新专业实现共同发展。

学院坚持转制后服务原行业与服务区域经济发展的有机统一，做到与原铁路行业部门分离不分家，联系沟通不弱化、扶持力度不减少、服务空间不萎缩，又根据区域经济、产业结构和人力资源的需求，确立并成功构建了做优轨道交通类专业，做强先进制造类专业，做精电子信息类专业，做实现代服务类专业的发展取向和专业体系。五年来，学院对接珠江三角洲产业结构

转型升级整合专业 4 个，拓展专业方向 19 个，新设专业 15 个，基本形成了与珠江三角洲轨道交通产业链、先进制造业、电子信息业、现代服务业等相关支柱产业对接的专业体系，并以城市轨道交通为重点规划建设起发展强劲的七大专业群。目前，学院正在着力将城市轨道交通车辆、电气化铁道技术、城市轨道交通运营管理、数控技术等 4 个优势专业打造成国家级品牌专业，并着力建设广州市示范性专业 12 个、院级重点建设专业 16 个；广州市以上精品课程 22 门、院级精品（建设）课程 44 门，启动了国家专业教学资源库建设并建成 55 门院级网络课程。

二、在追赶中跨越，实现超常规发展

薄弱高职院校要在追赶中跨越，实现超常规发展，应在研究内部环境、确定发展取向、大力推进改革的同时，认真研究外部环境，坚持以市场需求为导向，紧密跟踪国家高职发展的新态势和区域经济发展的新趋势、产业发展的新动态、科技应用的新进步，紧紧抓住高等职业教育发展中共同的薄弱环节，围绕发展难点寻求重点突破，进行敢为人先的探索进取，精心培育好核心竞争力。学院在补短的基础上着力扬长、树长、建长，在校企深度合作、服务能力建设、学生综合素质提升等方面创造性地开展了卓有成效的工作，取得了令人瞩目的成效。

（一）校企联动，探索践行四共四合

校企合作是高等职业教育实现工学结合的必由之路，是保障人才培养质量和办学特色的重要平台。学院转制后在注重发挥行业优势的同时，不失时机地拓展合作关系，创新体制机制引企入校，多途径多方式地推进合作办学、合作育人、合作就业、合作发展，在人才共育、过程共管、成果共享、责任共担等方面进行了有益的尝试和改革。继在朝阳工业区建设实训中心后，又在花都工业园区成功打造了工学结合基地，成功探索出了"产教一体、寓学于工"的人才培养模式和专业教育、生产实训、技术研发有机结合的多层面交替的教学模式，以工学结合带动专业建设，创新课程设置，引导教学方法改革，有力促进了学院内涵式发展，为全省乃至全国高等职业院校推行四共、四合的改革创新，提供了新鲜经验和成功范例。

在花都工学结合基地，学院引进广州湘创机械有限公司等 7 家企业共建生产车间和生产性实训室。按照技术领域和岗位（群）能力的要求，在人才培养过程中，校企共定人才培养方案、教学计划和实习方案，探索教学与生产一体、课堂与车间一体、教师与师傅一体、学生与员工一体、作业与产品一体的人才培养模式改革。将企业加工任务作为学生实训项目，把课堂搬进

车间，把学生学习过程变成生产产品加工过程，着力提高学生的学习能力、实践能力、创业能力和就业竞争力，实现了学习内容与工作岗位的结合，学生毕业即就业的"无缝对接"。两年来，为 2 000 多名学生提供了生产性实训，为企业加工产品达 497 个品种，产值达 2 900 多万元，利润近 300 万元。基地自主生产的产品产值达 60 多万元，创造利润近 20 万元。在校本部大力加强实践教学场地建设，先后联合相关企业建成国内先进的地铁车辆模拟驾驶培训中心等专业实训室 95 个，校外实践教学基地 100 个，建成省、市高职示范实训基地（中心）5 个，中央财政支持的实训基地 2 个。此外，与广、深、港地铁和广铁集团等 8 家企业合作开办冠名订单班，先后培养了毕业生 3 270 人，占总数的 64.8%，成功实践并初步形成了"资源共享、过程共管、就业共担"的人才培养新机制。

（二）以产促研，服务社会展现亮点

学院通过搭建产学研结合、科技成果转化、院校科研信息等三个管理平台，精心建设铁路特有工种技能鉴定站、国家职业技能鉴定所，成为广东省特种作业人员安全技术培训点、广州市轨道交通专业技术人员继续教育基地、广州市"双转移"定点培训机构、铁道部机车司机培训基地、铁道部客运列车长培训基地、铁道部红十字救护员培训基地、广州市红十字会培训基地；以开展主动教学、主动管理、主动服务"三主动"活动为抓手，激励广大教职工用心想事、尽力做事、设法成事，工作满负荷，办事高效率，助推教师积极为企业开展"四技"服务。近三年教师主持承担市级以上教学改革课题 53 项，完成校企合作横向科技项目 13 项，开展应用技术咨询与服务项目 37 项、新技术推广项目 5 项、科技攻关项目 3 项，为中小企业开发机械零件加工工艺 10 项。2009 年与广州中车轨道有限公司合作完成的"城市轨道车辆机电一体化变频空调机组"的研制项目已投入重庆市地铁二号线使用。还为区域经济社会与轨道交通行业企业员工开展培训达 40 000 人次，良好的培训质量与服务态度，获得了行业企业和社会各界的广泛好评。人民网、《人民铁道》和《羊城晚报》等多家媒体对此进行了报道。学院被：广东省安全生产监督管理局授予"特种作业培训工作优秀奖"、被广州市人力资源和社会保障局授予"年度专业技术人员继续教育基地表扬单位"、被广铁集团授予"优秀职业技能鉴定站"。

学院还将春运社会实践活动纳入人才培养方案，组织学生服务春运，练岗位技能、强职业素养。近五年选拔 10 000 多名大学生参加春运社会实践，连续四年被评为"广州地区春运工作先进单位"，赢得铁道部和省、市领导、社会各界的高度评价和广泛赞誉。中央电视台、《中国教育报》《广州日报》

等主流媒体纷纷聚焦学院春运志愿者，多次报道他们在春运岗位上忘我奋战的感人情景，《春运社会实践育人成果》获全国优质教育成果一等奖及全国高校学生工作研讨会优秀成果特等奖。

（三）质量为本，提升学生综合素质

人才培养的质量是高职院校生存和发展的根本，衡量的标准来自毕业生就业质量、岗位业绩和社会满意度。学院以突出的行业特色、明显的专业优势、较高的培养质量和优质的社会服务为目标，一是着力推行"三个结合"，做到人文教育与专业学习有机结合，突出社会能力的培养；课程标准与岗位标准结合，突出职业能力的锤炼；职业能力与创新意识结合，突出创业能力的提高，努力培养"品德高尚、技能熟练、创新奋进"的高素质高技能应用型人才。二是秉承"人改造环境，环境也改造人"的理念，把校园环境改造放在人才培养更高的层面和更宽广的视野中加以审视和实践，在校园文化建设中按照"一依托、三适应"的办学理念，构建了"创新+主动+服务"为核心价值的校园文化，将更多的企业特色、职业特征、职业道德和职业理想融入校园文化之中。既以优美的环境改造人，以日新的校园鼓舞人，又以丰富的企业文化引导人，高尚的职业情操熏陶人，努力净化美化优化校园环境，营造诚信自律、日新月异的校园氛围，培养既有健全人格又掌握生产技能、既有高尚情趣又志存高远的社会适用人才。

近三年学生获国家级、省级比赛奖项90余项；毕业生就业率连创新高，2007届、2008届、2009届毕业生首次就业率分别达93.12%、97.41%、96.95%，总体就业率分别达99.59%、99.66%和99.10%，2010年初次就业率再上升为98.75%，城市轨道交通车辆、电气化铁道技术、城市轨道交通运营管理等轨道交通类专业毕业生就业对口率达90%以上。学院现已成为珠江三角洲地区、粤港澳高速铁路、城际轨道、城市地铁等行业企业高素质高级技能型专门人才的定点培养单位，为社会培养出以首席司机，"和谐号"高速动车组首位司机，广东省商会副会长等为代表的一大批技术和管理骨干，香港地铁公司2007年录用的32名学生，已有三人晋升为站务主任。

三、在适应中突破，加速引领式发展

"适应"是高职院校立足社会、与时俱进的永恒话题，示范引领带动则是国家赋予国家骨干院校的历史使命。学院移交广州市政府管理的五年里，努力在适应中追赶国家示范性高职院校，成功实现了三大跨越，以优异成绩通过教育部人才培养工作评估，成功申报了省级示范和国家骨干高职院校，呈现了良好的发展态势。但适应仅是表现形式，突破才是内涵实质。适应在

于突破，只有突破才能实现真正意义上的适应。学院在抓住高等职业教育发展的薄弱环节，围绕发展难点寻求重点突破方面，尽管先行先试地进行了一些探索和尝试，但任重而道远，差距不可小视。学院要在国家示范性高职院校这个平台上站稳脚跟，发挥好骨干带动作用，必须要调整发展观念，牢固树立"在适应中突破，在突破中引领"的新理念。

引领来自突破后的升华，体现在学院骨干院校建设的发展思路上，就是要按照"四共、四合"的要求，通过办学理念大更新、发展思路大调整和建设标准大提升，实现校企的融合、精品的打造和内涵的加强。为此，在国家骨干院校三年建设期内，在校企合作办学体制机制和人才培养模式创新等方面，全院上下要同心协力、精心谋划、扎实进取、攻坚克难，确保突破。

（1）着力解决校企深度融合难题。牢固树立"利在企业、功在育人"的理念，把握好校企合作的利益平衡点。推进相关管理制度的改革创新，尤其是要通过改革人事分配制度和教学工作量计算办法，建立教师服务企业和课堂教学之间的利益平衡机制，加强利益引导，把教师引导到校企合作和社会服务之中。

（2）大力开展应用技术研发。实力就是引力。校企要做到深度融合，首先要增强高职院校自身的实力和吸引力。当前，吸引力的增长点主要在技术研发和技术应用、技术服务和技术咨询等方面，这既是学院提高办学地位、社会影响力和校企合作吸引力的着力点，也是社会服务的切入点。因此，须举全院之力，更加注重以技术开发为主的社会服务能力建设，并把培训服务拓展到境外、海外，实现校企合作的新突破。

（3）强力推进示范基地建设。当前，高职院校示范基地的建设，关键是"厂中校"的突破。学院"厂中校"建设要实现政、校、企、行合作的新突破，须从三个方面下功夫：一是大胆解放思想，创新体制机制；二是科学论证诚信和资质，选定好合作企业；三是积极撬动政府部门的政策支持和相关法律保障。

（4）通力合作抓好专业教学资源建设。通过系统的顶层设计，采用先进网络技术支持，联合企业和兄弟院校，以"普适性＋个性化"为原则，齐心协力抓好包括课程教学、实践操作和社会培训在内的专业教学资源库建设。既组织团队抓好精品课建设，又选定若干门教材作为省部级和市级规划教材，进行重点培育和提升；既主动借鉴省内外示范高职院校网络资源建设的成功经验，又与具有一流网络视频技术和设施的企业公司合作，建好相关基地。

（5）全力打造高素质"双师型"师资团队。三年国家骨干院校建设"双师"素质要达到90％，兼职教师讲授专业课的比例要达到50％。"90、

50"是一个硬指标,最大的难点和重点是专业领军人物的培养和引进。为此,学院对现有的专业带头人和骨干教师选拔考核标准进行大调整,与国家骨干院校建设的年度考核挂钩,实行动态管理和调整优化。不仅让能干事、肯干事、干成事的优秀教师容易上得来,而且让挂空衔、不干事、不达标的教师下得去。

从管理到经营：公办高职院校
管理机制的改革与探索[①]

——以广铁职院校企合作办学为例

随着市场经济的不断开放与深化，公办高职院校不可避免或自觉不自觉地走向市场并参与竞争。既然要追求育人质量，强调育人效益最大化，就有生源的竞争、师资的竞争、计划之外竞争性资源如项目等获取权的竞争。如果没有市场意识，不懂得经营，就难以在高手如林的擂台上获得话语权。所以，市场经济条件下公办高职院校不仅要追求科学管理，提高资产效率，而且要学会经营，优化办学效益。因为合格的管理也仅是对手中现有资源的优化配置，旨在提高使用效率；而经营性管理除此之外，还有从社会获取更多的资源，实现学校拓展、效益扩大、资产增值等要求。可见，经营已成为市场经济条件下学校的一项重要实践活动。黄炎培先生认为，职业教育的终极目标就是使无业者有业，使有业者乐业。使人们有业、乐业、赢得尊严是高职院校管理者一项重要而光荣的使命，要完成这一使命，高职院校管理者就必须研究高职教育的"教育性"与"市场性"这两大根本特性，在遵循教育规律的前提下，引入经营管理理念，实现从单纯的行政管理向建立经营管理机制的转变。

一、公办高职院校经营管理的内涵

（一）经营与管理的区别与联系

"经营"一词使用比较广泛，从本义上来讲，就是筹划并管理，即为一定目的而设法使机构或组织运转。对于经济界和企业、产业来说，经营往往以追求利润最大化为根本目的，是运用人、财、物等资源，使之与顾客的需求相结合，并经由市场创造出利润的活动。可以说，企业、产业经营靠的是市场，经营是企业发展、产业优化的根本出路。经营与管理既相区别又有联系，主要区别在于：管理是内功，包括制度管理、机制管理、企业文化等要

---

① 2012年4月29日，刊登在《第七届海峡两岸（粤台）高等教育论坛成果汇编》。

素,强调以人为本,主要解决组织的次序、纪律、积极性、效率(人、财、物)等问题,为的是降低成本、省钱(节流)。而经营除了内功以外,更多的是外功,包括商品经营、资产经营、资本经营,强调以市场为纲,主要解决的是组织方向、战略、市场、效益等问题,是在事件发生的中期都有采取措施的方案、谋划,是在对事物认知、理解基础上的筹划与战略性思想,为的是创造利润、赚钱(开源)。虽然经营与管理不可混为一谈,也不可相互替代,但却有着必然的不可分割的联系:一是二者的根本目标一致,经营与管理的根本目标都可概括为使顾客满意并取得合理利润,从而实现组织价值的最大化,为顾客、股东、员工创造出更多的财富和价值;二是二者相辅相成,经营与管理是齿唇相依、不可或缺的两个重要领域,必须交替前行,齐抓共管,既外抓市场经营、又内抓规范管理。其中最佳的结合点就是经营管理,使二者相互促进,保障组织持续健康发展。

(二)公办高职院校的经营内涵及内容

除了企业、产业组织普遍使用"经营"一词之外,非企业、产业组织使用"经营"的频率也在逐年上升,诸如经营城市、经营土地、专家经营、经营人生等开始为人们所熟悉和使用,这都是在现代意义上使用的经营含义。高职院校经营管理中的经营,也应在这一层面上把握,即应根据学校的社会功能和贴近市场与企业的特点,从经营的经济性、文化性、市场性、风险性上去认识和理解。市场千变万化、瞬息即变,要求高职院校必须具有相当的市场灵敏度,主动适应企业、行业的需求,确保进取不间断,发展可持续。公办高职院校的经营,是指借鉴企业投入与产出的理念,紧贴社会经济发展需要,将企业经营理念和运作模式引入学校,加强成本与效益的通盘考虑,既重视加大教育投入,更强调产出——育人的质量与效果,并不断以最小的成本取得最大成果,不断以创新的理念促进学校搭建新平台、取得新发展、获得新成果,大力培养与产业紧密对接的高端技能型专门人才。可见,公办高职院校的经营不是以营利为目的,而是充分考虑与经济产业结构接轨,对接人力资源新趋势、新要求的一种运作,是追求政府投入不增而产出效益倍增的经营性管理。

公办高职院校的经营,按照经营对象不同可分为"产品"经营、资产经营和资本经营。其"产品"经营主要是指学生的培养,具体包括市场调研预测、专业设置、招生、培养、就业等诸多环节。资产经营的对象是生产要素,既包括学校有形的生产要素即仪器、设备、资金、师资等,也包括无形的生产要素,如专利、非专利技术项目、学校品牌、土地使用权、重要的人力资本、人际关系等。资产经营就是对这些有形和无形的生产要素在校内外广泛开展合理流动与优化组合，千方百计提高其利用率和使用效益，以满足和促进学校高素质人才的培养。资本经营，其对象是产权，即对产权进行合理流动与优化组合，具体包括合作办学、公办民助、合并、兼并、产权互换等行为和方式。因此，公办高职院校的经营管理机制上也存在着显著的内在逻辑特征，大体上可以分为学校产品经营、学校资产经营、学校资本经营。这三部分既相对独立，又相互关联，每一层面都有若干具体运作模式。最终要解决的问题，是学校的发展战略、市场开拓等问题，因为在市场上干什么、如何干、调整什么、如何发展等经营决策，对学校的生存与发展至关重要。战略性的经营决策涉及学校的宏观和全局问题，衡量的指标是办学效益，即人才培养与其他社会服务项目的成效，属于开源经营，其目的是让学校的办学实力和培养能力不断获得最大的增值机会。

构建公办高职院校经营理论及运作模式，已成为教育经济学的一项紧迫任务，但现状不尽如人意。当前，存在的主要问题是，认识不到位，经营意识不强。其一是存在着"皇帝的女儿不愁嫁"的思想，没有确立经营理念，缺乏市场开拓、市场竞争等意识。其二是由于公办高职院校办学经费主要靠国家投入及政策性拨款，不需要参与竞争就能获取，与民办学校相比处于优越地位，经营显得微不足道。其三是将学校经营与学校管理混为一谈，只看到两者相同的地方，没有正确认识两者的区别，认为经营只是管理方式的改良，还没有真正从经营理论角度对公办高职院校客观存在的经营需求进行理性思考，有的甚至没有这种意识，认为公办高职院校根本不需要经营。由于以上种种问题，导致一些学校在向外寻求支持、开展合作时，仍然像依赖政府投入那样等、靠、要，或只讲索取，不讲投入；只讲收益，不讲运作，经营实践处于不自觉状态。当前，公办高职院校校企合作中学校热、企业冷，境地尴尬，效果不尽如人意，就足以说明了这一点。没有互动，没有共赢，就没有经营的自觉，其效率收益必然要大打折扣。因此，在市场经济条件下，合理构建公办高职院校经营管理机制，探索公办高职院校经营之道，已成为公办高职院校改革发展亟须解决的管理方面的一大问题。

二、公办高职院校经营机制与模式的探索

事实上，公办高职院校与国家经济社会发展关系最为密切，与经济运行、社会互动也最为直接。公办高职院校其所有权的国有性质，某种程度上也使得学校经营的主体不太清晰，管理者的经营积极性不太高。要提高学校经营效益，在完善公办高职院校的法人治理结构的同时，关键是要建立起一套行之有效的经营管理机制。从外部来讲，一是要正确处理政府与学校的关系，政府要切实转变管理职能，落实学校的办学自主权，高职院校管理者也

要加强主体意识,切实履行职责,承担起政府投入的资产保值增值的责任;二是按照互动共赢的理念,专业要紧密对接人才出口面向的企业,遵守市场的运行规则,又不完全按照市场以营利为目的的方向走。从内部来讲,就是要在完善内部治理结构的基础上,从产品经营、资产经营、资本经营等方面构建起经营管理的运行机制和模式,以提高办学效益和水平。因此,公办高职院校首先要密切关注各级政府宏观政策变化,捕捉职业岗位能力发展动向、就业市场供求状况等,并保持与其他部门的密切联系,不断获得学校发展所需要的政策信息。其次应当从行业、企业等用人部门对高端技能型人才的需求和职业教育的现状出发,盘活校企资源,既减轻政府投入压力,又借外力壮实力,联企业强内涵,有效实现校企资源共享,不断提高自身办学实力。最后要协调好与同类教育实施者的联系,做到人无我有,人有我优,错位发展,在竞争中以品牌、特色赢得先机,有针对性地确立经营管理战略,使自身的"产品"和服务更适合社会需求,实现"出口"畅,"进口"旺。

为构建具有中国特色、自身特点的公办高职院校经营管理机制和运作模式,冲破困境,广州铁路职业技术学院为之进行了不懈的探索。面对由广铁集团移交广州市政府管理之初等、靠、要思想严重,校园破旧、规模偏小、人浮于事、师资薄弱、管理粗放,以及其他高职院校数量扩张、内涵加强、质量提高的竞争压力,审时度势地确立了经营管理战略与机制,坚持"四个不变",实现"四个转变"。做到为行业企业培养所需人才的宗旨不变,与行业企业人员互聘的机制不变,为行业企业提供技术支持的服务不变,保持深化企业精神和企业文化不变;实现从计划培养向市场订单式培养转变,从闭门办学向开放办学转变,从服务行业向服务行业与地方并举转变,从守成依赖型向进取经营型转变。五年里实现了三大跨越,由一所起点较低、起步较晚的薄弱行业高职院校打造成国家骨干高职院校,成功地实现了从管理到经营的重心转移。

(一) 公办高职院校产品经营及运作模式

教育产品是指学校所提供的能够满足市场需求的教育成果,其形态是不同规格的学生,也包括各种形式的教育服务。从这种意义上说,产品经营是学校经营的基本模式,提供合格的毕业生和为社会开展优质服务是高职院校的基本功能。现代学校,不论是什么所有制,什么组织形式,什么产权关系,都必须通过向社会提供高质量的毕业生和有价值的服务,才能在教育市场中站稳脚跟,赢得发展的话语权。所以,学校产品经营应按照教育市场需求,以其拥有或控制的经济资源为基础,以规模扩大、内涵加强、质量提高为目的,引进教师、更新设备、改造和新建设施等。广铁职院在移交转制后的办学过程中,坚持以人才培养为主线,以市场需求为导向,以育人质量为核心,注重学校产品的经营,探索践行了"产教一体、寓学于工"的人才培养模式,成功打造了以就业质量高为特征的育人品牌。

(1)"产教一体、寓学于工"的人才培养模式。广铁职院抓住"迎评估、抓整改、创示范"难得的机遇,以更新教育观念为先导,"走出去,请进来",全面实践"校企合作、工学结合",牢牢把握住"生产性实习"这条能力主线,让学生真正参与生产过程,把"实训"作为校企联姻的基础,把"生产"作为校企互动的起点,把"育人"作为校企合作的核心,把"研发"作为校企融合的媒介,把"就业"作为校企双赢的硕果。以花都工学结合示范园为平台,对接职业岗位群任职要求,确定课程标准;以工作任务或典型产品为载体,重构教学内容,成功探索和实践了学院与行业一体、专业与企业一体、课程与项目一体、课堂与车间一体、教授与师傅一体、人才培养与社会服务一体的"产教一体、寓学于工"的人才培养模式,有效化解了校企合作动力不足,工学结合学生兴趣不高,教学改革难以推进、培养质量难以提高等难题。

(2)对接产业的专业集群发展模式。广铁职院转制后,抢抓国家高速铁路和珠江三角洲轨道交通大发展的机遇,主动适应区域经济结构调整和发展方式转变的要求以及高等教育大众化的市场需求,着力对接产业、优化专业布局、打造专业集群。一是对接铁路特别是高铁和轨道交通大发展对高端技能型人才的需求,做优轨道交通类专业;二是对接珠江三角洲先进制造业,集中力量提升数控技术专业,新增模具设计与制造、机电一体化技术等专业,做强先进制造类专业;三是对接珠江三角洲重点发展电子信息等产业,加大对应用电子等专业的投入力度,做精电子信息类专业;四是对接珠江三角洲建设一小时都市圈,重点发展会展、物流和旅游等服务业的需求,做实现代服务类专业。构建了以城市轨道交通车辆和应用电子技术等国家和省级重点建设专业为龙头、相关专业为支撑的七大专业群,基本形成了对接轨道交通产业链,服务地方经济发展,以工为主,经、管、外协调发展的专业体系。专业由15个发展到31个;全日制在校生人数由1 391人增长到7 090人。

(3)紧贴企业需求的订单培养模式。广铁职院按照技术领域和岗位(群)能力的要求,与企业共定共施人才培养方案,逐步实现"以销定产"的转变,确保毕业生的知识结构、技能结构、素质结构与行业企业职业岗位要求相对接。先后与广铁集团、广州地铁等企业签订订单培养协议,组建企业冠名订单班。近三年培养订单生3 270人。订单毕业生中,90%成为铁路机车司机、动车组司机、机车检修、站场运营等方面的主要骨干,部分学生已成为车间主任等中层技术、管理骨干。

(4)"质量+形象"的品牌建设模式。广铁职院注重品牌建设和公共服务,成功打造社会服务亮点。一是注重学生职业能力培养,着力提高育人质量,打造人才培养质量品牌。2007年以来,学生在国家、省、市各类技能大赛中获奖300余项。2011届毕业生初次就业率达97.78%,比2005年提高了23.01个百分点,名列全省高职院校前列,荣获"广东省普通高校毕业生就业先进集体"。二是注重公共服务,铸造形象品牌。充分发挥行业办学背景深厚和政府办学支持有力的双重优势,连续11年服务广铁的春运社会实践,成为广东省春运的中坚力量与首选高校,获得"广州地区春运工作先进单位""广州市十大杰出志愿服务集体""广州春运先进集体""广州春运及抗灾救灾先进集体"等荣誉称号。学院的办学特色、办学成果与社会知名度不断提高。

(二)公办高职院校资产经营及运作模式

资产经营也是学校经营的重要组成部分。学校产品经营所依据的是投入到学校中的各种资源,这些资源的实物形态和价值形态的总体就是学校产品经营的资产。对这些资产进行分层面的优化组合、配置,提高教育产品经营效益,就是学校资产经营。其主要包括有形资产经营、无形资产经营、人力资产经营三种形式。具体来讲,学校的有形资产包括土地、房屋、设备、材料、货币等;无形资产包括学校的品牌、文化、校誉等;人力资产包括教师、管理者、学生等。广铁职院在办学实践中,通过校内挖潜、校外合作的资产经营模式,借外力壮实力,联企业强内涵,有效缓解资源不足等问题。

(1)有形资产的"合纵"经营模式。面对校园占地面积狭小,发展空间受限的状况,广铁职院既尽力挖潜办学,又借力积聚资源,聚力争创优势。一是"改、建、扩"三管齐下,调整校园规划布局、利用空坪隙地挖潜办学。二是联合白云区朝阳工业区共建机加工等基础实训基地的同时,与花都区粤宝丽工业园合作打造"花都工学结合基地"(现名为"花都工学结合示范园"),闯出了一条由"订单培养"向"教学工厂"转变的办学新路。花都工学结合示范园建立两年多来,引入企业10家,校企人员互聘互派、技术信息互通、设备统筹共享;生产零件300余种5万多件,产值达3 000余万元,开发新产品获取新专利30余项;学生参加市级以上技能竞赛获奖成倍增长,其中国家级一等奖3项(次),二等奖5项(次);学生申报专利的数量增长3倍。广铁集团、珠江钢管有限公司、美的(集团)等众多名优企业上门预定毕业生或开设订单班,这里成为广东省职业教育师资培训基地,校企合作发展的成效入选了教育部国家示范校建设四周年成果展。三是利用执信南校区位居市中心的区位优势,积极拓展员工培训、成人学历教育等,与广铁集团、广州地铁等行业企业合作,年培训铁路等企业员工上万人次;与广州鸣虹酒店共建校内生产性实训基地;与西南交大合作开展工程硕士网络教育,服务企业员工学历提升。

(2)无形资产的"连横"经营模式。广铁职院秉承铁路人创新超越、敢争一流的"火车头"精神和赶超精神,深入开展企业文化进校园、职业素质进课堂活动。一是注重铸造学院价值理念,提炼精神文化,确立了"依托行业、适应学生、适应市场、适应政府"的办学经营管理理念,凝练了"创新每一天"的校训,"精益求精"的校风,"潜心教学、大爱育人"的教风和"勤学善思,砺能笃行"的学风,形成了浓厚的校园核心价值和企业文化氛围。二是注重发挥学院品牌的辐射带动作用、珠江三角洲轨道交通网络化发展的区域优势和人才培养专业特色,与罗定职业技术学院、福州职业技术学院、乌鲁木齐职业大学等省内外6所高职院校开展对口交流,合作培养轨道交通类人才,共享优质教育资源。

(3)人力资产的"校企交替"经营模式。公办高职院校提高吸引力与合作能力的关键,是要有一支高素质的"双师"结构教学团队。广铁职院在花都工学结合示范园成功经验的基础上,引入经营理念,强力推进两个"2+1"的教学管理改革。一是探索实施"2+1"校企交替工作制度,通过建设企业工作站,"双师"工作室等措施,使教师在三年中有一年扎扎实实地在企业顶岗挂职实践,提高"双师"的职业素养;二是探索实施"2+1"课堂讲授与社会服务项目教学工作定量改革,将教师开展企业实践、基地建设、"四技"服务、专利申报和科技研发纳入岗位职责并定额为周教学时数的1/3,与收入分配、职称评聘和评优评先挂钩,引导激励教师主动为企业和社会服务。同时,建立兼职教师培训部和任教基金,兼职教师讲授专业课的比例达到50%,基本上形成人才共育、过程共管、责任共担、成果共享的校企合作新机制,开创出合作办学、合作育人、合作就业、合作发展的校企合作新格局。

(三)公办高职院校资本经营及其运作模式

资本经营主要从价值形态进行,以便于学校能够突破空间限制,在更大范围内配置资源,提高学校经营效率与效益。学校资本经营的本质是学校产权经营,基本形式是通过学校产权流动、组合和交易进行有效运营。广铁职院在办学过程中突破办学空间的不足,通过联合、共建和合作建设"厂中校""校中厂"等方式,积极开展资本经营。

(1)职教集团模式。广铁职院原隶属于广铁集团,有30多年铁路行业举办职业教育的经验,依托行业企业合作育人得天独厚。2005年8月转制以

来,坚持"分家"不"分离",服务轨道交通产业链的方向不动摇,不断整合与拓展行业资源、企业资源、校友资源,于2008年牵头联合市属工业交通类中职学校和广铁集团、广州地铁、深圳地铁等行业企业组建广州工业交通职业教育集团,登记加盟企业已达100多家。运用组织结构三层次(紧密层、半紧密层、松散层)、内部管理三平台(资源共享平台、产学合作平台、社会服务平台)及操作运行三体系(运行制度体系、信息交流体系、共建共享体系)等"333"规则,整合政、校、企、行办学资源,搭建合作育人平台,提高资源配置效率。

(2)合作办学模式。当前,制约公办高职院校发展的最大瓶颈是校企合作体制机制不顺、校企合作动力不足、学校吸引力不强。广铁职院作为拥有多年行业办学经验的高职院校,企业资源丰富,在推行订单培养合作的基础上,牢固树立"利在企业、功在育人"的理念,把握好校企合作的利益平衡点,以服务求支持,以互赢求合作,在花都粤宝丽工业园联合区中小企业局和相关优质企业共建花都工学结合基地,探索公办高职院校"校中厂""厂中校"实训基地建设模式,构建起产教融合、互动互助共赢的合作模型,不断提高对社会的吸引力和对企业开展技术服务的合作能力。城市轨道交通车辆、电气化铁道技术、城市轨道交通运营管理等重点专业(群)分别联合紧密型合作企业,抓紧筹建机车司机、电气化和现代运输等3个合作学院,共同解决发展规划、人才培养、基地建设、实习就业等问题,突破校企合作体制机制障碍,扭转校企合作一头热、一头冷的被动局面。

(3)产学研培合作模式。实力就是引力,校企要实现深度融合,关键是增强公办高职院校的办学实力和吸引力。当前,高职院校吸引力的增长点主要在技术研发、技术应用、技术服务和技术咨询及专利应用等方面,这既是学校提高办学地位、社会影响力和增强校企合作吸引力的着力点,也是社会服务的切入点。广铁职院举全院之力,建设"四技服务与专利开发中心""广州轨道交通教育培训中心""成人学历提升中心",打造国家"轨道交通高技能人才培训基地",更加注重以技术开发为主的社会服务能力建设,并把培训服务拓展到境外、海外,实现校企合作和社会服务能力建设的新突破。

三、广铁职院优化经营管理机制的思考

广铁职院转制五年多改革发展的实践探索表明,公办高职院校顺应市场经济发展的需要,行之有效的途径是引进企业经营理念,在遵循教育教学规律的基础上,借鉴企业经营的成功经验,把经营意识和竞争机制有效引入学校,将学校办成具有自我发展、自我完善能力的教育经济实体。台湾地区的

技专院校，基本上都是私人兴学或办学，在盘活资源要素、探索灵活的经营机制、掌控经营过程等方面的成功经验，为大陆公办高职院校构建经营管理机制提供了有益启示。广铁职院将在现有探索的基础上，借鉴这些成功的经验，继续深化校企合作办学，优化经营管理机制，提高办学效益和育人水平，探索建立具有中国特色、自身特点的公办高职院校经营管理机制。

（一）力推广铁集团和广州市政府共建广铁职院

学校经营活动是指通过对资源的优化配置提高资源的使用效率和效益。学校资源既是构成学校的实体，也是学校经营的基础条件，因此既要重视有形资源的经营，也要充分重视无形资源的经营管理；既要重视学校自身资源的经营管理，也要充分重视学校外部资源的经营；既要善于使用传统手段进行学校经营管理，也要积极使用现代化手段进行学校经营。广铁职院政、校、企、行合作办学的顶层设计是，实行广州市政府与广铁集团共建，以更加有效地实现政、校、企、行办学资源的优化配置。一是进一步理顺与原隶属的行业、新归属的地方政府及上级教育主管部门等多重关系，建立一个游刃有余的合作办学体制和珠联璧合的人才共育、就业共担、成果共享机制，构建起互利共赢的发展共同体，形成政、校、企、行紧密型合作办学体制，既力推国家骨干校建设，又为广州市承担的国家《地方政府促进高职教育发展综合改革试点项目》打造亮点。二是在政、校、企、行合作办学的体制框架内，学院可以尽享政府和行业企业双重资源，发挥政府和行业企业各自在产业规划、经费筹措、先进技术应用、兼职教师聘任（聘用）、实习实训基地建设和吸纳学生就业等方面的优势，防止与避免移交政府管理后原行业办学机制弱化、新渠道又不畅通的弊端，增强办学活力，为校企合作共建城市轨道交通车辆、电气化和城市轨道交通运营等合作学院奠定扎实的企业基础，形成政府投资管理、企业提供育人平台、学院强化教学的动态平衡治理格局，使政府、行业、企业和学院形成合力，提高办学效率和教育质量。三是使学校轨道交通类人才的培养更贴近企业的实际需要，实现以销定产，做到产销对接，进一步强化学校轨道交通的特色与优势。

（二）政校行企共建工学结合示范园

花都工学结合基地，地处中小型企业密集的花都区新华镇工业园，经过两年多的校企合作办学，取得了可喜的成果，积淀了较为丰富的企业资源。为更加贴近区域产业经济转型升级的需要，做到合作育人，合作发展，建成具有更大影响力的工学结合示范园，其必须取得当地政府的支持与参与。学院联合花都区政府和广州铁道车辆厂等企业组建"花都工学结合示范园管委

会",统筹协调示范园的发展,是工学结合示范园建成和可持续发展有力的体制保障。按照经营的理念、共赢的目的、互利的运作设计进行共建,政、校、企、行合力打造国家校企合作示范基地。一是政校企共同制订《花都工学结合示范园管委会章程》,整合政校企资源,筹措建设资金,协调解决政、校、企各方校企合作、工学结合的难题,发挥政府的产业政策和信息优势,示范园的师资、场地、设备优势,企业的项目、技术、设备优势,形成互利共赢的紧密型合作办学体制机制。二是制定《入驻示范园企业管理办法》等制度,确定引进企业与项目的准入标准,加强入园企业的考评。三是完善内部治理结构,实行管委会下的项目部制,设合作部、资源部、工学部等3个项目部,由园区内机电学院领导及园内企业厂长、经理共同管理。合作部负责引进企业与项目、就业推荐和园区发展;资源部负责资源建设、调配和开发,以及资产管理和效益评价;工学部负责教学组织、计划安排和考核评价,做到优势互补、分工合作。

(三)增服务能力以提高经营水平

强化社会服务功能,是高职院校主动服务区域经济社会发展的重大任务。服务能力的强弱,是高职院校综合实力和育人水平的重要标志,既是高职院校增强校企合作吸引力、扩大社会影响力的抓手,也是提高经营管理水平和学校核心竞争力的着力点。一是要适应学习型社会建设需要,开放教育资源,面向行业企业大力开展新技术培训,帮助企业在岗人员更新技能,在职接受高等学历教育,拓展高职教育产品经营范围。二是校企合作建立技术应用中心、产学研结合基地,打造技术合作交流、研发与服务平台,面向行业企业开展技术服务,促进科技成果转化,推进企业技术进步,为产业升级服务,深化资产经营。三是专业教师以互派互聘的方式到企业挂职顶岗,开展企业实践、基地建设、"四技"服务、专利申报和科技研发。并根据社会发展、教育需求和学院管理需要进行动态考评,注重教师团队的专业能力建设,提高教师社会服务技能,优化人力资产经营。

联企业强内涵　借外力壮实力[①]

——广铁职院校企合作机制的探索与实践

在高职教育发展从规模扩张转向重内涵发展和质量提高的关键时期,校企合作、工学结合既是高职院校提升内涵、提高质量的重要途径和手段,也是教育与生产劳动相结合在办学过程中的具体运用与实践。教育部部长袁贵仁指出:"当前我国职业教育发展的致命弱点就在校企合作,行业企业参与校企合作是今后一个时期职业教育改革发展的重点,是我们应当下大功夫、也是必须下大功夫去探索和解决的难点。"实践证明,面对校企合作法律法规不全、政府主导不力、行业指导乏力、企业缺少推动力等瓶颈与障碍,创新校企合作机制已成为高职院校联企借力促发展中的关键问题。

一、校企合作动力机制与构成

所谓机制,是系统内各子系统之间相互作用、相互联系、相互制约的形式和运动原理,以及各子系统内部的工作方式。它通过微观运动的控制、引导和激励来使系统微观层次的相互作用转化为宏观的定向运动。校企合作机制是企业、职业院校为实现各自利益,从合作意愿开始,到利益分割结束,在人才培养、技术研发、新技术培训、成果转化应用、实训基地建设和"双师"团队培养等合作过程中,合作系统内外各种相关要素之间相互作用和制约的关系式。校企合作的主体包括政府、行业、企业、学校,机制主要包括动力机制、管理机制和利益分配机制。

(一) 校企合作主体侧重

校企合作关系,表象上是一个职业院校、企业协同创新的动态系统,实际上是政府和行业协会(中介组织)作为外围隐含的行为主体,对职业院校和企业直接对接或牵线搭桥,或提供保障支持,从职能、动因、诉求上各有侧重。因此,必须充分发挥校政行企四者的各自优势,通过政产学研协同创

---

① 2012年11月1日,刊登在《粤桂闽琼区域职业教育校企合作学术研讨会成果汇编》。

新，形成合作育人、合作发展的利益共同体。

（1）政府——校企合作的协调与保障者。在校企合作体系中，政府作为唯一具有规则制定能力的主体，对校企合作资源进行调配，从制度上提供保障并适时协调校企合作关系，即从宏观上制定相关政策措施，通过行政手段对辖区内企业和职业院校的资源进行协调主导，引导、指导校企合作向纵深发展。通过对校企双方资源的整合和流动，充分利用各自的人力、物力、财力和社会影响力等资源，向政府确定的宏观发展目标行进。

（2）行业——校企合作的中介与指导者。行业协会通过发布行业技术与经济信息，制定、指导、实施行业标准和规范，进行市场预测，为校企合作牵线搭桥，提供服务，引导职业教育贴近行业、企业实际需要，并宏观组织、协调和督促行业企业对接高职院校开展合作，在校企合作中发挥着重要的黏合作用。

（3）企业——校企合作的实施与参与者。校企合作的根本目的，在于培养适合企业需求的技能人才。从这种意义上说，企业应该是校企合作的直接利益主体。企业作为技术应用和人才使用的主体，身在市场，能迅速捕捉到需求的变换和市场未来走向，对人才规格和技术支撑进行有效预测，具备为获得这种人才和技术与职业院校合作的意愿，进而产生共育人才、共建专业、共同开发课程、共建共享实训基地、共享校企人才资源、共同开展应用研究与技术服务的动机和诉求。

（4）学校——校企合作的发起与实施者。学校作为校企合作的主体，在积累、传播、发现和创造知识的同时，培育人才和技术开发能力是高职院校吸引企业与之合作的基石。学校从企业人才需求规格出发培养人才，使所培养的人才与就业岗位无缝对接，以用得上、干得好、留得住的高端技能人才服务于企业。同时，学校发挥设备场地和教师的优势，为企业生产、经营、产品研发、技术改造和员工培训、学历教育提供直接服务。

（二）校企合作动力生成

高职院校联企借力的根本动因在于提高高端技能人才的培养质量，更好地对企业提供人才保障，并借助企业的生产场景和技术骨干促进或保障学校人才培养的实践能力和职业素养。机制的建立直接影响企业合作的意愿和动力，受制于技术含量、经济效益、政策环境以及合作主体利益等多方面的因素。其中，既有外部动力，也有内部动力。

（1）外部动力因素。校企合作的外部动力，是指存在于校企合作主体之外的，能对校企合作起推动作用，以及能诱导、唤起、驱动或转化为合作主体的内部因素的外部动力因素，主要指市场动力、科技动力和政策动力等。

(2) 内部动力因素。校企合作的内部动力，是指存在于校企合作系统内部的各主体对合作产生的内驱力，主要有利益动力和发展动力。利益驱动是校企合作赖以形成、存在和发展的基本动力。利益从广义上不仅包括经济与物质利益，还包括人力资源、社会声誉、技术成果等非物质利益。发展是任何社会组织的最终目标，在激烈的市场竞争中，企业主要依靠壮大自身规模，提高产品质量、提升服务质量而获得发展；学校则通过提高办学质量，增强办学实力，提升服务社会的能力而获得发展。合作各方通过打造品牌获得自身社会价值的事业感和取得经济利益的成就感，构成了校企合作形成和发展的内在动力。

(3) 内外动力合成。校企合作的内部、外部动力态势比较复杂，有的起牵引作用，有的起推动作用；有的产生纵向联系，有的产生横向影响；有的作用于合作全过程，有的作用于合作的某一阶段。一般表现为形成力、凝聚力和发展力。形成力是促使校企合作形成的原始动力，是推动合作从无到有的推动力；凝聚力是校企合作形成后维持各主体关系，促使合作趋于稳定的向心力；发展力是推动合作不断由低级向高级发展，促使合作体需求自身发展，达到预期目标的推动力。三者相互依存、相互作用，并相互转化，形成有利于校企合作健康运行的合力，推动校企合作健康快速发展。

(三) 校企合作机制构成

校企合作的顺畅运行，需要组织、沟通、激励、监控等管理机制做保障，一般以董事会或理事会为组织架构，以相应的议事规则进行沟通、激励和监控，规范各自的行为，协调经费来源及使用，进行收益分配等，保障合作健康、有序运行。

(1) 组织与保障机制。组织与保障机制通过组建董事会或理事会实现，如成立职教集团、合作学院以及专业指导委员会等组织，以主体各方共同制定的相关规章制度，规范合作行为，明确合作权责和利益，为校企合作持续发展提供人力、资金和制度保障。

(2) 决策与监控机制。决策与监控机制是从合作的基础、内容、成效等多方面拟定指标，对合作进行过程评价，提供决策和互动制衡，加强风险管理和监控。选择合作对象是决策机制的核心；做好市场评估和规范合作合约则是监控机制的重点。

(3) 沟通与协调机制。沟通协调机制是校企双方为减少成本、提高效率，实现政、行、校、企多方面、多层次的有效交流，寻求各方诉求的最佳契合点。通过协商、谈判、座谈、研讨等正式与非正式形式对目标追求差异、文化冲突与信息进行交流沟通。

（4）激励与约束机制。激励与约束机制是政府推动校企合作的重要法宝，地方政府通过政策扶持、专项投入、减免税收等举措支持校企之间进行合作，并强调合作各方的责任与义务，带有一定的强制性，有间接处罚的成分。

（5）收益与分配机制。收益与分配机制是指各方对合作过程中有形和无形利益进行分配的制度安排，应贯彻平等互利、信息透明、利益与风险挂钩等分配原则。没有利益的驱动，校企合作不可能形成与发生；没有利益的有效分配，合作不可能深入和持久。因此，校企合作既要找到双赢的利益结合点，更要在自愿的基础上建立起合理的收益分配机制。

收益与分配机制在以上四种机制中具有核心和支配地位，既是它们得以存在和运行的基础，又是它们是否合理恰当的最好检验。当前，某些企业对合作缺乏热情，其根本原因是企业没有得到合作的利益，缺乏有效的利益驱动，对于利益不明显或无利可图的合作，企业的参与度必然非常有限。因此，如何挖掘校企双方共赢的合作利益，建立协调校企良好合作的利益均衡机制，成为解决校企合作问题最为关键的环节。

二、广州铁路职业技术学院联企借力的实践

广州铁路职业技术学院从铁路行业移交转制后，充分发挥政府办学和行业特色的双重优势，牢牢把握"利在企业、功在育人"的合作理念，在厘清与政府、行业、企业三者的合作关系后，在政府政策的大力支持下，以专业指导委员会为纽带，建立政府主导、行业指导、企业参与、学院主体的组织协调、决策控制、利益分配等机制。分别与广铁集团、广州地铁等行业企业广泛开展订单培养、共建基地、"四技"服务等合作，在联企业强内涵、借外力壮实力、创新组织载体方面，创设"四方联动、资源共享"的发展路径，探索"产教一体、寓学于工"的培养模式，高效打造花都工学结合示范园，既发挥行业背景、铁路特色，又紧密结合区域经济发展对高端技能人才的需求，不与企业争利益，不做企业能做的事情，大力倡导激励教师从事工艺性、技术性研究，带领学生从事小制作、小发明、小革新，大力开展职工岗位培训，实现政策、信息、设备、人才等资源共享，努力提高育人质量与办学水平。

（一）合作开展订单培养

订单培养是市场经济条件下，行业高职院校脱离"母体"后目前服务行业企业的有效方式。学校携手行业企业组建专业指导委员会，搭建沟通协调平台，与企业共同制定培养方案，共同选录学生，共同讲授课程，共同开发

专业核心课程，共同考核学生实践能力，共同提高人才培养质量。学院与广铁集团、广州地铁等名优企业签订订单培养协议，组建企业冠名订单班，在校订单生达 3 270 人。通过订单培养的毕业生中，90% 成为铁路机车司机、动车组司机、机车检修、站场运营等方面的主要骨干，部分学生已成为车间主任等中层技术、管理骨干。如电气化铁道技术专业订单生在广铁集团广州供电段工作不到三年，已有 3 人破格提升为技师，8 人成为工班长，15 人成为车间与职能部门的技术员。2010 届电气化铁道技术专业广铁集团订单生，2011 年就在广铁集团接触网工与电力工技能比武中获第一名，并代表广铁集团公司参加全国技能比武。

（二）创建"双师"工作室

为提升协调创新能力，整合人力技术资源，深化内部管理机制改革，学院打破传统高校教研室管理壁垒，引进和聘请一批有特长和丰富实践经验的企业骨干和能工巧匠，成立张茂贵等 28 个以骨干教师命名的"双师"工作室，集实践教学、大赛培训、技术研发、师资提升等四大功能于一体，通过为合作企业研发产品和解决疑难问题等技术服务，搭建教师密切联系企业的平台，提高教师服务企业的能力。同时，充分发挥企业兼职教师在实践教学、信息搜集、技术研发等方面的重大作用，如学院兼职教师与专业教师合作研发国内首台山楂切片包装机；携手广州普华灵动和佛山金鼎公司的兼职教师，合作研发 AGV 轮式移动机器人，立项为广东省教育部产学研结合项目。

（三）共建实训实习基地

学院秉承"共建、共享、共赢"三共理念，积极探索校内生产性实训基地建设校企组合新模式。轨道交通车辆专业联合企业开展订单培养，进行一流模拟、仿真教学，建有国内先进的地铁车辆模拟驾驶培训中心等实训室；电气化铁道技术专业联合中铁建电气化局等单位共建供用电接触网实训基地，并获得中央财政支持，集教学、培训、鉴定于一体，以师傅带徒弟的形式，为学生和员工提供仿真实训；电子信息类专业提供场地及相关服务引企入校，共建校内 SMT 等生产性实训基地，为学生提供真刀实枪的实训；机械制造类专业联合大通机械等企业，提供先进的生产设备和技术及外包项目，在技术人员指导下，既服务企业进行生产、研发，又以真实的生产加工任务给学生真学真做；经管与旅游类专业建学生实习超市、鸣泉酒店，校企共建执信南广州鸣虹酒店、广东铁青广铁营业部，合作搭建融学业、创业、就业一体化教学平台。

(四) 合作开展"四技"服务

学院牢牢把握"利在企业、功在育人"的校企合作理念，发挥行业背景、铁路特色的优势，大力倡导激励师生从事工艺性、技术性研究，从事小制作、小发明，寓教于研，以"四技"服务提升校企合作吸引力。如为广铁集团等行业企业提供列车长、"列车红十字救护员"、接触网工等工种的技能培训与鉴定年均达万余人次；连续11年参加铁路春运社会实践，打造了服务广铁品牌，连续获得"广州地区春运工作先进单位"等荣誉称号。不断提高协同创新能力，与大通（广州）机械合作研发与加工的汽车减速器，精密测量、光学、摩托车及通信器材等精密零部件，部分产品已远销欧美市场；与中科院微电子研究所共同研发"智能交通信息采集系统"；为广州正奥研发"全自动果蔬消毒清洗机控制器"；为中山波比研发"婴儿摇篮控制器"；为佛山柏达研发二线楼宇对讲系统等，"四技"服务硕果累累，社会服务成效卓著。

(五) 乘势优化专业结构

学院抢抓国家高速铁路和珠江三角洲轨道交通大发展的机遇，主动适应区域经济结构调整和发展方式转变的要求，面向企业岗位需要和市场需求，用发展的眼光前瞻性调整优化专业，建立"优、强、精、实"相结合的专业优化机制。适时增设与新兴产业对接的专业，"并、转、退"进口不旺、出口难畅的弱小专业，着力优化专业布局，做优轨道交通、做强先进制造、做精电子信息、做实现代服务业等四大类专业，打造专业集群，以特色优势专业带动其他专业发展。构建了以城市轨道交通车辆和应用电子技术等国家级和省级重点建设专业为龙头、相关专业为支撑的七大专业群，基本形成了对接轨道交通产业链，服务地方经济发展，以工为主，经、管、外协调发展的专业体系。新增专业19个，整合专业3个，取消专业1个；现有31个专业中，对接轨道交通产业链的工科类专业23个，占专业总数的75%；建有中央财政支持重点建设专业6个，省重点建设（培育）专业2个，广州市示范（建设）专业12个。

(六) 以为谋位改善条件

市场经济条件下，政府作为职业教育发展的掌舵人，通过制定产业发展战略和区域经济社会发展规划，采取行政、经济和法律手段，通过一系列政策来引导、扶持、规范和调控校企合作发展。行业转制高职院校转入地方管理后，不仅要基于公共组织的地位和身份去争取政府的政策支持和资金投入,更要办好学、育好人,以培养高素质应用型人才之为去谋求加快发展之位,以高质量的办学品牌和社会服务去交换竞争性资源。学院围绕广东省、广州市大力发展轨道交通、先进制造业和现代服务业的区域经济发展需求,充分利用市政府财政支持,实训紧贴技术前沿升级,不断加大对先进制造和高铁技术等设施设备的投入,努力培养学生的高端技术、世界视野,强力推进教学质量工程、管理改革工程、校园形象工程和评建创优工程等"四项工程",办学规模、培养质量、内涵条件和校园建设取得了令人刮目相看的显著成效,以"有为"谋取发展之位,力争市政府专项建设投入,学院办学条件明显改善,轨道交通类实训设施达到全国同类院校先进水平。

(七) 借力打造育人高地

就地对接区域工业园区产业链建设工学结合示范园,既可缩短校企合作时空距离,充分调动政、校、企三方的积极性,又能有效解决高职院校工学结合中生产性实训不足、顶岗实习流于形式、技术服务缺乏依托等问题。学院依托邻近的花都区新华工业园,对接该区域大功率机车、汽车、电子等产业集群,整体搬迁机电类8个专业到花都粤宝丽工业园,联合区中小企业局和相关优质企业共建花都工学结合示范园,实行"管委会—项目部—'双师'工作室"管理机制,探索公办高职院校"校中厂""厂中校"实训基地校企共建模式;引企入校,以生产带动教学,以产品提升能力,实现培养方案共同制订、课程资源共同开发、师资队伍共同培育、实践基地共同建设、教育教学共同管理、就业服务共同担当的"产教一体、寓学于工"校企合作育人模式,改革成果成功入选国家示范高职院校建设四周年成果展,闯出了一条由"订单培养"向"教学工厂"转变的办学新路。此外,还联合朝阳工业区共建实训基地,就近解决实训场地缺乏难题,又可逐年扩大招生规模;发挥专业特色和人才培养优势,与福州、乌鲁木齐、江门等省、市内外6所高职院校开展对口交流,合作培养轨道交通类人才,共享优质教育资源,辐射带动泛珠三角和西部地区轨道交通事业的发展;并与广州市交通运输等中职学校合作,对接培养目标、课程设置、考核评价等人才培养要素,探索建立中高职人才培养立交桥。

三、高职院校联企发展愿景展望

高职院校建立校企良性运行的合作机制,需政府、行业、学校、企业四方的共同努力。其中,政府主导是校企合作的催化剂,行业指导是校企合作的黏合剂,企业参与是校企合作的融合剂。因此,推动政府出台校企合作法律法规、建立校企合作良性运作机制、组建职教集团、搭建资源共享合作共赢的发展平台，建立校企合作学院、形成利益共同体等举措，已成为校企合作健康发展的必然趋势和有效途径。

（一）实施两个共建，积聚合作的原动力

行业高职院校划归地方政府管理后，与行业的依附关系不复存在，企业举办高职教育的固有优势势必逐渐弱化。体现职业教育本质要求的"师生进工厂车间，技术人员进课堂，生产标准、方法进教材讲义"等常规性、经常性、内部性活动，变成了学校的单方面诉求，与行业互动合作的长效机制大有渐行渐远之势。但行业高职院校各项事业的发展与行业有着千丝万缕的血脉联系，即便划转到地方或教育部门，也是"打断骨头连着筋"。因此，防止与避免原合作机制的弱化，做到"分离"不"分家"，确保与行业企业合作的渠道畅通不变，构建起互利共赢的发展共同体，以服务求支持，以优质资源换互利合作，已成为这些院校不可回避的话题。

为理顺与原隶属的行业、新归属的地方政府及上级教育主管部门等多重关系，创新政、校、企、行四方合作办学体制和跨部门、协同育人的长效机制，建立政府投资管理、行业指导合作、企业主动参与、学院强化育人的动态平衡治理格局，学院正在加力推进两个"共建"的构想。一是广州市政府和广铁集团共建学院，实现由学院单向向广铁集团借力办学变为政府主导与企业合力建设学院。广铁集团在学生实习与就业、实训基地建设和开展"四技"服务等方面常态化支持学院；市政府则全力支持学院围绕铁路发展灵活设置专业或专业方向，在课程建设、教改专项和科技研发等方面提供政策支持，并以专项基金支持与广铁集团共建特色专业实训室和人才培训中心。二是广州市教育局、广州市花都区政府和学院共建花都工学结合示范园，广州市教育局加大对示范园的专项经费投入力度，建立组织协调机制，奖励、表彰优秀合作企业等；花都区政府鼓励区内企业与示范园共建"校中厂"、生产车间、技术创新机构，与学院共享资源，组织中高层管理者、技术骨干向示范园传授企业文化，讲授实操课程等，有效地实现政、校、企、行办学资源的优化配置，构建起互利共赢的政、校、企、行紧密型合作的发展共同体与运行机制。此外，通过联合广州萝岗区就业培训中心谋划共建广州萝岗国际高技能人才培训鉴定基地，努力提高学院的办学效率和教育质量。

（二）组建职教集团，增强合作的向心力

职业教育集团化办学是适应社会主义市场经济体制下，做大做强职业院校，实现职业教育又好又快发展的必然选择。职教集团有利于职业教育资源的有效整合、融通和共享，促进职业教育改革和中高职教育的衔接与沟通，

尤其是有效突破了体制上的障碍，能充分发挥行业企业的优势，及时掌握行业的最新标准和相关岗位能力要求及近期就业需求信息等，强化职业教育与行业、企业的联系。

学院坚持与铁路行业"分家"不"分离"，不断整合与拓展行业、企业与校友的资源，牵头成立由广铁集团、广州地铁等企业和相关职业院校参与的广州工业交通职业教育集团，理事单位达129家。并实行理事会管理机制，运用组织结构三层次、内部管理三平台及操作运行三体系等"333"规则，搭建合作育人平台，提高资源配置效率，使引进兼职教师、合作培训、共建实训室（基地）、企业工作站等项目大幅增长。其中，联合广铁集团、广州地铁等紧密层名优企业，建设"四技服务与专利开发中心"，校企共同开发项目50项，新增专利55项；联合建立"广州轨道交通教育培训中心""成人学历提升中心"，培训企业员工、开展成人学历教育年均达万人次，培训机车技师等达到2 625人；与清华紫光共建广州紫光技术服务基地；与广东妙购物联网合作，获赠教学实训设备125万元等。

（三）建设合作学院，凝聚合作的发展力

联合紧密合作企业组建合作学院，形成校企利益共同体，是强化企业参与职业教育的主体地位的重大创新，使企业的角色定位由"参与"提升到"主体"，辅以较为明晰的校企合作利益分配机制、奖励激励机制和沟通协调机制，有利于明晰校企双方的责任、权利和义务，确保企业赢利和学校育人双丰收。

学院发挥行业办学资源丰富的优势，在推行订单培养合作的基础上，牢牢把握"利在企业、功在育人"的方针，探寻校企合作的利益平衡点，以服务求支持，以互赢求合作，电气化铁道技术、城市轨道交通运营管理、城市轨道交通车辆等国家重点建设专业（群），分别对接广州供电段、广州地铁、广州车辆段等紧密型合作企业，共建机车司机、电气化和现代运输等3个合作学院，实行院务委员会管理机制，共同解决发展规划、技术研发、员工培训、基地建设和实习就业等问题。

校企合作顺畅运行，还要再努几把力[①]

校企合作、工学结合既是高职院校提升内涵、提高质量的重要途径和手段，也是教育与生产劳动相结合在办学过程中的具体运用与实践。实践证明，面对校企合作法律法规不全、政府主导不力、行业指导乏力、企业缺少推动力等瓶颈与障碍，创新校企合作机制已成为高职院校联企借力促发展的关键问题。

校企合作的顺畅运行，需要组织、沟通、激励、监控等管理机制上的保障。一般需要建立董事会或理事会这样的组织架构，以相应的议事规则进行沟通、激励和监控，规范校企各自的行为，协调经费来源及使用，进行收益分配，保障合作健康有序运行。

一、搭建决策与监控机制，积聚校企合作的推动力

决策与监控机制，是指从校企合作基础、内容、成效等方面拟定指标，加强风险管理和控制，对合作进行过程评价并做出决策。其中，选择合作对象是决策机制的核心，做好市场评估和规范合作合约是监控机制的重点。

高职院校，特别是行业转制高职院校的发展，与行业有着千丝万缕的联系。因此，要确保与行业企业合作的渠道畅通不变，构建起互利共赢的发展共同体，以服务求支持，以优质资源换互利合作。同时要理顺与地方政府及上级教育主管部门的关系，创新政、校、企、行四方合作办学体制，建立跨部门、协同育人的长效机制，形成政府投资管理、行业指导合作、企业主动参与、学院强化育人的动态平衡治理格局，这是决策与监控机制的主要工作。

具体到广州铁路职业技术学院，有以下两个成功的做法可资借鉴。一是力推广州市政府和广铁集团共建学院，由学院单向向广铁集团借力变为市政府主导与集团合力建设学院。广铁集团在学生实习与就业、实训基地建设等方面常态化支持学院；市政府则全力支持学院灵活设置专业，在课程建设、教改专项和科技研发等方面提供政策支持，并以专项基金支持与广铁集团共

---

① 2013年1月2日，发表在《中国教育报》第5版。

建特色专业实训室和人才培训中心；二是力推广州市教育局、广州市花都区政府和学院共建花都工学结合示范园。市教育局加大对示范园的专项经费投入力度，建立组织协调机制，奖励优秀合作企业；区政府鼓励区内企业与示范园共建"校中厂"、生产车间、技术创新机构，传授企业文化，讲授实操课程等，有效地实现政、校、企、行办学资源的优化配置，构建起互利共赢的政、校、企、行紧密型合作的发展共同体与运行机制。

二、健全组织与保障机制，凝聚校企合作的发展力

组织与保障机制指的是通过组建董事会或理事会，或成立职教集团、合作学院以及专业指导委员会等组织，以协同各方共同制定的相关规章制度来规范合作行为，明确合作权责和利益，为校企合作持续发展提供人力、资金和制度保障。

联合紧密合作企业组建合作学院，形成校企利益共同体，是强化企业在职业教育中主体地位的重大创新，使企业的角色定位由"参与"提升到"主体"，辅以较为明晰的校企合作利益分配机制、奖励激励机制和沟通协调机制，以确保企业赢利和学校育人双丰收。

广州铁路职业技术学院在与合作企业推行订单培养的基础上，牢牢把握"利在企业、功在育人"的方针，努力探寻校企合作的利益平衡点。其中，电气化铁道技术、城市轨道交通运营管理、城市轨道交通车辆等国家重点建设专业（群），分别对接广州供电段、广州地铁、广州车辆段等紧密型合作企业，共建机车司机、电气化和现代运输等3个合作学院，尝试实行院务委员会管理机制，较好地解决了合作中发展规划、技术研发、员工培训、基地建设和实习就业等难题。

三、丰富沟通与协调机制，增强校企合作的向心力

建立沟通与协调机制的目的是，为校企合作减少运行成本、提高互动效率，实现政、行、校、企多方式多层次的有效交流，包括协商、谈判、座谈、研讨等正式与非正式的各种形式。

职业教育集团化办学是促进院校形成合理治理结构的重要举措。它能充分发挥行业企业的优势，及时掌握行业的最新标准和相关岗位能力要求及最新就业需求信息等，实现职业教育资源的有效整合、融通和共享，校企之间的沟通与协调也更为顺畅。

广州铁路职业技术学院牵头成立由广铁集团、广州地铁等企业和相关职业院校参与的广州工业交通职业教育集团，理事单位达129家，实行理事会管理机制，运用组织结构三层次、内部管理三平台及操作运行三体系"333"

规则，使引进兼职教师、合作开展培训、科研、生产、实训、就业，共建实训室（基地）、教师工作站等协同育人项目大幅增长。

四、完善激励与约束机制，汇集校企合作的牵引力

没有利益的驱动，校企合作不可能形成与发生；没有利益的有效分配，合作也不可能深入和持久。因此，校企合作既要找到双赢的利益结合点，更要在自愿的基础上建立起合理的利益激励机制。

激励与约束机制是地方政府推动校企合作的重要法宝，政府部门通过政策扶持、专项投入、减免税收等举措支持校企之间进行合作，并强调合作各方的责任与义务，对校企合作进行带有鲜明指导性的牵引。

广州市政府正起草制定《广州市促进职业教育校企合作实施意见》等地方性法规，推动政府和行业共建职业院校、职业教育集团、实习（训）基地和"双师"队伍建设，营造校企合作办学的良好外部环境。广州铁路职业技术学院汇集政、企、行合力制定《广州工业交通职教集团章程》《理事会章程》《专业指导委员会章程》《理事会议事规则》等制度，从制度层面确保校企合作常态开展，规范有序运行。

行业高职院校转制发展战略的研究与实践[①]

行业高职院校是指原属行业部委管理，在长期的办学实践中形成独具特色的专业优势和办学风格的高职院校，主要包括铁路、地质、矿业、石油、化工、纺织、邮电、农林、司法等类型的学校。世纪之交，按照国有企业"做强主业、分离辅业"的改革思路，国家经贸委、财政部等六部委联合发文推进国有企业分离办社会的职能，一批国有企业相继将所属院校移交给地方政府管理，形成了具有行业背景的地方高职院校，俗称行业转制高职院校。本文以其为研究背景，探讨行业高职院校转制发展的顶层设计和实施谋略。

一、转制发展的环境分析

面对区域经济发展方式转变的新形势、新任务和新要求，行业高职院校按照 SWOT 原理，对新环境下转制发展的优势、劣势、机遇和挑战进行理性思考和科学分析。既审时度势地做好发展战略的顶层设计，又顺势而为地合理确定推进谋略与实现路径，事关转制后可持续发展的长远之计。

（一）发展的机遇

1. 办学自主权扩大

随着转制地方政府管理，行业高职院校办学的辅业地位得以解除。它可以根据市场需求和学校实际自主确立办学定位、发展目标，也能对带全局性、方向性、预见性和谋略性的重大发展问题自主进行抉择。这不仅有利于把握主动，开拓进取，也有助于学校提高效益，办出水平。

2. 基本投入有保障

移交地方政府管理后，行业高职院校的发展纳入了地方政府事业发展的总体规划，办学经费由地方财政按法规统一拨付，避免了原先受制于企业经营效益等不确定性。教学设备、维修改造等专项经费投入有了基本保障，学校追求跨越发展有了坚实的物质基础和政策支撑。

---

① 2012 年 10 月，发表在《广东技术师范学院学报（职业教育）》2012 年第 2 期。

3. 发展空间能拓展

面对区域经济发展对高素质技能型人才的巨大需求,行业高职院校转制发展具有一定基础和较强实力后,就能抓住行业大发展、经济结构调整和传统产业转型的有利时机,既较好地发挥行业优势,全力拓展育人渠道,又有效地依托地方政府,及时拓展科技创新和社会服务的市场空间。

(二) 面临的挑战

1. 规模增长与质量提升的矛盾凸显

行业高职院校转制发展中,办学规模普遍有所扩张。从高等教育发展理论来看,这种量的快速扩张是一种补偿性增长,既能满足人民群众对高等教育的需求,也能发挥某些办学资源的正常效应。但随之也将产生师资力量不强、自有教学条件整体上不能满足学生的需求,以至教学质量难以同步提升等负面影响。因此,防止与避免规模增长后出现新的办学条件不足,确保人才培养质量,成为转制发展后的一大难题。

2. 校企合作体制机制的保障弱化

划归地方政府管理后,虽然办学自主权相应扩大,但与企业的依附关系不复存在,企业举办高职教育的固有优势势必逐渐弱化。体现职业教育本质要求的"师生进工厂下车间,技术人员进课堂,生产标准进教材讲义"等常规性、经常性、内部性活动,变成了学校的单方面诉求,与行业互动合作的长效机制大有渐行渐远之势。因此,防止与避免原合作机制的弱化,做到"分离"不"分家",确保与行业企业合作的渠道畅通不变,构建起互利共赢的发展共同体,以良好服务求企业支持,以优质资源换互利合作,是院校发展中不可回避的话题。

3. 与区域发展的基础结合度较低

行业高职院校绝大多数由原行业中专学校升格而来,其长期沿袭原有固有的管理理念和观念,加之,依附行业的单一专业设置,使得教学科研与地方经济的结合度较低。转制后,面对区域经济社会发展的新要求,行业高职院校不仅理念上与地方先进高职院校有差距,而且身处市场体制和开放环境下,面对本科院校和中职学校的前压后挤,地方高职院校和同行业高职院校的左右碰撞,短时期内难以适应和满足区域产业结构转型升级的要求。

二、转制发展战略的抉择

"战略",泛指统领性、全局性、能左右胜败的谋略、方案和对策,具有全局性、方向性、预见性和谋略性等特征。"发展战略"是指科学谋划的积极向前的带全局性的谋略、方案和对策。行业高职院校由于历史上与行业企业唇齿相依，共生共长，普遍拥有行业背景深厚的先天优势，大多具有难以替代的特色专业和得天独厚的人才共育、就业共担便利。移交地方政府管理后，其自主办学权和发展空间扩大，兼备了行业高职院校和地方高职院校的双重优势。为确保其特色优势有效叠加，高效克服先天的不足，既要面对不同的历史阶段采取不同的发展战略，不能一蹴而就，也要趁热打铁，大胆决策，不能等、靠、要。以行之有效的推进策略，成功解决转制后接踵而至的突出问题。

（一）从适应到跨越——转制阶段发展战略

"适应"，系指一种事物依据其环境、条件的要求，来谋求自身的生存和发展。达尔文在《进化论》中指出："能够生存下来的物种，不是那种最强的，也不是那些最聪明的，而是那些对外界的变化最具有适应能力的。"行业高职院校实现转制跨越发展也概莫能外，转制阶段必须顺势而为，确立由适应到追赶进而跨越的发展战略。在主动适应社会需求、学生诉求和政府要求的同时，通过实施"双轨并行""同步加强""集群发展"和"横合纵联"的推进策略，不断加大追赶的力度与速度，对先进高职院校走过的发展阶段进行超常规赶超。

1. 双轨并行——立足行业与服务地方的发展面向策略

行业高职院校的"转制"，不仅是隶属部门的转换，而且意味着学校所扮演角色和发挥功能的转变，并直接影响到发展的具体取向和运行方式。面对紧贴行业与服务地方的双重任务，行业转制高职院校要立足行业、服务地方"双轨并行"，既充分发挥行业办学特色优势，奋力追赶，又与地方经济社会发展共生共长，快速适应。

广州铁路职业技术学院2005年8月由广铁集团移交广州市政府管理后，学院新领导班子面对转制之初校园杂乱、设施陈旧、人浮于事、师资薄弱、规模偏小的状况，提出"依托行业、适应学生、适应市场、适应政府"的办学理念，确定"在适应中追赶，在追赶中跨越"的发展战略，以创建省级示范院校为跨越的目标，以办学上规模、育人上质量、管理上水平为基本要求，大力推进内涵建设和新校区建设。既保持为行业企业培养人才的宗旨不变，人员互聘的机制不变，提供技术支持的服务不变，弘扬企业的精神和文化不变，又着力从计划培养向订单培养转变，从封闭办学向开放办学转变，从服务行业向服务行业与地方并重转变，从等靠依赖型向进取经营型转变，较好地适应了轨道交通行业大发展对特色人才的需求，有效地融入区域经济社会发展之中。在较短的时间内，广铁职院以优异成绩通过教育部人才培养工作评估，跻身广东省示范性高职院校和国家骨干高职院校建设行列。

2. 同步加强——外延扩展与内涵发展的模式互补策略

外延扩展，是高职院校通过扩大招生规模、增加资金投入、扩充教师队伍、拓展校园面积、改善外围环境等活动，以"量"的扩张增强办学实力。内涵发展，是通过加强内部管理、优化办学条件和深化教学改革，整合专业资源，提高师资素质，增强文化底蕴，以"软实力"实现"质"的飞跃。面对转制阶段扩大招生规模、改善办学条件和提高教学质量、打造品牌方面"量"和"质"的双重压力，行业高职院校要实现从追赶到跨越的战略决策，必须以超常规的举措，同步加强办学基本条件建设，深化内部管理改革，努力提高人才培养质量。

广铁职院面对转制之初规模扩大和质量提高的巨大压力，一方面主动适应社会需求，逐年扩大招生规模。另一方面大力改善办学条件，全力加强内涵建设，积极探索践行"产教一体、寓学于工"人才培养模式改革。六年来，校园场地面积、教学行政用房、在校学生规模、纸质图书、设备设施、固定资产等分别增长了100.55%、287.4%、405.7%、175%、419.71%、143.65%；硕士以上学历的教师由2.76%提高到74.30%，副高以上职称的教师由15.17%提高到27.10%；建有中央财政支持实训基地2个，省、市示范实训基地7个；建设，国家、省、市精品课程22门；省部、厅局级科研立项项目99项；教师发表论文突破4位数，成几十倍增长；近四年毕业生总体就业率平均达到99.40%，均位居全省前列，被评为"广东省普通高校毕业生就业先进集体"。

3. 集群发展——对接产业与争创优势的专业布局策略

专业是高职院校联系社会的桥梁和纽带。专业建设是教学贴合生产实践和社会需求的切入点。专业集群，就是根据行业背景、区域发展和自身条件，采取以重点专业为龙头，相关专业为支撑的资源共享、师资共用的群体发展策略。实施专业对接产业、集群争创优势的专业布局，既是行业转制高职院校实施"双轨并行"策略的需要，又是推行"同步加强"策略的必然要求，直接决定和影响从适应到跨越的加速度和同步加强的正效应。因此，行业转制高职院校既要下大力气保持和强化专业的行业特色，实现保持特色与追求前沿的有机结合，又要努力顺应市场需要和经济发展的"风向"，善于发现新的社会需求，及时调整拓展专业设置，优化专业结构布局，做到通用专业求优势，特色专业创品牌。

广铁职院抢抓转制后国家高速铁路和珠江三角洲轨道交通大发展的机遇，主动适应区域经济结构调整和发展方式转变的要求，着力优化专业布局、打造专业集群。一是对接铁路特别是高铁和轨道交通大发展对高素质技能型人才的需求，做优轨道交通类专业。二是对接珠江三角洲先进制造业，集中力量提升数控技术专业，新增模具设计与制造、机电一体化技术等专业，做强先进制造类专业。三是对接珠江三角洲重点发展电子信息等产业，加大对应用电子等专业的投入力度，做精电子信息类专业。四是对接珠江三角洲建设一小时都市圈，重点发展会展、物流和旅游等服务业的需求，做实现代服务类专业。构建了以城市轨道交通车辆和应用电子技术等七个国家级和省级重点建设专业为龙头、相关专业为支撑的专业群，基本形成了对接轨道交通产业链，服务地方经济发展，以工为主，经、管、外协调发展的专业体系。

4. 合纵连横——校企融合与校地联合的资源整合策略

教育资源是高职院校办学和发展的重要基础。整合行业、企业和专业的优质资源实现校企共享，不仅是实施双轨并行、同步加强策略的重要保证，还是优化专业布局、实施集群发展策略的出发点和落脚点。行业转制高职院校在政府的主导和行业的支持下，通过创新体制机制，既汇集校企优质资源合作育人、合作发展，又联合地方政府和科研院所、优势互补、互通有无，实现对办学资源特别是竞争性资源的获取与置换，以丰富的办学资源投入加快追赶的速度，节约时间资源，又好又快地实现从追赶到跨越的战略目标。

广铁职院转制后既尽力挖潜办学，又借力积聚资源，聚力争创优势。一是"改、建、扩"三管齐下，调整校园规划布局、利用空坪隙地挖潜办学。二是在地方政府的支持下，联合朝阳工业区共建实训基地，与粤宝丽工业园合作打造"花都工学结合示范园"，探索践行"产教一体、寓学于工"人才培养模式，闯出了一条由"订单培养"向"教学工厂"转变的办学新路，其成效作为案例入选教育部国家示范高职院校建设四周年成果展。三是支援福州职业技术学院、乌鲁木齐职业大学、海南职业技术学院，对口培养轨道交通类人才，辐射带动泛珠三角和西部地区轨道交通事业的发展，并与广州市交通运输等中职学校合作，探索建立中高职人才培养立交桥。为实施从追赶到跨越的战略目标，丰富了内涵，打造了品牌，彰显了亮点。

（二）从突破到带动——跨越后续改革发展战略

行业高职院校经过从适应到跨越的转制发展，特别是跻身国家骨干高职院校建设行列后，与地方先进高职院校站到同一发展平台上，面对影响和制约高职教育改革发展的共同难题，必须对跨越后续改革发展环境和战略态势进行再分析，采取从适应到突破，进而实现带动的发展战略，找到破解高职教育改革发展瓶颈的突破口，集中优质资源打开缺口，冲破屏障，努力提炼绩效显著、操作性强的改革成果和新鲜经验，切实发挥好示范带动作用。

作为2011年启动建设的国家骨干高职院校，广铁职院在进行跨越后续改革发展战略的顶层设计中，提出"在适应中突破，在突破中带动"的原则目标，旨在围绕高职教育改革发展带普遍性的重点难点，通过办学理念大更新、发展思路大调整、建设标准大提升，在社会服务能力建设和校企合作体制机制创新等方面，按照"四共""四合"的要求，先行先试进行有益的改革探索，以实现校企的深度融合、精品的批量打造和内涵的再度强化。

1. 加强社会服务能力建设

《国家中长期教育改革和发展规划纲要（2010—2020年）》明确指出："高校要牢固树立主动为社会服务的意识，全方位开展服务。推进产学研用结合，加快科技成果转化，规范校办产业发展……鼓励师生开展志愿服务。"国家高等职业教育发展规划明确定义"服务能力"，为培养高素质技能型专门人才，全面提高专业建设水平，面向行业企业开展技术服务，面向社会大力开展高技能和新技术培训和扩大国际交流与合作等五大方面。由此可见，高职院校的社会服务能力，就是综合办学实力，就是社会影响力，就是对企业的吸引力。广铁职院在启动国家骨干高职院校建设项目的过程中，将着力改革内部管理机制，探索实施专业教师"2+1"校企交替工作制度，建设"企业工作站"和"'双师'工作室"，在优化专业结构布局的基础上，将教师开展企业实践、基地建设、"四技"服务、专利申报和科学研究纳入岗位职责。从三个方面加强社会服务能力建设。一是在花都工学结合示范园的带动下，继续深化"产教一体、寓学于工"人才培养模式改革，引企业入学校，引项目进教材，引任务到课堂，不断增强学生的创业意识、实践能力，进一步增强就业竞争力；二是联合广铁集团、广州地铁等名优企业，建设"四技服务与专利开发中心"，校企共同开发项目100项，新增专利100项；三是依托"广州轨道交通教育培训中心""成人学历提升中心"，三年培训企业员工、开展成人学历教育达4万人次，着力打造国家"轨道交通高技能人才培训基地"。

2. 创新校企合作体制机制

当前，影响和制约校企合作的共同难题，是政府推进校企合作的政策法规和管理机制不健全，企业合作的动力不足，学校对企业的吸引力欠缺。广铁职院抓住广州作为国家开展地方政府促进高等职业教育发展综合改革试点城市的机遇，将所承担的市政府课题的子项目"高职院校校企深度融合体制机制建设"作为体制机制改革的突破口，协助政府调研拟定对高职院校校企合作统筹规划、政策引导、监督管理等方面的政策、法规，合理引导和支持高等职业教育科学发展。以优质服务和资源优势与广铁集团、广州地铁等名优企业共建机车司机、电气化、现代运输等三个合作学院，联合花都区中小企业局成立花都工学结合示范园管委会，政、校、行、企合力打造国家校企合作示范基地。率先在区域内建立学校主体、政府主导、行业指导、企业参与的办学体制，增强高职院校的办学活力，形成利益相关方合作办学、共育人才的长效机制。同时，按照校企合作办学的要求，以工学结合为切入点，深化教育教学改革。一是强化职业道德和职业精神培养，校企合作育人，促进学生专业知识、岗位技能和职业素养协调发展，促进人才培养与企业文化的有机结合；二是以职业需求为依据，明晰人才培养规格，参照职业岗位任职要求，引入行业企业技术标准，校企共同制定人才培养方案，共同解决课程开发、教学资源、基地建设和实习就业等难题，共同管理育人过程；三是继续推行任务驱动、项目导向等教学做一体的模式改革，联合广铁集团、广州地铁等名优企业系统设计"校中厂""厂中校"建设规划，精心实施生产性实训和顶岗实习，校企共同安排毕业生就业。

三、创新发展启示与思考

站在谋划"十二五"高职教育发展的新起点上，总结广铁职院抓住转制发展的机遇，努力适应转制发展面临的新环境，在追赶中跨越，在突破中带动的战略抉择和实现路径，研究与实践的经验证明，主动适应经济发展方式转变和经济社会发展需要，是高职院校发展的根基；全面提升整体办学水平，不断提高服务经济社会发展的能力，是高职院校发展的根本要求；创新体制机制、优化政策环境，是建设充满活力的高职教育的强大动力和重要保障。

（一）适应社会是高职院校跨越发展之基

"优胜劣汰、适者生存"不仅是达尔文"进化论"的理论精髓，适应社会经济发展的需要也是时代赋予高职教育的必然要求。因此，适应社会是高职院校立足之本、发展之基，跨越是适应的具体体现，突破是更高表现形态的适应，既有量的扩张，更是质的提升。高职院校要实现可持续发展，必须根据内外环境的变化，围绕高职教育核心价值观，即办什么样的学校、培养什么样的人和以什么方式进行培养等带方向性的问题，在现实需要与持续发展相结合的视野下，全面审视带全局性的谋略、方案和对策，既要充分考虑理念层面（发展定位）、操作层面（产学结合）和管理层面（规范与制度）等三大要素，整体把握高职院校不同阶段的发展战略，又要充分考虑内外发展环境的适应度，即是否符合高职教育发展的客观规律，是否适应社会发展的需要，是否切合所在学校发展的实际。从学院发展的优势、劣势、机遇和挑战的分析中，主动适应国家产业发展战略和区域经济社会发展的需求，寻找新的发展增长点，确定好改革建设发展的主攻方向、改革方案和应对措

施,并做出快速反应,进而实现追赶的跨越,难点的突破。

(二) 服务能力是高职院校发展之本

强化社会服务功能,是高职院校主动服务区域经济社会发展的重大任务。服务能力的强弱,标志着高职院校育人水平和综合实力的高低,既是高职院校增强校企合作吸引力、扩大社会影响力的抓手,也是提高学生就业竞争力的着力点。当前,高职院校将技术研发、技术应用、技术服务、技术咨询及专利申报与推广作为服务能力的增长点,在对接社会用人要求,创新人才培养模式,改革教学模式的同时,建立和完善教师社会服务的制度和规定,引导教师主动投身社会服务之中。一是适应学习型社会建设需要,开放教育资源,面向行业企业开展新技术培训,帮助企业在岗人员更新技能,在职接受高等学历教育。二是校企合作建立技术应用中心、产学研结合基地,打造技术合作交流、研发与服务平台,面向行业企业开展技术服务,促进科技成果转化,推进企业技术进步,为产业升级服务。三是开展地区之间、城乡之间、东西部之间的校际合作与对口支援工作,加强优质资源共享,提高辐射带动能力。

(三) 体制创新是高职院校发展之力

校企合作是职业教育改革和发展的重点和难点。破解校企合作的瓶颈问题,建立充满活力与互利共赢的校企合作体制机制,既是解决当前职业教育发展难题的重要突破口,也是高职院校发展的强大动力。为此,高职院校要从三个方面着力推进"四合""四共"。一是以国家层面的要求之势和学校人才培养之为,积极推动地方政府以立法形式优化区域高职教育发展环境,整合学校、地方政府、行业企业层面等多方资源,提高企业参与高技能人才培养的积极性,实现校企人才共育、设备共用、技术共享、文化互补、管理互通,促进校企深度融合。二是因地制宜适时打造职教集团之类的校企合作平台,建立由政府、行业企业和学校组成的合作办学董事会或理事会,共同制订学校发展规划,发挥各自在经费筹措、兼职教师聘用、实习实训基地建设和毕业生就业方面的优势,形成合作办学、共同育人的长效机制。三是创新校企合作办学运作模式,通过组建校企合作学院,建立"校中厂""厂中校"等合作模式,明确利益相关方在高素质技能型人才培养中的义务、权利和责任。在订单培养、岗位培训、技术合作等随机性、短期性合作模式的基础上,探索建立"双主体"培养高素质技能型人才的新机制。

附录篇

广州铁路职业技术学院
五年建设与发展规划（2006—2010年）

"十一五"是我国经济和社会发展的重要时期，也是广州铁路职业技术学院（以下简称"学院"）建设发展的重要战略机遇期。为促进学院进一步发展，更好地为广州市经济建设和社会发展服务，根据《国务院关于大力发展职业教育的决定》、《广州市国民经济和社会发展第十一个五年规划纲要》、《广东省教育现代化建设纲要》、广东省教育厅《关于做好教育事业"十一五"规划编制工作的通知》等文件精神和要求，结合学院的实际，制定本建设与发展规划（2006—2010年）。

一、现状分析

学院于2000年6月经广东省人民政府批准，由原广州铁路运输职工大学、广州铁路机械学校、广州铁路成人中专学校合并组建；2004年9月移交广州市人民政府管理；2005年4月教育部备案。现设4系3部1中心1馆，即轨道交通系、电气工程系、机电工程系、经济管理系；基础课部、成教部、中职部；实训中心；图书馆。全日制大专在校生1 391人（数据统计均截至2005年12月，下同），中专在校生1 312人。在市委市政府、市教育局和广铁集团公司的高度重视及正确领导下，经过全院教职工五年特别是近年来的努力，已经初步具备了相应的办学基础和追赶式发展的条件。

（一）发展基础

1. 专业特色突出

学院是广东省唯一培养城市轨道交通专门人才的工科高职院校，是广东、湖南和海南三省唯一培养电力机车运用与维护、内燃机车运用与维护、铁道供电等铁路运输专门人才的高职院校，也是华南地区唯一具有铁路机车司机培训基地资质的学院。学院专业设置紧紧围绕广州市、广东省轨道交通和机械制造业的发展需求，设有城市轨道交通运营管理、城市轨道交通车辆、机械制造与自动化、供热通风与空调工程技术、机电设备维修与管理、供用电技术、数控技术、电气自动化技术、汽车检测与维修技术、应用电子

技术、会计电算化、制冷与冷藏技术（与供热通风与空调工程技术整合）、计算机应用技术、市场营销、文秘、法律事务等16个专业。其中，轨道交通特色专业和工业制造类专业占75%以上；铁道部优秀专业点3个，广东省重点建设专业1个，广州市示范性建设专业1个。

2. 办学基础扎实

学院师资队伍具有一定规模，现有专任教师145人，其中40岁以下教师占73.5%，工科类教师占61%；并从企业、行业聘请了一批专家、管理骨干和高级技师为兼职教师，确保实践教学到位，培养的学生应用能力较强。

学院设有人力资源和社会保障部批准的普通工种职业技能鉴定所和铁道部批准的铁路特有工种职业鉴定站，具有29个社会通用工种、28个铁路特有工种鉴定权，岗位资格培训的能力较强。近五年内，共完成各类岗位培训、技能鉴定16 300多人次。

学院现有教学仪器设备总值1 592万元。设有机电一体化实训室、数控实训室、机械实训室、牵引供电实训室、电机实训室、电力机车和内燃机车模拟驾驶室等校内实验、实训场所48个，教学专用机房14个，图书馆藏书23万册。以产学结合的方式，在广州地铁、深圳地铁、广州火车站、广州本田公司等单位建有各类校外实训基地30多个。

3. 就业前景良好

学院在抓好学生基础能力和专业能力培养的同时，注重学生职业岗位能力的培养和毕业生就业率的提高。现与广州地铁、深圳地铁、广州机务段、广州供电段、广州本田、志高空调、深大电话公司等近100家单位建立了良好的产学合作关系，并与其中部分单位开展订单式教学，校企合作平台初步形成。五年来，已先后为广州市、广东省培养了近万名高技能型人才。其中，为广州地铁公司输送了1 200多名人才，毕业生深受用人单位好评。2005年为广州地铁公司输送了300多人，为广州东风本田公司输送了100多人，毕业生全年就业率达98.66%，位于全省高校的前列。由于社会需求旺盛，就业前景良好，家长和学生的认可度高，2005年新生报到率居于全省高职院校前10名，得到省教育厅的好评。

（二）发展优势

"十一五"时期至2020年，是广州精心打造经济中心、国际都会、创业之都，建成带动全省、辐射华南、影响东南亚的现代化大都市的关键时期。《广州市国民经济和社会发展第十一个五年规划纲要》（以下简称《纲要》）提出的宏伟建设目标需要大量的人才支撑，这为学院跨越发展提供了千载难逢的机会。

1. 广州打造"交通枢纽"的目标与特色专业人才需求

《纲要》指出："到 2010 年，广州基本建成以'三港双快'（空港、海港、信息港，高快速道路、快速轨道线）为主骨架的现代化交通网络，打造连通世界、辐射东南亚的区域性交通枢纽。"这为学院的发展带来了三大人才需求。

（1）轨道交通网络建设的人才需求。《纲要》提出："'按照交通疏散型'和'规划引导型'理念建设城市轨道交通，到 2010 年建成 250 公里左右的城市轨道交通线网。积极参与广佛、广珠、广莞深城际轨道交通建设，推动形成以广州为中心的珠江三角洲城际快速轨道交通网络。"目前，广州地铁总里程为 60 公里，共有车站 48 个，员工 6 000 多人；预计到 2010 年，广州地铁里程将达 250 公里，车站达 140 多个，按照 50 人/公里的人员配备标准，需增加轨道运输人才 6 500 余人，年均 1 300 余人。这为学院城市轨道交通运营管理、城市轨道交通车辆等特色专业带来十分旺盛的人才需求。

（2）铁路主枢纽建设的人才需求。《纲要》提出："要加强铁路主枢纽建设，建成广州铁路新客站、改造完善广州站、广州东站和广州北站，优化广州铁路'三主一辅'布局；积极推进武广客运专线、广深港高速铁路、广深四线、广珠铁路、广茂复线、南沙疏港铁路等铁路项目建设；完善相关道路交通配套工程，建成全国四大铁路客运主枢纽之一。"根据国务院批准的《中长期铁路网规划》、铁道部与广东省政府《关于加快广东省铁路建设有关问题的会议纪要》，2020 年前，广东省境内将新建 9 条铁路，新增里程 2 164 公里。按照 14 人/公里的现行配备标准，须增加各类从业人员 30 296 人，年均 2 020 人。学院和铁路企业有着深厚的历史渊源和良好的合作关系，实行订单式培养铁道运输类人才需求前景宽广。

（3）"区港一体化"建设的人才需求。《纲要》提出"合理规划广州港各港区功能布局，建立以南沙港区为龙头，以新沙、黄埔港区为辅助的新格局，积极推进南沙港区扩建工程，扩大吞吐能力"；"引进大型航运公司和物流公司，发展海铁联运、集装箱多式联运，逐步推进区港一体化"。据中国物流与采购联合会预测，到 2010 年广州对物流人才的需求将达到 18 万人左右，对港口专业人才的需求也将数以万计。学院物流管理专业和集装箱运输管理等新兴专业，有着良好的产业发展背景。

2. 广州建设"现代制造业中心"的目标与机械制造业人才需求

广州市建设"现代制造业中心"的目标带来了机械制造类人才的巨大需求。据统计，2005 年广州市技能型人才约为 120.8 万人，高级技师、技师、高级工 21.15 万人，而到 2010 年各类技能人才需求将超过 190 万人，缺口达

69.2万人，其中机械制造人才需求尤为紧缺。此外，以广州为中心的珠江三角洲中部已形成电气、机械、钢铁、纺织、建材为主的产业带；东岸的东莞、深圳、惠州已形成全国最大的电子通信制造业基地；西岸的珠海、中山、顺德、江门已形成以家庭耐用品、五金制品为主的产业带。广州打造"现代制造业中心"及周边产业带的发展，需要几十万中、高级机械制造类技能人才。学院地处广州中心城市，得天独厚的地理优势和工业经济发展的强劲态势，具有培养和造就相应技能型人才的优越条件。

（三）发展机遇

1. 学院移交市政府管理带来的机遇

学院从铁路企业移交广州市政府管理，在省、市教育主管部门的直接领导下，内部管理体制和专业教学改革等将与其他普通高校接轨同步，更有利于直接为广州工业交通发展培养所需的高技能人才。广州建设"区港一体化"中心的宏伟规划也为学院发展提供了最大的机遇、最强的动力、最好的条件，更有利于发挥学院在工业交通领域培养技能型人才所积累的优势。

2. 广州"南拓"战略所带来的机遇

《纲要》提出"将南沙建设成未来的现代化海滨新城"，这是"南拓"战略实施的重大部署。"十五"期间，南沙已初步形成了汽车、钢铁、造船、重型装备工业、石化、物流、电子信息七大生产基地。"十一五"期间，南沙将重点发展汽车、造船、钢铁、石化等临港工业和高新技术产业，以及现代物流业等高端服务业。未来的南沙是一个现代物流业、临港工业、高新技术产业和电子信息产业等行业、产业的汇聚地，其产业布局迫切需要有一所培养高级应用技能型人才的高等院校为其提供人才保障和智力支持。

为满足广州经济社会发展对高技能应用型人才的需求，学院急需扩大办学规模，加快人才培养速度，但学院周边用地紧张，无法就地扩张。南沙具有高等教育发展的优质资源，目前却还没有一所高等院校，这与其"未来的现代化海滨新城"的定位不相称。在南沙建设高职院校，不仅符合广州创建教育强市、南沙争建教育强区的发展目标要求，而且有利于南沙农村劳动力转岗、企事业单位职工培训、满足南沙区市民终身教育，建设学习型社区，实现可持续发展的目标。

南沙区拟引进学院新校区建设项目落户该区，经过多轮实地考察和磋商，南沙区横沥镇及新兴村就学院在新兴村地段建设新校区的有关问题达成了广泛的共识，并与学院签订了建设新校区意向书。这为市属高等院校中以工科为主、专业特色鲜明且与南沙产业人才需求联系紧密的学院提供了难得的发展空间。

3. 大力发展职业教育所带来的机遇

国务院《大力发展职业教育的决定》指出：到2010年，高等职业教育招生规模占高等教育招生规模的一半以上；"十一五"期间，为社会输送1 100多万名高等职业院校毕业生。在国家和省、市大力发展职业教育的环境下，《纲要》指出："要合理配置高等教育资源，科学调整高等院校布局；到2010年，广州市高等教育毛入学率将由2005年的58%提高到65%以上。"这也为学院的快速发展提供了工业交通类高技能人才的市场需求。

（四）存在的问题

上述发展的基础和优势，为学院跨越式发展带来了大好机遇。能否抓住机遇，更好地为广州经济建设和社会发展提供人才保障、智力支持和科技支撑，满足市场日益旺盛的人才需求，审视当前，查找差距，由于历史和现实的诸多因素制约，学院的发展客观上也面临着严峻的挑战。

1. 发展相对滞后

学院原属铁路企业办学，主要为行业培养技能型人才，与教育部和省、市教育主管部门的改革不同步，以至于办学比较封闭，相关理念和观念比较陈旧，管理体制相对滞后，在成立的五年中错失了发展良机，与省内其他行业高职院校的差距拉大，突出表现在办学规模小、教职工人员结构不合理、负担重、压力大等方面。如果不加大投入，加强内涵条件建设，努力推进跨越发展，短时间内难以按照广州工业交通发展的市场需求培养出足够数量的高技能人才。

2. 校园面积不够

按照教育部《普通高等学校基本办学条件指标（试行）》（教发〔2004〕2号）文件规定，高职生均占地面积合格要求为59平方米、生均教学行政用房面积合格标准为16平方米。学院现有校园面积104 782平方米，教学行政用房30 000平方米，按部颁标准仅能容纳1 776~1 875名学生，即年均培养的毕业生最多为625人，这显然不能满足广州工业交通技能型人才的巨大需求。2006年新生进校后，学院在校高职学生将达3 100余人。届时，生均占地面积仅为33.8平方米，生均教学行政用房面积为9.7平方米，与教育部规定的要求有较大差距，评估将难以合格。因此，扩充校园、增建校舍已迫在眉睫。

3. 办学实力不强

学院现有师资队伍的职称结构和学历结构不够合理，高学历、高职称教师总量偏少，特别是缺乏专业带头人。教师中现研究生学历和硕士学位的只占教师总数的8.3%，高级职称比例为22.7%，与教育部规定的标准也有较大差距。

学院现有实验实训设施大多是中专办学时所置，2000年6月组建以来添置的不多，设备老化现象严重，其中可用部分不足千万元，与当前科技发展水平和培养工业交通应用型高技能人才的要求很不适应。

二、建设目标

（一）总体发展思路

以科学发展观为指导，紧密围绕广州经济建设和社会发展的战略目标，按照立足广州、面向全省、辐射华南和港澳地区的区域定位，确立依托交通运输、机械制造、电子信息等行业；以城市轨道运输、机械制造类专业为骨干，优化铁道运输类特色专业，拓展汽车、港口运输类专业，提升电力技术、自动化、电子信息、旅游管理类专业，全日制高职教育与成人学历教育、职业技能培训协调发展的办学定位，坚持以市场需求和劳动就业为导向，以提高学生职业技能为根本，以改革为动力，高起点、高标准、高速度形成以特色求创新、以特色求突破、以特色上水平的发展新格局。并根据广州经济社会发展工科人才多样性的要求，改变学院原行业办学的单科属性，论证确定学院的更名（拟更名为"广州工业交通技术学院"），拓展人才培养面。五年内达到"84321"的办学目标，即办学规模达到全日制在校生8 000人；建设40个专业及方向；抓好示范性专业、精品课程和信息化教学3个重点；提高"双高""双师"教师两个比例；实现毕业生就业率处于全省前列的目标，将学院建设成为工业交通运输特色鲜明的省级重点高等职业技术学院。

1. 工业交通高级技能型人才培养基地

依托广州工业和交通产业强大的发展优势，针对未来五年广州工业和交通产业急需高级技能型、应用型人才的巨大需求，到2010年，在校高职学生人数达到8 000人以上，使学院成为广州工业和交通产业高技能人才的供应库。

2. 工业交通新技术推广培训中心

利用学院办学资源和处于中心城市的地域优势，强化继续教育培训功能，将学院建为广州市工业交通职业资格考核鉴定中心和师资培训中心，成为继续教育和就业与再就业培训的重要基地，到2010年，各类培训达到10 000人次/年以上，成人学历教育保持适当规模，为广州构建学习型城市做出较大的贡献。

3. 行业高职学院跨越式发展的示范

抓住学院由广铁（集团）公司移交市政府管理、带来跨越式发展的良机，在市委、市政府的高度重视和支持下，以国家大力发展职业教育为契机，五年内努力实现"三上"目标，即办学上规模，在校生人数达到8 000人；育人上质量，录取新生报到率达85%以上，毕业生就业率达96%以上，毕业生专业对口率、两年岗位稳定率达到省内同类院校先进水平；管理上水平，进入广州市属高职院校前列。

4. 跻身省级重点高等职业技术学院

以教育部高职高专院校人才培养工作水平评估为契机，着力推进"四项工程"，实施人才强校战略，加强内涵建设，搞好产学结合，建设新校区，进一步提高人才培养质量和办学效益，形成鲜明的大交通办学特色和较强的工科办学优势，跻身于广东省重点高等职业技术学院行列，并在全国拥有一定的知名度和影响力。

（二）具体建设目标

1. 全日制在校生规模达到8 000人

全日制高职教育作为学院办学主体，按照经济社会发展对应用型人才的需求，随着新校区的建设和办学实力的增强，2010年全日制在校生达到8 000人（见图1），职业技能培训达到10 000人次/年（见图2），成人学历教育保持适当规模。

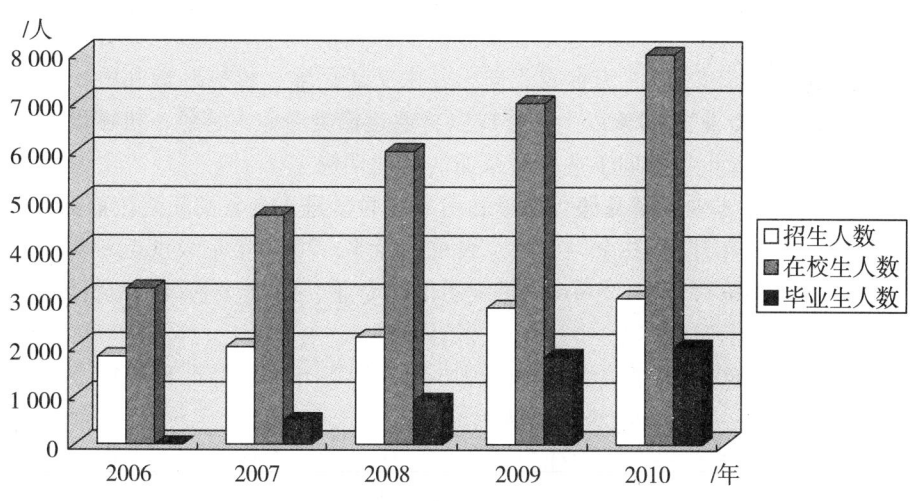

图1 学院"十一五"期间全日制学生增长图

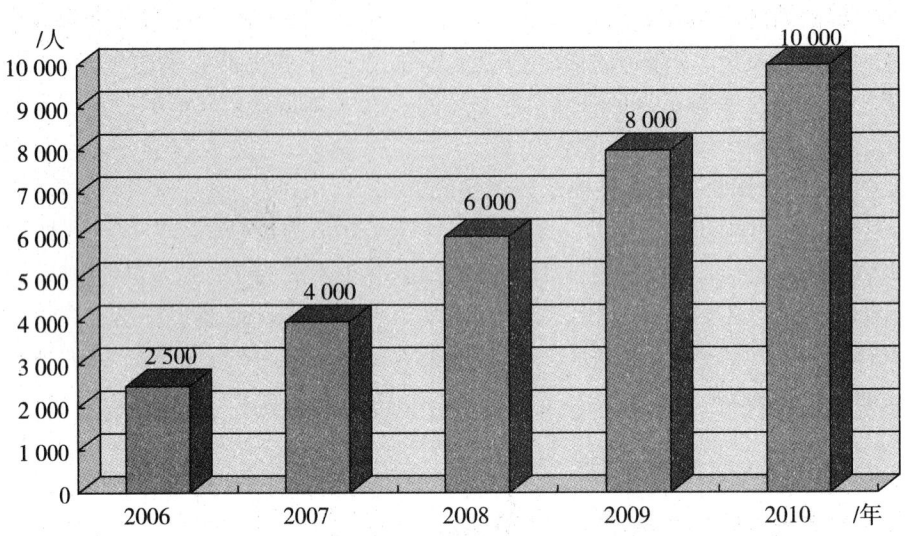

图2 学院"十一五"期间职业培训人数增长图

2. 设置工业与交通行业急需专业

在调整、提升、优化现有的城市轨道运输、铁道运输、机械设计与制造、电力技术、电子信息、计算机、机电设备、自动化等10个类别专业的基础上,增设广州工业与交通运输行业发展急需的汽车、港口运输等2类专业。到2010年开设40个专业及方向,其中交通运输、机械制造和电子信息等工业交通类专业占80%以上,形成以交通运输类专业为特色,机械设计与制造类专业为骨干,面向工业交通行业的专业架构。

3. 示范性专业、精品课程建设和信息化教学进入全省高职院校前列

(1) 2008年建设10个以上的院级重点专业,2010年院级重点专业达到专业总数的50%。其中,5~6个市级示范性专业、4~5个省级示范性专业、1~2个国家级示范性专业。

(2) 建设80门以上院级重点课程,其中10门市级精品课程,4~5门省级精品课程,1~2门国家级精品课程。

(3) 到2008年全部教室建设成为多媒体教室,专任教师全部能够运用现代信息化手段教学,每名专业教师每年至少开发1门以上多媒体课件或网络课程。

4. "双高""双师"素质教师比例达到优秀标准

(1) 5年内,教师配备达到18:1生师比;专任教师中,高级职称占30%以上,硕士研究生学历(学位)以上教师占专任教师的40%以上,专业课和专业基础课"双师"素质教师达到70%以上;兼职教师与专业课、专业实践课专任教师之比不低于1:1;40岁以下专任教师80%以上具备硕士学位(见图3)。并引进足够数量"双高型""双师型"教师,聘请相应实践经验丰富的名师、名家、能工巧匠、高级技术人员作为兼职教师。

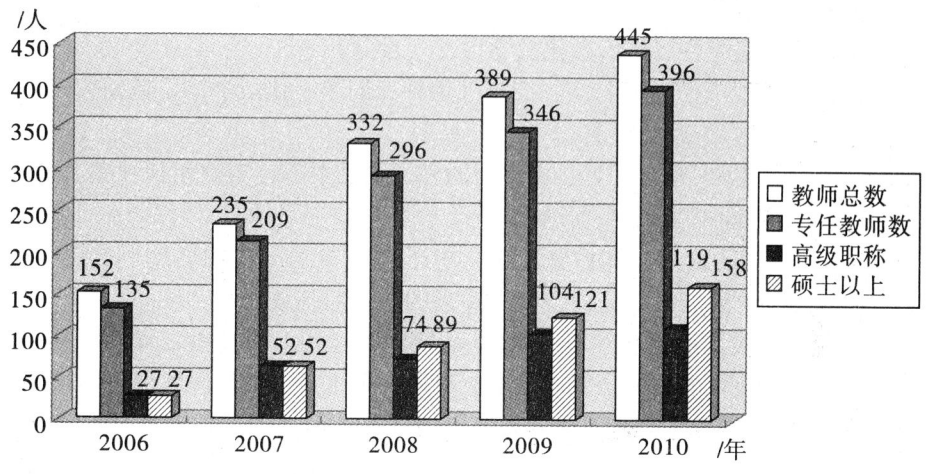

图3 学院"十一五"期间师资结构

(2)通过"外引内培",每个专业配备具有副教授以上职称和"双师"素质的专业带头人和教学骨干,形成具有结构优化、业务精良和特点突出的高水平教学、科技团队。

5. 基本办学条件达到国家规定标准

(1)根据教育部《普通高等学校基本办学条件指标(试行)》(教发〔2004〕2号)以及《普通高等学校建筑规划面积指标》(建标〔1992〕245号)的要求,在建设好现有校区的基础上,积极争取市委、市政府的支持。从2007年开始按照政府投资、学院筹资、开发商融资等途径筹资建设新校区,使生均占地面积和生均校舍面积达标、专用教室齐全、教学设施先进,满足至2010年全日制在校生规模达到8 000人以上的需要。

(2)按照校内外结合的原则,建设80个以上校内实训实习室,其中7~8个成为省、市级高职教育综合实训室或专业实训基地,力争建成1~2个国家级职业教育实训基地。以产学结合的方式,建立100个校外实训基地。学院职业技能鉴定站(所)及时增设和专业教学相适应的鉴定工种。实训实习基地建设达到评估优秀标准。

(3)建成功能齐全的网络数字化校园。建设适合学生自主学习、师生网络交互、远程教学和教学管理的现代信息化教学平台,实现教学信息化、办公自动化、生活管理"一卡通",使学生在校内能共享社会和校际教学资源。网络数字化校园建设包括:

①以"万兆主干、千兆接入"的标准规划建设网络基础设施。
②建立教学行政管理系统与办公自动化系统。
③引进或开发各类教学资源管理平台，有针对性地开发或引进网络课程、教学专题网站与网上虚拟实训室。
④所有教室配置现代信息化教学设备（设施）。

(4) 建设以电子图书与实物图书互为补充的数字化图书馆，包括：
①电子图书85万册以上。
②实物图书48万册以上（有适当的外文图书书库，实物期刊种类达500种），生均实物图书达到60册以上。
③引入CNKI核心期刊检索，引入电子期刊覆盖国内知名期刊数据库，根据专业教学科研的需要，建设规模适当的外文期刊数据库。

(5) 实现校园美化、环境优化和后勤服务社会化、专业化，全面实施规范化管理和人性化的服务，完善教学、科研和师生员工生活服务保障体系。

6. 教研、科研和科技创新成果突出

依托广州区域工业交通蓬勃发展的强大优势，以交通、机械、电子信息等行业应用型技术为主要攻关方向，以人才培养模式改革为立足点，五年内，院级教科研立项项目50项以上，市级以上教研、科研立项项目20项，横向课题立项5~8项，出版教材与专著90部以上，市级以上教科研成果获奖5~8项（指市级以上政府奖和国家、省、部高职学会奖），获得国家专利5~7项；建设好大学生科技开发创业中心，推动学生科技开发、创业技能训练，学生在市级以上各类科技竞赛中获奖60项次以上。

7. 和谐校园建设成效显著

依法治校，做到有章可循，民主公正，组织完善，管理有序；以德治校，践行社会主义荣辱观，敬业爱岗，培育"四有"新人；以人为本，诚信友爱，安定团结，充满人文关怀，实现学院与社会宏观层面的和谐、学院内部组织中观层面的和谐、教职员工之间微观层面的和谐。

建立理念先进、内涵丰富、富有特色的校园文化；建立资源节约型和环境友好型学院；建立利益共同体，广大教职工共享改革发展的成果，收入不断增长，安居乐业；学院跨入省市级花园式单位、文明校园、精神文明建设先进单位等行列，成为育人的摇篮、工作的家园、精神的乐园。

三、推进策略

为实现上述办学目标，为广州工业交通的发展提供可靠的人才保障、智力支持和科技支撑，将学院建设成为省级重点高等职业技术学院，要举全院之力抓好以创建良好的育人环境、改善办学条件为切入点的学院形象工程，

实施以产学研结合、提升核心竞争力为切入点的教学质量工程，推进以实施人才强校战略为目的、以人事分配制度改革为切入点的校内管理体制改革工程，谋划好以新校区建设为切入点的教育部人才培养工作水平评估评建创优工程，并努力实施七大推进策略。

（一）实施"市场化"战略，优化专业结构

瞄准广州经济社会发展的需求，特别是经济发展带来的工业交通类技术应用型人才的巨大需求，学院要进一步整合教育资源，确立"人无我有，人有我精"的特色专业的发展目标，按照"优化发展特色专业、重点发展骨干专业，协调发展一般专业，以特色专业带动骨干专业，鼓励骨干专业创特色"的思路，构建起"特、热、长、短"四类专业共存，以特色专业创优势、以热门专业为骨干、以长线专业为主体、以短线专业为补充的，并能根据需要进行动态调整的专业架构体系。实施抓住一条主线（培养技术应用能力）、贯彻一个始终（就业导向）、坚持三个不断（计算机应用能力、英语应用能力、应用写作能力）、体现"知识、能力、素质"三位一体的专业人才培养方案，适应知识经济时代背景下的高素质技术应用型人才培养的需要。

1. 以特色专业创优势

要确保带有鲜明行业特色的城市轨道交通车辆、铁道机车车辆、电气化铁道技术、城市轨道交通运营管理等特色专业的龙头地位。通过抓好此类专业的建设，创建学院的品牌和亮点，并引领其他专业依托行业办学，密切与企业的联系，进一步加深与广州地铁、广州本田、广州丰田、深圳地铁、港铁轨道交通有限公司和铁路等行业、企业的关系，形成互相支持、互相依存的校企紧密合作办学形式。

2. 以热门专业为骨干

对于社会的瞬时需求量较大，人才相对短缺的新兴行业，抓住机遇，开设物流管理、数控技术、机械制造与自动化、汽车检测与维修技术等热门专业，更好地与市场对接，为企业服务。

3. 以长线专业为主体

要确保适应范围较广，社会需求稳中趋升的机械设计与制造、机电一体化技术、电气自动化技术、机电设备维修与管理和应用电子技术等长线专业具有相对较高的水平，使其成为学院长期稳定发展的保障。

4. 以短线专业为补充

对于某一时期社会人才需求短缺的专业，在深入的社会调研基础上，充分考虑自身条件，在现有专业的基础上派生市场营销、旅游、文秘等短线专

业，确保对口人才的岗位技能，解决和填补用人单位的人才急需。

（二）实施"多元化"战略，创新课程模式

推进课程教学内容与国家职业标准相衔接的进程，按照毕业考试与职业资格证书资格考试一次性进行的原则，以行业需求为导向，以提高学生的实践能力、创新能力为重点的教学目标定位，把学校办到市场、课堂设到企业，把企业引进学校、将职业标准融入课程标准，创新开发两种课程模式，确保学生职业技术应用能力的培养。

1. 依据岗位职业能力，开发特色课程标准

根据国家职业标准和岗位应具备的职业能力，开发专业"课程标准"，以此制定指导各门课程的基础教学文件，有效实施"双证书"制度，保障学生职业能力的提高。

（1）将职业标准有机融入课程标准。在组织教学过程中，将职业标准融入课程标准、融入理论类课程教学内容中，注重知识、能力、素质结构的分析及达标。协调课程标准与职业标准，使"双证书"制度落到实处，使毕业生具备相应的职业能力，达到上岗要求，培养出与现场"零距离"对接的高素质人才。

（2）对于实践类课程，直接以"职业标准"作为"课程标准"。把毕业理论考试同时作为学生所学专业相关的职业技能鉴定理论考试成绩，并采取实习与考证直接挂钩的方法，按照考证标准确定实践教学内容，增强实践训练的针对性，提高学生的职业能力，使"双证书"成为开启就业之门的金钥匙。

2. 以行业需求为导向，采用"倒推法"开发课程

在以行业需求为导向、创新课程模式的基础上，由现场专业技术人员组成的专业指导委员会确定学生应具备的专业技能和职业岗位能力，并以此开发专业课、专业基础课，保证学生获得相应的职业岗位能力，实施内容切合企业实际的课程模式。增强人才培养的针对性，实现毕业生与现场保持零距离对接。

3. 建立弹性学习制度，积极推行学分制

加大选修课开设力度，增强学生选课的自由度，设立素质教育学分，逐步实行主辅修制和跨专业选修，为学生提供良好的学习平台。逐步推行工学结合、半工半读的人才培养模式，提高教学的针对性和实用性。

（三）实施"人才强校"战略，全面加强师资队伍建设

着力实施人才强校的战略，重点培养和造就一支业务过硬、技能精湛、

师德高尚的"双师型"教师队伍。按照"限期提高、重点引进、专兼职结合"的原则,改善师资队伍的结构,提升师资队伍的育人能力。2008 年前引进一批"双高""双师"人才,并完成现有教师素质提升的培养目标,2010 年形成结构优化的人力资源团队,初步建成一支结构合理、专业水平较高、创新能力较强的"双师型""双高型"教师队伍。

1. **实施教师素质提升计划,整合优化校内资源**

健全和完善教师继续教育制度,根据专业建设需要制订教师培训计划,通过培训和继续教育鼓励超偏的教师转型、转岗到新开办专业或相关专业。鼓励教师在职深造学习,攻读硕士、博士学位,尽快提高教师队伍的学历层次和整体水平;支持教师参加本专业或相近专业的技能操作和职业资格的培训考证,加快"双师型"教师的培养。

2. **实施重点人才引进和兼职教师库建设计划**

根据"重点专业、重点建设"的原则,采取优惠政策和灵活措施,重点引进专业带头人;以"长短期结合、专兼职结合"的方式,大力从行业和企业引进和聘用具有高级职称的工程技术人员、管理人员和专家;有计划地接收具有硕士学位以上的高校毕业生,优化教师队伍的专业结构、职称结构、学历结构和年龄结构。

(四)以主干能力培养为突破口,提升学生就业核心竞争力

按照"以就业为导向、以能力为本位"的原则,运用职业分析的方法,强化学生职业主干能力的培养力度,构建学院职业指导服务体系,不断提升学生就业核心竞争力,确保毕业生就业率处于全省前列。

1. **突出学生职业能力培养,分析、分解职业综合能力**

根据工科专业的技术技能复杂多样的特点,将职业综合能力分解为专业能力、方法能力和社会能力,并尽可能详细地注明。针对不同专业对应的职业岗位(群)的不同需要,凸显主干能力,强化学生核心能力的培养。

2. **加强以诚信、敬业为重点的职业道德教育**

在教给学生实用的知识和技能的同时,积极帮助他们形成道德责任感和义务感,使学生学会做人、学会关心、学会合作、学会学习,以适应社会发展需要和自身发展需要。

3. **构建"全员抓就业、立体化就业服务"的职业指导服务体系**

努力更新职业指导服务理念,引进先进职业指导理论和技术,整合与拓展职业指导服务资源,将职业指导工作系统化、科学化、专业化、规范化,以稳定率、收益率为效标,全面提升毕业生的就业率。

4. 积极推行订单式培养模式,实现就业上岗的"零过渡"

快速响应市场需求,以企业的用人"订单"为导向,主动根据用人需要进行教学改革,适时实施专业设置、课程安排、教学内容、教学形式与方法等各方面的调整,适应企业技术岗位对技术、工艺、技能型专门人才的需要,全面提升毕业生适应职业岗位的能力,实现就业上岗的"零过渡"和"无缝对接"。

(五)以产学研结合为途径,提升办学质量和效益

按照"资源共用、专业共建、产出共享"的原则,主动联系、服务相关行业、企业,从一般性的参与合作走向协助性的介入合作,探索进行深层次产学研合作的途径,拓展技术与技能培养的教育资源,增强学院服务社会的能力,不断提升教育质量和办学效益。

1. 产学双方共建实训实习基地

按照"双向介入、紧密合作、互惠互利"的原则,积极与企业共建实训实习基地,营造真实和仿真的职业环境,使实训实习基地成为广州工业交通职业技能考核、鉴定中心和职业素质训练中心。每个专业至少建立2~3个固定的校外实训基地,4~5个校企合作点,并依托实习实训基地,在专业设置、教学设计、课程开发、师资队伍建设、技术开发及推广、设备支持、学生就业等各个领域与企业广泛开展合作,使师生接触社会,了解市场需求,强化学生职业素质训练,不断提升人才培养水平。

2. 拓展实训基地建设多元化融资渠道

以产学双方共建为基本途径,拓展实训基地融资渠道,逐步实现实训队伍、装备、管理现代化,满足学院教学、科研、培训的需要。到2010年,每年实训基地建设的运行经费要占学院总经费的10%以上,确保实践教学到位、水平提升。

3. 组建科技开发中心

鼓励师生积极开展生产技术服务、科技咨询和开发、应用项目研究、科技成果转化和推广,融职业技术教育、职业技能培训、科技与社会服务为一体,实现教学、培训、服务一条龙,不断提升学院的办学质量和效益。

(六)以党建工作为龙头,以育人为本,加强学院精神文明建设

围绕"教书育人、管理育人、服务育人"的宗旨,大力创建以落实科学发展观为主题的学习工程,以校园文化建设为主题的文化工程,以为师生排忧解难为主题的民心工程和以党的组织建设为主题的先锋工程,构建和谐校园。

1. 大力抓好党建工作，建立党员先进性长效机制

加强组织建设，认真组织广大党员深入学习《党章》，坚定理想信念，发挥好党组织的政治核心作用和党员的先锋模范作用。发展壮大党员队伍，到 2010 年，力争学生党员占在校生比例达到 5% 以上。

2. 坚持德育为先，营造诚信自律、和谐共进的氛围和良好的育人环境

以社会主义荣辱观教育为重点，力求培养既有健全人格又掌握生产技能，既有明确生活目标、高尚审美情趣，又能创造和懂得生活的优秀人才。逐步形成以育人为本的校风，以敬业为本的教风，以成才为志的学风，以立党为公、执政为民的党风、政风。

3. 建设以教师为主导、学生为主体，高品位、多元化、特色鲜明的校园文化

汲取优秀企业文化的精华，将职业教育价值观贯穿于校园文化建设之中，不断推动文化创新；大力开展社会实践活动、学生社团活动、青年志愿者活动和科技学术活动，全力打造校园文化品牌项目，加强校园文化阵地建设；建设具有鲜明特色的学院标志性建筑、校园文化标识和校园文化景点，体现自然美，展现和谐美；充分发挥网络在校园文明建设中的重要作用，使网络成为弘扬主旋律、加强校园文明建设的重要手段。

（七）以新校区建设为契机，全面改善基本办学条件

按照"超常规建设、办学条件达标、具有前瞻性、一流校区"的原则，完善和提升现有办学条件，在市委、市政府的支持下，积极做好新校区选址、论证和各项建设工作，改善基本办学条件，力争使新校区跻身于省内一流校区之列。

1. 积极争取政府支持和帮助，加快新校区建设进程

学院与南沙区、横沥镇及新兴村就学院在新兴村地段拟建新校区的有关问题达成广泛共识，在签订意向书的基础上，以强烈的进取心和责任感，积极向市有关部门请示汇报，恳请市委、市政府的重视和支持，抓紧推进新校区的选址论证和立项建设工作。

2. 努力拓展多元化融资渠道，确保新校区建设资金到位

采取政府投资、学院自筹、社会融资等多元化的筹资方式，积极落实各项建设经费。确保到 2008 年新校区建设工程基本完成，2010 年各项办学条件符合国家办学标准，满足 8 000 名在校生的教育教学和生活需要。

3. 全面推进后勤保障体系和服务体系的改革

积极引进社会力量参与学院后勤服务的竞争，逐步构筑起社会化、产业化的后勤服务体系和保障体系。

4. 建设信息化的教育管理平台

建成具有先进性、可靠性、扩展性，能充分发挥学院资源和人才优势，适合学生自主学习和教学管理为主的信息化教学系统，包括图书信息中心、门户网站、多媒体教学、网络学习、教务管理系统等，形成一个多功能的网络多媒体教育、学习平台，成为现代教学的有力工具。

四、保障措施

为达到上述办学目标，需要在校园规模扩大、资金投入、深化人事制度改革等三个方面，创造条件予以保障。

（一）增加办学用地

2010年，学院全日制在校生发展规模为8 000人，现有校园面积为104 782平方米，与国家规定的生均用地59平方米的标准相差甚远。结合我院到2010年成人学历教育达到5 000人、各类培训达到10 000人次，以及预留今后发展需要，新校区建设需办学用地1 000亩，并增加后勤服务征地500亩。恳请市委、市政府给予优先支持，以满足学院基本办学条件需要，确保培养足够数量、较高质量的工业交通类应用型人才，满足广州经济社会发展和教育现代化的需要。

（二）加大投资力度

根据学院发展规划要求，新校区建设项目需增加基本建设专项经费投入42 463万元，教学设施设备投入9 900万元，经费投入总额为52 363万元。其中，学生宿舍、食堂、风雨操场和有关教学设施设备等经费，由学院自筹8 000万元，其余44 363万元恳请市财政拨款解决。

（三）深化院内管理体制改革

按照国家、省、市关于推进高等学校新一轮管理体制改革的要求，抓住学院移交广州市人民政府管理的契机，遵循高等职业教育的规律，以专业建设为龙头，以转换机制为核心，理顺内部管理关系，深化人事制度改革，按照"按需设岗、公开招聘、平等竞争、择优聘用、合同管理"的原则，全面推行全员聘用制和岗位管理制度，优化人员素质，改善队伍结构，形成人员能进能出、职务能上能下、待遇能高能低的竞争激励机制。深化分配制度改革，充分发挥工资和岗位津贴的导向作用，形成有效的激励和约束机制，进一步打破分配上仍然存在的"铁饭碗"和平均主义"大锅饭"现象。按照事企分开的原则及教学、科研和后勤服务各方面的不同职能，建立不同的管理模式，创造条件逐步实现后勤服务社会化。按照现代大学的理念，加强制度建设，理顺院系管理关系，努力创设有利于教学、科研和人才培养，特别是优秀青年人才脱颖而出的良好氛围和制度环境，建立相对稳定的骨干层和出入有序的流动层相结合的人才队伍管理模式，建设好一支结构优化、业务精良、充满生机活力的高素质、高水平的教师队伍和管理队伍，不断提高学院的教学质量和办学效益，增强核心竞争力和整体办学实力。

广州铁路职业技术学院"十二五"事业发展规划（2011—2015 年）

为贯彻落实《国家中长期教育改革和发展规划纲要（2010—2020 年）》、《教育部 财政部关于进一步推进"国家示范性高等职业院校建设计划"实施工作的通知》（教高〔2010〕8 号）、《珠江三角洲地区改革发展规划纲要（2008—2020 年）》（以下简称《纲要》）、教育部《关于全面提高高等职业教育教学质量的若干意见》（教高〔2006〕16 号）和《广东省大力发展职业技术教育实施纲要（2006—2020 年）》精神，全面推进"科教兴国"战略，更好地为区域经济建设和社会发展服务，根据广东省、广州市国民经济和社会发展第十二个五年规划的要求，结合学院发展实际，特编制本规划。

一、发展现状

"十一五"规划期间，在市委、市政府的正确领导和省教育厅、市教育局等政府部门的大力支持下，学院坚持以科学发展观为统领，面对扩大规模和提高质量的双重压力，以杀出一条血路的勇气和决心，不甘人后、拼搏进取、开拓创新、攻坚克难，坚持质量、规模齐头并进，内涵、外延同步加强，强力推进"教学质量、管理改革、学院形象、评建创优"等四大工程，全力转方式、保增长、惠师生、促发展，以优异成绩通过教育部人才培养工作评估，成功申报省级示范和国家骨干高职院校，实现了转制五年三大跨越。

（一）发展基础

1. 办学条件较大改善（见表1）

5 年来，学院加大投入，挖潜办学，改造教室、实训室等场所，新建学生宿舍和食堂。积极联合企业借力发展，先后租赁朝阳工业区、花都粤宝丽工业园区等建设实践教学基地，校园现有占地 314.86 亩，教学行政用房 119 233 平方米；校内实训室 103 个，其中，中央财政支持实训基地 2 个，广东省高职教育实训基地 3 个，市示范实训基地 4 个，生产性实训室 10 个；校外实习实训基地 96 个。校园环境较好，教学设施齐备，设备配置优良，办学实力明显增强。

表1 基本办学条件指标对比

年份	占地面积/亩	行政用房/平方米	纸质图书/册	固定资产/万元	教学科研设备值/万元
2005年	157	30 000	161 288	8 361.48	1592
2010年	314.86	119 233	443 554	20 372.39	8 273.82
增长率	100.55%	287.4%	175%	143.65%	419.71%

2. 专业建设彰显特色（见表2）

主动适应区域经济发展和产业结构调整，及时调整专业结构。新设铁道机车车辆、电气化铁道技术、物流管理等14个专业，撤并法律事务等专业，现有31个专业中，对接轨道交通产业链的工科类专业23个，占专业总数的75%；以城市轨道交通车辆、电气化铁道技术、城市轨道交通运营管理、数控技术等重点专业带动其他专业的建设与发展，形成以重点专业为龙头、相关专业为支撑的7大专业群，初步形成了对接轨道交通产业链的专业体系。现有市级示范性（建设）专业12个、院级重点建设专业13个。

表2 专业建设情况对比

年份	专业总数/个	院级重点专业/个	市级示范专业/个	市级示范建设专业/个
2005年	16	0	0	0
2010年	31	16	1	12
增长率	93.75%	1 600%	100%	1 200%

3. 课程资源建设成效明显

构建基于工作过程的课程体系，实现课程与岗位任务的对接。现有国家精品课程1门、省级精品课程4门、市级精品课程17门、院级精品及建设课程44门，院级网络课程16门。借助网络平台，形成了多专业、多课程的网络教学平台。重视教材建设工作，建立教材建设基金，全院教职工出版专著1部，主、参编教材128种。

4. 人才培养模式不断深化

以"产教一体、寓学于工"人才培养模式改革为重要切入点，实施订单培养、工学交替、顶岗实习等教学模式改革。与广铁集团、广州地铁、深圳地铁等名优企业开展订单培养，共组专业指导委员会，共订人才培养方案，共建实训基地,共同开发课程,共编教材,共同考核评价,校企合作办学、共育人才、互动共赢的机制基本形成。近4年(2006年无毕业生)培养订单学生2 286人,占毕业生总数的41.32%,成功探索实践了从"订单培养"到"教学工厂"的校企合作新路径。

5. 教学科研成果快速增长(见表3)

学院加大教科研奖励范围和支持力度,通过对教师公开发表论文、成果获奖和从事示范专业、精品课程建设等给予支持奖励,对市级以上立项课题给予相应配套经费和立项奖励等举措,激发广大教师从事教学科研的热情和积极性。5年来,教科研立项和成果实现了零的突破,并成十倍的增长,共有省、市纵向项目99项、院级项目122项、教材128部、获奖226项,到账科研经费482.55万元,其中省部级课题15项,厅局级课题84项;承担各类横向课题7项,研究经费达43.61万元;发表论文990篇,其中核心期刊144篇,SCI、EI、ISTP收录5篇;重视专利申报工作,共获得专利13项;获国家教学成果二等奖1项,省教学成果一等奖1项、二等奖1项,广州市高等教育优秀成果一等奖4项,二等奖7项。积极与省、市相关部门及兄弟院校协商沟通,成功申办了《南方职业教育学刊》,已于2011年1月正式出刊。

表3 教师教学科研成果对比

年份	发表论文/篇	科研项目/项	省级以上教学成果/项	市级教学成果/项	获取专利/项
2005年	12	0	0	0	0
2010年	990	221	3	11	13

6. 学生综合素质全面提高(见表4)

深入开展素质拓展、"三下乡"等活动,强化学风建设和职业道德教育,突出学生职业能力培养,实行"双证书"制度,重视职业技能竞赛,以赛促学,以赛促教,学生"双证书"获取率达90%以上,2007年以来学生在国家、省、市各类技能大赛中获奖186项。招生就业实现进口旺,出口畅,学生综合素质全面提高。2010年高职在校生7 056人,比2005年增长了4倍多。2010届毕业生初次就业率达98.75%,比2005年提高了23.98个百分点,由全省高职院校倒数第6上升至前列第7位,总体就业率达99.26%。5年来第一志愿上线率平均达200%,报到率平均为89%。近4年毕业生总体就业率平均达99.40%,其中,就业对口率高达85%以上。用人单位对毕业生的满意率均在97%以上。被评为"广东省普通高校毕业生就业先进集体"。

表4　学生规模、就业率对比

年份	全日制在校生/人	非全日制在校生/人	初次就业率/%	总体就业率/%
2005年	1 391	737	64.77	98.66
2010年	7 056	790	98.75	99.26
增长率	407.26%	7.19%	52.46%	0.61%

7. 双师结构渐趋合理（见表5）

加强师德引领，利益引导，支持教师在职攻读硕士、博士学位并给以报销学费奖励、在规定年限内获得博士学位、晋升副教授、教授的给予奖励、教师下企业实践按满工作量计发院内津贴，大力加强教师学历培训和"双师"素质培养。对引进的高层次人才给予安家费和科研启动资金，从而有效改善师资队伍的职称、学历、能力和年龄结构，建设了一支拼搏进取、改革创新、潜心教学、大爱育人的双师结构教学团队。5年来，共引进"三高"人才85名。现有专任教师214人，增长了47.59%。其中有硕士以上学位的159名，占74.3%，增长38.5倍；副高以上职称58名，占27.1%，增长了164%。建有市级创新学术团队2个、优秀教学团队1个。

表5　校内专任教师双师结构情况对比

年份	人数	职称情况		学历情况	
		正高	副高	博士	硕士
2005年	145	1	22	0	4
2010年	214	4	58	6	159
增长率	47.59%	300%	164%	600%	3 850%

8. 社会服务能力显著增强

学院近4年共为社会输送合格毕业生5 532名，在培养区域产业发展急需人才的同时，为地铁、国铁及相关行业企业等开展岗位培训，提供技能鉴定与职业资格考证和面向社会的培训年均超10 000人次；学院将参加春运、广交会等社会实践活动纳入人才培养方案，实行学分管理，共派出师生914 800人次，练技能、长才干、计学分、展形象，以实际行动加强了与铁路企业的联系，连续4年被评为"广州地区春运工作先进单位"，成为广州地区唯一获此殊荣的高校。广泛开展境外合作交流，与新加坡南洋理工学院等国

外高校开展师资培训等合作,与海南、湖南、新疆等省内外 5 所高职院校开展对口支援交流,合作卓有成效。

9. 内部管理更加规范

5 年的成就始于改革,源于创新。2005 年年底一步到位打破大锅饭的分配制度,掀起学院改革的高潮;完善系部建制,新建经济管理、信息工程、应用外语、物流管理等 4 个系和思政部,组建机械与电子学院。职成部按照学院所定的总目标和利润目标,实行经费包干,车队实行按公里数计酬,提高运营效率;在全院推进"主动教学、主动管理、主动服务"活动,推行优质服务承诺,改善机关作风,形成科学规范管理的长效机制;根据公平竞争、择优聘任、有序流动的原则,开展"三定一聘"改革,精减机关后勤人员。首轮竞聘中,精减了管理服务人员 32 人,教师比例由 39% 上升至 57.1%,改变了教师与管理人数倒挂的现象,建立向教学一线倾斜的院内分配机制。融入企业高效管理方式,引进 ISO 9001 质量管理理念,推行精细化管理。加强校务公开和党风廉政建设,完善教职工代表大会,推进依法治校示范校建设,被评为"广州市依法治校示范校"。

10. 校园文化积淀浓郁

学院秉承铁路人创新超越、敢争一流的"火车头"精神和奉献精神,在各种困难和挑战面前,勇于担当、善于思考、勤于实践,深入开展企业文化进校园、职业素质进课堂活动,注重提炼精神文化,明确核心价值理念,凝练了"创新每一天"的校训,"精益求精"的校风,"潜心教学、大爱育人"的教风和"勤学善思、砺能笃行"的学风,开展五星评比、艺术节、技能竞赛、"三下乡"活动、志愿者服务等校园文化活动,形成了浓厚的校园文化氛围。

(二)发展优势

珠江三角洲地区作为探索和建设科学发展模式示范区、深化改革先行区、扩大开放的重要国际门户以及世界先进制造业和现代服务业基地、全国重要的经济中心,推进经济社会发展模式转型,调整优化产业结构,转变发展方式等为学院建设省级示范和国家骨干高职院校、实现可持续发展提供了难得的发展机遇。

1. 人才需求旺盛

城市轨道交通建设突飞猛进,2010 年亚运会前,广州地铁运营里程达 221.6 公里,2020 年将达到 666.8 公里;深圳、佛山、东莞、惠州等城市正在抓紧实施城市轨道交通建设规划,到 2020 年全省规划新建地铁线路 1 094 公里。同时,珠江三角洲地区以广州、深圳、珠海为中心建设城际轨道交通网,到2020年规划新建1 593公里,共需高素质技能型人才约100 000人。

高速铁路发展前景广阔。随着武广高速铁路开通运营,广深港、厦深线等高速铁路已经陆续开工,以广州为中心的泛珠三角高速铁路建设进入高潮。到2020年,广东省境内新增铁路1 866公里,年均需要高技能人才近3 000人。

先进制造业发展势头迅猛。落户花都的"和谐型"大功率机车广州检修基地计划2011年建成投入使用,具备年制造200台、检修700台"和谐型"大功率电力机车的生产能力,年产值约120亿元,完善产业链配套后年产值超过300亿元,为数控技术等先进制造类专业发展带来前所未有的机遇。

《纲要》提出大力发展高新技术产业,将电子信息产业作为大力发展高新技术产业的一部分,建设现代信息产业基地;优先发展现代服务业,重点发展金融业、会展业、物流业、信息服务业、总部经济和旅游业等产业。"十二五"期间广州全面推进国际商贸中心、世界文化名城、国家创新城市、综合门户城市和全省宜居城乡"首善之区"建设,推进经济社会发展模式转型,调整优化产业结构,转变经济增长方式,走新型工业化道路,加快服务业发展,建设国家现代服务业产业化基地,为学院电子信息及现代服务类等专业带来广阔的人才需求。

2. 校企有效融合

学院移交广州市政府管理以来,坚持分家不分离,积极拓展行业优势,对接轨道交通产业链,坚持校企合作、开放办学,不断整合与拓展行业资源、企业资源、校友资源,稳固并强化与广铁集团、广州地铁开展订单培养、技术合作。已牵头筹建了广州工业交通职业教育集团和广州轨道交通教育培训中心,签约加盟企业达98家,校企合作协议145份,为各专业搭建了稳定的校企合作平台。学院主动与广州萝岗区政府、花都中小企业局等政府部门沟通联系,与政府签订校企合作办学框架协议,政校企合作办学、合作育人发展前景更好,合作基础更扎实。各专业积极拓展与深化校企合作,在合作订单培养人才、合作共建教学基地等方面前景广阔。

3. 政府支持有力

广州市委、市政府高度重视学院的发展建设,从领导班子配备、经费投入及政策保证等方面帮助学院快速发展。广州市政府专项建设投入累计达1.4亿元,学院办学条件明显改善,轨道交通类实训设施达到全国同类院校先进水平。市委、市政府主要领导高度关注学院建设发展,表示将从政策、资金等各方面全力支持学院建设省示范性高职院校和国家骨干高职院校,承诺国家骨干校建设期内建设好新校区。

（三）面临挑战

"十一五"期间，学院办学条件不断改善，人才培养取得了较大进展，改革步伐不断加快，整合校内外资源的能力不断提升，服务轨道交通行业与珠江三角洲地区中小企业的能力明显提高。省级示范和国家骨干高职院校的成功申报，为学院的进一步改革发展既带来了新的机遇，又面临着严峻的挑战。

（1）内涵建设有待进一步加强。示范专业与精品课程的建设有待突破，实践教学和社会服务水平有待提升，师资队伍的双师结构、职称结构、学历结构、素质结构还不够完善，行业企业有影响力的专业带头人和技术骨干到校授课的比例有待进一步提高，校企人员互派、互兼、互聘的机制亟待突破。

（2）校园占地面积难以满足学院进一步发展的需要。新校区建设要进一步推进，将市政府建好新校区的承诺尽早变成现实，高标准建设现代新校园，全面改善办学条件，尚待努力。

（3）校企合作有待进一步深化。校企合作的动力机制、利益平衡机制和政策支持保障机制与制度创新，尚需进一步探索与实践。

（4）专业结构需进一步优化。专业发展与区域产业发展同步，专业结构调整与产业转型升级并行仍有很多工作要做。

（5）内部管理体制机制需进一步创新。人事、教学、科研、后勤、设备等管理尚需加大改革力度，在深化岗位设置与人事分配制度改革、创新教学组织运行，实行多学期、分段式教学改革以及推进"四技"服务和完善设备管理等方面，需进一步突破。

二、总体要求和发展目标

（一）指导思想

深入贯彻落实科学发展观，按照《珠江三角洲地区改革发展规划纲要（2008—2020年）》等文件精神，紧紧围绕高素质高级技能型人才培养、服务广州建设国家中心城市和经济社会发展转型升级、中小企业技术研发等三大使命，以专业建设为抓手，以师资队伍建设为重点，以制度建设为保证，以提高人才培养质量为主线，以高水平建设广东省示范院校和国家骨干高职院校为目标，努力提高人才培养质量和社会服务能力，全面提升办学水平和综合实力。

（二）办学定位

（1）区域定位：立足广州，面向全国，辐射华南及港澳。充分发挥行业背景深厚和政府管理支持的双重优势，坚持为轨道交通行业和广州经济社会发展先进制造、电子信息、现代服务等支柱产业服务，以服务求支持、以贡献求发展，努力在推动国家铁路、珠江三角洲轨道交通大发展以及推进广州国家中心城市和珠江三角洲全国重要经济中心的战略地位建设中体现新作为、展示新形象。

（2）类型定位：坚持高职教育的办学方向和人才培养要求，培养品德高尚、技能精湛、创新奋进的高素质高级技能型人才。同时积极开发多样化的继续教育项目，大力开展岗位培训，推动广州高职教育又好又快发展。

（3）专业定位：对接轨道交通的发展，主动适应广州市产业结构调整升级的需要，坚持做优轨道交通类专业，做强先进制造类专业，做精电子信息类专业，做实现代服务类专业的专业建设思路。大力发展以城市轨道交通车辆、电气化铁道技术、轨道交通运营管理、数控技术、应用电子技术、计算机应用技术、涉外旅游等七大重点专业群。

（三）发展目标

1. 总体目标

为更好地适应广州实现经济发展转型升级的需要，下大力气推进省示范、国家骨干院校和新校区三大建设，实现内涵加强和外延拓展两大重点齐头并进，形成紧密型校企合作办学体制机制，不断增强学院的办学活力；加强内涵建设，不断提高人才培养质量和办学水平；改革内部管理机制，不断增强服务区域经济社会发展的能力，高水平地把学院建成轨道交通特色鲜明的国家骨干高等职业院校。

2. 具体目标

（1）办学规模：按照轨道交通行业和区域经济支柱产业对高素质高级技能型人才的需求，到2015年，全日制高职在校生达到12 000人，职业培训达到24 000人次。

（2）培养质量：学生初次就业率和总体就业率稳居全省前列，总体就业率达99%以上，就业对口率达85%以上；学生获取"双证书"比例达100%；用人单位对毕业生满意率达98%以上。学生在市级以上各类技能竞赛中获奖150项次以上。

（3）专业建设：以市场需求为导向，主动适应区域产业结构升级需求及时调整专业结构，专业稳定在30个左右，工科专业占75%以上；对接轨道交通产业链，建成4个国家重点专业，8~10个省级特色专业，20个市级示范专业，带动7个专业群的发展。

按国家精品课程标准，建设专业核心课程150门，网络课程150门；出版教材50部以上，其中，国家规划及优秀教材1~2部，省级规划及优秀教材8~10部，市级优秀教材15部；国家教学成果奖1~2项，省级3~4项，市级4~6项，专业教学资源库2~3个。

新增100个校内实训室，总数达200个左右。其中，校企共建生产性实训室达50%以上，建成3个国家级生产性实训基地，9~10个省、市级高职示范实训基地。建成200个校外实训实践基地，其中市级示范基地3~5个。建成1~2个国家级校企合作示范基地。职业技能鉴定站（所）增设专业教学相适应的鉴定工种至75个左右。

(4)"双师型"专业教学队伍建设：5年内，生师比达到17:1，专任教师总数达700名；具有硕士及以上学位教师占专任教师的比例达60%，具有高级职称教师占专任教师比例达40%以上，90%以上的专业课教师成为双师素质教师；聘请（聘用）30名左右具有行业影响力的专家作为专业带头人，聘用一大批专业人才和能工巧匠作为兼职教师，兼职教师承担的专业课学时达50%；培养5~8个省市级教学团队，3~5个省市科技创新团队，4~6名省市教学名师，1~2名国家教学名师，形成结构合理、业务精良的高水平教学、科研团队。

(5)技术研发与培训：围绕轨道交通行业企业和广州中小企业技术改造和升级，以轨道交通、先进制造、电子信息等企业应用型技术和高职教育教学为主攻方向，5年内，院级教科研立项项目200项以上，市级以上教研、科研立项项目120项，横向课题立项20~30项，申报国家专利25~30项，市级以上政府和国家、省、部高职学会教科研成果获奖10~15项；以华南地区轨道交通职业技能培训与鉴定中心、广州地区中小企业技术服务中心为核心，建设1个国家级高技能人才培训基地，为企业员工或社会人员培训年均14 000人次；成人学历教育规模达3 600人。

(6)办学条件：在进一步完善现有条件上，高起点规划、高标准设计、高质量建设布局合理、功能齐全、设施先进、环境幽雅、低碳经济、高职特色鲜明的新校园，校园环境、设施设备达到国内同类院校先进水平。

推进信息化建设，以万兆核心交换机、千兆骨干网（部分万兆）规划网络基础设施系统，建立起先进的数字校园硬件支撑环境，网络教学平台及高质量数字化教学资源，数字校园公共数据库和综合信息门户平台，集成的管理信息系统。搭建校企信息化交流平台，实现专业教学资源库、精品课程等优质教育资源共享，信息化水平处于全国同类高职院校前列。

建设数字化图书馆。纸质图书108万册以上，生均纸质图书达到60册以上；电子图书68万种以上；图书馆设备设施、功能布局、馆藏图书处于全国同类高职院校前列。

（7）校企合作机制建设：在地方政府的支持下，按董事会管理模式，与行业企业共建"机车司机""铁道电气化""现代运输""机械与电子"等6个合作学院；组建广州工业交通职教集团，实行理事会下的专门委员会运行机制，大力推进"合作办学、合作育人、合作就业、合作发展"，合作学院运作模式与机制创新在省内乃至全国具有示范带动作用。

三、重点项目与推进策略

为实现以上目标，更好地为轨道交通行业和区域经济发展提供人才保障和智力支持，发挥好国家骨干高职院校的示范作用，举全院之力推进以产、学、研结合，提升核心竞争力为重点的教学质量工程，以实施人才强校战略为目的、以校企合作为重点的办学体制改革工程，以重点专业及专业群建设为关键点的创建示范工程，以创建良好育人环境、优化办学条件为重点的校园文化工程，并努力实施八大策略。

（一）建好国家骨干院校，提升综合办学实力

以国家骨干院校建设八大项目为重点，整合政、行、企、校资源，推进教育教学改革，优化内外发展环境，增强校企合作办学活力，全面提升育人质量，提高服务轨道交通和区域经济发展的能力，从硬件到软件提升学院整体实力与办学水平，到2013年把学院建设成为国家骨干高职院校和广东省示范性高职院校。

1. 中央财政支持项目建设

加强城市轨道交通车辆、电气化铁道技术、城市轨道交通运营管理、数控技术等4个重点专业及专业群建设。把4个重点专业建成国家重点建设专业，带动群内10个专业发展，群内建成5个以上省重点建设专业，整体提升学院专业建设水平。

2. 非中央财政支持项目建设

（1）校企合作体制机制建设：联合广铁集团等企业，以重点专业与专业群为主，建立"机车司机""铁道电气化""现代运输"和"机械与电子"等6个合作学院，按照"董事会+监事会"的管理架构进行运作；组建理事会管理机制的广州工业交通职教集团，构建紧密型校企合作体制机制。

（2）花都工学结合示范园建设：先行先试，探索践行董事会、项目部、教师工作室三级管理机制，引入10家规模以上企业，建设"校中厂"生产

性实训室（车间）10个，建立12个以骨干教师命名的教师工作室，建成国家级校企合作示范基地。

（3）"双师型"专业教师队伍建设：建立校企双方互兼、互派、互聘的长效机制，建立一支300人的兼职教师队伍、一个1 000人左右的兼职教师库和一支30人左右的兼职教师评价队伍；以新教师准入制度为切入，以建立健全教师专业发展服务中心和AES知识库为平台，以完善科学高效的管理评价体系为保障，全面提升专业教师教学、科研和社会服务能力；每年投入300万元教师专项培训基金，建成一支300人的专业教师队伍，双师素质的比例达90%，打造"双师型"专业教学团队。

（4）社会服务能力建设：坚持三个面向（面向区域产业经济发展需求、行业企业的用人要求和邻近轨道交通人才紧缺区域），建设三个中心（华南地区轨道交通职业技能培训与鉴定中心、广州地区中小型企业技术服务中心、广东省轨道交通职教资源共享中心），搭建三个平台（志愿服务、对口支援、国际交流），为企业提供技术服务100项，年均收入250万元以上；开发网络培训课程100门，新技术培训与鉴定45 000人次；新辟志愿服务基地16个，参加志愿服务学生达24 200人次。

（二）创新办学体制机制，搭建合作发展平台

以"利在企业，功在育人"为理念，在政府的支持下，花都工学结合示范园先行先试，校企共建机械与电子等合作学院，通过政府政策引导，成立董事会等合作专门机构，建立利益分割机制，完善校企合作制度等措施，建立校企合作的长效机制。落实政府在政策支持、经费保障、基础建设，行业企业在兼职教师、实习实训基地、学生就业，学院在人才培养、技术服务、员工培训方面的责任。组建职教集团，促进校企资源共享。

1. 建设花都工学结合示范园

依托花都区新华工业园，对接花都区大功率机车、汽车、电子等产业集群，通过引企业入园、引项目入校等形式，成立由花都区政府、学院和企业组成的董事会，政校企共建合作育人的工学结合示范园，探索共建生产性实训基地、生产研发等多种合作形式，建立有利于规模以上企业参与的各项制度，构建"园（工业园）中校""校中厂"，为广州地区中小企业提供新技术、新产品、新工艺的技术服务，成为花都区经济社会发展的"助推器"，打造成国家级校企合作示范基地。

2. 校企共建多形式合作学院

在政府的支持下，改变学校独立办学的体制，主动联合有多年订单人才培养基础或有大量人才需求的行业企业共建机车司机学院、铁道电气化学

院、现代运输学院、机械与电子学院等6个合作学院，建成管理、驱动和保障三个合作机制，实行董事会领导下的院长负责制，实现"1+N"的多主体合作办学模式，形成吸引企业积极参与的紧密型合作办学体制机制。

3. 组建职业教育集团

在政府的指导下，对接珠江三角洲轨道交通和先进制造业，组建由政府推动，学院牵头、行业协会和企事业单位参与的广州工业交通职教集团。职教集团实行理事会管理机制，设立秘书处处理日常工作事务，承担集团决策专题调研，制订系列制度，通过建设组织结构三层次（紧密层、半紧密层、松散层）、内部管理三平台（资源共享平台、产学合作平台、社会服务平台）及操作运行三体系（运行制度体系、信息交流体系、共建共享体系）等"333"规则，搭建校企合作发展平台，形成校企互利共赢、社会广泛参与的人才培养格局。

（三）对接区域产业发展，打造特色专业体系

主动围绕经济发展方式转变，适应国家铁路和珠江三角洲城市轨道交通大发展以及广东省、广州市产业结构升级对高技能人才的需要，加大专业调整力度，建立动态调整新机制，建设以重点专业为龙头，相关专业为支撑的专业群，加强专业建设的集约性，形成以轨道交通类专业为龙头、先进制造类和电子信息类专业为两翼、现代服务类等文科专业为支撑的专业格局。

1. 整合相近专业

在分析研究轨道交通产业链的基础上，对市场需求过剩的专业予以撤销。调整与合并相近专业，将文秘和法律事务、应用电子和电子工艺与管理、电气化铁道技术和供用电、模具设计与制作和计算机辅助设计与制造等14个专业整合为7个专业，构建符合宽口径专业培养目标和培养规格的课程体系。

2. 拓宽专业方向

坚持大专业多方向的专业建设思路，对发展到一定规模的专业，根据就业市场需求、技术更新和岗位群发展，拓展相关专业方向，拓宽专业口径与专业面，在城市轨道交通车辆、铁道机车车辆、涉外旅游等7个专业增设驾驶、检修、旅游乘务等17个方向，增强人才培养的社会适应性。

3. 配套开设新专业

增设对接轨道交通产业链的紧缺专业。根据学院办学条件和专业结构，抢抓轨道交通大发展的机遇，进一步突出轨道特色优势专业，大力开发轨道交通类专业，增设市场需求旺盛的轨道交通工程、高速动车等紧缺专业；适应广州市建设服务产业化基地等服务类高技能人才需求，增设对支持和带动

产业结构升级具有重要作用的港口经济等服务类专业。

4. 加强重点专业及专业群建设

建设城市轨道交通车辆、电气化铁道技术、城市轨道交通运营管理、数控技术等重点专业，加大重点专业在实训室建设、人才引进、教学科研的投入力度；鼓励并支持重点专业在人才培养模式、教学模式、评价模式等方面的改革；根据学院办学特色与定位，围绕轨道交通产业链，抓住专业之间的关联性特征，聚集专业优势，发挥重点专业的辐射带动作用，建设以城市轨道交通车辆等重点专业为龙头，各辐射带动一批相关专业，推动7个特色鲜明的专业群的发展，在群内构建"平台+模块"的课程体系，促进群内专业师资、实践教学条件、教学资源库的共享，发挥集群效应，推动专业建设整体提升。

（四）优化人才培养方案，深化培养模式改革

进一步扩大订单培养的规模，深化订单培养内涵，与企业广泛开展合作，使每个专业形成符合专业自身发展特色的教学模式。以典型职业岗位和职业资格标准为依据，以能力为主线，以素质为本位，优化专业人才培养方案，加大精品课程的建设力度。

1. 深化"产教一体、寓学于工"人才培养模式改革

进一步深化、细化"产教一体、寓学于工"人才培养模式的内涵，结合各专业人才培养特点与企业对人才培养规格的需求，将其具体、细化到专业人才培养中，把高技术含量的企业生产任务转化成"工学交替"的"工"纳入人才培养方案中。在总模式下，探索各专业各具特色的人才培养模式，实现培养方案共同制订、课程资源共同开发、师资队伍共同培育、实践基地共同建设、教育教学共同管理、就业服务共同担当的校企合作育人机制。

2. 坚持素质本位，优化人才培养方案

联合企业，参照职业岗位任职要求，融入国内外职业资格标准和技师职业资格标准，制定专业人才培养方案，推行"双证书"制度。围绕"岗位、能力、课程体系、培养途径与方法、考核评价"五大要素，系统归纳人才培养方案的设计路径，规范人才培养方案的编制过程。按照"职业、系统、开放"的课程体系设计思路，校企共同开发与建立对应职业岗位群的课程体系，并将职业素质养成教育贯穿人才培养的全过程。各专业根据不同培养要求，合理设置课程及学分，形成学生职业能力与素质发展的完整阶梯。

3. 基于工作过程，加大课程改革力度

加大校企共同开发课程力度，根据企业对职业岗位的要求确定课程目标，坚持"对接生产现场、体现先进技术、反映典型工艺"的课程内容组织思路，遴选、序化教学内容，融入新技术、新工艺、新材料、新标准及职业道德与安全规范，实现课程设置与岗位群职业标准、课程内容与相应的职业资格证书（标准）内容、知识传授与能力培养及职业素质养成"三融合"。

4. 加大投入力度，加强课程建设

大力支持网络课程建设，切实保障精品课程建设经费的投入，加快国家级和省级精品课的建设力度，建立国家、省、市、院级四级精品课程体系；以国家、省、市级精品课带动院级精品课程及其他课程的建设，提升学院课程整体建设水平；以"精品课程"为载体，确立课程负责人制，把创建"精品课程"和培养"教学名师""优秀教学团队"有机结合，通过课程建设带动教学团队建设。7个重点专业及专业群完成所有专业课程标准的修订，按国家精品课标准，校企合作建成150门优质专业核心课程，150门网络课程。加强校企合作教材开发，加大教材立项支持力度，打造一批在省、国家具有一定影响力的特色专业教材。

（五）推行人才强校战略，提高双师团队水平

着力实施人才强校战略，与企业联合培养专业教师，建设一支结构合理、素质优良的"双师型"专业教学队伍。

1. 以共育共享为目的，建立校企人员互兼、互派、互聘的长效机制

依托合作学院及职教集团等校企合作平台，以企业能工巧匠进课堂讲授实践课程，专业教师下企业进行关键岗位实习和解决技术难题为主要途径，建立校企双方领导层互兼、管理层互派、技术层互聘机制，合作企业安排兼职教师达300名。

2. 以教师工作室为平台，落实教师联系企业的责任

建立30个以骨干教师命名的教师工作室，鼓励教师积极参与工作室建设并作为教师企业顶岗实践的重要途径，实现技术研发、大赛培育和生产性实践教学三合一。将教师联系企业纳入教师的岗位职责，并以30%纳入工作量计算和作为主要考核指标，落实教师密切联系企业的责任。建立教师技术服务的绩效考核机制，以项目课题为载体，以培育教学团队和科技创新团队为抓手，以教师工作室为平台，引入技术研发项目，促进科研成果推广，提高教师科研与社会服务能力。

3. 以人事改革为突破，提高师资整体水平

坚持师德引领、利益激励，推行以岗位设置、人员定编为主要内容的人事管理与分配制度改革，探索以人员经费动态包干为主要内容的院内分配办法。完善对专业带头人、"双师"素质教师的考核体系，建立多劳多得，优劳多得，向教学一线"能人"倾斜的分配制度。建立教师准入制度，新进教

师必须具有2年以上企业工作经历，并加强教育教学能力的培训与进修。引进具有行业影响力的专家担任专业带头人，发挥其在专业建设、课程改革和技术研发等方面的带头作用，培养院、市、省、国家四级"教学名师"；有计划安排教师下企业顶岗实践和参加校内及国内外师资培训。

4. 以完善机制为抓手，加强兼职教师队伍建设

以职教集团内合作企业安排企业专家、技术骨干和能工巧匠到学院兼职任教为主，辅之设立兼职教师专项奖励基金和提高课时津贴等方式，吸引并聘请企业技术骨干和能工巧匠担任兼职教师。建立企业兼职教师准入制度和考核评价制度，校企合作共建师资培训基地，提高兼职教师教学能力，充分发挥他们的专业特长和紧贴生产实际的优势，建立一个1 000名兼职教师资源库，实现50%的专业课由企业兼职教师承担。

（六）突出职业能力培养，提升学生综合素质

按照培养品德高尚、技能精湛、创新奋进的面向生产、建设、服务和管理第一线的高素质技能型人才的人才培养规格，强化职业素养，形成铁路人特有的"铺路石"品格和"火车头"精神，培养下得去、留得住、用得上的高素质高级技能型人才。建成高质量的就业服务平台，加强就业、创业、创新能力培养，使学生就业率始终处于全省前列。

1. 搭建职业素质教育平台，全面提升学生职业素养

围绕人才培养目标，建设好以职业技能鉴定中心、实习实训中心、素质拓展中心、心理健康教育中心、勤工助学中心和职业指导中心等"六中心"为载体的学生职业素质教育平台，把立德树人作为办学的根本任务，重视培养学生的诚信品质、敬业精神和责任意识、遵纪守法意识，将社会主义核心价值融入人才培养的全过程，加强职业素质的培养；继续加大对职业技能竞赛的支持力度，以赛促教、以赛促学，使学生在参加竞赛过程中提高技能和创新、创造能力，学生获市级以上技能竞赛奖达150项以上。

2. 搭建合作就业平台，提高学生就业质量

与职教集团企业搭建合作就业网络信息平台；继续拓展与铁路和城市轨道交通行业企业的订单培养规模，使轨道交通类专业订单培养占其毕业生的90%以上；与企业合作，建设全员化、专兼结合的就业工作队伍和就业指导队伍，健全多元化的指导体系和职业生涯课程，建成1~2门省级就业指导精品课程；加强对创业规律的研究，积极探索在专业课教学中融入创业教育。充分利用第二课堂，通过举办创业讲座、创业大赛等活动，丰富学生的创业知识和创业体验，培养学生的创业精神和创业意识，提高学生的创业素质。

（七）拓展社会服务范围，增强社会服务能力

适应广州市建设学习型社会的需要，充分发挥铁道部复退军人转业学历教育基地和职业技能鉴定所、铁路特有工种鉴定站、特种作业培训点等机构的作用，以与职教集团内紧密层企业共建华南地区轨道交通职业技能培训与鉴定中心、广州地区中小企业技术研发与服务中心、广东省轨道交通职教资源共享中心为平台，以轨道交通行业和珠江三角洲中小企业为主要服务对象，拓展多样化继续教育项目，增强优质职教资源的辐射和服务功能。

1. 技术研发与服务

继续加大教科研的奖励力度，抓好技术研发和高职教育研究两个重点，以教师工作室为平台，推进研发基地建设，加强教师工作室和专业教师下企业的考核，推动专业教师主动服务企业；以专业教学团队为基础，联合职教集团企业技术人员，建立相对稳定、特色鲜明的科研团队，共同承担课题研究和应用技术研发，为企业提供技术咨询、技术研发、产品设计与加工等服务，提升学院服务轨道交通行业和珠江三角洲地区中小企业的能力。到2015年，五年技术服务总计达150项，技术服务收入达1 000万元以上。

2. 技能培训与鉴定

面向农村劳动力转移就业、复转军人及中职毕业生，主动开展以提升就业技能和文化水平为重点的继续教育。与广铁集团、广州地铁等行业企业联合组建"华南地区轨道交通教育培训与鉴定中心"，为铁道部"红十字"救护员等多种类型和形式的职业培训，拓展区域产业结构升级及轨道交通大发展所需高级接触网工等培训项目；做大成人大专、自学考试等多类型、多渠道的职后学历教育，到2015年，实现年培训人才达24 000人次；结合学院实际开发培训课程和职后教育专业，建立网络培训课程100门；制定《非学历教育管理办法》等制度，建立培训质量监督机制和反馈制度，为培训提供良好的制度环境。

3. 其他社会服务

建设对口交流、志愿服务与国际合作三个平台，拓展社会服务种类，提升学院辐射和影响力。

（1）对口交流。继续深化对罗定职业技术学院等3所省内高职院校的对口支援工程，新增对新疆、海南等老少边穷省区高职院校对口交流和支援，不定期选派专业教师或管理人员到对口支援院校提供专业与课程建设、实践教学条件、师资培训支援，发挥辐射作用。与海南职业技术学院对口交流，对该校设置及建设轨道交通类专业进行指导和帮扶，共同为粤海铁路、海南东环线铁路培养急需人才。

（2）志愿服务。继续将志愿服务育人活动纳入教学计划，实行学分管理；创新服务模式，将志愿服务与思想政治教育、社会实践、顶岗实习及就业工作相结合。与广铁集团及广州地铁形成稳定的春运志愿服务合作，在企业和农村建立大学生志愿服务基地，新辟志愿服务基地16个。

（3）国际合作。充分发挥学院品牌和轨道交通专业优势，树立国际化理念，积极探索与国外职业院校的合作培养模式，有针对性地学习借鉴吸收国外先进的高职办学理念和职业教育理念；以开展国际铁路培训合作为突破口，以派遣教师进修培训、互派留学生和举办国际学术交流研讨会等为主要形式，探索与港澳地区及与新加坡等东盟国家人才培训方面的合作。按照循序渐进的原则，从单一合作向多方面合作发展，建设与国际先进职业教育合作的平台。到2015年，海外合作学校达5家，招收境外来院培训进修人员达100人左右。

（八）打造特色校园文化，营造和谐育人环境

以精神文化建设为核心，以行为文化、环境文化为重点，以促进师生的全面发展为目标，弘扬学院"一训三风"精神，注重校园文化与企业文化相结合、继承与创新相结合、科学精神与人文精神相结合，发挥文化育人功能，将行业、企业、职业等要素融入校园文化，促进校园文化建设和人才培养的有机结合，努力建设内容丰富、格调高雅、健康向上，体现高职特色、时代特色和轨道交通特色的校园文化。

1. 培育学院精神

建设教育思想、培养目标、办学理念的思想识别系统。宣传与内化学院"一依托、三适应"的办学理念，继续弘扬"一训三风"，把思想政治教育融入育人全过程，建设一支"双高型"的思想政治教育教学队伍，充分发挥思想政治理论课的主渠道作用，构建具有高职教学特点的思想政治理论课教学模式，不断创新思想政治教育的新载体、新途径和新方法。挖掘各种学术、科技、文化等活动的教育因素，强化师生的归属感和集体荣誉感。

2. 践行行为文化

建设校训、校风、制度、行为指导语等行为识别系统。进一步加强师德、教风和学风建设，加强反腐倡廉文化建设。继续开展"主动教学、主动管理、主动服务"活动，提高教职工的工作积极性和主动性。继续组织学生开展"服务春运""三下乡"等多形式素质拓展活动，活跃第二课堂，打造文化活动精品。引入企业文化，强化职业特色，营造轨道交通氛围，实现校园文化和企业文化的和谐统一。

3. 校园条件建设

（1）校园环境建设。建设校园整体面貌、特色建筑、文化设施篇等形象识别系统。积极推广、规范使用学院形象标识。以就地拓展、进驻省职教基地建设新校区为契机，建设布局合理、功能齐全、设施先进、环境幽雅、特色鲜明的现代化大学校园；加强学院文化设施建设，规划建设好校园人文景观。加强图书馆建设，建设书香校园。

（2）生产性实训基地建设。按照共建、共享、共赢的原则，坚持投资主体多元化，通过项目合作、合资共建、引企入校等多种形式，建设融教学、生产、培训、技能鉴定与技术服务等功能于一体的校内生产性实训基地，建设3个国家级生产性实训基地，4~6个省级生产性实训基地。

（3）信息化建设。整合资源、吸纳社会资金，加大专项投入，完善教育信息化基础设施建设；搭建校企之间信息化交流平台，促进企业新技术、新工艺等资源与课堂教学内容的有机结合；充分利用各种社会、公共设施，加快数字校园建设，提高学院教学、管理、服务、技术应用和文化建设的信息化水平，实现专业教学资源库、精品课程等优质教育资源的集成共享。

四、保障措施

为实现上述目标，需在组织领导、新校区建设、经费投入、管理改革、跟踪监督等五个方面，创造条件予以保障。

（一）加强组织领导

以"一依托、三适应"办学理念为引领，创新"以市场需求定办学方向，以社会满意为质量标准，以适应规律推教学改革，走资源共享、集约化、集团化、集成化办学之路"的发展理念，以思想解放促科学发展，在适应中突破，在突破中引领。组织广大师生认真学习和领会规划，统一思想认识，使规划的发展蓝图成为广大师生的共同愿景，动员广大师生发扬主人翁精神，进一步解放思想，改革创新，团结拼搏，为实现规划提供思想保证。

坚持和完善党委领导下的校长负责制，坚持依法治校和民主办学；加强领导班子和干部队伍建设，不断提高思想政治素质和办学治学能力，提升科学决策、战略规划和资源整合能力；加强党员队伍和专业技术人才队伍建设，为规划的实施提供强有力的组织保证。

切实加强规划实施的组织领导。成立领导小组，制定实施方案，明确分工，完善机制，落实责任。按照规划确定的发展定位、发展目标、发展重点，抓紧推动相关项目的组织实施。

（二）建好新校区

多条腿走路，坚持就地拓展与进驻职教基地同步进行，按照"现代化、数字化、生态化、人文化"的理念，以政府、企业、学院为多元建设主体，建设轨道交通、先进制造、高新技术、现代商贸等功能园区，实行一校多园、一园多厂，高起点规划、高标准设计、高质量建设，突出轨道交通特色、时代特色和高职特色的布局合理、功能齐全、设施先进、特色鲜明、环境幽雅、低碳经济的现代化大学校园。

（三）保障经费投入

确保省示范性高职院校和国家骨干高职院校建设的经费投入。示范性建设项目所需专项资金，以政府财政引导、地方投入为主、行业企业投入及学院自筹为辅的方式落实。保障年度经费落实，人员培训、人才引进、专业建设、设备投入、课程改革等项目资金到位。

学院新校区建设资金的筹措将采用上谋政策倾斜、下争职工支持、外引社会投入、内抓增收节支等多渠道多形式解决。到2012年，预计新校区开发筹措建设资金7.9亿元，完成征地1 000亩和新建23万平方米校舍建设，争取市财政投入7亿元，引进社会资金5 000万元，其余由学院通过银行贷款等自筹解决。到2015年完成新校区的全部开发建设，预计追加投入资金2.4亿元，争取市财政投入2亿元，其余由学院自筹解决。

确保年度教学经费到位。确保每年教学经费占学院学费收入的30%以上；确保教师队伍建设专项经费按每年不低于5%的比例逐年递增；划拨科研专项经费并保持5%左右的比例逐年递增；确保在现有基数的基础上，每年至少增加30万元以上的图书资料经费；投入一定的经费加强学院的信息化建设，建设国内一流的数字化校园。

（四）深化内部改革

继续深化管理体制改革，以专业调整和专业群组建为基础，进行系部重组，与行业企业共建合作学院，形成学校与合作学院、系部的二级管理体制，实现管理重心下移，责权利相统一。

深化干部人事制度改革，按照干部"四化"方针和德才兼备原则，进一步加大对后备干部的选拔培养力度；积极引入竞争机制，全面落实"三定一聘"全员聘用（聘任）制，破除专业技术职务和干部职务终身制。

深化分配制度改革，坚持"效率优先，兼顾公平"，使教职工的工资收入与岗位职责、工作业绩和贡献直接挂钩，建立起人员能进能出、职务能上能下、待遇能高能低的激励机制；全面推行岗位设置管理，实现从"身份管理"向"岗位管理"转变，按岗定酬、岗易薪变。

（五）做好跟踪监督

学院各相关单位要依据规划的要求，结合各自职能，制定本单位的分类规划和行动计划。学院规划领导小组要给予积极支持、具体指导和政策配套，并做好组织协调工作；要加强单位之间的沟通和协调，指导并解决在实施规划过程中遇到的问题。

加强对规划实施情况的跟踪分析，围绕规划的实施，建立健全、修订完善学院的各项管理制度，做好规划实施的督促检查工作。每年对规划的实施组织评估验收，不断提升规划的实施水平，确保规划目标的实现。

后　记

本书体例采用类型汇编的形式，分为访谈篇、实践篇、理论篇和附录等四部分，每部分均按照史记的序列编排，与广州铁路职业技术学院（以下简称"广铁职院"）转型跨越发展的进程相对接。内容均出自我在广铁职院工作期间所作的报告、讲话，撰写的论文和新闻媒体的访谈及所主持拟定的学校发展规划。其中，报告、讲话大多是根据录音整理，论文、访谈已公开发表或报道，两个"五年发展规划"已执行完毕。所有的文稿都力求保持原貌原意，只对口语和个别讹误文字作了订正，以尽可能客观真实地反映当年广铁职院不甘人后、顽强拼搏的艰难历程，完整全面地介绍广铁职院人艰苦奋斗、忘我奉献的真情实景和我个人履职尽责时的所思所想、所言所行。

本书取名为《高职院校转型跨越发展——谋略与路径》，其意旨在重现广铁职院当年从广州铁路（集团）公司主管到广州市政府主办，移交之初转型大计应势而谋，改革之中跨越路径唯实而择的心路历程；展示学院领导班子应对生存难题和改革阵痛，于人心浮动的彷徨之时，凝聚共识、壮士断腕的深谋远略和大智大勇，于举步维艰的迷茫之中，转型提升、追赶跨越的路径选择和攻坚进取；记述当代广铁职院人为立项国家骨干高职院校建设单位而攻坚克难的思想火花和挥汗洒水的不朽史实。在那个如火如荼的年代里，广铁职院人以转型提升为主线，以突破引领为策略，以追赶跨越为路径，在推动学院又快又好的发展历程中，有难以忘怀的艰辛，有可歌可泣的坚守，有锲而不舍的拼搏，有无怨无悔的付出……正如广东省教育厅魏中林副厅长当年考察花都工学结合基地时所描述的那样：广铁职院是"上下求索，戴着脚镣在跳舞；励精图治，挖空心思谋发展"。从这个意义上说，本书既是广铁职院转型提升不畏艰难的历史写照、追赶探索的谋略集成、跨越进取的路径再现，又是当代广铁职院人集体智慧的凝炼和实证研究的成果，还是现代职教理念下，一批高职院校争创国家示范（骨干）高职院校勇于改革、创新发展的一个缩影。

2005年8月，我受广州市委委派任职广铁职院院长，到2013年12月卸任，光阴似箭，弹指一挥间，不经意走过了八个春秋。2005年，作为广铁职院转型提升、跨越发展起步的历史原点，时值国务院第六次全国职教工作会议提出启动建设100所示范性高等职业院校的目标，高等职业教育迎来了大有可为的重要战略机遇期。据上海市教育科学研究院《2012中国高等职业教育人才培养质量年度报告》"概览与历程"的介绍，时至2012年的中国高等职业教育发展可以划分为三大阶段，即1980—1998年的"举旗起步到法律地位确定"阶段，1999—2005年的"规模扩张到发展方向定位"阶段，2006—2011年的"示范引领到全面质量提升"阶段①。相比之下，广铁职院在全国高职院校即将迈入"示范引领到全面质量提升"阶段的2005年，校园占地面积仅157亩，可用教学设备不足1 000万元，学生规模只有1 391人，在编教职工多达340余人，校园内破棚旧屋随处可见，烂门铁窗满目皆是，横穿学生宿舍与教学办公区之间的校村共用道路破烂不堪，成堆垃圾横飞……最令人震惊的是，2005年10月，广东省教育厅公布的毕业生初次就业率仅为64.77%，排在全省公、民办高校的倒数第六；紧接着11月份教育部办学条件监测上报的教师硕士比例不达标要亮黄牌（全校硕士学历仅4人，占教师总数的2.8%）。其条件之匮乏、发展之滞后、局面之尴尬，确实让人难以置信。单论在校学生规模，比之全国高职院校也还停留在1999年之前的平均水平，且生师比不到10:1，远远低于教育部18:1的规定，落后整整6年有多。面对学院转型之初底子薄、积累少、适应力不强、自我发展能力弱等难题及全国高职院校进入"示范引领、全面质量提升"阶段的多重压力，学院领导班子痛定思痛、审时度势、抢抓机遇，以先进高职院校的眼界和智慧，举全院之力实施转型跨越发展战略，集中精力搞建设，专心致志强特色，坚定不移地走励精图治、自强不息的内涵式发展路子。确定了"在适应中追赶、在追赶中跨越"，"从跨越到突破，从突破到引领"等提升发展的谋略与路径。其中，既有顺势而为的逆境解困，又有乘势而上的破题跨越。这个"势"，就是广铁职院移交广州市政府主办和国家高铁、地铁大发展战略带来的大有可为的千载契机，就是全国高职教育进入"示范引领到全面质量提升"阶段所提供的大有作为的重要发展机遇。学院领导班子和工作团队紧紧抓住这个利好之势、发展大势，精心拟定学院"十一五"发展规划，既顺势而为地提出"84321"提升发展的阶段性指标（即学生规模达到8 000人，开设40个专业（方向），抓好精品课程、示范专业、实训基地等3个建设重点，解决好"双师"教师队伍和信息化教学两大难题，实现毕业生就业率处于全省高职院校前列的工作目标），又乘势而上地确立以"办学上规模、育人上质量、管理上水平"为追求，以创建示范性高职院校为目

---

① 上海市教育科学研究院，麦可思研究院，2012中国高等职业教育人才培养质量年度报告［M］. 北京：外语教学与研究出版社，2012：5.

标，着力加强内涵建设，努力筹划新校区，强力推进"办学条件改善、内部管理改革、教学质量提高和评建扩校创优"四项工程，计划用五年左右的时间，实现从"规模扩张到发展方向定位"、从"示范引领到全面质量提升"这两大阶段的历史性跨越。

功夫不负有心人。在广州市委、市政府高度重视下，在广东省教育厅、广州市教育局等主管部门的大力支持下，学院党政领导团结带领全院广大教职工，朝着创建示范性高职院校的建设目标，攻坚克难、锲而不舍，艰苦奋斗、拼搏进取，取得了学院移交转型"五年三大跨越"的辉煌成就。在广州市层面，以优异成绩率先通过教育部人才培养工作评估；在广东省层面，立项为省级示范高职院校建设单位；在国家层面，立项为国家骨干高职院校建设单位。实现了"规模扩张到发展方向定位"的转型提升和"示范引领到全面质量提升"的超越发展，跨入了高职院校国家队的建设行列，从低迷之中成功杀出一条血路，走出了一条具有自己发展特色的路子，为广东省、广州市高等职业教育转型提升和超越发展谱写了光辉的历史篇章。

时至2013年，借力名优企业共建的"校中厂""厂中校"，既解当下发展难点，又创持续发展亮点：实训中心整体搬迁朝阳工业区，经管类学生进羊城学院，机电类学生入读花都工学结合基地，广州市教育局、花都区政府与广铁职院共建花都工学结合示范园，广州市政府和广铁集团共建广铁职院⋯⋯一个一个难关被攻克，一个一个亮点被激活，转型跨越发展经受了移交转制、士气提振、条件改善、规模扩大、质量提升、人才培养评估、省示范高职院校和国家骨干高职院校建设等一个接一个的考验，取得了一连串令人刮目相看的骄人业绩。办学规模，从移交之初的2系1部17个专业1 391名学生，发展为3院4系40余个专业（方向）近8 000名学生；校园占地面积，由157亩到联合企业借力发展扩为315亩；教师中硕博比例，从硕士占2.8%提升为博士硕士达76%；教师中副高职称以上的人数翻倍增长，年晋升正副教授的人数上升为两位数；毕业生初次就业率从当年的64.77%提高到98.66%，全年就业率都达到99%以上，并连续八年处于全省前十名；国家级教学成果、国家级重点建设专业、国家级精品课程、国家级立项项目与课题、中央财政支持的实训基地等多个国字号的内涵建设关键指标，从实现零的突破到一路攀升⋯⋯谱写了一曲曲把不可能变成可能、把可能变成现实的历史高歌，创造了名不经传的薄弱高职院校快速崛起、短时间内跻身高职院校国家队建设行列的历史传奇，"谋事有奔头、学校得发展，成事有甜头、师生得实惠"成为师生员工的广泛共识和既成事实。综观广铁职院转型发展和跨越提升的态势，从宏观到微观，从理念到实践，从顶层设计到改革举措，从发展规划到专业建设，从四技服务到产教融合、从教科研起步到国家级立项与奖项的摘冠……这些关乎内涵式发展的方方面面，无论是计谋策略还是路径选择都得益于：始终服务一个宗旨，就是"教书育人"；始终体现一个主题，就是"内涵发展"；始终围绕一大难点，就是"转型提升"；始终追求一个境界，就是"和谐共进"；始终坚持一个法宝，就是持续激发内生动力。这一段用汗水和心血绘就的"校史"，无不凝聚了广铁职院领导班子和广大教职工的用心奉献和所为所成；无不证明着这样一个事实，广铁职院转型提升、跨越发展的谋略与路径，既具有时代性、前瞻性、典型性和适用性，又为相关高职院校特别是内涵发展滞后的薄弱高职院校较短时间内实现转型、提升、跨越，提供了可借鉴、可复制、可示范的理论模型和实现途径。

本书从酝酿到出版，作为学院"校史"编写的一个部分，既有本人为其出一份力的自觉，也有难以割舍的广铁职院情结，更多的还是得益于同事们、友人们的提议、推动和支持。在书稿审核、逐篇订正之时，期间恰逢我来到广州城建职业学院（以下简称城建学院）担任校长，面对城建学院15 000多学生、近千名教职工的大校，新的办学体制、运行机制，新的发展诉求、内外环境，新的工作氛围、伙伴同事……工作千头万绪，可谓是万事开头难。所以，只能是忙里偷闲甚至漏夜笔耕劳作，虽然耗时费心又有些辛苦劳累，但还是感到苦中有乐、劳而有获。乐在能为广铁职院当年追赶跨越的路径再现，提供一份史料，再尽一次义务；获在能为高职院校转型提升的谋略集成提供一个参考、奉献一份心意。其实，也还有一份意外的收获，就是书稿审核订正时仿又身临其境的感受，促使我尝试着把广铁职院当年这种敢于超越的理念、追求卓越的智慧、打造品牌的谋略、跨越发展的路径、勇往直前的劲头和不计报酬的付出，与广州城建职业学院机制灵活、适应市场、设施优良等优势进行嫁接，力求较短时间里实现其强内涵、树特色、创品牌的超越。实践证明，广铁职院转型提升跨越发展的计谋策略和路径选择，除了可供公办院校借鉴、参考、复制外，同样也适用于众多的民办院校。像广州城建职业学院这样的办学基本条件优良的民办大校，更能立竿见影、破茧成蝶。当然，如果本书能给更多的院校管理者和广铁职院的后来人、亲历者，在转型提升跨越发展的谋略与路径选择方面，提供一些旁征博引的参考启示，或一份比较研究的真实史料，或一种激情燃烧的岁月回味，也就不负学院党政领导的重托和同事友人们提议编辑出版本书的初衷及我个人为之付出的辛劳。

本书得以编辑出版，要感谢时任广铁职院办公室负责人钟仲谋、石新建主任们的鼓劲、相助和对书稿的仔细订正，特别是欧阳恩剑副主任为本书资料汇集、录音成文、书稿编目、编辑出版所付出的足够用心和大量精力；感

谢时任党委书记陈爽对"校史"编写工作的重视和文稿的审核；感谢时任院长现任党委书记雷忠良，院长景广军，副院长马仁听、蒋新革等学院领导对本书编辑出版的支持和帮助；感谢广州城建职业学院董事会执行董事、校务管理委员会主任张亚斌博士的关注和指导；感谢这八年多里一路相伴相随、同甘共苦的学院领导班子成员们和广铁职院人的厚爱和关照；感谢我的家人王芳云、刘铱副教授对书稿的订正、校对和工作上的理解支持。由于时间仓促，书中难免有不尽完善之处，敬请读者批评指正。

谨以本书献给当代为高职院校内涵式发展在适应、追赶、跨越、提升之中，忘我奉献的高等职业教育同仁们、攻坚克难的广铁职院人和一路指导支持关注广铁职院改革、建设、发展的各级领导与各界朋友。

刘国生
2016年6月日于从化